Kohlhammer

Der Autor

Alexander Rubel ist Direktor des Archäologischen Instituts der Rumänischen Akademie der Wissenschaften in Iași. Seine Arbeiten behandeln unterschiedliche Aspekte der griechisch-römischen Antike und ihres Nachwirkens. Derzeit forscht er vor allem auf dem Gebiet der Kulturkontakte zwischen dem Römischen Reich und den »Barbaren« während der römischen Kaiserzeit und der Spätantike in den Randzonen des Imperium Romanum. Er ist auch als Autor von Sachbüchern für ein breites Publikum hervorgetreten (*Die Griechen*, 3. Aufl. 2021, *Kult und Religion der Germanen* 2016).

Alexander Rubel

Migration

Eine Kulturgeschichte der Menschheit

Verlag W. Kohlhammer

Dieses Werk einschließlich aller seiner Teile ist urheberrechtlich geschützt. Jede Verwendung außerhalb der engen Grenzen des Urheberrechts ist ohne Zustimmung des Verlags unzulässig und strafbar. Das gilt insbesondere für Vervielfältigungen, Übersetzungen, Mikroverfilmungen und für die Einspeicherung und Verarbeitung in elektronischen Systemen.

Es konnten nicht alle Rechtsinhaber von Abbildungen ermittelt werden. Sollte dem Verlag gegenüber der Nachweis der Rechtsinhaberschaft geführt werden, wird das branchenübliche Honorar nachträglich gezahlt.

Dieses Werk enthält Hinweise/Links zu externen Websites Dritter, auf deren Inhalt der Verlag keinen Einfluss hat und die der Haftung der jeweiligen Seitenanbieter oder -betreiber unterliegen. Zum Zeitpunkt der Verlinkung wurden die externen Websites auf mögliche Rechtsverstöße überprüft und dabei keine Rechtsverletzung festgestellt. Ohne konkrete Hinweise auf eine solche Rechtsverletzung ist eine permanente inhaltliche Kontrolle der verlinkten Seiten nicht zumutbar. Sollten jedoch Rechtsverletzungen bekannt werden, werden die betroffenen externen Links soweit möglich unverzüglich entfernt.

Zusatzmaterial online: https://dl.kohlhammer.de/978-3-17-044528-4

Umschlagabbildung: bettysphotos – stock.adobe.com

1. Auflage 2024

Alle Rechte vorbehalten
© W. Kohlhammer GmbH, Stuttgart
Gesamtherstellung: W. Kohlhammer GmbH, Stuttgart

Print:
ISBN 978-3-17-044528-4

E-Book-Formate:
pdf: ISBN 978-3-17-044529-1
epub: ISBN 978-3-17-045452-1

Inhalt

Einleitung

Über dieses Buch 11

Warum wandern Menschen und wohin? Grundbegriffe der
Migration 27

Teil I Entwicklungsgeschichtliche Zugänge: Migrationsgeschichte als Menschheitsgeschichte

1 »Homo sapiens migrans«: Vor- und Frühgeschichte der
  Migration 45

2 Migration in der Antike: Vom archaischen Griechenland bis
  zur Zeit der »Völkerwanderung« 91

3 Das Mittelalter 132

4 Intermezzo: Ist die Neuzeit wirklich eine Zäsur in der
  Migrationsgeschichte? 167

5 Die Neuzeit 175

6 Das kurze 20. Jahrhundert: Ethnische Säuberungen,
  Zwangsarbeit, Vertreibung, Dekolonialisation 216

Teil II Kulturgeschichtliche Zugänge

7 Kulturgeschichte und Kulturtransfer 239

8 Von Kaufleuten, Seefahrern und Abenteurern: Händler als
  Wegbereiter von Migration und Austausch 255

9	Der Kapitalismus als »game changer«? Massenmigration und Kapital in der Neuzeit	260
10	Die Ideologie der Sesshaftigkeit: Bürgertum und Eigentum	267
11	Die Erfindung des Passes: Grenzregime und Verhinderung von Migration	284

Teil III Migration gestern und heute

12	Migration als anthropologische Kategorie in der Menschheitsgeschichte	295
13	Das Rätsel der relativen Immobilität: Warum gibt es so wenige Migranten (aus dem globalen Süden)?	303
14	Aktuelle Debatten und unzeitgemäße Betrachtungen zur Kulturgeschichte der Migration	306

Anhang

Danksagung 319

Literaturverzeichnis 320

Abbildungsverzeichnis 328

Personen- und Sachregister 329

»›Ich werde ein Schiff nach Teneriffa oder Las Palmas auf den Kanarischen Inseln nehmen. Und dort werde ich meinen Beruf ausüben‹ – ›Als Seemann?‹ – ›Nein, Monsieur. Als Abenteurer. Ich will alle Völker und alle Länder der Welt sehen.‹«
(Bruce Chatwin im Gespräch mit einer Reisebekanntschaft)

Einleitung

Über dieses Buch

»Migration ist: schrecklich, schrecklich, schrecklich! Man muss sich ja mal vorstellen: Hinter jeder Migration steht ja auch ein Schicksal!« Mit diesen Worten eröffnete im Jahr 2003 eine völlig unvorbereitete, aber dennoch sehr selbstbewusste Leiterin des Goethe-Instituts in Bukarest eine mit Mitteln des »Stabilitätspakts für Südosteuropa« durchgeführte Tagung zum Thema Migration. Geladen waren die Granden der deutschen und internationalen Migrationsforschung sowie Vertreter aus Politik und Diplomatie. Mit jedem der drei »Schrecklich« versank der Kulturattaché der deutschen Botschaft, wie ein Boxer von harten Schlägen getroffen, tiefer im gepolsterten Gestühl. Die versammelten Fachleute schauten betreten auf ihr Schuhwerk, ließen sich aber nichts weiter anmerken und präsentierten in der Folge unbeeindruckt ihre Referate.

Unsinniger hätte man eine Veranstaltung zum Thema Migration kaum einleiten können. Migration, wie immer man ihre mannigfachen Formen bewerten will, ist zunächst einmal nicht »schrecklich«, sie findet einfach statt, und zwar überall auf der Welt und zu allen Zeiten. Über Bewertungen mag man streiten. Ein russischer Oligarch wird seine Migration an die Côte d'Azur vielleicht anders bewerten als ein bosnischer Kriegsflüchtling seine Flucht nach Deutschland, Warren Hastings, der Generalgouverneur von Indien (1774–1785), seine Zeit in Kalkutta wiederum anders als der Gote Fritigern, der mit seinen Leuten im Jahr 376 vor den Hunnen an die Donau geflohen war, seine Zeit als Landsuchender auf dem Balkan oder als Thomas Mann sein Exil in Kalifornien (1942–1952), wo einige seiner bedeutendsten Werke entstanden. »Schrecklich« wird nur in den seltensten Fällen das treffende Adjektiv sein.

Auch der Begriff »Schicksal« scheint sich kaum für den Zusammenhang Migration zu eignen. Laut Wörterbuch ist Schicksal nämlich ein »von einer höheren Macht über jemanden Verhängtes, ohne sichtliches menschliches Zutun sich Ereignendes, was jemandes Leben entscheidend bestimmt«. Wanderung hat fast immer mit individuellen Entscheidungen zu tun, mit – bisweilen limitierten – Handlungsmöglichkeiten, eben mit *agency*, wie man »neudeutsch« sagt. Auch bei Formen gewaltsamer Migration, wie etwa Flucht oder Vertreibung, sind es handelnde Menschen, die etwa als Kriegsherren für Wanderung mittelbar verantwortlich sind oder als Betroffene gegebenenfalls noch zwischen Fluchtzielen wählen können. Wiewohl also nicht hinter jeder Migration auch ein »Schicksal« stehen mag, so verbirgt sich hinter vielen Wanderungen, individuellen wie auch denen von Gruppen oder ganzen Gemeinschaften, oft eine Geschichte, die es wert ist, erzählt zu werden. Dieses Buch präsentiert einige solcher Geschichten, die im Zusammenhang ein repräsentatives Mosaikbild ergeben. Das Phänomen Wanderung oder

Migration – also in einem allgemeinen Verständnis zunächst einmal die dauerhafte Verlegung des Wohnsitzes an einen anderen Ort bei gleichzeitiger Überschreitung von Begrenzungen oder Barrieren (geographische Grenzen, kulturelle oder sprachliche Barrieren) – wird in diesem Buch aus historischer Perspektive betrachtet. Mit dieser Perspektive und den verschiedenen analytischen Zugängen, die verständlich und mit Beispielen erläutert werden sollen, verbinde ich als Autor den Wunsch, dass der Leser am Ende der Lektüre weder mit dem Eindruck zurück bleibt, dass Migration »schrecklich« sei (weder für die Migranten, noch für Aufnahmegesellschaften), noch dass dieses Buch als Aufruf verstanden wird, Migration aus ökonomischen, sozialen und demographischen Gründen für überalterte Industriegesellschaften des globalen Nordens emphatisch zu begrüßen. Migration ist vielmehr – das wäre vielleicht die einfachste Formel, auf die man die Ergebnisse dieser historischen Wanderung herunterbrechen könnte, die auf den nächsten rund 300 Seiten vor dem Leser liegt – etwas ganz Normales, Alltägliches, das fast jeden Menschen auch in saturierten postindustriellen Gesellschaften direkt oder indirekt betrifft (genealogisch, Verwandte, Freunde, Nachbarn etc.). Auch wenn sich nicht für jeden damit ein besonderes »Schicksal« verbinden mag.

Unstreitig ist jedoch, dass Migration *das* Thema unserer Zeit ist, heute mehr noch als 2003, als die vom politischen Zusammenbruch des Ostblocks verursachten Umbrüche und Veränderungen in Europa bewältigt und im Goethe-Institut diskutiert wurden. Man kann die Zeitung beim Frühstück nicht aufschlagen, ohne auf Nachrichten und Reportagen zu stoßen, die von Menschen berichten, die in Schlauchbooten über das Mittelmeer Europa erreichen oder vor Putins Armee aus den ukrainischen Städten nach Westen fliehen.

Wir nehmen Migration durch die Vermittlung der Medien in erster Linie als ein Problem wahr, als Problem zudem, das spezifisch mit unserer Gegenwart, mit dem Zeitalter der Globalisierung, der weltweiten Kommunikation und einer beschleunigten Mobilität verbunden ist. Darüber hinaus erscheint das »Problem« Migration grundsätzlich als eines, das in erster Linie bildungsferne, geringqualifizierte Angehörige fremder Kulturen betrifft, die in die Nationalstaaten der »westlichen Welt« integriert oder gar assimiliert werden müssen. Elitenmigration, Karrieremigration oder temporäre Phänomene werden aus dem öffentlichen Diskurs weitgehend ausgeklammert, genauso wie die historische Dimension von Migration oder die gewaltigen zeitgenössischen Wanderungsbewegungen in Asien. Ob nun die sinnvolle Integration oder die behördlich organisierte Zurückweisung der »Flut« der Migranten angestrebt wird: In der öffentlichen Diskussion über Migration überwiegen diejenigen Naturmetaphern, die mit Katastrophen verbunden sind. Mit Wellen, Fluten, Flüchtlingsströmen oder gar -tsunamis schwappen hydrologische Metaphern durch die Berichterstattung, auch durch die seriöse. Kurzum: Die seit dem Ausgang des 20. Jahrhunderts verstärkte und durch Klimawandel und die internationalen Konflikte der Gegenwart im Jahre 2015 zu einem vorläufigen Höhepunkt gelangte »Flüchtlingskrise« tritt ins öffentliche Bewusstsein als ein Sinnbild unserer Zeit.

Migration als Teil der »conditio humana«

Gegen die manchmal ausgesprochene, oft unausgesprochene Annahme, dass Migration ein Kennzeichen der Gegenwart, mindestens aber des zunehmend globalisierten Industriezeitalters der Zeitgeschichte sei, möchte dieses Buch historische Fakten und Argumente präsentieren. Aus historischer Perspektive ergibt sich ein Bild, das der öffentlichen medialen Wahrnehmung widerspricht: Im Folgenden werden wir sehen, dass Migration ein definitorisches Kennzeichen unserer Art, des *homo sapiens*, ist und dass es Migration schon immer gab. Migration ist integraler Teil des Menschseins, unserer *conditio humana*. Sie war und ist oft Motor des Fortschritts, des kulturellen Austauschs, des Wissenstransfers und der Verbreitung von Ideen, Techniken und Weltanschauungen, und vor allem: Migration ist entwicklungsgeschichtlich nichts Neues. Dieses Buch wird zeigen, dass Migration über die ganze Menschheitsgeschichte hinweg ein in hohem Maße wiederkehrendes, zeitübergreifendes und weltweites Phänomen war und ist.

In diesem Aspekt unterscheidet sich der hier präsentierte Zugang nicht nur vom Bild in den Medien, sondern auch von anderen Studien zum Thema. Die weltweit vernetzte moderne Migrationsforschung hat nahezu ausschließlich die neuzeitliche Geschichte, etwa seit dem 17. Jahrhundert, im Blick. Vor allem die Arbeitsmigration über große geographische Räume hinweg, die erst seit der Industrialisierung eine bedeutendere Rolle zu spielen beginnt, beschäftigt aktuelle Studien zur Migrationsgeschichte überproportional. Auch die vermeintliche Verbindung des Anstiegs von Migrationsbewegungen in der Neuzeit mit dem Aufkommen des modernen Kapitalismus leitet oftmals das Interesse der Forscher. Der Schwerpunkt der Migrationsforschung, die mit beachtenswerten Detailstudien zum transatlantischen Sklavenhandel, zur Migration von mehr als 50 Millionen Europäern nach Nord- und Südamerika im 19. Jahrhundert und zu den auf die Weltkriege folgenden Wanderungsbewegungen hervorgetreten ist, liegt (neben der empirisch noch viel leichter zugänglichen Gegenwart) eben auf jenen Epochen und Zeitabschnitten der neueren Geschichte, die eine hohe Quellendichte produziert haben. Diese vielen und vielgestaltigen Quellen, Frachtpapiere, behördliche Einwanderungsregister, Passagierlisten, Auswandererbriefe usw., machen eine statistische Erfassung und Datenauswertung, eine Analyse von Motiven und das Aufstellen einer Typologie von Migrationsphänomenen und -gründen erst möglich. Verständlicherweise entsteht so – auch bei vielen Migrationsforschern selbst – die Überzeugung, Migration sei ein jüngeres Phänomen, das auch qualitativ von der Beschleunigung gesellschaftlicher Prozesse, der technischen Entwicklung und der durch die Globalisierung näher rückenden Räume geprägt worden sei. Durch das Quellenmaterial entsteht bisweilen auch eine Verzerrung der Perspektive, denn staatliche Statistiken über Ein- und Auswanderung lenken den Blick des Forschers in Kategorien des Nationalstaats und lassen etwa einen Belgier, der ins französische Grenzgebiet »emigriert«, als Auswanderer und Migranten erscheinen. Eine Person aus Wladiwostok dagegen (vielleicht ein Angehöriger der koreanischen Minderheit dort), die nach Moskau zieht (ca. 6.500 km Luftlinie), wird statistisch als Binnenmigrant geführt und kann deswegen in nationalstaatlicher Logik nicht als »echter« Migrant gelten (auf solche

Fallstricke haben die Migrationsforscher Jan und Leo Lucassen immer wieder hingewiesen). Gerade die politische Dimension des Phänomens befördert eine Konzentration auf jüngere Entwicklungen und aktuelle Untersuchungen zu Migration. Die Notwendigkeit von Politikberatung und konkreten administrativen Lösungen von Migrationsfragen legt vielen Migrationsforschern auch aus praktischen Gründen nahe, die Gegenwart in den Mittelpunkt der Betrachtungen zu stellen. Damit wird suggeriert, dass moderne Migration ein gesellschaftlicher Ausnahmetatbestand sei. Stillschweigend gehen viele Migrationsforscher bis heute davon aus, dass sich die Wanderungsmuster der Menschen je nach historischer Epoche grundlegend voneinander unterscheiden. So hätten für die Zeit vor der Sesshaftwerdung der ersten Ackerbauern andere Rahmenbedingungen gegolten als in der Ära der vorindustriellen und dann wiederum der industriellen Staaten, während in der heutigen Ära der Globalisierung und der Hochtechnologie, die transnationale Kommunikation in Echtzeit und häufiges Reisen ermöglicht, wiederum andere Bedingungen für Migration herrschten.

Glaubt man dem sich so ergebenden Bild, müssten sich die Wanderungsbewegungen der Ur- und Frühgeschichte, die man bis vor wenigen Jahren aufgrund weniger archäologischer Funde nur erahnen konnte, und diejenigen der klassischen Antike, die sich nur durch wenige Quellen belegen lassen, die zudem Ausmaß und Motive im Dunkeln lassen, von den neuzeitlichen Formen der Migration grundlegend unterscheiden. Einer der wichtigsten soziologischen Vertreter der Migrationsforschung, Wilbur Zelinsky, hat den frühen Epochen der Menschheitsgeschichte sogar jegliches Migrationspotential abgesprochen. Diese Phasen seien allenfalls von Mobilität in Form von Nomadismus geprägt gewesen. Zelinsky betrachtete Migrationsgeschichte evolutionistisch: Mit steigender Komplexität und Urbanisierung von Gesellschaften nähmen auch die Migrationsphänomene zu und differenzierten sich auch qualitativ aus. Darüber hinaus galt auch das europäische Mittelalter, das lange Zeit den historiographischen Humus für die Meistererzählungen nationalstaatlicher Geschichtsschreibung bilden musste, als Zeitalter der Sesshaftigkeit, Bodenständigkeit und Stabilität von Populationen. Erst neuere Forschungen verweisen auf die enorme Mobilität und die Bevölkerungsverschiebungen, die schon das Mittelalter auch jenseits der bekannten Elitenwanderungen in die Kreuzfahrerstaaten oder der Übernahme Englands durch die Normannen kennzeichneten.

Diese Beobachtungen zu den bislang in der Migrationsforschung stark vernachlässigten Epochen lassen den Rückschluss zu, dass die grundlegenden Mechanismen von Migration seit der Entstehung unserer Art weitgehend die gleichen sind. »Fortschritt« und Technologie sowie die Entstehung größerer Populationen, die bisweilen Phänomene von Massenmigration hervorrufen können, haben allein das Ausmaß und bestimmte Charakteristika neuzeitlicher und moderner Wanderungen beeinflusst (man denke an das moderne Transport- und Kommunikationswesen). In den letzten Jahren mehren sich entsprechend diejenigen Stimmen, die einen »anthropologischen« Zugang zum Forschungsfeld fordern und Migration mit all ihren möglichen Motiven und Ausprägungen als ein epochenübergreifendes Muster menschlichen Verhaltens begreifen. Dennoch dominiert in fast allen allgemeinen Darstellungen die Neuzeit, wobei zudem das 19. und das 20. Jahrhundert immer überrepräsentiert sind.

Migration und Weltgeschichte

An der oben beschriebenen Sicht, dass »echte« Migration ein Kennzeichen der globalisierten Neuzeit sein müsse – eine Sicht, die in den letzten Jahren im Rahmen einer »Renaissance der Weltgeschichte« immer mehr zugunsten einer globalgeschichtlichen und epochenübergreifenden Betrachtung des Phänomens Migration korrigiert wird –, trägt nicht nur die Fixierung der Zunft auf das umfangreichere und oftmals leichter zu interpretierende Quellenmaterial der Neuzeit die Schuld. Auch die Zersplitterung der Fachdisziplinen und ihre anhaltende Untergliederung lässt eine Vielzahl neuer wissenschaftlicher Bäume erwachsen, die den Blick auf den Wald oftmals erschweren. Das gilt auch für die Geschichtswissenschaft, eine stetig wachsenden Großdisziplin, in der Forschungsergebnisse aus den Bereichen der Altertumswissenschaften und der Archäologie nur noch in Ausnahmefällen von Neuzeithistorikern wahrgenommen werden. Doch gerade die Ur- und Frühgeschichte vermeldet spektakuläre neue Einsichten: Erst in der zurückliegenden Dekade haben neue Verfahren der Gentechnik und der Naturwissenschaften allgemein zusammen mit Ergebnissen aus der archäologischen Forschung bahnbrechende Erkenntnisse über großräumige Wanderungen von Frühmenschen und unserer eigenen Spezies in der Vorgeschichte ermöglicht, die uns geradezu dazu zwingen, die Geschichte unserer Spezies von Anbeginn bis heute als Migrationsgeschichte zu begreifen. Was weitsichtige Historiker der Neuzeit wie Klaus Jürgen Bade (2000, 11) anhand der für ihre Untersuchungszeiträume sehr reichhaltigen Quellen immer schon vermutet haben, bestätigen jetzt die neuen naturwissenschaftlich gewonnenen Daten und Quellen für die Vorgeschichte: »Den ›Homo migrans‹ gibt es, seit es den ›Homo sapiens‹ gibt«.

Migration ist ein Phänomen, das nicht nur epochenübergreifend gesehen werden muss, sie ist auch von welthistorischer Bedeutung. Während das Hauptaugenmerk vieler Forscher auf den rund 55 Millionen europäischen Auswanderern liegt, die zwischen ca. 1815 und 1914 die Amerikas erreichten, oder auf den rund 12 Millionen versklavten Afrikanern, deren Zwangsmigration zwischen dem 17. Jahrhundert und 1880 einen besonderen Schwerpunkt innerhalb der Forschung bildet, kommen die präkolonialen und auch modernen Wanderungsbewegungen auf dem afrikanischen Kontinent oder in Südostasien allenfalls in Spezialstudien zur Sprache. Zu einem Teil lässt sich das durch die schlechte Quellenlage rechtfertigen, da etwa für Mittelalter und Frühe Neuzeit aus dem subsaharischen Afrika kaum belastbare Informationen vorliegen (beispielsweise lässt sich die Ausbreitung der Bantu nur durch Sprachwissenschaft und Archäologie rekonstruieren). Aber auch im 19. und zu Beginn des 20. Jahrhunderts übertrafen Wanderungsbewegungen nach Südost- oder Zentralasien die europäische Auswanderung zahlenmäßig um fast das Doppelte (einen historischen Überblick bietet ein Aufsatz von Adam McKeown aus dem Jahre 2004). Nur zum Vergleich: Allein 1937 flohen rund 100 Millionen Chinesen vor den japanischen Invasoren. Im Jahr 2013 verzeichneten die zehn ASEAN-Staaten in Südostasien rund 28 Millionen interregionale Migranten (Hugo et al. 2015); im Jahr der »Flüchtlingskrise« 2015 kamen dagegen nur etwas mehr als eine Million Menschen, meist Kriegsflüchtlinge, ins Europa der seinerzeit 28 Mitgliedsstaaten.

Ein Seitenblick auf die in den Migrationsgeschichten nicht immer gebührend berücksichtigten Kontinente jenseits der atlantischen Verbindung kann durchaus Akzentverschiebungen bei der Beurteilung der Sachverhalte und Größenverhältnisse mit sich bringen.

Eurozentrismus

Dennoch ist auch dieses Buch, von Seitenblicken abgesehen, eher auf Europa zentriert. Nicht nur die in Europa gelegenen Forschungsschwerpunkte des Autors aus der klassischen Antike und der Völkerwanderungszeit legen dies nahe, sondern auch die Rücksichtnahme auf die intendierte Leserschaft. Dieser, so die Überlegung, mögen vielleicht europäische (oder gar mitteleuropäische und deutsche) Beispiele und Entwicklungen vom Verständnis und auch vom Wiedererkennungswert her einleuchtender erscheinen. Auch ein ganz gegenwärtiger Aspekt könnte diese Perspektive rechtfertigen, obwohl dieses Buch kein Beitrag zu aktuellen Migrationsdebatten sein soll: Die europäischen Gesellschaften – darauf hat bereits der Historiker Heinz Schilling (2002, 67) hingewiesen – können durchaus auf jahrhundertealte Erfahrungen zurückgreifen, wenn es darum geht, »die Zuwanderungs- und Integrationsprobleme der Gegenwart sachgerecht zu handhaben« (wie wir sehen werden spätestens seit den alten Griechen).

Aber auch ein weiterer, politisch nicht ganz korrekter Grund könnte eine bevorzugte Berücksichtigung Europas legitimieren. Wer weltgeschichtliche Betrachtungen anstellt, kommt nicht umhin zu bemerken, dass diejenigen Kräfte, die in den letzten beiden Jahrtausenden organisatorisch und ökonomisch erfolgreich waren sowie durch technische und strukturelle Überlegenheit ihre Macht und Wirtschaftsweise imperial ausdehnten, vom Mittelmeerraum bis nach China dem eurasischen Kontinentalgefüge angehören, seit der Neuzeit sogar im engeren Sinne dem »Westen« (Morris 2011). Diese Kräfte sind auch in entscheidendem Ausmaß an der neuzeitlichen interkontinentalen Migration beteiligt. Die Annahme einer spezifisch (west-)europäischen Einzigartigkeit, welche die schöpferischen Leistungen in Wissenschaft und Kunst seit den alten Griechen exklusiv als europäisch ausweist und kulturgeschichtlich begründet, kann angesichts der empirischen Materialfülle von anderswo (chinesische und arabische Hochkulturen während des Mittelalters, nur z. B.) einer Kritik nicht standhalten. Die Sache an sich bleibt aber erklärungsbedürftig. Der Anthropologe Jared Diamond hat in seinem einflussreichen Buch *Arm und Reich: Die Schicksale menschlicher Gesellschaften* vorgeschlagen, in der europäischen Erfolgs- und Dominanzgeschichte das frühe Wirken geographischer Ursachen zu erkennen. Bereits in der menschlichen Vorgeschichte sei die entscheidenden Weichen für die weitere Entwicklung gestellt worden: Weil günstige klimatische Bedingungen in Eurasien gekoppelt waren mit einer breiten – und in anderen Weltregionen nicht verfügbaren – Vielfalt an domestizierbaren Tieren und Pflanzen, habe der eurasische Kontinent über einen Standort- und Entwicklungsvorteil verfügt, der auch durch die geographisch und klimatisch ungehinderte Ausbreitung von Kultur und Innovation von Westen nach Osten und umgekehrt (über die zusammenhängende Landmasse im gleichen Breitengradspektrum) begünstigt worden sei. Dies ermöglichte die Entstehung agrarischer Gesellschaften und dadurch die Erwirtschaftung von Nahrungsmittelüberschüssen, die wiederum einen Bevölkerungsanstieg, Innovationen und Technologien wie die Metallbearbeitung und arbeitsteilige Gesellschaften ermöglichten. In der Folge konnten komplexe politische Systeme, gesellschaftliche Hierarchien und effizientere Verwaltung entstehen, das wiederum zog die Entwicklung der Schrift nach sich. Die Bewohner der eurasischen Landmasse waren so dem Rest der Welt aufgrund der geographisch-klimatischen Gegebenheiten einfach ein wenig voraus und hatten bessere Startbedingungen. Diamonds geographischer Determinismus hat einiges für sich, wenngleich er die »zivilisatorische« Entwicklung der Menschheit und den technischen Fortschritt zu linear und zielgerichtet darstellt. Wie bei der Evolution, so muss man auch beim sogenannten »Fortschritt« mit dem Zufall rechnen. Der aufmerksame Beobachter der Gegenwart wird ohnehin bemerken, dass gerade eine epochale Verschiebung stattfindet und Asien mit China an der Spitze die historisch etablierten geopolitischen Verhältnisse grundlegend verändern könnte.

Dennoch muss auch sachlich festgehalten werden, dass der Moment, in dem Geschichte um 1500 herum Weltgeschichte wurde, genau jene Zeit war, in der sich Europa der Welt bemächtigte und mittels gesellschaftspolitischer »Copy-Paste«-Methode seine politische, religiöse und ökonomische Kultur der »neuen« und sogleich gewaltsam vereinnahmten Welt aufzwang, ja die Welt wirtschaftlich als »Weltsystem« (Immanuel Wallerstein) zu organisieren begann. Das gelang besonders leicht in den Amerikas, wo europäische Krankheitserreger die ansässige Bevölkerung weit effizienter auszurotten halfen, als spanischer Stahl das vermochte. Selbst alte Kulturen, die sich lange gegen den europäischen Einfluss abschotten konnten, wie etwa Siam (das heutige Thailand) und Japan, gerieten in den Sog weltwirtschaftlicher Systeme und konnten der massiven, vor allem von wirtschaftlichen Interessen getriebenen Beeinflussung durch Europa nicht entgehen. Diese Prägung, die heute nicht mehr als segensbringend und zivilisatorisch gesehen wird, sondern als historische Begründung eines Systems weltweiter Ungleichheiten, war so dominant, dass selbst weltgeschichtliche Betrachtungen außereuropäischer Historiker, die sich dezidiert als »Antiwestler« verstanden, oft die Perspektive der weißen Herrn der Welt einnahmen. Implizit übernahmen sie so Ideen der imperialen Fortschrittsgeschichte und legitimierten das europäische Selbstbild von außen (etwa Liang Qichao in seiner Aufsatzreihe *Neue Historiographie* von 1902; Liang plädierte dafür, die chinesische Geschichte nicht mehr nach Dynastien, sondern analog zur europäischen Epocheneinteilung – Altertum, Mittelalter, Neuzeit – zu behandeln, hierzu Chang 1971). Dieser Sachverhalt, so bedauerlich das aus postkolonialer Perspektive sein mag, macht die mit der Entdeckung Amerikas erst wirklich entstehende Weltgeschichte zu einer eminent europäischen Weltgeschichte. Kolonialismus und Imperialismus sind zweifellos nicht die historischen Erinnerungsfiguren, mit denen sich heutige Europäer gerne brüsten, dennoch sind es genau diese Schmuddelkinder der neuzeitlichen Geschichte, die zusammen mit ihrem Bastardstiefbruder Kapitalismus die heutige Welt geformt haben. Daran werden auch die Rückgabe der Benin-Bronzen und die Demontage der Cecil-Rhodes-Statue in Oxford nichts ändern.

In seinem bemerkenswerten Buch über die Strukturen imperialer Herrschaft mit dem bezeichnenden Titel *Why the West Rules* gibt Ian Morris als Einleitung eine Episode aus dem Fundus fiktiver »ungeschehener Geschichte« zum Besten: Queen Victoria empfängt im Jahr 1848 unterwürfig den Gesandten des chinesischen Kaisers, der auf der kaiserlichen Dschunke die Themse hinauffährt. Die Chinesen hatten nach 1815 die englische Flotte zerstört und Admiral Nelson aufgeknüpft, jetzt war England tributpflichtig, die Königin kniet vor dem Vasallen des Kaisers und muss ihren geliebten Prinz Albert als Geisel nach Peking schicken. Es war, wie man aus der Geschichte weiß, jedoch umgekehrt: Die Engländer demütigten China im Ersten Opiumkrieg (1839–1842) und fluteten den nun »geöffneten« Markt weiterhin gegen den Willen des Kaisers mit bengalisch-indischem Opium, um günstiger und mit ausgeglichener Handelsbilanz an den Tee der Chinesen heranzukommen. Jegliche Versuche der Gegenwehr wurden gewaltsam im Keim erstickt, China stürzte in ein politisches Chaos, die Qing-Dynastie hatte abgewirtschaftet. Die historisch evidente europäische Dominanz in der neuzeitlichen Welt (kulturell und auch teilweise politisch über den »Ableger« USA bis heute), die Vorherrschaft des »Westens« im Sinne von Morris, zu erklären oder zu hinterfragen, ist nicht Aufgabe dieses Buches. Die plakativ-kontrafaktische Anekdote macht jedoch deutlich, dass eine alle Ebenen von Geschichte, Gesellschaft und Kultur betreffende Prägung nicht wegdiskutiert oder ignoriert werden kann. Diese Feststellung eines Sachverhalts bedeutet ja keineswegs, dass moderne Weltgeschichte deshalb – wie bis Mitte des 20. Jahrhunderts üblich – als Erzählung von der Schaffung von Ordnung im Chaos, von Kultur aus Natur »durch den energischen Eingriff rational denkender und wohlmeinender Europäer« daherkommen muss, wie Jürgen Osterhammel und Jan C. Jansen (2017, 31) diese Form von Geschichtsschreibung in ihrer Kolonialismus-Geschichte treffend bezeichnet haben. Die durch Vergewaltigung gezeugten Kinder können ja nicht für die Umstände ihrer Zeugung verantwortlich gemacht werden, ihre Existenz lässt sich indes nicht verschweigen. Deswegen bietet sich auch hinsichtlich neuzeitlicher Migrationssysteme, die teils eng mit der Geschichte der »europäischen Expansion« verbunden sind, die politisch wenig korrekte eurozentrische Perspektive als die naheliegende an.

Aber auch vor dem Hintergrund einer etwas wohlfeilen Konzentration auf die »alte Welt« wird Migrationsgeschichte hier als Weltgeschichte verstanden und präsentiert. Wanderungen menschlicher Gruppen fanden und finden weltweit und unabhängig vom Kulturraum statt. Die derzeit zu beobachtende »Renaissance der Weltgeschichte« innerhalb der Geschichtswissenschaft ist in erster Linie eine Folge des Wegfalls ideologischer Gegensätze nach 1989 und der auch unmittelbar erfahrbaren voranschreitenden Globalisierung. Für die Migrationsgeschichte darf der welthistorische Zugriff jedoch nicht einem Trend geschuldet bleiben, sondern muss als konstituierende Voraussetzung betrachtet werden. Mit Blick auf die Geschichte und Entwicklung unserer Art erweist sich Migration als anthropologische Konstante und nicht als späte Erscheinung einer seit dem 19. Jahrhundert stetig zunehmenden Globalisierung. Die weltgeschichtlichen Seiten- und Überblicke sowie der die Vorgeschichte und das Altertum einschließende, ja sogar besonders stark gewichtende

Ansatz sind die wichtigsten Alleinstellungsmerkmale, die diese weitgreifende, aber dennoch – zumindest am Gegenstand gemessen – knappe Darstellung ausmachen. Gerade eine Darstellung von Wanderungsbewegungen in der Ur- und Frühgeschichte sowie die einem breiten Publikum wahrscheinlich weniger bekannten Belege für Migration aus dem klassischen Altertum und dem Mittelalter, die in diesem Buch präsentiert werden, können für eine Akzentverschiebung bei der Beurteilung von Migration führen.

Migrationsgeschichte als Kulturgeschichte

Darüber hinaus wird Migration in diesem Buch als so wichtiger Aspekt von Kulturgeschichte verstanden, dass es den vielleicht etwas anmaßend wirkenden Untertitel »Eine Kulturgeschichte der Menschheit« trägt. Zum einen haben Mobilität, Einwanderungen und Kulturkontakte den Austausch von Informationen und Wissen und die Verbreitung von Ideen und Techniken befördert. Ein einschlägiges Beispiel für eine solche Verbreitung von Ideen ist die Geschichte der Ausbreitung des Christentums, zuerst durch die Jünger Jesu, die »in alle Welt« ausgesandt wurden, das Evangelium zu verkünden, später die iroschottische Mission des frühen Mittelalters und die anhaltende Missionstätigkeit in Ländern der sogenannten »Dritten Welt«. Die frühen Missionare waren Migranten aus dem Lehrbuch. Der heilige Pirmin (ca. 670–753) etwa, ein aus dem fränkischen Kernland um Paris stammender Bischof, missionierte im Auftrag der Karolinger im östlichen Frankenreich und bei den Alemannen. Seine Klostergründungen bei Pirmasens in der Pfalz, in Murbach im Elsaß und vor allem auf der Insel Reichenau im Bodensee sind berühmte bleibende Zeugnisse eines einflussreichen Migranten, der sein Leben hunderte Kilometer von seinem Geburtsort entfernt beschloss. Überhaupt setzt Verbreitung von Wissen und »Knowhow« in schriftlosen Kulturen generell die Mobilität von Personen, mitunter gar ganzer Bevölkerungsgruppen voraus. So lässt sich die Gestaltung der einzigartigen Lehmziegelmauern der keltischen Festung Heuneburg (6. Jahrhundert v. Chr., Landkreis Sigmaringen) nur durch aus dem Mittelmeerraum importierte Spezialkenntnisse erklären (griechische Fachkräfte und »Ingenieure«). Mobilität ist damit zugleich eine Bedingung für Migration. Aus Formen von Mobilität kann Migration entstehen. Zunächst einmal sind auf Mobilität gegründete Netzwerke (etwa die von Kaufleuten, Abenteurern, Entdeckern oder Nomaden) Voraussetzung für Information und Austausch über weite Strecken hinweg. Über diese Netzwerke gelangen Informationen über Zielgebiete, über Länder, in denen »Milch und Honig« fließen, zu Menschen und Gruppen, die selbst mobil werden und sich auf den Weg machen, um sich temporär oder dauerhaft an einem anderen Ort niederzulassen.

Zum anderen erscheint die Verwendung des Begriffs Kulturgeschichte im Zusammenhang mit Migration auch deswegen gerechtfertigt, weil die wichtigsten Texte der abendländischen Kultur (und nicht nur dieser) Migrationsgeschichten sind. Mit den Irrfahren des Odysseus, der zwanzig Jahre unterwegs ist, nach zehn Jahren vor Troja noch sieben Jahre mit der Nymphe Kalypso auf deren Insel lebt, beginnt die europäische Kulturgeschichte mit einer Migrationsgeschichte. Von kulturgeschichtlichem Rang noch einflussreicher ist die Migrationsgeschichte eines Volkes: Gleich nach der Schöpfungsgeschichte und der Erzählung von den Erzeltern berichtet die Bibel vom Auszug der Israeliten aus Ägypten, die erst nach langen Wanderungen und vielen Unbilden angeführt von Moses das gelobte Land Kanaan erreichen. Die babylonische Gefangenschaft des Volkes Israel (597–539 v. Chr., im Gegensatz zur ägyptischen historisch glaubwürdig belegt) ist literarisch nicht nur Gegenstand der Bibel, sondern auch der berühmten Ballade »Belsatzar« von Heinrich Heine sowie des 70er Jahre Schlagers »On the Rivers of Babylon« der Gruppe Boney M (der Song zitiert Psalm 137). Goethe hat nicht nur in den *Unterhaltungen deutscher Ausgewanderten* Exil und Migration in der Folge der Französischen Revolution direkt thematisiert. Er ist auch selbst durch sein Wesen und seine Biographie beredtes Beispiel für das Hin- und Hergerissensein zwischen dem Bedürfnis nach bürgerlicher Heimat und dem Drang, vor gerade dieser zu fliehen. Seine »italienische Reise« war vor allem von seinem langen Aufenthalt in Rom bestimmt (insgesamt etwa ein Jahr und vier Monate) und erfüllt damit zumindest den Mindeststandard der UNO für internationale Langzeitmigration (mindestens ein Jahr). Diese wenigen Beispiele zeigen auf, wie tief verwurzelt und fast selbstverständlich Migration und Migrationserfahrung sind. Sie sind eben auch Bestandteil oder gar Kern wichtiger literarischer und historischer Texte von der Bibel bis zu Fenimore Coopers »Lederstrumpf« (*Die Ansiedler*). Von Odysseus bis zum Planwagen-Treck im Westernfilm wird Migration in unserer Kultur gespiegelt. Aber nicht nur in unserer: Auch ein emblematisches Werk der klassischen chinesischen Kultur (nur als Beispiel), die *Reise nach Westen*, erzählt von den langjährigen Wanderungen des Affenkönigs Sun Wukong und des Mönches Tang Seng die Seidenstraße entlang nach Indien, die dann mit den Lehren des Buddha nach China zurückkehren. Migrationsliteratur ist also keinesfalls eine neue Strömung der jüngsten Gegenwartsliteratur, wie neuere Germanistikseminare glauben machen wollen. Besonders die amerikanische Literatur der Moderne ist *per definitionem* Migrationsliteratur und thematisiert entsprechend oft Migrationserfahrung, aber nicht den selbstverständlichen und unhinterfragten »Migrationshintergrund« der Autoren (Frank McCourt, Louis Begley, Vladimir Nabokov, Toni Morrison, Henry Miller u. v. m.).

Gegenwärtiges und allzeit Gültiges

Die gegenwärtige Diskussion um Migration und Zuwanderung in Europa, die besonders seit 2015 intensiv geführt wird, spielt in diesem Buch eine sehr untergeordnete Rolle. Sie kommt eigentlich nur in dieser Einleitung und einem abschließenden Ausblick kurz vor. In diesem Buch geht es mir in erster Linie um die vom Gegenwärtigen losgelösten allgemeinen Charakteristika von Migration, um die über

Jahrtausende hinweg gültigen Muster, die grundlegenden Strukturen, nach denen Migrationsbewegungen gewöhnlich und typisch erfolgen und die Geschichte der Menschheit im Sinne einer anthropologischen Konstante prägen. Denn trotz diverser Akzentverschiebung durch Kapitalismus, Industrialisierung, Globalisierung und Beschleunigung zeigt sich beim Blick auf die Menschheitsgeschichte, dass wir als Spezies seit unserer »kognitiven Revolution«, also seit wir etwa vor 70.000 Jahren das Sprechen gelernt haben, ständig zielgerichtet unterwegs sind.

Um diese thematische Breite und zeitliche Tiefe abbilden zu können, kann dieses Buch keine lineare Wiedergabe aller bedeutenden Migrationsereignisse zu allen Zeiten bieten. Ich verwende deshalb die Technik des Schlaglichts, um wie in der Malerei bestimmte Akzente zu setzen, die dem Leser bedeutende und einprägsame Entwicklungen mit Erzählungen und Quellenzitaten plastisch vor Augen führen sollen. In gewisser Weise kommt dabei die Neuzeit zu kurz. Ihr ist nur ein vergleichsweise übersichtlicher Abschnitt gewidmet. Diese Verkürzung lässt sich damit rechtfertigen, dass die emblematischen Wanderungen der Neuzeit, etwa die europäische Auswanderung in die Amerikas oder Migrationen der Zeitgeschichte, bei den Lesern weit bekannter sein dürften, als die selten behandelten Wanderungen früherer Epochen, die hier im Vordergrund stehen. Darüber hinaus ist die Neuzeit, besonders die jüngere seit dem 19. Jahrhundert, umfassend erforscht worden und viele Sachbücher haben diese uns näherstehenden Epochen auch hinsichtlich migrationsgeschichtlicher Prozesse für interessierte Leser leicht zugänglich aufgearbeitet.

Generell müssen in dieser weit ausgreifenden historischen Erzählung viele sehr komplexe Sachverhalte vereinfacht dargestellt werden, was hoffentlich der Verständlichkeit zugutekommt und gleichzeitig die Akkuratesse nicht über Gebühr beeinträchtigen wird. Dennoch ist das Material im ersten Teil weitgehend chronologisch geordnet und ich habe versucht, einen roten Faden, eine durchgehende Linie aufscheinen zu lassen. Ein zweiter, thematischer Teil versammelt Kapitel zu unterschiedlichen Aspekten wie etwa über Kulturtransfer (▶ Kap. 7) oder über die Bedeutung des Kapitalismus im Rahmen der Beschleunigung von Migrationsprozessen (▶ Kap. 9). Eigentlich geht es mir, um es ganz direkt auszusprechen, in beiden Teilen um einen verbindenden roten Faden, um die Analyse des Phänomens Migration in seiner Gesamtheit als wichtiger, oft impulsgebender Teil der Menschheitsgeschichte. In diesem Sinne vertritt mein Text ganz klassisch eine These, die der gesamten Darstellung zugrunde liegt: Migration und Mobilität sind historisch fassbare Phänomene der Menschheitsgeschichte, sogar Teil unseres biologischen Programms, sie charakterisieren uns und sind durch alle Zeiten hindurch integraler Bestandteil unseres Menschseins, der *conditio humana*. Hunderttausende von Jahren, in denen der *homo sapiens* und seine aufrechten Vorfahren durch Savannen und Steppen wanderten, haben sich vielleicht mehr in unser Erbgut und unsere kulturellen Muster eingeprägt, als wir das aus wüstenrotscher Bausparerperspektive wahrhaben wollen. Der britische Schriftsteller Bruce Chatwin (1993, 284), der davon überzeugt war, dass der Mensch von seinen biologischen Anlagen her zum Wandern bestimmt sei, sagte einmal: »Des Menschen wahre Heimat ist nicht ein Haus, sondern die Straße, und das Leben selbst ist eine Reise, die zu Fuß unternommen werden muss«.

Die Ideologie der Sesshaftigkeit bestimmt unseren Blick auf Migration

Dennoch gilt der dauerhafte Ortswechsel über Kultur- und Sprachgrenzen hinaus in der allgemeinen Wahrnehmung als ein sozialgeschichtlicher Sonderfall und erscheint zunächst suspekt. Sesshaftigkeit und Bodenständigkeit von Individuen und Populationen gelten nicht nur als Normal-, sondern auch als Idealfall. Auch wird stillschweigend davon ausgegangen, dass ein Ortswechsel, wenn überhaupt, nur einmal von A nach B erfolgt, wobei die gewanderten Menschen dann in B erneut Wurzeln schlagen. Nomadismus und mit unsteter Mobilität verbundene Lebensformen werden dagegen gerade aus der Perspektive der Moderne generell eher argwöhnisch und ablehnend betrachtet und oft wie selbstverständlich mit Randgruppen in Verbindung gebracht (etwa »Zigeuner«). Migranten aller Art bilden generell ein dubioses Prekariat, erst recht Einwanderer, die aufgrund ihrer Sitten und ihrer Erscheinung als Fremde wahrgenommen werden. Dabei ist die mit der bäuerlichen Lebensweise verbundene Sesshaftigkeit eine in der Geschichte unserer Gattung geradezu neuartige Lebensform: Erst vor etwa 8.000 Jahren begann sich diese neue Lebensweise langsam von Anatolien aus auszubreiten. In der Bibel sind die Rollen noch anders verteilt: Der sesshafte Bauer Kain ist der böse, neidische Bruder, der dem freien Hirten Abel neidet, dass Gott dessen Brandopfer bevorzugte. Das Kainsmal zeichnet ihn nicht nur als ersten Mörder, es zeigt auch an, dass er unter Gottes Schutz steht. Jedoch ist damit der Paradigmenwechsel schon vorgezeichnet: Abel ist tot, dem sesshaften Bauern gehört die Zukunft, auch wenn der aus der Gemeinschaft ausgestoßene Kain nach der Tat selbst ein unstetes Leben führen muss.

Dass Nomaden keine gute Presse haben, liegt nicht nur an einer verbreiteten und auch psychologisch erklärbaren Furcht vor Andersartigkeit, vor »dem Fremden«, sondern auch an einer bestimmten historischen und sozialen Entwicklung der letzten beiden Jahrhunderte, die unsere Anschauungen bis heute entscheidend prägt: dem historischen Sieg des Bürgertums. Das Bürgertum war Motor der Modernisierung und Träger einer nach der Entmachtung der alten Eliten neu etablierten gesellschaftlich prägenden Kultur. Die Veränderungen nach der Französischen Revolution und der bürgerlichen 1848er Revolution haben nicht nur nach und nach die alten Eliten entmachtet und neue wirtschaftliche Produktionsformen hervorgebracht (Handel statt Grundbesitz, Industrialisierung anstatt Agrarwirtschaft), sondern auch eine kulturelle Revolution befördert. Theater, Literatur, vor allem aber Schulwesen und Universitäten wurden zu direkten und indirekten Bildungsanstalten des Bürgertums. Mit diesem Kantersieg gewann das Bürgertum schon im 19. Jahrhundert die Deutungshoheit über die »Meistererzählungen«, die unsere in Wahrheit womöglich eher chaotische und wenig zielgerichtete Geschichte zu sinnvollen Zusammenhängen im Sinne von »Nationalgeschichte« geordnet haben. In der Nationalgeschichte, in der im Falle des Deutschen Reiches etwa die deutschen Stämme nach dem Ende der »Völkerwanderung« dem Ziel ihrer nationalen Einigung zielgerichtet entgegenstrebten und insbesondere die hochmittelalterlichen Könige und Kaiser die nationale Einheit bereits prophetisch vorgebildet hatten, war kein Platz für Migrationsgeschichten. Während der Territorialstaat des Ancien Régime in Europa tendenziell gleichgültig gegenüber der ethnischen Zugehörigkeit seiner Bürger war, strebte der Nationalstaat die Vereinigung von staatlicher Organisation und ethnischer Homogenität seiner Bewohner an. In dynastischen Staaten wie dem preußischen Ständestaat wurden dagegen vertriebene protestantische Franzosen (Hugenotten) aus pragmatischen Motiven aufgenommen und Friedrich der Große konnte bemerken: »und wen Türken und Heiden kähmen und wolten das Land Pöpliren, so wollen wier sie Mosqueen und Kirchen bauen«. Die Nationalstaaten und ihre Meistererzählungen grenzten dagegen zunehmend »Fremde« aus oder zwangen sie zur Assimilation. Europaweit erfolgte die »Nationsgründung aus stillgestellter Mobilität« (die Germanenstämme lassen sich nieder, Aeneas kommt von Troja nach Italien), was Wanderungen als dauerhafte Normalität kategorisch ausschloss (Osterhammel 2009, 199). Dies spiegelt sich bis heute in unserem Blick auf Migration wider. Die fachwissenschaftliche Geschichtsschreibung hat dieses statische Bild natürlich längst korrigiert und Migration auch für frühere Epochen welthistorisch neu bewertet. Dennoch tradieren Schule und Institutionen bei allen meist auf die Zeitgeschichte beschränkten Differenzierungen eine nationalstaatlich grundierte Meistererzählung der modernen Geschichte, in der Migration als »Problem« oder Teil europäischer und weltweiter Leidensgeschichte verstanden wird. Migration erscheint so als oft gewaltsame Störung der normalen und idealen Sesshaftigkeit der europäischen Populationen, die ethnisch und sprachlich gegliedert sind.

Wie sesshaft sind wir wirklich?

Sesshaftigkeit und Bodenständigkeit, so wird dieses Buch zeigen, sind jedoch bei genauerer Betrachtung nur Chimären biedermeierlicher Bürgerphantasie. Vor dem 19. Jahrhundert war Sesshaftigkeit zwar seit Jahrhunderten gelebte Realität, besonders innerhalb der bäuerlichen Bevölkerungsgruppen, die oftmals aufgrund ihres Status und diverser Formen von Leibeigenschaft keine volle Bewegungsfreiheit genossen, jedoch keinesfalls ein zu Ideologie verdichteter Idealzustand. Auch nach der Sesshaftwerdung der meisten Menschen (nomadische Lebensformen, die bis heute existieren, werden von der klassischen Geschichtsschreibung weitgehend übergangen) waren gerade die Eliten hoch mobil und migrierten auch dauerhaft über weite Regionen. Äußere Einwirkungen (Hungersnöte, Naturkatastrophen, Pandemien, Kriege, politische und religiöse Unterdrückung), aber gerade auch individuelle Entscheidungen haben auch in der Neuzeit der Nationen für Bevölkerungsbewegungen gesorgt, die alle sozialen Schichten betrafen.

Wenn Sie, liebe Leserin, lieber Leser, mir das in Ihrer behaglichen Stube nicht recht glauben und angesichts eines solchen Unsinns das Buch schon enttäuscht aus der Hand legen oder gar ins offene Feuer des biedermeierlichen Kamins werfen wollen, bitte ich Sie, einmal kurz innezuhalten und ein wenig Familiengeschichte zu rekapitulieren: Stammen Ihre vier Großeltern alle aus dem Ort, an dem Sie selbst leben, oder zumindest aus dem, an dem Sie aufgewachsen sind? Oder können Sie – wenn nicht bei den Großeltern, so wenigstens bei den Urgroßeltern – mindestens einen »Migranten« ausmachen, der aus einer ökonomisch und kulturell deutlich unterscheidbaren Region des deutschsprachigen Raums oder gar von weiter weg stammt, also eine soziale, kulturelle oder sprachliche Grenze überwinden und sich in einem neuen Umfeld zurechtfinden musste? Auch wenn Sie nicht Katschmarek heißen und aus dem Ruhrgebiet stammen oder ihr Nachname nicht Ateş oder Coşkun lautet, sondern Müller, ist die Chance groß, dass der Großelterncheck Ihren persönlichen Migrationshintergrund offenbart.

Bei dem Wort »Migrationshintergrund« denken die meisten Zeitgenossen reflexhaft an »verdächtige« Eigenschaften wie (in Schattierungen) dunklere Hautfarbe oder fragwürdige Integrationsbereitschaft, eben an unterschiedliche Formen und Stufen von Fremdheit. Wenige werden an Altbundespräsident Horst Köhler oder an den Inbegriff von spleeniger »Britishness«, Ex-Premierminister Boris Johnson, denken. Horst Köhler entstammt jedoch einer Familie, die in Bessarabien (der heutigen Republik Moldau, östlich von Rumänien) beheimatet war. Er wurde im östlichen Polen, an der Grenze zu Russland geboren (im seinerzeit, 1943, dem Deutschen Reich einverleibten Generalgouvernement Polen). Sein Fall ist typisch für »Etappenmigration«, die seine Familie von Bessarabien über Ostpolen als Zwischenstation bis nach Deutschland führte. Boris Johnson hat einen berühmten Urgroßvater namens Ali Kemal, der 1919 letzter Innenminister des Osmanischen Reiches gewesen war und einem politischen Mord zum Opfer fiel. Johnsons Großvater Osman Ali kam 1922 nach London und nahm den ur-angelsächsischen Namen Wilfred Johnson an. Ein weiteres Urgroßelternpaar des englischen Politikers, die Eheleute Lowe, waren litauische Juden, die nach New York ausgewandert waren. Mit unterschiedlichen Graden und je nach Definition kann man daher einem großen Teil der heutigen Bevölkerung Europas einen »Migrationshintergrund« attestieren – bis hin zu den vielen teilweise landsmannschaftlich organisierten Schwaben in Berlin, wenn man die Überwindung sprachlicher und kultureller Grenzen als das entscheidende Kriterium für Migration ansetzt.

Hinweise zur Benutzung dieses Buches

Auf den Lesefluss unterbrechende Anmerkungen und Fußnoten wurde generell verzichtet. Nur direkte Zitate oder Verweise auf Theorien und Ideen werden unmittelbar mit Angaben in Klammern belegt. Am Ende des Buches finden sich für jedes Kapitel nur die notwendigsten Literaturhinweise, die knapp kommentierend auf diejenigen Werke verweisen, die für jeweiligen Abschnitt einschlägig und zur Vertiefung bestimmter Aspekte nützlich sind. Die umfangreiche Fachliteratur, auf deren Basis dieses Buch verfasst wurde, konnte leider nicht in der sonst üblichen

Form eines ausführlichen Literaturverzeichnisses angefügt werden, weil dies mindestens weitere fünfzig Druckseiten erfordert hätte. Stattdessen umfasst die gedruckte Bibliographie nur die allerwichtigsten Standardwerke und die direkt zitierten Arbeiten. Ein ausführliches Verzeichnis der verwendeten Literatur (mit Auflösung der Siglen und Abkürzungen) sowie nach den Kapiteln des Buchs gegliederte ausführliche kommentierte Hinweise zur Forschungsliteratur finden sich auf der Internetpräsenz des Verlages als pdf-Datei.

 https://dl.kohlhammer.de/978-3-17-044528-4

Wissenschaftliche Konzepte, die nicht als allgemein bekannt vorausgesetzt werden können, und für die Darstellung notwendige Fachbegriffe werden dort, wo sie erstmals auftauchen, in grau unterlegten Kästen gesondert erklärt. Historische Daten vor der Zeitenwende werden mit Beginn der Sesshaftwerdung der Menschen zu Beginn des Holozäns, der Warmzeit, in welcher wir uns immer noch befinden, mit der bekannten Angabe »v. Chr.« (vor Christi Geburt) versehen, frühere Daten aus dem Pleistozän (Eiszeiten) werden mit »BP« (*before present*, also »vor heute«) angegeben.

Dieses Buch richtet sich an eine Leserschaft, für die es im Deutschen keine rechte Bezeichnung gibt. Im Englischen gibt es sie jedoch: Der *general* oder *common reader* ist kein Fachmann, aber jemand, der als interessierter und aufgeschlossener Laie neue Erkenntnisse über ein ihm fremdes Gebiet gewinnen will, ohne dafür über Spezialkenntnisse jenseits der Allgemeinbildung verfügen zu müssen. Auch Studentinnen und Studenten (inklusive fortgeschrittene Semester) und Oberstufenschülerinnen und -schüler, die Überblickswissen schätzen, gehören in meiner Vorstellung zur intendierten Leserschaft. Eine 1931 von Douglas Walpes in einer öffentlichen Bibliothek von Chicago durchgeführte Untersuchung über die Präferenzen des *general reader* ergab, dass sich Leser besonders zwei Dinge wünschen: Zum einen wollen sie »über Dinge von wirklich herausragender Bedeutung« lesen. Dass das Thema dieses Buches von grundsätzlicher, gar welthistorischer Wichtigkeit ist, behaupte ich hier einmal in aller Vermessenheit. Dass es tagespolitisch hochaktuell ist, ist für mich als Autor eher störend, kann aber vielleicht das Interesse mancher Leser wecken, die nach der Lektüre hoffentlich nicht gar zu sehr enttäuscht sein werden, dass hier keine aktuellen Phänomene im Mittelpunkt stehen, sondern Migration als Menschheitsgeschichte behandelt wird. Zum anderen wünschten sich die *general reader* aus Chicago, vor allem »über sich selbst zu lesen«. Das kann ich für dieses Buch nun wirklich garantieren: Es ist ein Buch über den *homo sapiens* und seine Migrationsgeschichte, eine Geschichte über uns alle. Dieses Buch soll nämlich auch zeigen, dass nicht nur die gerade mal 20 % der deutschen Bevölkerung, für die das statistische Bundesamt einen »Migrationshintergrund« attestiert, Migrationserfahrung als Teil ihrer Identitäten oder Familiengeschichte haben. Ein Blick auf den Opa aus Breslau oder den in ein indisches Ashram ausgewanderten verrückten Onkel können auf die Faktizität und Alltäglichkeit von Migration in der ganzen Gesellschaft hinweisen, selbst wenn Migration keine identitätsstiftende Kraft entfaltet. Am Ende bleibt auch noch das genetische Faktum, dass wir alle, die gesamte Weltbevölkerung, von Migranten aus Afrika abstammen.

Im englischen Sprachraum erwartet der Leser auch von Sachbüchern einen gewissen Unterhaltungswert jenseits der reinen Informationsvermittlung. Der *common reader* liest nämlich, wie Virginia Woolf feststellte, zu »seinem eigenen Vergnügen«. Dies entspricht nun gar nicht der deutschen Tradition, und ich weiß nicht, ob es mir gelungen ist, den teilweise gewichtigen und komplexen Inhalten als Konterbande einen leichten Ton beizufügen, der die Lektüre auch ein wenig unterhaltsam macht. Dass dieses Buch in England konzipiert und auch zu Teilen dort geschrieben wurde, lässt mich hoffen.

Fachleute aller Art, Prähistoriker, Genetiker, Anthropologen, Historiker und Sozialwissenschaftler, vor allem auch eingefleischte Migrationshistoriker der Neuzeit, deren Arbeitsgebiete ich *nolens volens* streifen muss, werden viele Details vermissen, vielleicht auch manchmal Grobheiten bemängeln. Dennoch habe ich Hoffnung, dass nicht alle von ihnen den hier vorgetragenen Ansatz verdammen werden.

Warum wandern Menschen und wohin? Grundbegriffe der Migration

Was ist eigentlich »Migration«? Eine einigermaßen um Systematik bemühte Darstellung kommt nicht darum herum, zu Beginn ein paar definitorische Klarstellungen zu versuchen. Das sollte im Falle des alltäglich gebrauchten Begriffs »Migration« eigentlich recht einfach sein. Ein Blick in die einschlägige Literatur zeigt jedoch, dass dem gar nicht so ist, besonders wenn soziologische Arbeiten mit reichlich Fachjargon konsultiert werden. Gerade hinsichtlich einer allgemeingültigen, über Epochengrenzen hinweg anwendbaren Definition dessen, was wir unter Migration zu verstehen haben, wird nicht immer Einigkeit zu erzielen sein. Die niederländischen Migrationshistoriker Jan und Leo Lucassen, die zu den renommiertesten Vertretern ihres Faches gehören, beklagen in einem Aufsatz aus dem Jahre 2015, dass es Historikern und Sozialwissenschaftlern nicht einmal in Schlüsselfragen des Arbeitsgebiets gelungen sei, Einigkeit zu erzielen. Nicht einmal über Definitionen und Typologien zur vergleichenden historischen Betrachtung des Phänomens Migration habe man sich verständigt. Der aus dem Lateinischen abgeleitete Begriff selbst hat sich im deutschen Sprachgebrauch eigentlich erst Mitte des 20. Jahrhunderts gegen den früher üblichen (und synonymen) Terminus »Wanderung« durchgesetzt. In den 1930er Jahren taucht »Migration« erstmals neben bzw. anstelle von »Wanderung« in der Fachliteratur auf. *Migrare* meint im Lateinischen tatsächlich genau den Sachverhalt, den der moderne Begriff meistens beschreiben möchte: »Mit seiner Habe nach einem anderen Orte ziehen, um da zu wohnen«, so der *Georges*, ein einschlägiges Latein-Wörterbuch.

Wie bereits in der Einleitung kurz angesprochen, ist der Migrationsbegriff auch nicht ganz leicht von dem der Mobilität abzugrenzen, man kann ihn durchaus als eine Funktion des letzteren betrachten. Migration wäre also ein Sonderfall von Mobilität: Mobilität unter bestimmten räumlichen und zeitlichen Voraussetzungen. Eine vielzitierte und für ihren Zweck auch nützliche Definition stammt von der UNO. Danach ist »das Verlassen des gewöhnlichen Wohnsitzes (*place of usual residence*)« zentrales Kennzeichen von Migration, die dann – bei den Vereinten Nationen naturgemäß – unter dem Gesichtspunkt von Nation weiter ausdifferenziert wird: entweder als »internationale Migration« oder als »Binnenmigration«, je nachdem ob Migranten Staatsgrenzen überschreiten.

Annäherungen

Für unsere Zwecke und vor dem Hintergrund des hier betonten historischen Interesses müssen wir noch ein wenig vereinfachen und verallgemeinern. Einerseits geht die den politischen Gegebenheiten der internationalen Gemeinschaft entsprechende UNO-Definition von der Existenz klar definierter Staatsgrenzen aus, andererseits unterstellt sie grundsätzlich die Sesshaftigkeit als Normalfall der Lebensform. Beide Elemente dieser Definition sind für einen historischen Zugang ungeeignet: Nationalstaaten sind eine Form der Vergesellschaftung, die historisch betrachtet sehr spät entstanden und auch keineswegs alternativlos ist. Der zweite Aspekt hat darüber hinaus einen leicht ideologischen Beigeschmack: Migration wird als Ausnahme, als Abweichung von der Norm beschrieben, da die Migranten *per definitionem* über einen *place of usual residence* verfügten. Jemand, der sein Heimatland länger als ein Jahr verlässt, wird nach der Definition der Vereinten Nationen zu einem »Dauer- oder Langzeitmigranten (*long-term migrant*)«. Diese Bedingung erfüllten wie erwähnt allerdings bereits sowohl Odysseus – nach seinem genau einjährigen Aufenthalt bei der Zauberin Kirke, die sieben Jahre bei der Nymphe Kalypso machen ihn vielleicht zum *very-long-term migrant* – als auch Goethe, der seinen Geheimratspflichten in Weimar entfloh und 16 Monate in Italien weilte.

Viel nützlicher und auch aus historischer Sicht für unterschiedliche Formen und Ausprägungen von Migration anwendbar erscheint mir der Ansatz des amerikanischen Migrationsforschers Patrick Manning zu sein, den in der Forschung auch die Gebrüder Lucassen aufgegriffen haben. Migration ist demnach zunächst einmal ganz einfach nur die Bewegung von Individuen oder Gruppen von einem Ort an den anderen. Entscheidender Faktor ist dabei, dass Grenzen (*boundaries*) im weitesten Sinne, nicht unbedingt Staatsgrenzen (*borders*), überschritten werden. Manning betont, dass diese Grenzen in erster Linie sprachlich, kulturell und sozial gezogen sind, nur im Einzelfall (bei Beispielen aus der Moderne oder der Gegenwart) handelt es sich auch um Staatsgrenzen.

Diese Kultur- und Sprachgrenzen überschreitende Bewegung, die verschiedene Adaptionsleistungen von Migranten und auch von den Aufnahmegesellschaften verlangt, unterscheidet nach Manning einfache Mobilität von Migration. Mit diesem Konzept einer *cross-community migration* lassen sich die meisten Fälle historischer, aber auch moderner Wanderungen erfassen und mit dem Kriterium sprachlich-kultureller Grenzüberschreitung auf einen kleinsten gemeinsamen Nenner bringen. Auch können auf diese Weise Formen der Migration, welche die Vereinten Nationen als Binnenmigration werten würden, sozialgeschichtlich viel besser erfasst werden. Man kann hier etwa an Menschen denken, die aus der chinesischen Provinz Sichuan nach Shanghai an die Ostküste wandern. Sowohl sprachlich als auch kulturell liegen dazwischen Welten. Indien, wo über 120 grundverschiedene Sprachen aus teils unterschiedlichen Sprachfamilien gesprochen werden, zählte 2011 etwa 450 Millionen Binnenmigranten, etwa 15 % davon wanderten zwischen den kulturell sehr unterschiedlichen Bundesstaaten. Diese fast 70 Millionen Menschen tauchen in den Statistiken der UNO jedoch nicht als Migranten auf, im Gegensatz etwa zu den ca. 5,8 Millionen Nachkommen der rund 700.000 Araber, die im Jahr

1948 aus Palästina geflüchtet sind und seit drei Generationen in den arabischen Nachbarstaaten leben: Gleichwohl gelten sie für die UNO als Flüchtlinge. Manning betont überzeugend die Rolle von Sprachgemeinschaften, als die sich gesellschaftliche Gruppen in der Regel grundsätzlich konstituieren. Die Tatsache, dass nur die Zugehörigkeit zu einer Sprachgemeinschaft es den Menschen möglich macht, untereinander auf komplexe und symbolische Weise zu kommunizieren, verweist auf die soziale Bedeutung dieser Kulturtechnik.

Dennoch bleiben einige definitorische Unschärfen bestehen. So bleibt es im Einzelfall oft schwierig, exakt zwischen Mobilität und Migration zu unterscheiden. Ein italienischer Stahlarbeiter, der um 1900 auf Anraten ausgewanderter Landsleute nach Pittsburgh übersiedelt, um dort für mehrere Jahre im Stahlwerk an der Seite von italienischen Arbeitern aus der gleichen Herkunftsregion zu malochen, und der in einer italienischen *community* im Stadtviertel Bloomfield seine Bleibe gefunden hat, muss weniger Adaptionsleistungen erbringen als ein dem Gesinde angehörendes mittelloses Mädchen aus Oberösterreich, für das auf dem Berghof kein Auskommen mehr ist, und das sich als Dienstmagd in einem bürgerlichen oder gar adligen Haushalt in der Hauptstadt verdingt. Auf dem geographisch gar nicht so weiten Weg in die Stadt überschreitet sie mehrere Grenzen: vom Land in die Stadt, von der ländlichen Unterschicht in eine völlig andere soziale Klasse, von einem Dialekt und einem Soziolekt in einen gänzlich anderen. Derartige historische Nuancen lassen erahnen, dass je nach historischer Landschaft, Epoche und Zeitstellung die Auswirkungen und auch die Wahrnehmungen von Migrationsformen ganz unterschiedlich sein können. Was heute als weitgehend unproblematische Binnenwanderung gesehen werden könnte, wenn etwa ein junger Arbeitssuchender aus einer ländlichen Gegend in eine Kreisstadt oder Großstadt in der näheren Umgebung zieht, war im Mittelalter unter Umständen mit der Änderung des Rechtsstatus und mit großen kulturellen Anpassungsleistungen verbunden. Ein Höriger etwa, der seine Grundherrschaft verlassen hatte, trat in ein neues und anders Herrschaftsgefüge ein und veränderte auch seinen sozialen Status.

Historische und aktuelle Fragen

Dennoch wird in diesem Buch diejenige Perspektive dominieren, die wir im Kontext der Moderne als »internationale Migration« bezeichnen würden. In deren Verlauf überschreiten Migranten Sprach- und Kulturgrenzen und müssen komplexe Integrationsleistungen erbringen, Prozesse, die in der Alltagssprache gerne vereinfachend als Aus- oder Einwanderung bezeichnet werden. Diese Begriffe implizieren jedoch einen einmaligen Wanderungsvorgang mit Ausgangspunkt und klarem Ziel. Der Herkunftsort (das Geburtsland in Zeiten moderner Staatlichkeit) wird verlassen, um an einem neuen Ankunftsort dauerhaft zu verweilen. Dass die Sachlage wesentlich komplizierter ist, wurde bereits angedeutet und wird im Verlauf der Darstellung noch deutlicher werden. Migrationen erfolgten und erfolgen oft prozesshaft, über Etappen, manchmal mit dem (verwirklichten oder aufgegebenen) Wunsch nach Rückkehr. Sie können individuell, im Familienverband, mit »Vorauskommandos«, in Gruppen stattfinden. Die Komplexität der Prozesse und Entwicklungen kann beim Zuschnitt dieses Buches nicht immer gebührend und terminologisch präzise abgebildet werden, andernfalls würde der definitorische Aufwand den Rahmen sprengen und sozialwissenschaftliche Wortdrechslereien müssten inflationär verwendet werden. Obwohl die Rede von »internationaler Migration« im historischen Kontext also wenig aussagekräftig ist, dient der Begriff trotz seiner Ungenauigkeit in unserem Zusammenhang dem Zweck, bei Bedarf an aktuelle Fragestellungen heutiger Migration anknüpfen zu können. Entsprechend werden auch grobe Begriffe wie Einwanderung und Auswanderung weiterhin verwendet werden, jedoch immer eingedenk der hinter den vereinfachenden Begrifflichkeiten lauernden Abgründe der historischen Realität.

Einige gesellschaftlich brennende Fragen, die auch in der Migrationsforschung höchst kontrovers diskutiert werden, müssen wir an dieser Stelle erst einmal zurückstellen. Sie können erst am Ende dieses Buches ihren Platz finden, zumal es sich um Fragen handelt, die auf der Ebene der individuellen Bewertung des Phänomens Migration angesiedelt sind und in der aktuellen Debatte zum Streit darüber führen, ob Einwanderung von Nutzen für die Gesellschaft ist oder eine Gefahr darstellt; auf eine simple Formel gebracht, ob sie »gut« oder »schlecht« ist.

Wiewohl ich mich in dieser auf das Gesamtphänomen Migration gerichteten Betrachtung um eine möglichst neutrale und unbefangene Darstellung, *sine ira et studio*, bemühe, bleiben am Ende doch einige grundlegende, historisch dokumentierte Sachverhalte unstrittig. Die Tatsachen etwa, dass Wissens- und Technologietransfer nicht nur abstrakt über Bücherwissen, sondern vor allem durch Migration und Kulturkontakte erfolgt, dass kreative Neuerungen, Moden, Motive in Kunst und Kultur mit Menschen wandern, Erfindungen oft Synthesen aus verschiedenen Traditionen sind, liefern keine Antwort auf die vieldiskutierte Frage, ob Migration »gut« oder »schlecht« sei. Dieser Befund zeigt aber ohne jeden Zweifel, dass Fortschritt und Verbreitung von Wissen an die Mobilität von Menschen gebunden sind, außerdem auch, dass Kategorien wie »gut« oder »schlecht« bei der historischen Analyse nicht wirklich weiterhelfen.

Formen der Migration. Eine kleine Phänomenologie

An dieser Stelle müssen wir noch einige Begriffe und Unterfunktionen des Konzepts Migration erwähnen, um ein wenig Ordnung in die verschiedenen Ausprägungen historischer und aktueller Wanderungsbewegungen zu bringen. In der Tat hat die moderne sozialwissenschaftlich orientierte Migrationsforschung seit dem ausgehenden 19. Jahrhundert, als man erstmals ernsthaft über die demographischen Auswirkungen der Industrialisierung nachzudenken begann, nach Modellen und Definitionen gesucht, die das Phänomen allgemeingültig erfassen helfen könnten.

So wurden eine Reihe von allgemeinen Voraussetzungen sowie gewisse wiederkehrende Muster im Verlauf von Wanderungen von Menschen anhand empirischer Daten benannt. Erscheinungen wie Kolonisation, Kettenmigration, zirkuläre Migration oder Heiratsmigration sind Ausprägungen von Wanderungsphänomenen, die von der Forschung umfassend beschrieben und definiert worden sind. Um diese teils komplexen theoretischen Grundlagen nicht nach Handbuchart »trocken« referieren und einzeln abhaken zu müssen, habe ich mich entschieden, eine konkrete und den meisten Lesern sicher bekannte, archetypische Migrationsgeschichte als Beispiel zu benutzen und auch ansonsten möglichst wenig Soziologenfachjargon zu verwenden. Es handelt sich um das Grimm'sche Märchen von den Bremer Stadtmusikanten, das an dieser Stelle zur Erinnerung in Gänze wiedergegeben wird:

> Es hatte ein Mann einen Esel, der schon lange Jahre die Säcke unverdrossen zur Mühle getragen hatte, dessen Kräfte aber nun zu Ende gingen, so daß er zur Arbeit immer untauglicher ward. Da dachte der Herr daran, ihn aus dem Futter zu schaffen, aber der Esel merkte, daß kein guter Wind wehte, lief fort und machte sich auf den Weg nach Bremen; dort, meinte er, könnte er ja Stadtmusikant werden. Als er ein Weilchen fortgegangen war, fand er einen Jagdhund auf dem Wege liegen, der jappte wie einer, der sich müde gelaufen hat. »Nun, was jappst du so, Packan?« fragte der Esel. »Ach,« sagte der Hund, »weil ich alt bin und jeden Tag schwächer werde, auch auf der Jagd nicht mehr fort kann, hat mich mein Herr wollen totschlagen, da hab ich Reißaus genommen; aber womit soll ich nun mein Brot verdienen?« – »Weißt du was?« sprach der Esel, »ich gehe nach Bremen und werde dort Stadtmusikant, geh mit und laß dich auch bei der Musik annehmen. Ich spiele die Laute und du schlägst die Pauken.« Der Hund war's zufrieden, und sie gingen weiter. Es dauerte nicht lange, so saß da eine Katze an dem Weg und macht ein Gesicht wie drei Tage Regenwetter. »Nun, was ist dir in die Quere gekommen, alter Bartputzer?« sprach der Esel. »Wer kann da lustig sein, wenn's einem an den Kragen geht,« antwortete die Katze, »weil ich nun zu Jahren komme, meine Zähne stumpf werden, und ich lieber hinter dem Ofen sitze und spinne, als nach Mäusen herumjagen, hat mich meine Frau ersäufen wollen; ich habe mich zwar noch fortgemacht, aber nun ist guter Rat teuer: wo soll ich hin?« – »Geh mit uns nach Bremen, du verstehst dich doch auf die Nachtmusik, da kannst du ein Stadtmusikant werden.« Die Katze hielt das für gut und ging mit. Darauf kamen die drei Landesflüchtigen an einem Hof vorbei, da saß auf dem Tor der Haushahn und schrie aus Leibeskräften. »Du schreist einem durch Mark und Bein,« sprach der Esel, »was hast du vor?« – »Da hab' ich gut Wetter prophezeit,« sprach der Hahn, »weil unserer lieben Frauen Tag ist, wo sie dem Christkindlein die Hemdchen gewaschen hat und sie trocknen will; aber weil morgen zum Sonntag Gäste kommen, so hat die Hausfrau doch kein Erbarmen und hat der Köchin gesagt, sie wollte mich morgen in der Suppe essen, und da soll ich mir heut abend den Kopf abschneiden lassen. Nun schrei ich aus vollem Hals, solang ich kann.« – »Ei was, du Rotkopf,« sagte der Esel, »zieh lieber mit uns fort, wir gehen nach Bremen, etwas Besseres als den Tod findest du überall; du hast eine gute Stimme, und wenn wir zusammen musizieren, so muß es eine Art haben.« Der Hahn ließ sich den Vorschlag gefallen, und sie gingen alle vier zusammen fort.
> Sie konnten aber die Stadt Bremen in einem Tag nicht erreichen und kamen abends in einen Wald, wo sie übernachten wollten. Der Esel und der Hund legten sich unter einen großen Baum, die Katze und der Hahn machten sich in die Äste, der Hahn aber flog bis an die Spitze, wo es am sichersten für ihn war. Ehe er einschlief, sah er sich noch einmal nach allen vier Winden um, da deuchte ihn, er sähe in der Ferne ein Fünkchen brennen, und rief seinen Gesellen zu, es müßte nicht gar weit ein Haus sein, denn es scheine ein Licht. Sprach der Esel: »So müssen wir uns aufmachen und noch hingehen, denn hier ist die Herberge schlecht.« Der Hund meinte, ein paar Knochen und etwas Fleisch dran täten ihm auch gut. Also machten sie sich auf den Weg nach der Gegend, wo das Licht war, und sahen es bald heller schimmern, und es ward immer größer, bis sie vor ein helles, erleuchtetes Räuberhaus kamen. Der Esel, als der größte, näherte sich dem Fenster und schaute hinein. »Was siehst

du, Grauschimmel?« fragte der Hahn. »Was ich sehe?« antwortete der Esel, »einen gedeckten Tisch mit schönem Essen und Trinken, und Räuber sitzen daran und lassen's sich wohl sein.« – »Das wäre was für uns,« sprach der Hahn. »Ja, ja, ach, wären wir da!« sagte der Esel. Da ratschlagten die Tiere, wie sie es anfangen müßten, um die Räuber hinauszujagen und fanden endlich ein Mittel. Der Esel mußte sich mit den Vorderfüßen auf das Fenster stellen, der Hund auf des Esels Rücken springen, die Katze auf den Hund klettern, und endlich flog der Hahn hinauf, und setzte sich der Katze auf den Kopf. Wie das geschehen war, fingen sie auf ein Zeichen insgesamt an, ihre Musik zu machen: der Esel schrie, der Hund bellte, die Katze miaute und der Hahn krähte. Dann stürzten sie durch das Fenster in die Stube hinein, daß die Scheiben klirrten. Die Räuber fuhren bei dem entsetzlichen Geschrei in die Höhe, meinten nicht anders, als ein Gespenst käme herein, und flohen in größter Furcht in den Wald hinaus. Nun setzten sich die vier Gesellen an den Tisch, nahmen mit dem vorlieb, was übriggeblieben war, und aßen nach Herzenslust.

Wie die vier Spielleute fertig waren, löschten sie das Licht aus und suchten sich eine Schlafstelle, jeder nach seiner Natur und Bequemlichkeit. Der Esel legte sich auf den Mist, der Hund hinter die Tür, die Katze auf den Herd bei der warmen Asche, der Hahn setzte sich auf den Hahnenbalken, und weil sie müde waren von ihrem langen Weg, schliefen sie auch bald ein. Als Mitternacht vorbei war und die Räuber von weitem sahen, daß kein Licht mehr im Haus brannte, auch alles ruhig schien, sprach der Hauptmann: »Wir hätten uns doch nicht sollen ins Bockshorn jagen lassen,« und hieß einen hingehen und das Haus untersuchen. Der Abgeschickte fand alles still, ging in die Küche, ein Licht anzünden, und weil er die glühenden, feurigen Augen der Katze für lebendige Kohlen ansah, hielt er ein Schwefelhölzchen daran, daß es Feuer fangen sollte. Aber die Katze verstand keinen Spaß, sprang ihm ins Gesicht, spie und kratzte. Da erschrak er gewaltig, lief und wollte zur Hintertüre hinaus, aber der Hund, der da lag, sprang auf und biß ihn ins Bein, und als er über den Hof an dem Miste vorbeikam, gab ihm der Esel noch einen tüchtigen Schlag mit dem Hinterfuß; der Hahn aber, der vom Lärmen aus dem Schlaf geweckt und munter geworden war, rief vom Balken herab: »Kikeriki!« Da lief der Räuber, was er konnte, zu seinem Hauptmann zurück und sprach: »Ach, in dem Haus sitzt eine greuliche Hexe, die hat mich angehaucht und mit ihren langen Fingern mir das Gesicht zerkratzt. Und vor der Tür steht ein Mann mit einem Messer, der hat mich ins Bein gestochen. Und auf dem Hof liegt ein schwarzes Ungetüm, das hat mit einer Holzkeule auf mich losgeschlagen. Und oben auf dem Dache, da sitzt der Richter, der rief: ›Bringt mir den Schelm her!‹ Da machte ich, daß ich fortkam.« Von nun an getrauten sich die Räuber nicht weiter in das Haus, den vier Bremer Musikanten gefiel's aber so wohl darin, daß sie nicht wieder heraus wollten.«

Warum wandern Menschen?

Warum wandern Menschen? Oder neutraler: Warum verlassen Menschen ihre Herkunftsorte? Das ist eine Kernfrage der Migrationsforschung. Wie wählen sie die Ziele ihrer Wanderung aus, welche sind die Modalitäten von Migration? Die Tierfabel der Grimms ist bereits an sich ein eindrückliches volkstümliches Dokument vom Migrationsalltag der Zeit um 1800. Ähnlich wie die bekannten Volkslieder »Muss I denn, muss I denn zum Städtele hinaus« oder »Hänschen klein« spiegelt auch das Märchen von den Stadtmusikanten den von Entbehrung und Zwängen geprägten Alltag der unteren Schichten wider, die aufgrund widriger gesellschaftlicher Umstände oftmals ihren Wohnort verlassen mussten. In dem als Tierfabel gestalteten Märchen finden sich eine ganze Reihe von Motiven, die es uns ermöglichen, gewisse grundlegende Muster von Migration zu entdecken und zu benennen.

Zunächst zum »Warum« von Wanderung: Im Falle des Esels ist der Grund seines Aufbruchs offenbar eine wirtschaftliche Notsituation. Der Müller will ihm, da er arbeitsunfähig geworden ist, die Lebensgrundlage entziehen. Er hat nun kein Auskommen mehr und entscheidet sich dazu, in Bremen als Musikant tätig zu werden. Die Migrationsforschung hat tatsächlich als wichtigstes Motiv für Migration das Verlangen von Menschen beschrieben, ihre Lebenssituation zu verbessern. Das betrifft in den meisten Fällen die materiellen Bedingungen. Wenn sogar eine Notsituation vorliegt (Erwerbslosigkeit, Hunger) wie im Falle des Esels oder etwa Mitte des 19. Jahrhunderts in Europa, besonders in Irland, als die Kartoffelfäule über mehrere Jahre hinweg für Missernten und drückende Hungersnot sorgte, dann ist der sogenannte »Push-Faktor«, der Auswanderung begünstigt, besonders hoch. Von »freiwilliger Wanderung« kann man dann kaum noch sprechen. Auch klimatische Veränderungen, die in der Vorgeschichte bis zur letzten Eiszeit (im Pleistozän, Höhepunkt vor ca. 21.000–18.000 Jahren, sie endet mit dem Beginn des Holozäns vor ca. 12.000 Jahren) viel abrupter und auch viel häufiger stattfanden, können solche Push-Faktoren sein und haben sicher bei der Wanderung unserer urzeitlichen Vorfahren eine entscheidende Rolle gespielt. Auch wenn derartige Faktoren eine hohe Bereitschaft zur Migration generieren können, erfolgt Migration – das lehren uns die empirischen Daten der Sozialwissenschaftler – doch in aller Regel freiwillig. Ihre Entscheidungen, dazubleiben oder abzuwandern, treffen Menschen aufgrund widriger oder gar inakzeptabler Lebensbedingungen, das heißt im Bewusstsein vielfältiger Push-Faktoren (Hoerder 2016).

Kommt jedoch der Faktor Gewalt hinzu, spricht man von Zwangs- oder Gewaltmigration. Dieser Sachverhalt scheint im Falle des Hundes, der Katze und auch des Hahns zuzutreffen, die allesamt unmittelbar mit dem Tode bedroht wurden und sich diesem Schicksal nur durch rasche Flucht entziehen konnten. Gewaltmigration ist in historischer Perspektive am häufigsten als Flucht vor Krieg und Bürgerkrieg zu beobachten, in der jüngeren Geschichte auch als Folge restriktiver Maßnahmen autoritärer Regime und der Vertreibung von Minderheiten, um Vorstellungen ethnisch homogener Nationalstaatlichkeit umzusetzen. Dabei kann noch weiter unterschieden werden, ob diese Zwangsmigration den Betroffenen die Möglichkeit lässt, das Ziel ihrer Wanderung – im Rahmen der situationsbedingt oft beschränkten Möglichkeiten – selbst zu bestimmen, oder ob es sich um Formen organisierter Umsiedlung oder Deportation handelt, wie etwa im Falle der afrikanischen Sklaven, die zwischen dem 17. und dem 19. Jahrhundert gegen ihren Willen auf den amerikanischen Kontinent verbracht wurden, oder bei modernem Menschenhandel. Im Falle der mit dem Tode bedrohten Möchtegernmusikanten, die sich dem Esel auf dem Weg nach Bremen anschließen, handelt es sich ziemlich offensichtlich um einen klassischen Fall von Flucht, also um das Ausweichen vor einer lebensbedrohenden Zwangslage aufgrund von Gewalt, die drei der »Landesflüchtigen« vereint.

Wohin wandern Menschen aus?

Wie und nach welchen Kriterien aber werden Migrationsziele ausgewählt? Warum wollen die vier Gefährten ausgerechnet nach Bremen? Bei der Wahl eines Ziels spielen die sogenannten »Pull-Faktoren« eine entscheidende Rolle, also die Frage nach dem Angebot, den Entwicklungsmöglichkeiten, den Chancen oder dem Bedarf an Arbeitskräften in bestimmten Zielregionen. Paradebeispiele hierfür wären die industriellen Zentren in England im 19. Jahrhundert, die große Teile der Landbevölkerung absorbierten, oder die von den »Goldräuschen« in Nordamerika und in Australien in der zweiten Hälfte des 19. Jahrhunderts ausgelösten Migrationswellen. In Bremen gibt es offenbar einen Bedarf an Stadtmusikanten und unser Quartett scheint dafür genügend qualifiziert zu sein: Der Esel spielt die Laute, der Hund die Pauke, die Katze versteht sich auf Nachtmusik und der Hahn verfügt über eine gute Stimme. Darüber hinaus versprachen große Städte seit dem Spätmittelalter die Befreiung von strengen Standesbestimmungen für die ländlichen Unterschichten. Die Hafen- und Hansestadt Bremen war dem Landadeligen August von Haxthausen, der den Grimms dieses Märchen erzählt hatte, vielleicht als beliebtes Ziel von »Aussteigern« und Flüchtigen aus dem seinerzeit recht armen Westfälischen bekannt gewesen und wurde deswegen als Sehnsuchtsort der Märchentiere gewählt. Ebenfalls von entscheidender Bedeutung ist die Verfügbarkeit genügender Mittel, die zum Erreichen eines Zieles notwendig sind. Aus Daten zur neuzeitlichen Geschichte und zu gegenwärtigen Migrationsbewegungen geht hervor, dass gerade Wanderungen an weit entfernte Wunschzielorte mit einem gehörigen finanziellen Aufwand verbunden sind. Das lässt gewisse Rückschlüsse über den sozialen Hintergrund von »internationalen Migranten« zu, die – gegebenenfalls mit Unterstützung ganzer Familienclans – nicht völlig mittellos sein können. Die Stadtmusikanten benötigen indes für ihre nicht gar so weite Reise nach Bremen (s. u.) nur ihre vier bzw. zwei Hufe, Pfoten oder Krallen.

Für die Entscheidung über den Zielort sind die Faktoren Information und Kommunikation entscheidend, nämlich dass der Esel sich auskennt und über die Zielregion, offenbar auch über den Weg dorthin und den dortigen Bedarf an Musikanten Bescheid weiß und dieses Wissen zudem mit den neuen Kameraden teilt. Dies entspricht einer weiteren wichtigen Erkenntnis der Migrationsforschung: Migranten gehen eben nicht »überall« hin, nur weil sie »etwas Besseres als den Tod« finden wollen, sondern wählen ihre Ziele gemäß verlässlicher Informationen aus. Gewährsleute, bereits Ausgewanderte und soziale Netzwerke, Rückkehrer oder Meinungsführer beeinflussen so die Wahl eines Ziels. Der Esel teilt seine Informationen aber nicht nur uneigennützig mit seinen Mitmusikanten: Zur gegenseitigen Unterstützung und auch um Gefahren zu minimieren, begeben sich Migranten gewöhnlich in Familienverbänden oder organisierten Gruppen, manchmal auch in zufälligen »Schicksalsgemeinschaften« auf die Reise und nutzen Erfahrungen und Kenntnisse von Orts- und Landeskundigen. Im 19. Jahrhundert war jeder achte Passagier auf einem Schiff nach Nordamerika schon vorher einmal dort gewesen und konnte den »Greenhorns« als Berater oder Anführer dienen. Ihre Zusammenarbeit und Solidarität gereicht den vier Tieren bei der Überwindung der Räuber ganz offensichtlich zum Vorteil. Oft wurden potentielle Migranten in betroffenen Ausgangsregionen durch Informationen und Berichte über mögliche Migrationsziele oder durch Anwerber von Reedereien und Großgrundbesitzern überhaupt erst zum Auswandern animiert. Dies ist etwa bei unserem Hahn der Fall, der zunächst nur mit hilflosem Geschrei auf seine Bedrohungssituation reagiert und erst durch die anderen Auswanderer und den Vorschlag des Esels, der die Rolle des Anführers übernommen hat, auf die Idee zur Flucht gebracht wird.

Räumliche und zeitliche Kategorien: Kultur- und Sprachgrenzen überwinden

Ein weiteres wichtiges Kriterium zur Beurteilung von Migration ist die zu überwindende räumliche, soziale und kulturelle Distanz. Hier lässt uns unser Märchen aber ein wenig im Unklaren. Die Musikanten werden als »Landesflüchtige« bezeichnet, was nahelegt, dass sie über politische Grenzen hinweg müssen, um nach Bremen zu gelangen. Wie weit die Hansestadt nun vom Ausgangsort der Tiere entfernt gewesen sein mag, bleibt unklar, Bremen war jedoch für die vier »nicht in einem Tag« zu erreichen. Die Vorlage für ihr Märchen, so die Gebrüder Grimm, stamme »aus dem Paderbörnischen« (ca. 200 km von Bremen entfernt), was allerdings keinen wirklichen Rückschluss auf den Ausgangspunkt der Auswanderer zulässt. Wie viele Tagesreisen nötig sind, lässt sich nicht ersehen, da die vier Migranten ja gar nicht bis zu ihrem Ziel gelangen, sondern – auch das typisch und häufig in der Geschichte der Migration anzutreffen – mit dem Haus im Wald ein Etappenziel erreichen (Etappenmigration), das sich erst im Laufe ihrer Wanderung auftut und sich als einladend entpuppt.

Handelt es sich in diesem Fall wirklich um die Form Migration, wie sie in diesem Buch vornehmlich behandelt wird, oder wäre die Flucht der Tiere nicht eher als eine Form von »Binnenmigration« zu beschreiben? Immerhin ist die zu überwindende Distanz (von einem Ausgangspunkt in Westfalen) innerhalb des heutigen Deutschlands an modernen Maßstäben gemessen doch überschaubar. Das ist im Falle der Stadtmusikanten eine etwas knifflige Frage. Die Migrationsforschung widmet sich in der Tat meist solchen Formen von Wanderungen, die eine dauerhafte Veränderung des Lebensmittelpunkts an einen anderen Ort betreffen. Das Entscheidende ist dabei nicht, wie erwähnt, die geographische Distanz und das Überwinden von politischen Grenzen, sondern die Übersiedlung in einen Raum, der entweder sprachlich, kulturell oder sozial anders ist bzw. all dies zusammen. Dies könnte für die Stadtmusikanten zumindest bedingt zutreffen. Landesgrenzen mussten die Musikanten ohnehin überwinden, da zu Zeiten der Grimms (die *Kinder- und Hausmärchen* erschienen 1812, die zweite Auflage, die dieses Märchen erstmals enthielt, 1819) Paderborn und sein Gebiet nach der Säkularisierung ab 1803 zunächst zu Preußen, dann kurz zum Napoleonischen Königreich Westphalen und ab 1815 dauerhaft zu Preußen gehörte. Die vier »preußischen« Musiker hätten also mindestens das Königreich Hannover durchqueren müssen, um dann nach Überwindung von zwei Landesgrenzen in die Freie Hansestadt zu gelangen. Aber auch kulturelle Grenzen könnten eine Rolle spielen. Der kulturelle Unterschied zwischen bäuerlichem Landleben und dem Leben in der Hansestadt würde die vier vor eine Reihe sozialer und kultureller Anpassungsschwierigkeiten stellen, ebenso wie die Konfessionsfrage. Im protestantischen Bremen hätten es paderbörnische Katholiken nicht ganz leicht gehabt. Das Erlernen neuer Gebräuche und vielleicht auch einer neuen Sprache, zumindest einer neuen Varietät (falls die vier Tiere tatsächlich aus dem niederdeutschen Raum stammten), beides wichtige Merkmale von Migration als *cross-community*-Migration, wie sie in diesem Buch verstanden wird, wären also unbedingt nötig, um in Bremen erfolgreich zu sein.

Reine Binnenmigration innerhalb einer politisch-kulturellen Einheit kann durchaus Gegenstand von Migrationsforschungen sein. Gerade die Arbeitsmigration zur Zeit der Industrialisierung und das Entstehen von urbanen Zentren und Ballungsgebieten haben die ersten wissenschaftlichen Auseinandersetzungen mit Migration befördert. Der »Vater« der Migrationsforschung, Ernst G. Ravenstein (1834–1913), hat erstmals die Abwanderung der englischen Landbevölkerung in die Industriezentren 1885 systematisch aus demographischer Perspektive untersucht und bestimmte Gesetzmäßigkeiten feststellen können. Auch heutzutage spielt Binnenmigration, die durchaus auch sozialgeschichtliche Auswirkungen hat, eine große Rolle, wie der Fall Indien (s. o.) zeigt. Sie wird allerdings nicht in den Migrationsstatistiken erfasst, obwohl sie in manchen Teilen der Welt mit der Überwindung großer Distanzen und Sprachgrenzen verbunden ist. Darüber hinaus lassen sich auch in der heutigen Welt in vielen Regionen Grenzregime nicht wirklich durchsetzen. Entsprechend sind die von der UNO zuletzt jährlich mit rund 280 Millionen bezifferten »internationalen Migranten« nur die Spitze des Eisbergs (nur diejenigen, die legal und offiziell in anderen als ihren Herkunftsländern leben, tauchen in den Statistiken der UNO auf).

Soweit wir bisher sehen konnten, sind unsere vier Stadtmusikanten offenbar geradezu Migranten aus dem Lehrbuch. Nur in einer Hinsicht entsprechen sie gar nicht dem von der Migrationsforschung für die letzten rund 200 Jahre anhand statistischer Daten gewonnen typischen Profil: Sie sind eindeutig zu alt und damit für ihre gewohnten Tätigkeiten untauglich geworden. Junge Erwachsene (in der Mehrzahl Männer) machen jedoch die ganz überwiegende Mehrheit der mit empirischen Mitteln erfassbaren Migranten aus, mit gewissen Verschiebungen in bestimmten Fällen von Zwangsmigration, die oft alle Geschlechter und Altersgruppen erfasst.

Ansiedlung, Kolonisation und Eroberung

Begleiten wir die vier Tiere aber weiter auf ihrer Wanderung: Sie gelangen auf ihrem Weg zunächst in einen Wald und suchen Obdach unter einem Baum. Eine bessere Herberge vermuten sie in einem entfernter gelegenen Haus, dessen Licht sie in der Dunkelheit erblicken. Dort angelangt, erkennen sie, dass hier reichlich Ressourcen für hungrige Migranten zu finden sind (»das wäre was für uns«). Wie verhalten sie sich nun? Migrantengruppen, so zeigt die historische Analyse, haben verschiedene Möglichkeiten, sich zu ihrem neuen Lebensraum zu verhalten. Sie können als Siedler einwandern und in neuen Gemeinschaften Aufnahme finden, also sich den gegebenen Verhältnissen am Ziel zumindest teilweise und aus praktischen Gründen sprachlich und kulturell anpassen (Beispiele: europäische Amerikaauswanderer, »Gastarbeiter« in Deutschland). Dies ist bei modernen Arbeitsmigranten, bei Auswanderern aller Epochen und auch bei Flüchtlingen der typische Fall.

Sie können aber auch als geschlossene Gruppe von Kolonisten in Gebieten, die noch von keiner anderen Gemeinschaft beansprucht wurden oder genug Raum für mehrere Gemeinschaften bieten, mit ihren alten Regeln und Gewohnheiten auf gleiche Weise weiterleben wie zuvor im Herkunftsgebiet. So wird man sich viele Wanderungen früher Menschen der Gattung *homo sapiens* in neue Habitate vorstellen dürfen, die sich von ihrer gewohnten Umwelt nicht extrem unterschieden. Aber auch die sogenannte »griechische Kolonisation«, die Gründung neuer Pflanzstädte an den Küsten des Mittelmeers und des Schwarzen Meers im 8. bis 6. Jahrhundert v. Chr. wäre ein Beispiel. Dass dabei auch Auseinandersetzungen mit ansässigen Gruppen und Verdrängungsprozesse vorkamen, ändert nichts an der kulturellen Beständigkeit der Gesellschaften der Kolonisten.

Migranten können aber auch, und das ist der Fall bei unseren offenbar nicht ganz friedfertigen Musikanten, als Eroberer oder Invasoren auftreten. Die Tiere fassen den gemeinschaftlichen Plan, die Bewohner des Hauses »hinauszujagen«. Das gelingt ihnen mit einer den Überraschungsvorteil nutzenden Taktik, woraufhin die Räuber fluchtartig ihr Haus verlassen. Der Versuch der Räuber, wieder in den Besitz ihrer Wohnstätte zu gelangen, wird durch massive Gewaltanwendung und Einschüchterung vereitelt. Die Räuber ziehen endgültig ab, ja werden auf diese Weise selbst Opfer von Gewaltmigration und müssen sich ihrerseits als Flüchtlinge an einen anderen Ort begeben. Bekannte historische Beispiele für Neuankömmlinge, die als Invasoren auftreten, sind etwa die spanischen Konquistadoren (mit rund 170 Mann eroberte Francisco Pizarro das Inka-Reich), die Normannen in England (Schlacht bei Hastings 1066) oder die Eroberungen der Mongolen in Ost und West im 13. Jahrhundert.

Die vier Tiere bleiben aufgrund der im Wald und im neuen Haus offenbar ausgezeichneten Verfügbarkeit von Ressourcen am Ort: »Den vier Bremer Musikanten gefiel's aber so wohl darin, daß sie nicht wieder heraus wollten«. Ob dies das Ende ihrer Wanderung gewesen ist oder nur eine Etappe auf dem weiteren Weg zu ihrem eigentlichen Ziel, wird offengelassen.

Zirkuläre Migration

Deswegen wollen wir die Geschichte an dieser Stelle ein wenig weiterspinnen. Stellen wir uns vor, die vier entscheiden sich, weil etwa die Speisekammer des Hauses nur begrenzte Vorräte bietet, zu einem späteren Zeitpunkt doch nach Bremen weiter zu wandern. Dort werden sie auch – sie sind ja bestens qualifiziert – als Stadtmusikanten engagiert. Der Senat tagt aber nur zu gewissen Zeiten, so dass ihnen jahreszeitbedingt genug freie Zeit bleibt, bei gleichwohl anständigem Salär regelmäßig ihr Haus im Wald zu besuchen und zu bewohnen, eventuell in den Ausbau zu investieren. Solche Formen »zirkulärer Migration« kennt man u. a. von Nomaden, die immer wieder bestimmte Orte mit bekannten Weidegründen aufsuchen. In der Neuzeit, seit der Einführung interkontinentaler Schnellverbindungen durch Dampfschiffe, sind solche nur saisonalen oder zeitlich klar limitierten Abwesenheiten vom Herkunftsort häufiger, heutzutage in Zeiten der Billigflieger geradezu Normalität (von den polnischen Schnittern auf ostdeutschen »Rittergütern« im 19. und frühen 20. Jahrhundert bis zu den osteuropäischen Erntehelfern und Schlachthofarbeitern unserer Tage).

Heiratsmigration

Stellen wir uns weiter vor, unsere Tiere entwickelten Heimweh und litten ein wenig unter artbedingter Einsamkeit. Der Esel könnte etwa an die Eselin, die ihm schon immer sehr gefallen hat, in die alte Heimat einen Brief schreiben. Er berichtet etwa von dem neuen Haus, dem relativen Wohlstand als (unbefristet) Angestellter im öffentlichen Dienst der Hansestadt, und hält um die Hufe der Eselin an, die dann auch prompt eintrifft, um den glücklichen Grauschimmel im Bremer St.-Petri-Dom zu ehelichen. »Heiratsmigration« von Frauen ist (in patrilinearen Gesellschaften) schon seit der Bronzezeit sicher belegt, anhand genetischer Daten auch für Frauen aus Gemeinschaften von Jägern und Sammlern, die in Familien von Ackerbauern »einheiraten« (▶ Kap. 1.2 und 1.3). Teilweise kamen Frauen über weite Strecken (oft über Sprach- und Kulturgenzen hinweg) in fremde Familien und mussten sich an ihr neues Umfeld gewöhnen. Besonders der Adel des Mittelalters und der Frühen Neuzeit bietet hier viel Quellenmaterial.

Kettenmigration

Der Hund, ein generell sehr soziales Lebewesen, das die Gesellschaft von Artgenossen zum Glücklichsein braucht, schreibt vielleicht an seine alte Meute und erzählt den Wurfbrüdern, wie wunderbar es in Bremen und in »seinem« Wald sei, wo man nach Herzenslust umherjagen könne. Er schlägt ihnen vor, sich auch auf die Reise zu machen, und würde ihnen sogar die notwendigen Auslagen vorstrecken, da er ja jetzt ein recht gut situierter Vierbeiner sei. Wenn Auswanderer an ihre Verwandten und Freunde voller Enthusiasmus über die Chancen der »neuen Heimat« schreiben und diese, manchmal von ihren Arbeitgebern gebeten, dazu animieren, ihnen gleichzutun und auch auszuwandern, so spricht man gemeinhin von »Kettenmigration«. Diese basiert auf verlässlichen Informationen, die über Emigranten in die Heimatregion gelangen und zu weiteren Auswanderungen führen. Auf diese Weise können (zusammen mit anderen ökonomischen Faktoren) ganze »Migrationssysteme« entstehen: Netzwerke, die über längere Zeit funktionieren und bestimmte Ausgangs- und Zielregionen ökonomisch und sozial verbinden. Das hat bereits in den griechischen Pflanzstädten der Antike sowie bei Amerikaauswanderern aus Europa funktioniert und funktioniert noch heute, wenn nach und nach ganze Dorfgemeinschaften von russischsprachigen Lipowanern aus Südostrumänien in eine ganz bestimmte Region Spaniens ziehen und immer wieder ihre Verwandten nachholen.

Rückkehrer

Der Hahn leidet jedoch unter schrecklichem Heimweh. Er schreibt an die Bäuerin auf seinem alten Hof und bittet sie, auf zukünftige Einladungen und Gastmähler zu verzichten, zumindest auf den üblichen *coq au vin*. Vielleicht ließe die Bäuerin sich auch für die Segnungen der modernen vegetarischen Küche gewinnen, spekuliert der Hahn. Stimme sie der Abmachung zu, so würde er gern wieder ganz trefflich das Wetter voraussagen und verlange auch gar nichts weiter zu seinem Unterhalt, da er jetzt ein wohlhabender Mistkratzer sei. Er wäre sogar bereit, die Hühnerschar des Hofes auf seine Kosten auszuhalten. Nach positivem Bescheid der Bäuerin, die das pünktliche Krähen des Hahns schon lange vermisst, macht dieser sich als »Rückkehrer« auf den Heimweg und berichtet, wieder im alten Hühnerstall angekommen, den Hennen allabendlich von seinen mannigfaltigen Abenteuern. Von den rund 55 Millionen Europäern, die vom Beginn des 19. bis zu Beginn des 20. Jahrhunderts in die Neue Welt auszogen, kehrten immerhin mindestens 15 Millionen dauerhaft wieder zurück, als reiche »Onkels« (und Tanten) aus Amerika oder als gescheiterte Existenzen.

Rekapitulieren wir kurz, was die Bremer Stadtmusikanten uns über die Prozesse von Migration, die Motive von Migranten und unterschiedliche Formen von Wanderungen zeigen konnten. Migranten entscheiden sich dazu, ihren Lebensmittelpunkt dauerhaft (nach UNO-Definition mindestens ein Jahr lang) über Sprach- und Kulturgrenzen hinweg zu verlegen, in erster Linie, um ihre Lebenssituation zu verbessern. Dies betrifft die meisten historisch rekonstruierbaren und verifizierbaren aktuellen Fälle von freiwilliger Migration. Beschränkt auf die Zeit vom 19. Jahrhundert bis in die Gegenwart, für die wir genügend Quellen- und Zahlenmaterial zur Verfügung haben, dominiert freiwillige Migration mit dem Ziel, die Lebensumstände zu verbessern, mit etwa 90 %. Migranten dieses Typs gehören nicht zur ökonomisch untersten Schicht, denn sie müssen über gewisse Mittel verfügen, die ihnen die meist weite und teure Reise ermöglichen. Sie können dabei als Siedler in großen Gruppen diesen Ortswechsel angehen oder in kleineren Gemeinschaften, im Familienverband oder gar individuell ihr Herkunftsgebiet verlassen. Sie können (vermeintlich) unbewohntes Land in Besitz nehmen (die Westwanderung früher Ackerbauern vor etwa 7.000 Jahren, die Pilgerväter der Mayflower) oder sich in bestehende Aufnahmegesellschaften (teil-)integrieren, wobei sie sich nach meist drei Generation oft völlig assimilieren. In bestimmten Situationen treten Migrantengruppen als Abenteurer und als Eroberer auf (etwa die Normannen in England, die Kreuzritter in Akkon, Konquistadoren, Kolonialherren des 19. Jahrhunderts). Im Falle von Gewaltmigration werden Menschen im Verlauf der gesamten Menschheitsgeschichte immer wieder zu Flüchtlingen vor Krieg und Gewalt, zu Vertriebenen, wenn sie nicht gar verschleppt, versklavt und zwangsumgesiedelt werden. Wenn sie können, wählen Migranten ihre Ziele mit Bedacht und reichlich Vorwissen aus und wagen eben nicht eine Reise ins Ungewisse.

Viele weitere Typen und Formen von Migration wurden von der Forschung, besonders anhand von Daten der letzten zwei bis drei Jahrhunderte, ermittelt und beschrieben. Heiratsmigration, Kettenmigration, Rückwanderung zum Herkunftsort, Elitenmigration usw. usf. sind nur grobe Etikettierungen und begriffliche Annäherungen. Die Push- und Pull-Faktoren wirken auf bestimmte Individuen und Gruppen in ganz unterschiedlicher Weise. Klimaveränderungen können zu einer Wanderung anregen, die dennoch freiwillig ist, weil man es in der Heimat irgendwie doch noch aushalten könnte. Mischformen existieren. Die seefahrenden Zeitgenossen des Odysseus, wie auch die Wikinger in ihren Drachenbooten traten mal als Kaufleute auf, wenn die angesteuerten Küstensiedlungen groß und befestigt waren, mal als Seeräuber und Plünderer, wenn sie glaubten, die Einheimischen überwinden zu können. Flüchtlinge verlassen dieser Tage ihre Heimat aus Angst vor Verfolgung und Tod, dennoch zahlen sie Schleppern vergleichsweise hohe Summen, um an bestimmte Fluchtorte und nicht nur in ein Land in der Nähe ihrer Herkunftsregion zu geraten, das kaum ökonomische Chancen für einen Neubeginn bietet.

Viele dieser mannigfachen Manifestationen menschlicher Migration werden in diesem Buch durch Beispiele illustriert, beschrieben oder wenigstens erwähnt. Jedoch gibt es in der Tat auch Migrationsphänomene, die ganz eng mit unserem seit dem 19. Jahrhundert von einer schwindelerregenden und immer weiter zunehmenden Beschleunigung geprägten modernen Zeitalter der Technik verbunden sind. Doppelbindungen, mehrfache Staatsbürgerschaft, suburbane Kulturen usw.

bilden interessante Felder soziologischer Migrationsforschung, sind aber nicht Gegenstand dieser auf die großen Zusammenhänge konzentrierten Darstellung. Moderne Migranten, die zu jedem Ostern und Weihnachten mit dem Billigflieger in die alte »Heimat« fliegen können, behalten intensivere Bindungen zu ihrem Herkunftsland als frühere Auswanderer, die meist spätestens nach drei Generationen völlig assimiliert waren. Man spricht bei diesen aufgrund von Telekommunikation und Transportbedingungen möglichen mehrfachen Bindungen von »Transnationalität«.

So vielfältig die Erscheinungsformen menschlicher Wanderungsbewegungen über den Globus auch sein mögen: Zwei elementare Grundsätze lassen sich beobachten.

1. Migration ist immer mit Risiken und Kosten verbunden. Sie erfolgt deswegen selten leichtfertig, wenngleich Abenteuerlust nicht unterschätzt werden darf. Heute wie vor tausenden von Jahren sind Reisen ins relativ Ungewisse – manchmal mit (sozialem) Netz, aber nie mit doppeltem Boden – mit allerlei Gefahren für Leib und Leben verbunden.
2. Migration gehört zum Menschen dazu, ist Teil seines Wesens, seiner strategischen Optionen und ein wichtiges Element seiner Entwicklungsgeschichte. Innovationen und Fortschritt sind eng mit Migration und Kommunikation über Kulturgrenzen hinweg verbunden. Wanderer zwischen den Welten, Grenzgänger, die unterschiedliche Räume und Kulturen verbinden, haben seit Anbeginn der Menschheitsgeschichte Wissen weiter tradiert und Innovationen befördert.

Der Nomadenforscher, Archäologe und Reiseschriftsteller Bruce Chatwin meinte, dass die fast drei Millionen Jahre Geschichte des Herumstreifens unserer homininen Vorfahren wie auch die rund 300.000-jährige Migrationsgeschichte unserer Spezies, des *homo sapiens*, die kurze, gerade einmal seit 10.000 Jahren belegte Phase der Sesshaftigkeit eines Teils dieser Spezies zu einem ephemeren Ereignis mache:

> »Die Evolution hat uns zu Reisenden bestimmt. Sesshaftigkeit von längerer Dauer, ob in einer Höhle oder in einem Schloss, war in der Geschichte der Menschheit im günstigsten Fall ein vorübergehender Zustand. Länger anhaltende Sesshaftigkeit hat eine vertikale Achse von etwa zehntausend Jahren: ein Tropfen im Ozean evolutionärer Zeit. Wir sind von Geburt an Reisende« (Chatwin 1998, 130).

Der Darstellung der Geschichte des *homo sapiens migrans* ist das folgende Kapitel, ja eigentlich das ganze Buch, gewidmet.

Literaturhinweise zu Einleitung

Die wichtigsten Einführungen und Gesamtdarstellungen zum Thema Migration konzentrieren sich in der Tat auf die Neuzeit, etwa die Arbeiten von Bade (2000), Hoerder (2002) und Oltmer (2017) als beste Beispiele der deutschen Migrationsforschung. Die Gesamtdarstellungen von Hahn (2012) und Manning (2012) integrieren in ihren allgemeinen Darstellungen die Vorgeschichte und frühe historische Epochen und sind deshalb besonders empfehlenswert. Die Kategorien von Migrationsphänomenen finden sich übersichtlich bei Hahn (2012) und Oltmer (2017).

Teil I Entwicklungsgeschichtliche Zugänge: Migrationsgeschichte als Menschheitsgeschichte

1 »Homo sapiens migrans«: Vor- und Frühgeschichte der Migration

1.1 Die Eroberung der Welt

Was macht den Menschen aus? Eine im Kern philosophische Frage, die seit Aristoteles immer wieder von Neuem Antworten verlangt. Aus evolutionsgeschichtlicher Perspektive lassen sich durchaus unterschiedliche Antworten auf diese Frage finden. Ein Evolutionsbiologe würde vielleicht darauf verweisen, dass die anatomischen Bedingungen, Körperbau und Gehirngröße, entscheidend für das Menschsein seien. Die ältesten Funde eines mit uns Heutigen anatomisch fast völlig übereinstimmenden *homo sapiens* stammen aus dem marokkanischen Djebel Iroud und sind etwa 315.000 Jahre alt. Vor dem Jahr 2017 galten Knochenfunde aus Äthiopien (Omo Kibish) als ältester archäologischer Beleg für den *homo sapiens*. Die Knochen wurden mittels ^{14}C-Datierung auf ein Alter etwa 200.000 Jahren geschätzt.

> **^{14}C-Datierung**
>
> Mit der Radiokarbonmethode oder ^{14}C-Datierung bestimmen Archäologen das Alter von Funden, die organisches Material enthalten. Das seit seiner Einführung um 1950 immer weiter durch Kalibrierungen verfeinerte Verfahren beruht darauf, dass in abgestorbenen Organismen der Anteil an gebundenen radioaktiven ^{14}C-Atomen gemäß dem Zerfallsgesetz abnimmt und man dies anhand der konstanten Halbwertszeit genau messen kann.

Während die hominiden Vorfahren des modernen Menschen noch als Sammler und Aasverwerter unterwegs waren, war bereits der *homo erectus* spätestens vor 300.000 Jahren zu einem aktiven Jäger geworden und hatte Steinwerkzeuge kreativ weiterentwickelt. Diese Fertigkeiten hat der *homo sapiens* weiter perfektioniert, die grundlegende Lebensweise entsprach jedoch einer Tradition von fast 3 Millionen Jahren. Aber waren diese frühen Vertreter unserer biologischen Art wirklich »Menschen« der Sorte, wie wir uns heute selbst verstehen? Eher nicht. Ein entscheidendes Merkmal war bei unseren archaischen Artgenossen noch nicht ausgeprägt: Es ist die Sprache, die Menschen von allen anderen Lebewesen unterscheidet

Im Anfang war das Wort. Und das Wort war beim Menschen

Die syntaktische Sprache ist die entscheidende Kulturtechnik, die den *homo sapiens* weit über seine früheren und heutigen Verwandten hinaushebt. Immer noch rätselt die Wissenschaft, wie genau Sprache und Denken miteinander zusammenhängen. Dass sie es tun, ist jedoch gewiss. Die Probleme fangen bereits damit an, dass wir noch nicht einmal die grundlegendsten neurologischen Prozesse verstehen, nach denen unser Denken funktioniert. Noch komplexer ist das Zusammenspiel von Denken und Sprache. Schon Wilhelm von Humboldt wusste, dass Sprachen unser Denken, unsere »Weltansicht« und damit unsere Wahrnehmungen entscheidend prägen. Wie genau die Zusammenhänge sich gestalten, ist nach wie vor in höchstem Maß umstritten und weder Linguisten noch Neurowissenschaftler haben bis jetzt eindeutige Antworten gefunden.

In jedem Falle sind Sprache und Kognition mit ihrer gegenseitigen Wechselbeziehung das Element, welches den Menschen von allen anderen Lebewesen unterscheidet. Schon Aristoteles hat den Menschen daher als dasjenige Tier definiert, »welches über Sprache (*lógos*) verfügt«. Denn Sprache ermöglicht etwas, was die Kommunikation von Tieren, die sich nur auf Gegenwärtiges bezieht, nicht vermag, nämlich die Frage zu stellen: »Was wäre, wenn?« Dies ist die entscheidende Frage, die uns zu Menschen macht. Wir können uns mittels Sprache Dinge vorstellen, die (noch) nicht existieren, und diese Visionen unseren Mitmenschen als Ideen und auf die Zukunft gerichtete Pläne mitteilen. Gleichzeitig können wir Vorstellungen von der Vergangenheit ausbilden, von einem Gestern, das uns individuell betrifft, aber auch die Gruppe, der wir angehören. So muss die Vorstellung von Vergangenheit, von »Geschichte« als sinnvoller und kausal verbundener Vorkonstruktion von Gegenwart entstanden sein. Nur durch Sprache konnten die ersten »wirklichen« Menschen strategisch planen und erdachte Strategien im Team praktisch erproben, etwa bei gemeinsamen Jagden auf Großwild. Aber noch viel abstrakter und komplexer als diese praktischen Elemente der Alltagsbewältigung erschließt die Sprache noch eine andere Dimension dieser exklusiv menschlichen auf Zukünftiges gerichteten »rationalen Intentionalität«: die Entdeckung des Fiktionalen und die Geburt der Phantasie und damit die Entwicklung einer zutiefst menschlichen schöpferischen Kraft: der Kunst, vielleicht auch zugleich – aber das bleibt, wie so vieles in diesem Bereich, Spekulation – der Religion. Frühe Kunst hat sich archäologisch lediglich in Form von anthropomorphen und zoomorphen Plastiken oder Höhlenmalerei erhalten (auch uralte Musikinstrumente wurden entdeckt). Doch muss man davon ausgehen, dass das Wort und die sprachliche Imagination am Anfang unseres kognitiven Aufbruchs gestanden haben müssen: Im Anfang war das Wort. Und das Wort war beim Menschen. Dieser kulturgeschichtliche Quantensprung in der Menschheitsgeschichte wird zurecht als »kognitive Revolution« bezeichnet.

Die »kognitive Revolution«

Wann aber wurde der *homo sapiens*, der ja anatomisch einheitlich seit über 300.000 Jahren Teile der Erde bevölkert, zum »Menschen« in diesem eigentlichen Sinne, also zum *homo loquens*, dem sprechenden Menschen, und was hat dies alles mit Migration zu tun?

An Fundplätzen in Afrika lassen sich mögliche Spuren dieser »kognitiven Revolution« archäologisch verfolgen. Im südlichen Afrika wurden an mehreren Orten (etwa in der Blomboshöhle oder in der Gegend der Stillbay-Bucht) aufwendigere Werkzeuge, aber vor allem aus gelochten Muscheln hergestellte Schmuckstücke entdeckt. Auch die Verwendung von Farbpigmenten ist belegt (Ocker), offenbar entstanden auch Tauschnetzwerke (Ocker und Muscheln). Das Auftauchen von Anzeichen symbolischer Kunst vor etwa 75.000 Jahren hängt mit dem Gebrauch der Sprache im heutigen Sinne zusammen. Denn die wesentliche Eigenschaft von Sprache ist ja ihr symbolischer Charakter. Nur die Verwendung komplexer Sprache, die über das Stadium von »Ich Tarzan, du Jane« hinausgelangt ist und zur Beschreibung der Welt und zur Formulierung von Ideen taugte, erklärt das Aufkommen symbolischer Artefakte. Dieser symbolische Aufbruch fällt zusammen mit einer beschleunigten technischen Entwicklung und dem Beginn der großen Wanderung des Menschen *out of Africa*. In rascher Folge tauchten Grabstöcke, Fischereizubehör, Werkzeuge aus Knochen (etwa Knochennadeln mit Ösen und Bohrer), Nutzung von Farbpigmenten und schließlich (v. a. in Europa) Felszeichnungen, Perlenketten, elfenbeinerne Anhänger mit Tiermotiven und Musikinstrumente (Flöten aus Knochen, ▶ Abb. 1, die älteste bekannte ist 60.000 Jahre alt) auf – nicht nur feinere Werkzeuge also, sondern auf einmal gab es Malerei, figürliche Darstellungen und Musik. Dass diese Entwicklung an die des menschlichen Verstandes und der Sprache gekoppelt war, ist eine naheliegende und heute allgemein akzeptierte Erklärung. Es war also »Grog« aus der Blomboshöhle, 300 km von Kapstadt entfernt, und nicht erst René Descartes, der den epochalen Bewusstseinsdreischritt unternommen hat. *Cogito – loqui –, ergo sum* (ich denke – ich spreche –, also bin ich).

Entwicklungsgeschichte und Ausbreitung des Menschen

Gleichzeitig mit diesen Neuerungen wird der *homo loquens* zum *homo migrans*. Es besteht ein direkter Zusammenhang zwischen kognitiver Vorausplanung und Wanderung. Die Verbreitung der Gattung *homo* über den Erdball erfolgte in mehreren Schüben (▶ Abb. 2). Die Vorfahren des modernen Menschen verlegten dabei langsam voranschreitend ihre Schweifgebiete. Die frühe Geschichte der Gattung erscheint als eine mit Fortschritten und Rückschlägen verbundene überaus komplexe Entwicklung, die durch ständige Neuentdeckungen und mit dem stetigen Anwachsen unserer Kenntnisse keineswegs leichter zu überschauen ist: »Unser Bild der Menschwerdung ähnelt inzwischen mehr und mehr einem Wimmelbild« (Haidle 2019, 43). Kurz vor dem Siegeszug des noch bis vor etwa 70.000 Jahren nur in Afrika sich langsam ausbreitenden *homo sapiens* hatten sich in Europa die Neandertaler und später die noch weitgehend unerforschten Denisovaner entwickelt und ausgebreitet (letztere im eurasisch-asiatischen Bereich). Über diese langen, anscheinend statischen Phasen der Menschheitsgeschichte hinweg erfolgte eine Reihe von wichtigen technischen Fortschritten und Entwicklungen, etwa die Herstellung beidseitig bearbeiteter Steinwerkzeuge, die sich entweder mit der weiteren Auswanderung aus Afrika verbreiteten oder an mehreren Orten der Welt unabhängig

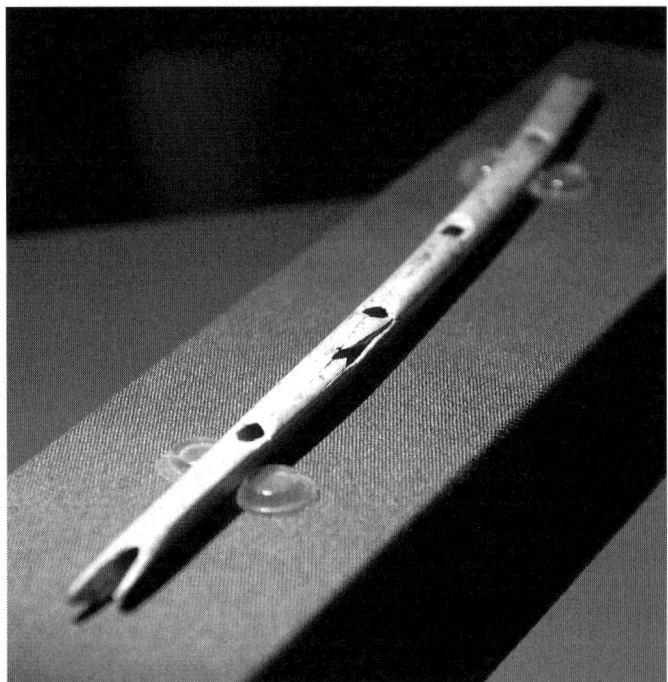

Abb. 1: Flöte aus dem Flügelknochen eines Gänsegeiers aus dem Hohle Fels (Schwäbische Alb). Sie gehört zu den ältesten bekannten Musikinstrumenten weltweit (ca. 40.000 Jahre alt) und ist das vollständigste Instrument aus dieser Zeit.

erfunden worden sind. Auch scheinen die Menschen aktivere Jäger geworden zu sein. 300.000 Jahre alte Holzspeere aus Niedersachsen zeugen von der Jagd auf Pferde. Darüber hinaus erlernte der Mensch die Beherrschung des Feuers, die eine Ausbreitung in kältere Gebiete Asiens und Europas erst möglich machte.

Die Ausbreitung der einzigen heute noch existierenden Menschenart, der unsrigen, lässt sich nicht mehr so linear erzählen, wie noch vor wenigen Jahren, als man die Ausbreitung zunächst nach Asien und dann nach Europa vor rund 70.000 bzw. 40.000 Jahren ansetzte. Neuere Funde legen nahe, dass *homo-sapiens*-Gruppen bereits vor etwa 180.000 Jahren bis in die Levante vordrangen, wo sie jedoch nicht dauerhaft Fuß fassten. In dieser Region vermutet man auch das erste Zusammentreffen zwischen Neandertalern und *homo sapiens*. In jedem Fall scheinen sich die Spuren der *Out-of-Africa*-Wanderung des modernen Menschen und seiner Ausbreitungsgeschichte nach heutigem Wissenstand wesentlich vielschichtiger und differenzierter zu gestalten als bislang angenommen. Diese Ausbreitung wird vor allem von den gerade in den letzten 300.000 Jahren der Erdgeschichte immer stärkeren Klimaschwankungen zwischen Warmzeitphasen und Eiszeiten bestimmt sowie von der mit der Lebensweise als Jäger und Sammler verbundenen Verlagerung von Schweifgebieten. Nach dem Aufbruch des modernen Menschen aus Afrika vor rund 70.000 Jahren beschleunigt sich die Geschwindigkeit seiner Migration.

1 »Homo sapiens migrans«: Vor- und Frühgeschichte der Migration

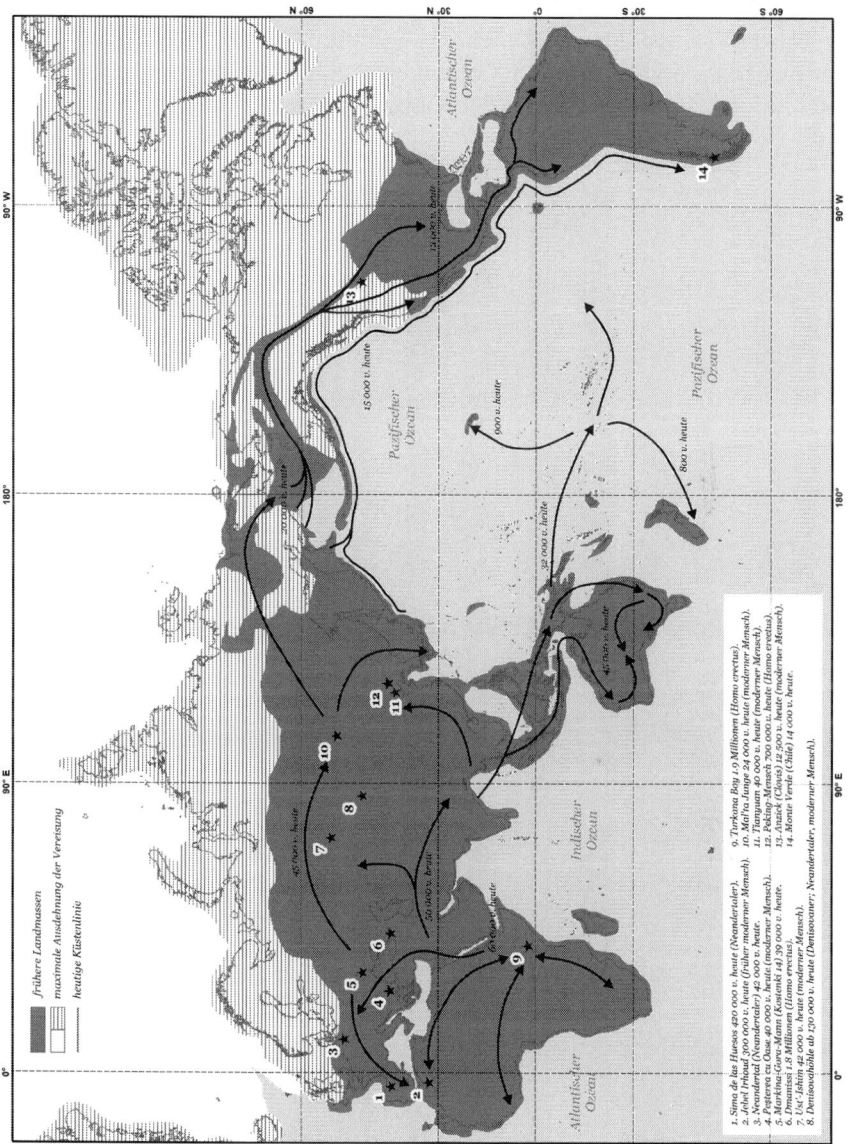

Abb. 2: Die Ausbreitung des *homo sapiens* von Afrika aus über die ganze Landmassen der prähistorischen Kontinente (zuerst Asien, Australien, Europa, zuletzt Amerikas und pazifische Inselwelt).

Zusammen mit der Beschleunigung seiner zunehmend zielgerichteten Ausbreitung entwickelt der nun »wissende Mensch« neue Kulturtechniken, baut Musikinstrumente und entwickelt eine symbolische geistige Welt, die sich anhand der Artefakte (etwa der etwa 40.000 Jahre alte berühmte »Löwenmensch« von der Schwäbischen

Alb, ▶ Abb. 3) und Höhlenmalereien nur erahnen lässt. Diese neuen »Medien« ermöglichen die Speicherung von Wissen und Weltbildern und die Überlieferung an Andere und die nachkommenden Generationen. Es ist die Geburt der »Geschichte«, von historischen und mythologischen Vorstellungen einer eigenen Vergangenheit, in die sich die Menschen nun einordnen.

Abb. 3: Der sogenannte »Löwenmensch« aus der Stadel-Höhle (Schwäbische Alb) gehört zu den ältesten bekannten Kleinkunstwerken der Menschheit und hat ein Alter von ca. 40.000 Jahren.

Wir wissen bis heute nicht, warum wir die letzte verbliebene Menschenart auf der Erde repräsentieren. Der *homo sapiens* hat den Neandertaler nach rund 4.–5.000 Jahren des Zusammenlebens in Europa vielleicht nicht einmal verdrängt oder ausgerottet, möglicherweise hat er ihn nur assimiliert. Immerhin wissen wir aus genetischen Forschungen heute, dass *homo sapiens* und *homo neanderthalensis* gemeinsame Nachkommen gezeugt, sich also »vermischt« haben, und das schon bei ihren ersten Kontakten. Heutige Zeitgenossen haben bis zu zwei Prozent Neandertalergene in ihrer DNA.

Festzuhalten bleibt, dass etwa 300.000 Jahre Geschichte unserer Art, aber auch die rund zwei bis drei Millionen Jahre der Geschichte unserer unmittelbaren Vorfahren und ihrer Seitenlinien (Gattung *homo*) vom Unterwegssein bestimmt waren. Als Jäger und Sammler folgten sie auf ihren Wanderungen den Beutetieren und orientierten sich an den natürlichen Ressourcen der Landschaft. Lagerplätze wurden nach Erschöpfung der Ressourcen verlassen, oftmals zyklisch und jahreszeitabhängig wieder aufgesucht. Aus ethnologischen Forschungen von noch existierenden Jägern und Sammlern wie den Hadza in Tansania, deren Lebensweise derjenigen der frühen Wildbeutergesellschaften sehr ähnlich ist, lassen sich grundsätzlich Rückschlüsse auf Schweif- und Wanderungsverhalten der vorgeschichtlichen Populationen ziehen, die klar erkennen lassen, dass die Gattung *homo* und auch die einzig übriggebliebene Varietät, der *homo sapiens*, zunächst einmal durch ihre ständige Mobilität gekennzeichnet waren. Die Lebensweise des Menschen und in der Konsequenz die seit der kognitiven Revolution beschleunigte Ausbreitung der Art über den ganzen Globus, zuletzt über die Behring-Landbrücke auf den amerikanischen Kontinent (vor etwa 20.000 Jahren), macht ihn recht eigentlich zum *homo sapiens migrans*. Dass er dabei zunehmend zielgerichtet und planend vorging und Kenntnisse über Umwelt und Lebensraum anwandte, ist eine naheliegende Schlussfolgerung. Aus dem Paradies seiner afrikanischen Heimat wurde er nicht vertrieben: Für Bevölkerungswachstum und -druck lassen sich keine Anzeichen finden und häufiger Klimawandel kann nicht alles erklären.

Dass bei diesen Wanderungen, die den *homo sapiens* die gesamte Welt in Besitz nehmen ließen, nicht nur Push-Faktoren wie Klimaveränderungen oder stetige und notwendige Verlagerungen von Schweifgebieten, sondern auch zunehmend die aktive Suche nach besseren Bedingungen, die sich vielleicht hinter dem nächsten Bergkamm verbergen konnten, eine Rolle spielten, zeigt etwa die Ausbreitung des modernen Menschen in Australien und Neuguinea (ca. vor 45.000 Jahren). Während des Pleistozäns waren Kontinente und heutige Archipele noch über viele Landbrücken verbunden, so dass unsere Vorfahren bereits vor mehr als 60.000 Jahren nach Indonesien gelangten (▶ Abb. 2). Das heutige Indonesien bildete den mit dem südostasiatischen Festland (Indochina) verbundenen Urkontinent Sunda. Um aber von dort nach Australien und Neu Guinea zu gelangen, die damals noch eine Einheit bildeten, den Urkontinent Sahul, mussten die ersten Siedler trotz einer Verbindung über Inselketten zuletzt mehr als hundert Kilometer über das offene Meer bewältigen. Dies war nicht nur eine seefahrerische Leistung, die von Kenntnissen im Bootsbau zeugt (archäologisch viel später belegt), sondern auch ein Zeugnis von Abenteuerlust und planerischem Handeln. Der frühe *homo sapiens* war also bereits ein aktiver und vorausschauender Migrant.

1.2 Die Unterwerfung der Welt

Schauplatz Sauerland: Vor 5.500 Jahren, am Aufgang zur Blätterhöhle im Lennetal am Weißenberg (heute Ortsteil Holthausen von Hagen) bewegt sich eine Gruppe von etwa 20 dunkelhäutigen Menschen auf den Höhleneingang zu. Sie tragen auf einer Bahre ein verstorbenes Mitglied ihrer Gemeinschaft. Die Blätterhöhle dient ihnen wie schon ihren Vorfahren, die seit Generationen die mittelgebirgige Region an den Ausläufern des Rothaargebirges durchstreiften, bisweilen ihre Jagdgründe und Sammelgebiete regional verlegten, als Grablege für ihre Toten, die sie dort rituell bestatten. Bei ihrem Aufstieg begegnet ihnen eine andere Gruppe Menschen, die gerade mit ihren Fackeln den Eingangsbereich der Blätterhöhle verlassen haben. Diese sind anders gekleidet und haben bis auf eine Frau in ihrer Mitte hellere Haut. Man grüßt sich, man kennt sich, man hat schon Güter und Ressourcen miteinander getauscht. Die Frau entstammt sogar ursprünglich der Gruppe, die jetzt ihren Toten in der Höhle betten wird, und hat sich mit einem Angehörigen derjenigen Gruppe vermählt, die jetzt wieder ins Tal der Lenne zurückwandert, nachdem sie zuvor einen Toten aus ihrer Mitte an anderer Stelle in der gleichen Höhle bestattet hatte. Sie unterscheiden sich nicht nur in ihrem Aussehen, sondern vor allem in ihrer Lebensweise, die unterschiedlicher nicht sein könnte, von den Aufsteigenden. Sie sind Ackerbauern und halten Haustiere, sie wohnen in einer nahegelegenen Siedlung, die zum Schutz mit Erdwerk umgeben ist. Sie verwenden zur Vorratshaltung und zum Zubereiten der Speisen vielfältige Behälter, Töpfe und Gefäße aus Keramik. Die Becher, die sie verwenden, haben eine eigenartige Tulpenform, die sie von Trinkgefäßen in entfernteren Siedlungen der gleichen Zeit unterscheidet. Sie essen vornehmlich kohlenhydratreiche Nahrung, die überschüssige Milch ihrer Tiere nutzen sie zur Herstellung von Käse, das Fleisch ihrer geschlachteten Haustiere kommt seltener auf den Speisezettel. Ihre Vorfahren kamen vor fast 2.000 Jahren aus Anatolien über Zwischenstationen nach Mitteleuropa. Sie sind die Nachfahren von Migranten, die von weit herkamen. Die anderen Nutzer der Höhle sind hingegen »Alteingesessene«, aber zugleich auch das Gegenteil davon, denn sie sind nicht sesshaft und wechseln oft ihre Lager. Ihre Vorfahren sind Ureuropäer und damit eigentlich Afrikaner, denn sie kamen – sich langsam über Generationen nordwestwärts bewegend – rund 35.000 Jahre vorher aus Afrika in die Gegend, in das damals noch eiszeitliche Europa. Jetzt, rund 3500 v. Chr., gehören sie zu einer Gruppe von wenigen verbliebenen Wildbeutergemeinschaften, die noch fast genauso leben wie ihre Vorfahren tausende Jahre zuvor. Allerdings hat der Kontakt mit den Ackerbauern einige Veränderungen gebracht. Bisweilen tauscht man Töpferwaren oder andere Produkte der Dorfbewohner ein. Ihre Ernährung unterscheidet sich jedoch fundamental von derjenigen der Landwirte und Viehzüchter. Ihre eiweißreiche Nahrung stammt im Wesentlichen von den Süßwasserfischen, die sie im Fluss Lenne fangen, aber auch vom Wild, das sie jagen.

Wie hatte sich die Welt Mitteleuropas nach Jahrtausenden, während derer kleinere Gruppen von Wildbeutern auf der Suche nach Jagdgründen den Kontinent durchstreiften, nun so drastisch verändert? Was war passiert? Dieser spannenden Frage wollen wir in diesem Kapitel über die Ausbreitung von Ackerbau und Viehzucht in der Welt, oft auch als »neolithische Revolution« bezeichnet, genauer nachgehen.

Klimaveränderungen am Ende der Eiszeit als Auslöser für Kulturwandel

Genaugenommen war die »neolithische Revolution« gar keine Revolution, sondern eher eine »neolithische Evolution«, weil die mit der Domestikation von Wildpflanzen und Tieren verbundene Sesshaftwerdung der Menschen über viele Generationen schrittweise und langsam, aber in der Folge irreversibel erfolgte. Man wird eine Form des Zufalls für diese wichtigste, grundlegendste und dauerhafteste Veränderung der menschlichen Lebensweise verantwortlich machen, denn es war erneut eine Klimaveränderung, die diese »Revolution« ermöglichte.

Am Ende des Pleistozäns begannen die Polkappen zu schmelzen, die Meeresspiegel stiegen an, Amerika wurde vom asiatischen Festland getrennt. Beringia, die interkontinentale Landpassage, wurde zur Beringstraße. Küstengebiete wurden überflutet, mehr Wasser verdunstete, gleichzeitig entstand der Persische Golf, der das Klima im Nahen Osten nachhaltig veränderte, so dass von der Levanteküste bis über Anatolien und Syrien bis zum Zweistromland der »fruchtbare Halbmond« entstand, eine nun niederschlagsreiche und mit Winterregen gesegnete Landschaft mit guten Böden. Vielleicht ist es kein Zufall, dass die Vorstellung vom Garten Eden in dieser Weltregion entstand, die heute wieder weitaus trockener ist als zu Beginn des Holozäns vor etwa 11.500 Jahren. Diese veränderten klimatischen Bedingungen ließen in der genannten Region einen Überfluss an Vegetation und Wildbeständen in aller Diversität entstehen. Wildgetreide, das auch schon vorher bisweilen auf dem Speiseplan der Frühmenschen stand, wuchs praktisch an jeder Ecke und war länger und häufiger verfügbar. Dazu gab es Nüsse, Pistazien, Erbsen und Linsen, die man sammeln konnte. Entsprechend konnten die Wildbeuter ihre Schweifgebiete verkleinern und häufiger an Orten bleiben, deren Umfeld vielfältige Ressourcen bot. Nur weil günstige Bedingungen just in dieser Gegend der Welt dem Menschen ermöglichten, ein weniger mobiles Leben zu führen und zunächst länger und öfter an gewissen Plätzen zu verweilen, kam es also zur langsamen Ausbildung einer sich auf Feldfrüchte und Viehhaltung konzentrierenden Lebensweise. Über Jahrhunderte hinweg wurde der Anteil an pflanzlicher Nahrung größer, Wildbestände wurden sorgfältiger und unter Beachtung von »Schonzeiten« bejagt. Bei gewissen Tierarten, die man vielleicht auch gezielt in bestimmten Tälern beisammenhielt, vor wilden Raubtieren beschützte und geradezu »hegte und pflegte«, erlegte man gezielt freiheitsliebende oder aggressive Exemplare, so dass nach und nach die ersten domestizierten Nutztierarten wie Schaf, Ziege und Rind entstanden. Ihren besten Freund, den Hund, hatten bereits die Menschen des Paläolithikums als Jagdgenossen gewonnen (vielleicht sogar vor mehr als 30.000 Jahren).

Bei der Domestizierung von Wildgräsern begann man mit gelegentlicher, dann gezielter Aussaat, wobei durch Selektion stabilerer Körner (weniger spindelbrüchig) und durch Mutationen und durchaus zufällige Kreuzungen ertragreichere Pflanzen gezüchtet werden konnten. Die ersten domestizierten Getreidearten des Vorderen Orients waren Einkorn, Emmer und Gerste. Aus einer Kreuzung des Emmers mit Ziegengras und weiteren verwandten Pflanzen entstand dann später der Brotweizen.

Sesshaftigkeit und kultureller Wandel

Diese langsame Nutzbarmachung von Tierbeständen und Pflanzen führte zuerst zu einem Rückgang wildbeuterischer Mobilität und zu Vorstufen von Sesshaftigkeit. Erste Formen von Behausungen, bescheidene Hütten, entstehen in dieser Übergangszeit, dem sogenannten Epipaläolithikum (etwa 10000–7000 v. Chr.). Aber mit der Herausbildung des sogenannten Präkeramischen Neolithikums, also der Epoche der frühen Sesshaftigkeit, in der noch keine Töpfereiprodukte aus Ton verwendet wurden, entstehen bereits erste eindrucksvolle Siedlungen. Die berühmteste ist vielleicht das aus der Bibel bekannte Jericho, einer der bedeutendsten Fundplätze beim Übergang zur neuen sesshaften Lebensweise der Menschen in der Region. Diese Übergangsphase zu einer neuen Lebenswelt ist eine der phantastischsten Epochen der Geschichte, über die wir leider nur ganz wenig sicher wissen. Die frühen Ackerbauern experimentieren offenbar mit neuen Daseinsformen und auch neuen »Weltansichten«. Wie intensiv damals die kolossalen Veränderungen, auch wenn diese über Generationen hinweg erfolgten, die Menschen auch kulturell verändert haben müssen, zeigt die rätselhafte Kultstätte von Göbekli Tepe (Südostanatolien). Offenbar haben die beeindruckenden kreisförmigen Steinanlagen und die mit Darstellungen von Menschen, Tieren und Fabelwesen verzierten T-förmigen Steinstelen kultischen Zwecken gedient. Sie könnten der bildliche und bauliche Ausdruck der geistigen Formierung einer neuen Gesellschaft im 10. Jahrtausend v. Chr. darstellen, vielleicht sogar die Geburtsstunden von »Religion« und Götterglaube im modernen Sinne: Man kann hinter den Errichtern dieser massiven Bauwerke und der Kultreliefs auf Pfeilern den gesellschaftlichen Zusammenschluss von Jägergruppen sehen, die – bereits in diesem Raum heimisch aber nicht ganz sesshaft – gemeinsam mit großem Aufwand ein regionales Zentrum kreieren, das ihre geistige Welt durch plastische Darstellungen und symbolische Architektur reflektiert. Dumm nur, dass wir Heutigen uns nur mit archäologischen Hinterlassenschaften an der Hand keinen Reim auf die Inhalte dieser Geisteswelt machen können, wenngleich es an phantastischen Erklärungen nicht mangelt. Dass der Übergang zur neuen Lebensform mit einer bedeutenden kulturellen und mentalen Transformation einhergegangen sein muss, liegt auf jeden Fall nahe. Vielleicht war es aber – auch dies ist Spekulation – zuerst die andere, neue Sicht auf die Umwelt, eine geistige Wende, die erst die nachhaltige ökonomische und soziale Veränderung der Lebenswelt der ehemaligen Wildbeuter ermöglicht hat.

Was wir aber sicher sagen können ist, dass die neue Lebensweise sich in Südanatolien und dem fruchtbaren Halbmond unwiderruflich durchsetzte. Die Menschen widmeten immer mehr Zeit und Energie dem Anbau von Nutzpflanzen und der Aufzucht von Tieren sowie dem Hausbau. Gemeinschaftliche Siedlungen entstanden. Auch beim Siedlungsbau scheinen die frühen Ackerbauern zunächst experimentiert zu haben: Ein faszinierendes Beispiel früher Siedlungen ist die auf der anatolischen Hochebene bei Konya gelegene Tellsiedlung (einen Hügel bildend) Çatal Höyük, die zwischen etwa 7500 und 5700 v. Chr. existierte (Blütezeit um 7000 v. Chr.). Die fast schon urban wirkende Agglomeration von Lehmhäusern, die dicht an dicht – ähnlich den aus Nordamerika bekannten viel späteren Pueblosiedlungen – bis zu zweistöckig mit Flachdächern und exklusivem Dacheinstieg gebaut waren

(▶ Abb. 4), bot nach Schätzungen über 2.500 Menschen Obdach. Warum diese bauliche Verdichtung von Wohneinheiten – obwohl die Siedlung fast 2.000 Jahre bestand – keine Nachahmer fand, bleibt unbekannt. Die begründete Vermutung, die engen Verhältnisse hätten massive Hygiene- und Entsorgungsprobleme mit sich gebracht und die Ausbreitung von Krankheiten gefördert, muss Spekulation bleiben. Çatal Höyük ist und bleibt jedenfalls einzigartig (nur die kleineren zentralanatolischen Siedlungen von Aşıklı Höyük und Can Hasan weisen Ähnlichkeiten auf). Zwar verbreiten sich Tellsiedlungen in der Region immer weiter, jedoch mit weniger dichter Bebauung.

Abb. 4: Modell der prähistorischen Stadt Çatal Höyük im Museum für Ur- und Frühgeschichte Thüringen mit den zweigeschoßigen Wohnhäusern, die über Dacheingänge betreten wurden.

Das »neolithische Bündel« setzt sich durch

Im Verlauf weniger Jahrhunderte entwickelte sich das sogenannte »neolithische Bündel« (*neolithic package*): Geschliffene Steinwerkzeuge, Domestikation von Tieren und Pflanzen, Sesshaftigkeit und Siedlungsbau sowie die im 7. Jahrtausend v. Chr. hinzukommende Nutzung von Keramik bilden das Set von Innovationen, welches das Leben der Menschen nachhaltig veränderte. Die Keramik ist dabei nicht unwichtig. Sie ermöglichte es den frühen Ackerbauern, ihre Vorratshaltung und Lebensmittelzubereitung viel besser zu organisieren als zuvor mit Gefäßen aus Holz und schwerer zu bearbeitendem Stein. Unterschiedlichste Formen von zunächst handgearbeiteten Behältnissen entstehen, von großen in den Boden eingelassenen fassähnlichen Vorratsgefäßen bis zu Kannen, Bechern und Kochgeschirr.

Wie die neu entstehenden Gesellschaften gegliedert waren, können wir nur ansatzweise rekonstruieren. Sie waren offenbar wesentlich egalitärer als in späteren Phasen der Menschheitsgeschichte mit differenzierteren Produktions- und Gesellschaftsstrukturen. Es gab praktisch keine Arbeitsteilung und einzelne Haushalte bzw. Familienverbände betrieben Subsistenzwirtschaft ohne erkennbare gemeinschaftliche Institutionen. Eventuell – aber das muss weiter erforscht werden – hatte man zuvor, während der ersten Phase der Domestizierung und Kultivierung von Getreide mit gemeinschaftlichen Besitzmodellen experimentiert. In Jordanien, in Bab edh-Dhra, wurden Reste von rund 11.000 Jahre alten Gebäuden ausgegraben, die als Getreidespeicher der Siedlung gedeutet und damit als Hinweis auf Gemeinschaftsbesitz verstanden werden. Vielleicht hatte sich schon damals gezeigt, dass Kommunismus nicht funktioniert.

Vor- und Nachteile des neuen Lebens

War diese um 6000 v. Chr. vollständig ausgebildete sesshafte Lebensweise nun besser als das Leben zuvor? Eine durchaus ideologische Frage, aber es gibt klar benennbare Nachteile und ebenso evidente Vorteile. Zu den Contras zählt die Verbreitung von epidemischen Krankheiten, von Schädlingen und Ungeziefer in den neuen Siedlungen. Dazu hat die völlige neue Ernährungsweise auf Basis von Kohlenhydraten den Menschen die furchtbare Plage der Karies beschert, die noch viel schlimmere Folgeerkrankungen und Entzündungen hervorrufen kann. Hinzu kommen Mangelerscheinungen (besonders während der Kindheit), sichtbar an den Fehlbildungen der Skelette und des Zahnschmelzes bei Ackerbauern. Heutige Vegetarier wollen es vielleicht nicht gerne hören, aber die seit hunderttausenden Jahren von unserer Spezies und ihren unmittelbaren Vorfahren gepflegte Ernährung auf der Basis von frischem Fleisch, reich an Proteinen, Vitaminen (Vitamin D vor allem), Fett und Phosphor, ist »artgerechter« als unsere seit nun fast 10.000 Jahren eingeübte neue Ernährungsweise. Sicher ist die um Früchte und Kräuter erweiterte fleischbasierte Ernährung in der Vorzeit aber dafür verantwortlich gewesen, dass sich unsere Gehirne zur ihrer *homo-sapiens*-typischen Größe ausbilden konnten.

Jäger und Sammler passten sich der Umwelt an, waren aber zugleich viel mehr von ihr abhängig. Ackerbauern hingegen beeinflussen nun ihre Umwelt, roden Wälder, bauen Häuser, züchten Tiere und Nutzpflanzen mit mehr Ertrag, machen sich die Erde also »untertan«, wie es in der Bibel heißt (1. Mose 1, 28). Jedoch wird der Mensch auch Sklave seiner neuen Lebensweise, die mehr Mühsal bereitet als das traditionelle Leben in ressourcenreichen Gebieten. Die Bibel bezeugt auch die Schattenseiten des neuen Lebens, vielleicht als Reflex uralter Erzähltraditionen, an die man sich zur Entstehungszeit des Alten Testaments noch erinnerte: Nach der Vertreibung aus dem Paradies, dem »Garten Eden«, in dem man sich einfach (jagend und sammelnd?) aus der Vielfalt bediente, sagt Gott zu Adam:

> »Weil du gehorcht hast der Stimme deiner Frau und gegessen von dem Baum, von dem ich dir gebot und sprach: Du sollst nicht davon essen –, verflucht sei der Acker um deinetwillen! Mit Mühsal sollst du dich von ihm nähren dein Leben lang. Dornen und Disteln soll er dir

tragen, und du sollst das Kraut auf dem Felde essen. Im Schweiße deines Angesichts sollst du dein Brot essen, bis du wieder zu Erde wirst, davon du genommen bist. Denn Staub bist du und zum Staub kehrst du zurück.« (1. Mose 3,17–19).

Jedoch wiegen die Vorteile der neuen Lebensweise die Nachteile klar auf: Der wichtigste war die Steigerung der Fertilität bis um den Faktor vier im Vergleich zu den Gesellschaften der Jäger und Sammler. Dies mag auch der Grund gewesen sein, warum – einmal nicht nur vom Apfel der Erkenntnis, sondern von der selbstgepflanzten Feldfrucht gegessen – eine Rückkehr ins alte Wildbeuterleben evolutionsbiologisch gar nicht mehr möglich war. Im Alter zwischen 15 und 30 Jahren viermal mehr Nachwuchs zur Welt zu bringen als unter den Bedingungen des Lebens als Jäger und Sammler war für Steinzeitfrauen vielleicht keine besonders erstrebenswerte Option, aber eine evolutionäre Realität, die zu einem stetigen Bevölkerungswachstum der neuen Gesellschaften der Ackerbauern führte. Hierin stimmen biologisches Programm und biblischer Auftrag überein: »Seiet fruchtbar und mehret euch« (1. Mose 1,28).

Außerdem ermöglichte die neue Lebensweise Vorratshaltung und strategische Ressourcenplanung. Der Alltag war nicht ganzjährig von der Sorge um das »tägliche Fleisch« (und damit um das Jagdglück) bestimmt, sondern von der gewöhnlich weit geringeren Sorge um das »tägliche Brot« (gemahlenes Getreide wurde allerdings überwiegend als Brei konsumiert). Dieser enorme Vorteil ermöglichte dem Menschen erst die späteren komplexen Formen des Zusammenlebens in größeren Gruppen, die wir seit den Metallzeiten bis heute aus der Geschichte kennen. Rationalisierung und Arbeitsteilung führten zu einer offenbar stetigen, fälschlicherweise oft als zielgerichtet empfundenen Entwicklung, der wir den Namen »Fortschritt« gegeben haben. Ohne darüber zu urteilen, ob dieser Fortschritt erstrebenswert ist, hat die Entdeckung der Sesshaftigkeit und die mit ihr einhergehende Planbarkeit der Zukunft die Technisierung der Welt und den Aufbau hochkomplexer, arbeitsteiliger und hierarchisierter Gesellschaften erst ermöglicht.

Die erste große Migration der Menschheitsgeschichte (von der wir wissen)

Das größte mit dieser neuen Lebensform verbundene Paradoxon ist, dass die nun sesshaften Ackerbauern mit ihrem »neolithischen Bündel« im Gepäck die vielleicht größte und umfassendste Migration der Weltgeschichte ausgelöst haben.

Doch kehren wir zunächst zurück ins Sauerland. Wie können wir die beiden Gruppen, die ich eingangs so detailliert beschrieben habe und die offenbar die Blätterhöhle gemeinsam für ihre Bestattungen genutzt haben, obwohl sie kulturell offenbar ganz unterschiedlichen Lebensweisen angehörten, denn so deutlich unterschieden werden, wenn wir nur über spärliche archäologische Funde verfügen? Worauf gründet sich also meine Aussage, die Mitglieder der einen Gruppe seien direkte Nachfahren der europäischen Wildbeuter der mittleren Steinzeit, während es sich bei den anderen um Nachfahren von Zuwanderern aus Anatolien handele? Archäologisch gesehen gehören die Ackerbauern aufgrund der Keramikfunde zur sogenannten Michelsberger Kultur, die zwischen 4400 und 3500 v. Chr. in Ostfrankreich, West- und Süddeutschland, besonders entlang des Rheins, verbreitet war.

Schon seit über 100 Jahren wissen wir ziemlich genau, dass sich die neolithische Lebensweise mit dem typischen Bündel an Innovationen über Griechenland und den Balkan in etwa 2.000 Jahren schrittweise über ganz Europa ausbreitete. Die Formen und die künstlerische Gestaltung der oftmals bemalten Keramik lieferten dazu den Schlüssel. So kann sogar ein Kind auf den ersten Blick die stilistischen Ähnlichkeiten der rot auf weiß bemalten Keramik der Sesklo Kultur in Griechenland (Thessalien) mit derjenigen aus dem anatolischen Hacılar erkennen. Auch wenn man schon früher erkannte, dass die Keramik aus der heutigen Türkei die ältere Stufe bildete, haben wir u. a. mit der ^{14}C-Methode (s. o.) verlässliche Datierungen gewonnen. Demnach lässt sich zeigen, dass zwischen 6500 und 6000 v. Chr. ein Kulturtransfer von Ost nach West stattgefunden haben muss. Gleichzeitig wird aber auch ersichtlich, dass die gestalterischen Vorbilder zunehmend verändert werden und eigenständige Muster entstehen. Ähnliches gilt für die bemalte Keramik auf dem gesamten Balkan bis ins pannonische Becken, wo die erste Ausbreitungswelle der neuen Lebensweise etwa um 6000 v. Chr. für einige Generationen zum Stehen kommt. Die jüngere archäologische Forschung konnte zuletzt ziemlich exakt die zeitliche Ausbreitung des neolithischen Bündels in Europa rekonstruieren, die nach neueren Erkenntnissen nicht stetig und konstant erfolgte, sondern in aufeinander folgenden raschen Schüben, die dann immer wieder für mehrere Jahrhunderte unterbrochen wurden (▶ Abb. 5).

Die entscheidende Frage, welche die Archäologie aber nie lösen konnte, war, ob diese Innovationen durch Kulturkontakt und Wissenstransfer ihren Weg bis nach Europa, ja am Ende sogar über den Ärmelkanal bis nach Großbritannien (etwa 4000 v. Chr.) gefunden haben oder von Migranten mitgebracht wurden. Die Hypothese, dass Migration eine große Rolle bei der Ausbreitung von Ackerbau und Viehzucht gespielt haben könnte, war zu Beginn des 20. Jahrhunderts sehr verbreitet. Generell hatte man seinerzeit deutliche Veränderungen im archäologischen Kulturgut, also neue Bestattungssitten, andere Keramikformen und Verzierungen sowie technische Innovationen (Rad und Wagen beispielsweise) grundsätzlich mit Migration erklären wollen. Nach dem Zweiten Weltkrieg bevorzugte die Forschung aber die Vorstellung von eigenständigen Entwicklungen an unterschiedlichen Orten ohne maßgebliche Einwirkung von außen. In der Tat ist es oftmals unmöglich, Migration für prähistorische Epochen archäologisch nachzuweisen. Die Ausbreitung der neolithischen Lebensweise bietet hierbei noch einen Glücksfall, weil sich anhand der archäologischen Funde klare stilistische Verbindungen beschreiben lassen. In späteren Zeiten wird es wesentlich schwieriger, massive Veränderungen im Kulturgut hinsichtlich der Herkunft und Verbreitungswege zu bestimmen.

Wer migriert: Ideen oder Menschen?

Ob nun kleine Gruppen oder einzelne »Missionare« Saatgut und junge Zicklein und Schafe, deren wilde Vorfahren nicht in Europa heimisch waren, mitbrachten und auf diese Weise die neue Lebensweise als Idee verbreitet und von den Wildbeutern dankbar übernommen wurde oder ob große Gruppen von Neusiedlern für die massive Ausbreitung der bäuerlichen Lebensweise in Europa verantwortlich waren, konnte die Archäologie nicht entscheiden.

1 »Homo sapiens migrans«: Vor- und Frühgeschichte der Migration

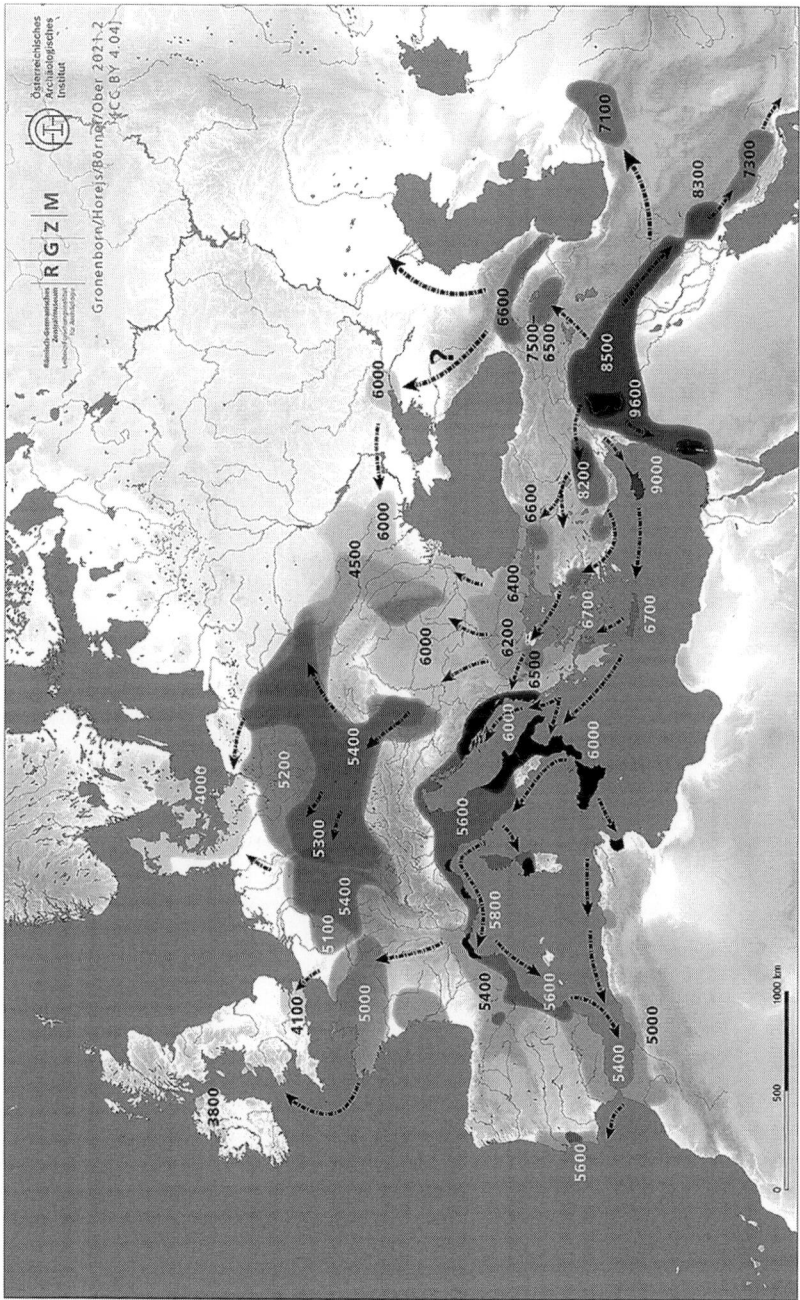

Abb. 5: Ausbreitung des Ackerbaus im westlichen Eurasien, etappenweise von Anatolien und dem fruchtbaren Halbmond aus nach Westen und Vorderasien.

Den Nachweis, woher die Vorfahren der Ackerbauern aus der Blätterhöhle, ja aller Ackerbauern im europäischen Neolithikum stammten, erbrachte eine ganz neue Wissenschaftsdisziplin, die Paläogenetik oder Archäogenetik. Sie konnte diese alte Frage eindeutig zugunsten weiträumiger prähistorischer Migrationen entscheiden.

> **Paläogenetik**
>
> »Paläogenetik«, »Archäogenetik« oder einfach »Genetic History« bezeichnet einen neuen Wissenschaftszweig, der mittels Analyse von jahrtausendealter DNA wertvolle Erkenntnisse über Individuen und Populationen sowie ihre Mobilität gewinnen kann. Seit wenigen Jahren ist es möglich, *ancient DNA*, kurz aDNA, aus den Knochen von prähistorischen Menschen zu isolieren und ihr Genom komplett zu sequenzieren. Zusammen mit der Erkenntnis, dass genetischen Veränderungen statistisch mit einer konstanten Häufigkeit auftreten, erlaubt dies, die evolutionäre Abspaltung einzelner menschlicher Populationen einzuordnen. Dazu benutzt man die sogenannte »molekulare Uhr«: Wegen der weitgehend konstanten Rate an genetischen Veränderungen in der DNA-Sequenz – etwa 50–80 Basenveränderungen (Mutationen) pro Generation (25–30 Jahre) – kann man den Zeitpunkt berechnen, zu dem unterschiedliche Populationen zuletzt Gene getauscht, also untereinander Nachkommen gezeugt haben. Die signifikanten Basenveränderungen werden als »Einzelnukleotid-Polymorphismus« oder SNP bezeichnet (engl. *single nucleotide polymorphism*, im Fachjargon »snip«). Mit dieser Methode kann man z. B. bei einem Vergleich der Gene heutiger Afrikaner mit australischen Ureinwohnern oder Asiaten berechnen, dass sich die Populationen vor etwa 50.000 Jahren getrennt haben, was gut zu den paläoanthropolgischen und archäologischen Daten passt (Krause und Haak 2017, 22). Diese Methode dient auch zur Bestimmung von – sehr entfernten – Verwandtschaftsbeziehungen prähistorischer Populationen. So können prähistorische Individuen solchen Populationen zugeordnet werden, die in jüngerer Vergangenheit noch Gene mit entfernteren Populationen getauscht haben (etwa Individuen in Mitteleuropa, deren Vorfahren aus Anatolien stammen). »Je länger Populationen voneinander getrennt sind und kein Genaustausch stattfindet, desto mehr Frequenzunterschiede häufen sich in den jeweiligen Populationen an, ein Prozess, der als ›Gendrift‹ bezeichnet wird« (Haak und Schiffels 2018, 315). Umgekehrt weisen Populationen, die nahe beieinander wohnen oder sich erst kürzlich geographisch getrennt haben, weniger Frequenzunterschiede auf. Entsprechend ist die Genetik in der Lage, Rückschlüsse über die geographische Herkunft von Individuen zu ziehen (Krause und Haak 2017, 23). Da wir Menschen ja allesamt auf einen afrikanischen Ursprung zurückzuführen sind, geht es, kurz gesagt, um nähere oder fernere Verwandtschaftsbeziehungen.

Wenn nun Knochen aus der mitteleuropäischen Steinzeit anzeigen, dass die entsprechenden Individuen aufgrund ihrer genetischen Signatur viel näher mit anatolischen Ackerbauern verwandt sind als mit den bisherigen Bewohnern des untersuchten Habitats, müssen es Migranten oder unmittelbare Nachfahren von Migranten aus Anatolien sein, die in Mitteleuropa beerdigt wurden, etwa auf einem bandkeramischen Friedhof bei Stuttgart. Was dabei leicht aus dem Blick gerät, ist die Tatsache, dass wir überhaupt nichts über die soziale Zugehörigkeit der Angehörigen der bandkeramischen Kultur aus Stuttgart aussagen können. Sprach die bei Stuttgart bestattete Frau dieselbe Sprache wie eine »Bandkeramikerin« aus dem westlichen Ungarn? Glaubte sie, einer großen Gemeinschaft anzugehören, die über den engen Stuttgarter Talkessel hinaus vernetzt war? Oder waren ihr schon die seltsamen Leute aus Backnang und Ludwigsburg höchst suspekt, weil die ganz »anders« waren und vielleicht auch eine andersfarbige Tracht als Kennzeichen ihrer Gruppe hatten? Die in der »Genetic History« verwendeten genetischen Daten sind ein sehr nützliches, aber auch ein sehr grobes Instrument: Es lassen sich mit ihnen eigentlich nur Aussagen über die schiere Existenz von Wanderungen machen, über grobgerasterte »Trends«, oftmals über lange Zeiträume hinweg. Über die untereinander näher als mit den Ansässigen genetisch »verwandten« Neuankömmlinge, die jedoch zwischen Krakau und Stuttgart nicht zwangsläufig sozial und kulturell zusammengehörige Gemeinschaften bilden müssen (Stichwort »Volk«), lassen sich indes keine historisch relevanten Informationen gewinnen.

Gleichzeitig mit den archäologischen Kulturen des Neolithikums kamen, so die Genforscher, viele Menschen aus Kleinasien; und ihre Tiere. Nicht nur die Schafe und Ziegen, die ohnehin keine wilden europäischen Verwandten hatten, sondern auch die heutigen europäischen Hausrinder gehen auf anatolische Ahnen zurück, die domestizierten Getreidesorten ebenso. Das Gleiche gilt für die Menschen: Untersuchungen der Genome von neolithischen Ackerbauern und mesolithischen Wildbeutern in Europa haben gezeigt, dass sie sich genetisch stark voneinander unterscheiden. Die Gene europäischer Ackerbauern stimmen in vielen Details mit denen der frühen anatolischen Bauern und Viehzüchtern überein und eben nicht mit denen der in Mitteleuropa heimischen Jäger und Sammler. Es wanderten also Menschen mit ihrem in Anatolien erprobten neolithischen »Starterkit« nach Westen. Diese Menschen sahen auch etwas anders aus als die Alteuropäer. Wenngleich man bei prähistorischen Menschen nicht voraussetzen darf, dass dieser Unterschied für die Gesellschaften ein bedeutsamer gewesen war, ist es doch interessant zu erfahren, dass die mesolithischen Jäger Europas einen Hauttyp aufwiesen, der demjenigen heutiger Bewohner der Subsahararegionen Afrikas entspricht. Neben schwarzer Haut hatten sie aber durchgängig blaue Augen. Die anatolischen Bauern und ihre europäischen Nachfahren hatten wesentlich hellere Haut, aber braune Augen. All dies lässt sich anhand alter Gene belegen, wobei es natürlich immer auch darauf ankommt, auf welche Merkmale die Forscher ihr von aktuellen Ideen und Vorstellungen bestimmtes Interesse lenken.

Die einwandernden Ackerbauern und ihre Nachkommen besiedelten die von ertragreichen Lößböden geprägten Landschaften Europas, später auch die weniger fruchtbaren Gebiete des Kontinents. Mehr noch: Sie haben den Laden offenbar übernommen. Die genetischen Befunde, die aber noch recht grob gerastert sind und die zeitliche Tiefenschärfe der archäologischen Keramikfolgen vermissen lassen, zeigen deutlich an, dass es in einer ersten Phase der Besiedlung offenbar zu einem

Bevölkerungsaustausch kommt. Die untersuchten neuen Mitteleuropäer aus den Siedlungen haben etwa 95 % Erbe aus Anatolien im Genom und weisen nur rund 5 % Wildbeutergene auf. Dies ändert sich in den folgenden beiden Jahrtausenden wieder ein wenig zugunsten der Alteuropäer, die – offenbar in Randgebieten der bäuerlichen Habitate (oder wie im Falle der Blätterhöhle mittendrin) noch weiter existieren – sich zunehmend mit den Neuankömmlingen vermischten, so dass heutige Mitteleuropäer im Schnitt um 20–30 % Wildbeutergene in sich tragen. Die aus dem Osten einwandernden Bauern verdrängten die Jäger und Sammler also nicht, sondern beide Populationen existierten mehrere Tausend Jahre parallel und vermischten sich erst dann. Dies führt uns wieder zurück zur Blätterhöhle.

Parallelgesellschaften im Neolithikum

Die genetischen Untersuchungen der unterschiedlichen Gruppen, welche die Höhle gemeinsam in der ersten Hälfte des 4. Jahrtausends v. Chr. als Bestattungsplatz benutzen, haben die Ergebnisse geliefert, die hinter der – natürlich erfundenen, aber durchaus realistischen – Geschichte vom Zusammentreffen der Gruppen vor der Höhle stehen. Man lebte in der gleichen Region, kam sich aber offenbar nicht ins Gehege, weil man die gleichen oder benachbarten Habitate ganz unterschiedlich nutzte. Kontakte gab es jedoch durchaus. Man wird sich Tauschhandel vorstellen können, um den Speisezettel mit Produkten der jeweils anderen Gruppe zu erweitern (Fisch, Wildbret und Getreide) oder bestimmte Produkte wie Keramik und Tierfelle zu tauschen. Dass die Kontakte zwischen den Gruppen auch persönlicher Art waren, belegt ebenfalls die aDNA aus der Blätterhöhle. Während die Gene der Fischer-Jäger-Sammler-Gruppe auch fast 2.000 Jahre nach Einwanderung der Ackerbauern keine Zeichen von Vermischung anzeigen, weisen drei Individuen der anderen Gruppe charakteristisches Erbgut der Wildbeuter auf (wer zu welcher Gruppe gehört, wissen wir unabhängig vom genetischen Befund durch unterschiedliche Bestattungszonen in der Höhle). Im Laufe der parallelen Geschichte dieser Gruppen »haben also einige wenige Wildbeuter-Frauen in die bäuerliche Gemeinschaft eingeheiratet« (Orschiedt et al. 2014, 28).

Dass man insgesamt aber ganz unterschiedliche Lebensstile pflegte, zeigt auch eine andere naturwissenschaftliche Untersuchungsmethode. Die Analyse stabiler Sauerstoff- oder Strontiumisotope (siehe Infokasten zur Isotopenanalyse) gibt uns Auskunft über die Ernährung der untersuchten Individuen. So konnte man feststellen, dass die eine Gruppe der Bestatteten eine kohlehydratreiche Nahrung auf Basis von Getreide zu sich nahm, während die andere Gruppe sich eher auf Eiweißbasis ernährte, besonders von Fisch, ergänzt durch Wildbret. Wir können mit den Hagener Fischern also eine Gruppe fassen, die noch fast 2.000 Jahre nachdem die Landwirtschaft mit neuen Siedlern in dieser Gegend Einzug gehalten hatte, eine traditionellere Lebensweise als Fischer, Jäger und Sammler pflegte, aber nicht zurückgezogen, fern von der neuen Welt der Ackerbauern, sondern in der unmittelbaren Nachbarschaft. Die kulturellen Grenzen, die über lange Zeit existierten, verweisen also auf »Parallelgesellschaften« im sauerländischen Neolithikum.

Vielfalt der »Kulturen«

Die Einwanderer aus dem Nahen Osten kamen nicht alle auf einmal. Wenngleich hier noch viel im Dunkeln liegt und jahrelange Forschungen bevorstehen, wurden die etablierten Routen in beide Richtungen genutzt. Fälle von »Kettenmigrationen« dürfen angenommen werden, sind durch neuere genetische Forschungen sogar belegt. Generell wandern Menschen bevorzugt in Regionen, über die Informationen erhältlich sind. Den Pionieren folgen die Siedler in diejenigen Gebiete, die von den ersten Ankömmlingen erfolgreich in Besitz genommen wurden, wobei die Kenntnisse darüber sich über etablierte Kommunikationskanäle verbreiten. Die Neuankömmlinge und ihre Nachfahren entwickeln dabei jedoch vielfältige neue »Kulturen«, deren Verbindungen zum ursprünglichen Herkunftsgebiet immer mehr verblassen. Ob und wie die für Fachleute an Stilmerkmalen des Fundmaterials eindeutig erkennbaren »archäologischen Kulturen« auch von gemeinsamen gesellschaftlichen Strukturen geprägt waren, ist umstritten. Die Archäologen sind sehr viel vorsichtiger geworden, was ethnische oder sprachliche Zuordnungen angeht. Wir müssen zwar annehmen, dass die Träger verschiedener »archäologischer Kulturen« irgendetwas mit ihren Dekorationen (vor allem mit ihrer nicht erhaltenen Tracht) zum Ausdruck bringen wollten, haben aber keine Ahnung, was. Wir wissen nicht einmal, ob Träger einer solchen Kultur, etwa die über viele tausend Kilometer ausgedehnte Kultur der »Bandkeramiker«, die gleiche Sprache (bzw. untereinander verständliche Dialekte) sprachen und ob sie selbst Gemeinsamkeiten mit den Angehörigen der von uns heute als gleich oder ähnlich empfundenen Kulturen erkannten oder nicht viel mehr die uns nicht erkennbaren Unterschiede relevant für sie und ihre Identitäten waren. Dennoch werden sie oft als zusammengehörige Gruppe (eben als »die Bandkeramiker«) angesprochen, was enge ethnische und kulturelle Bindungen suggeriert. Die Genetiker betonen die biologischen Aspekte und neigen deswegen dazu, in Kategorien von »Populationen« zu denken, die durch (teils weitverzweigte und nur im Unterschied zu entfernten anderen Populationen erkennbare) »Abstammung« verbunden sind. Auch dies kann den Blick auf prähistorische Realitäten verstellen, da Erinnerungen an familiäre und ethnische Abstammungen in schriftlosen Gesellschaften viel kürzer bewahrt und in der Folge oft Teil von sich wandelnden Herkunftssagen werden. Darüber hinaus wissen wir heute, dass man zu sozialen Gruppen vor allem dann gehört, wenn man selbst und die anderen in der Gruppe diese Zugehörigkeit anerkennen, auch wenn die biologische und genetisch belegbare Ahnenreihe nicht bis in graue Vorzeit zurückreicht – denken wir an Boris Johnsons Großvater Osman Ali (alias Wilfred Johnson). Fest steht jedoch, dass sich die eingewanderten Gruppen weiterentwickelten und neue Sitten und Lebensweise ausbildeten.

Friedliche Migration?

Ob wir uns das beschriebe Wanderungsgeschehen, das zu einer kompletten Veränderung des europäischen Genpools geführt hat, als ein friedliches Einsickern der bäuerlichen Neusiedler vorzustellen haben, die den Alteuropäern aufgrund ihrer gänzlich anderen Lebensweisen nicht ins Gehege kamen, oder ob nicht auch die

Wildbeuter in den Regionen mit guten Ackerböden ihre Reviere hatten und diese vielleicht nur unfreiwillig verließen, hängt bis heute von den ideologischen Präferenzen des Betrachters ab. Denn archäologische Daten über gewaltsame Auseinandersetzungen aus der Zeit der Ansiedelung gibt es nicht. Will man Migrationen als vorwiegend friedliche Prozesse und Ackerbauern als tendenziell pazifistische Gruppen kennzeichnen, dann darf man das aufgrund der nicht vorhandenen Befunde durchaus mit dem gleichen Recht behaupten wie das Gegenteil. Dass die neolithischen Ackerbauern keineswegs immer nur friedfertig waren, zeigt sich in einer etwas späteren Phase am Ausgang der linienbandkeramischen Kultur, ab etwa 5000 v. Chr., in der wir über eine ganze Reihe von Belegen für Massaker und Massenhinrichtungen sowie für Überfälle auf Siedlungen verfügen, bei denen auch Kinder nicht geschont wurden (etwa die Massaker von Talheim, Herxheim, Halberstadt, dem österreichischen Schletz, dem polnischen Koszyce oder dem siebenbürgischen Lumea Nouă). Zumindest strukturelle Gewalt hinter der Verdrängung der Jäger und Sammler in für Ackerbauern unattraktivere Regionen zu erkennen, scheint aber angemessen. Jedoch muss auch die extrem dünne Besiedlung während der älteren und mittleren Steinzeit mit in die Überlegungen einbezogen werden.

Seitenblicke auf die Entwicklung außerhalb Eurasiens

Es ist nicht nur Eurozentrismus, der für die vergleichsweise kurze Behandlung des Rests der Welt in einem Seitenblick verantwortlich ist. Die genetische Erforschung alter DNA aus außereuropäischen Regionen steht (vielleicht mit Ausnahme Chinas) noch am Beginn und startet gerade erst mit fast zehnjähriger Verspätung durch. Den europäischen Beispielen recht ähnliche mit Ackerbau und Viehzucht verbundene Entwicklungen, die aber zeitlich um einiges später liegen, lassen sich parallel auf allen Kontinenten dieser Erde beobachten, mit der Ausnahme Australiens. Fraglich bleibt, ob man den auf die eurasischen Verhältnisse geprägten Begriff der »Neolithisierung« oder gar der »neolithischen Revolution« auch für andere Kontinente verwenden sollte, in denen derlei Entwicklungen (abgesehen von Nordafrika und Zentralasien) unabhängig von Vorbildern und Kulturkontakten abgelaufen sein müssen. Entsprechend sind nicht alle Elemente des europäischen »neolithischen Bündels« (Sesshaftigkeit, Domestizierung von Tier und Pflanze, Viehzucht, Ackerbau, Keramik) überall in gleichem Maße vertreten. Offensichtlich entstehen aber unabhängig voneinander von Ackerbau geprägte Gesellschaften zunächst in Ostasien (China), dann in den Amerikas und schließlich in Afrika. Dabei spielen bei den jeweiligen »neolithischen Revolutionen« die unterschiedlichen regionalen Gegebenheiten und die verfügbaren Ressourcen eine entscheidende Rolle. So ist es in Ostasien Hirse und dann vor allem der Reis, in Amerika Mais, Kartoffeln (sowie verwandtes Wurzelgemüse) und Bohnen und in Afrika wieder Hirse sowie die Yamswurzel, welche die Basis der bäuerlichen Kulturen bilden. In vielen Regionen der Welt entsteht gleichzeitig zu den sich ausbreitenden Ackerbaukulturen das Wanderhirtentum (Nomadismus).

Die Verbreitung des Ackerbaus in Ostasien erfolgte unabhängig von der ersten Neolithisierung in Vorderasien, jedoch auch etwas später. Wenngleich chinesische Wissenschaftler frühere Daten vorbringen, erfolgte die Domestikation der Kulturpflanzen Reis und Hirse im fernen Osten erst um etwa 4000 v. Chr. Die Ausbreitung von unterschiedlichen bäuerlichen Lebensweisen, die teils auf Hirseanbau, teils auf Reiskultivierung basierten, lässt sich mit unterschiedlichen genetisch fassbaren Populationen und ihren Wanderungen in Verbindung bringen, wie neueste Untersuchungen nahelegen.

In den Amerikas lässt sich Sesshaftwerdung und neolithische Lebensweise in bestimmten Regionen (etwa in Mexiko und im westlichen Südamerika) für die Zeit ab 4000 v. Chr. nachweisen, zur gleichen Zeit, zu der auch die ersten von Ackerbau geprägten Siedlungen nachweisbar sind. Die Zentren der sich regional ausbreitenden neolithischen Kulturen waren die Küstenregionen im heutigen Ecuador, das Andenhochland in Südamerika und das heutige Mexiko. Weiter nach Norden breitete sich die neolithische Lebensweise später in Wellen aus. Das »neolithische Bündel« kam also nicht immer gleich und komplett zur Anwendung. In Amerika setzte sich auch die Viehzucht überhaupt nicht durch, wenn man von den kamelartigen Lamas und Alpakas in den Anden absieht, die jedoch nicht zur Fleischversorgung, sondern eher zur Wollgewinnung und zu Transportzwecken dienten. Nach etwa 3800 v. Chr. lassen sich nach Auskunft neuer genetischer Forschungen Migrationsbewegungen, die mit bäuerlichen Gruppen in Verbindung zu stehen scheinen, sowohl im Andenhochland selbst, aber auch in Richtung Amazoniens beobachten.

Ostafrikanische Befunde sind später als die amerikanischen und datieren um 3000–2000 v. Chr., hier lässt auch die Forschungssituation zu wünschen übrig. Darüber hinaus sind im Verlauf des Holozäns mehrfache starke klimatische Veränderungen auf dem Kontinent zu beobachten und insgesamt können nur begrenzte Gebiete als gut geeignet für Ackerbau gelten. Die Neolithisierung des ostafrikanischen Hochlandes gründet sich auf der Übernahme des Weizen- und Gerstenanbaus aus Arabien oder Ägypten im 2. Jahrtausend v. Chr. Hirsearten sind seit ca. 3000 v. Chr. nachweisbar, ihr Anbau breitet sich ab 2000 v. Chr. weiter bis nach Zentralafrika aus. Rätselhaft bleibt die um 2500 v. Chr. einsetzende »Bantu-Expansion«, sie lässt sich aufgrund der Abwesenheit historischer Quellen und der schlechten archäologischen Befundlage fast nur mittels linguistischer Methoden verfolgen.

Das südliche Afrika, im Paläolithikum entscheidend für die frühe Geschichte des *homo sapiens*, bildet – auch aufgrund der geographisch-klimatischen Bedingungen – erst spät Formen des systematischen Ackerbaus aus. Auch Viehzucht wird dort erst lange nach der Zeitenwende heimisch, um 1000 n. Chr., und noch heute sind in den Steppengebieten des südlichen Afrika Jäger und Sammler wie die Hadza unterwegs. Insgesamt ist die Fundsituation für Afrika, vor allem für die subsaharischen Gebiete, nicht sehr aussagekräftig und es lassen sich nur wenig gesicherte Erkenntnisse für die letzten Jahrtausende vor unserer Gegenwart gewinnen.

Der Blick auf die außereuropäischen Entwicklungen zeigt deutlich, dass das sogenannte »neolithische Bündel« kein verpflichtendes Basis-Set für die Sesshaftwerdung ist. In manchen Weltregionen kamen Keramik oder auch systematischer Anbau von kultivierten Nutzpflanzen lange nach der Ortsbindung von Gruppen hinzu und hybride Formen existierten oft über Jahrtausende. Auch traditionell lebende Wildbeuter oder Wanderhirten nutzten in der Folge Keramik und stellten sie auch selbst her. Die ackerbaubasierte, zunehmend sesshafte Lebensweise mit dem gesamten »Bündel« bzw. seinen wichtigsten Elementen setzte sich aber insgesamt gesehen fast weltweit durch, wenn auch in unterschiedlicher Geschwindigkeit und mit regionalen Unterschieden. Für ihre Verbreitung darf Migration als wichtigster Faktor gelten, wobei nur für Eurasien und Ostasien die Datenlage eindeutige wie auch frühe Zuschreibungen zulässt. In jedem Fall ermöglichen die Produktion von Überschüssen, Vorratshaltung und relative Versorgungssicherheit erst die Entstehung komplexer und stratifizierter, also in Schichten untergliederter Gesellschaften, die wir im nächsten Abschnitt näher besprechen werden. Der auffällige Frühstart der eurasischen Ackerbauern ist tatsächlich dem günstigen Klima und der Vielzahl von domestizierbaren Tieren und Pflanzenarten zuzuschreiben. In Australien hat das Fehlen dieser Faktoren für das Ausbleiben einer »neolithischen Revolution« gesorgt. Ob die historische Dominanz der Europäer und ihrer »Zivilisation« 9.500–10.000 Jahre später auf diesen Start- und Standortvorteil zurückzuführen ist, wie Jared Diamond vertritt, hängt davon ab, welche Rolle man in der Geschichtsphilosophie dem Determinismus oder dem Zufall zubilligen möchte.

Migrationsgründe bleiben im Dunkeln

Was aber, so müssen wir nochmal nachfragen, war für die massive Wanderung aus dem Nahen Osten nach Europa zu Beginn des Neolithikums verantwortlich, und warum sind die europäischen Neubürger über Generationen immer weiter gewandert, um schließlich sogar unwirtlichere Randgebiete des Kontinents zu besiedeln? Was hat also die große Migration der frühen Ackerbauern verursacht, die den gesamten genetischen »Pool« Europas nachhaltig verändert hat?

Bei der Beantwortung dieser Frage kommt man über begründete Spekulationen nicht weit hinaus. Einem allgemeinen Trend entsprechend, viele historische Veränderungen in erster Linie als Konsequenz von Klimaveränderungen zu betrachten (zuletzt auch den Untergang des Römischen Reichs), sind auch für die Auswanderung der anatolischen Ackerbauern Klimaereignisse verantwortlich gemacht worden. Im Zentrum des Interesses der Forscher steht das von den Geowissenschaftlern so genannte »8.2k event«. Demnach lässt sich um 6200 v. Chr. (also ca. 8.200 Jahre, »8.2k«, vor heute) ein über mehrere Generationen sich erstreckender massiver Kälteeinbruch beobachten, eine »Minieiszeit«, deren Aufkommen sich zeitlich ziemlich genau mit der Auswanderung der frühen Ackerbauern aus den Regionen des fruchtbaren Halbmonds deckt. Offenbar wurde das Klima im Vorderen Orient für rund 160 Jahre trockener und kälter. Jedoch sind Zweifel an deterministischen Modellen angebracht, zumal das Paläoklima in Südanatolien zu diesem Zeitpunkt offenbar keinen massiven Änderungen unterworfen war und der archäologische Befund ebenfalls keine Rückschlüsse auf einen Niedergang in dieser Zeit zulässt (auch nicht für Çatal Höyük, das oft als Paradebeispiel herhalten musste).

Auch ein überproportionales Bevölkerungswachstum könnte eine Rolle gespielt haben. Bei im Vergleich zu den Wildbeutern steigender Fertilität könnten die Ackerbauern zunächst auf die umliegenden Gebiete (ganz Anatolien, Levante, Mesopotamien) ausgegriffen haben, um dann aufgrund eines Bevölkerungsdrucks über Meerengen und Inseln zu neuen Ufern aufzubrechen. Der Bevölkerungsüberschuss basiert aber auf reinen Vermutungen, wobei eine höhere Sterblichkeit für sesshafte Gruppen nicht ausgeschlossen werden kann (außerdem ist das Konzept »Bevölkerungsdruck« ein modernes Erklärungsmuster, dass nicht frei von Ideologie ist). Für Südost- und Zentraleuropa, von wo aus die Nachkommen der Auswanderer aus Anatolien ihrerseits zu weiteren Wanderungen aufbrachen, ist darüber hinaus nirgends eine Erschöpfung oder Überbeanspruchung der natürlichen Ressourcen und Böden belegt. Neue umfassende Forschungen anhand der verfügbaren Radiokarbondaten legen darüber hinaus nahe, dass es überhaupt kein signifikantes Bevölkerungswachstum während des Neolithikums gegeben hat. Über Tausende von Jahren war die Wachstumsrate der prähistorischen Bevölkerungen ausgeglichen (im Durchschnitt nur 0,04 % per annum). Selbst wenn man Überbevölkerung und Bevölkerungswachstum als mögliches Motiv in Betracht ziehen möchte (aus späteren Zeiten ist dies ja vielfach belegt), bleibt erklärungsbedürftig, warum sich jungsteinzeitliche Bauern in Europa – trotz nicht erschöpfter Habitate – weiter in auch weniger fruchtbare und unwirtliche Regionen vorwagten und sich tatsächlich durch ihren Witz, ihre Anpassungsfähigkeit und ihre Innovationskraft die ganze Welt untertan machten.

Es handelt sich dabei im Wesentlichen um die gleiche Frage, die sich auch zu stellen lohnt, wenn wir die kühnen Seefahrten der frühen Besiedler Australiens vor 40.000 Jahren oder die Leistungen der Austronesier bei der Besiedlung der pazifischen Inselwelt betrachten: Was trieb diese Menschen an? Not und Klimaereignisse können eine Rolle gespielt haben, dies lässt sich im Einzelnen jedoch nicht belegen. Bei früheren Homininen und dem archaischen *homo sapiens* vor der »kognitiven Revolution« wird man dem Klima in der Tat viel zuschreiben dürfen. Generell massive Brüche und Störungen aller Art – etwa Kriege, soziale Auseinandersetzung, Naturkatastrophen – werden oft als Hauptursachen von Migration in vorgeschichtlichen Epochen benannt, besonders dann, wenn überhaupt keine anderen belastbaren Hinweise und Erklärungsansätze oder gar Quellen vorliegen. Aber warum breitet sich die bandkeramische Kultur so weit aus, was bewegt Gruppen, die in Familienclans seit Generationen einen Ort bewohnten, aufzubrechen? Warum ziehen anatolische Bauern über die Inseln der Ägäis nach Griechenland, über Kreta nach Italien? Müssen wir immer objektivierbare, äußere Push-Faktoren verantwortlich machen? Äußerer Zwang mag zu bestimmten Zeiten eine Rolle spielen, auch Klimawandel, Katastrophen, Ressourcenknappheit, Konflikte, vielleicht auch Seuchen (Motive, die wir allerdings in prähistorischen Zeiten selten dingfest machen können). Dennoch klären deterministische Ansätze das Migrationsverhalten unserer – zudem eigentlich sesshaften – bäuerlichen Vorfahren nur zum Teil. Die obsessive Suche nach solchen Faktoren von außen, nach objektiven Zwängen, sagt mehr über uns und unsere Vorstellung von den Vorteilen der Sesshaftigkeit aus als über die Hintergründe prähistorischer Migrationen.

Was kostet die Welt? Der Mensch als Migrant und Abenteurer

Ich möchte daher eine andere Akzentuierung für frühe Migrationen vorschlagen: Der moderne Mensch, der *homo sapiens migrans*, brach zu neuen Ufern auf, weil er es konnte: weil er Handlungsspielräume nutze und über *agency* verfügte. Pioniergeist und Abenteuersinn müssen keineswegs als Erfindungen der Neuzeit betrachtet werden. Niemand hat die austronesischen Fischer, Jäger und Sammler gezwungen, mit ihren seetüchtigen Booten die Inseln im Pazifik ab dem 2. Jahrtausend v. Chr. nach und nach zu besiedeln, keine Katastrophe, kein Babyboom hat sie weitergetrieben.

Warum war den Linienbandkeramikern um 5500 v. Chr. das Alföld, die fruchtbare ungarische Tiefebene, nicht mehr genug? Aus moderner Sicht bedarf es immer objektivierbarer äußerer Motive, um prähistorische Migrationen zu begründen. Sesshafte Lebensweise in bäuerlichen Kulturen schließt nach unserem von Max Weber und Niklas Luhmann zementierten Verständnis Mobilität weitgehend aus, macht sie jedoch mindestens erklärungsbedürftig durch äußere Faktoren. Kann es nicht sein, dass der Mensch der Vorgeschichte bereits das ausgebildet hat, was Christian Meier erst für die Griechen der klassischen Zeit reklamiert hat? Nämlich ein »Könnensbewusstsein«, die Gewissheit und das Selbstvertrauen, Herausforderungen bewältigen zu können und daher diese auch offensiv zu suchen. Bei den Griechen wurde dieser Gedanke zum ersten Male formuliert. Sophokles beschreibt gewissermaßen als durchaus moderner Anthropologe im Chorlied der *Antigone* dieses Könnensbewusstsein am klarsten:

> »Viel des Unheimlichen ist, doch nichts/ ist unheimlicher als der Mensch/ [...] Sprache der Gedanken/ luftigen Hauch, und zu gesetzlicher/ Siedlung sanftwilligen Geist/ bracht' er sich bei,/ und der Witterung Ungemach,/ der klaren Kälten und des Regens/ Pfeile zu meiden,/ der Nimmer-Verlegene: verlegen/ geht er an kein Künftiges – vorm Tod allein/ weiß er sich kein Entrinnen;/ aus Siechtums letzter Not doch/ sann er sich Wege./ Im erfindenden Geiste/ nimmer verhoffter Dinge Meister;/ geht er die Bahn, so des Guten/ wie des Bösen« (Sophokles, Antigone, 332–375).

Sophokles fasst die Gedankengänge der vorigen Kapitel eigentlich bündig zusammen. Der Mensch entwickelt die Sprache und mit ihr die Gedanken (kognitive Revolution), um dann aus eigener Initiative sesshaft zu werden und geordnete Siedlungen aufzubauen. Dadurch trotzt er der widrigen Umwelt und macht sich die Welt untertan. Der Mensch ist der »Nimmer-Verlegene« (*pantopóros*, der immer einen Ausweg findet), der unruhige Geist, der die Zukunft nicht scheut, für den nur der Tod das Endgültige bedeutet. Mit seinem erfinderischen Geist sinnt er auf immer neue Wege aus der Not und wird so zum Meister »nimmer verhoffter Dinge«, wie es in der kongenialen Übersetzung von Karl Reinhardt heißt.

Dieses Gefühl der eigenen Schöpfer- und Schaffenskraft müssen wir auch denjenigen Pionieren der Vorgeschichte zugestehen, die einfach herausfinden wollten, was hinter der nächsten Gebirgskette oder hinter der letzten Insel zu entdecken ist. Etwas Besseres zu finden, nicht nur etwas Besseres als den Tod, motiviert mobile Menschen nicht erst seit Leif Erikson oder dem »Lederstrumpf« Bumpoo, aus der »Heimat« aufzubrechen. Als Ausgeburten unserer sesshaften Gesellschaften haben auch unsere modernen Wissenschaftstraditionen dieses Unbehagen an Migration und Wanderung festgeschrieben und Entdecker, Auswanderer und Abenteurer zu Ausnahmegestalten der Geschichte erklärt.

Aber eine sesshafte Lebensweise pflegen heißt ja nicht, dass man dieser Lebensweise über Generationen an ein und demselben Ort folgen muss. Dieses Denken ist, wie wir in den Kapiteln des thematischen Teils dieses Buches noch genauer verfolgen werden, doch stark von unseren seit der Neuzeit (und ideologisch begründet durch

John Locke) auf Erbe, Besitz und Grundeigentum aufgebauten Vorstellungen geprägt (▶ Kap. 10). Dass auch Bauern ihr neolithisches, wie auch ihr mittelalterliches oder neuzeitliches Bündel schnüren und gezielt und freiwillig ihren Wohnsitz verlegen, zeigen neben dem Beispiel der neolithischen Ausbreitung in Europa auch weitere aus späteren Epochen. Es sind zunächst immer nur wenige, deren Abenteuersinn sie zu neuen Ufern führt. Einige erleiden Schiffbruch oder scheitern auf der Wanderung, andere werden von sozialen und später staatlichen Beschränkungen behindert. Doch diejenigen, die neue Vorposten aufbauen, geben Kunde vom Land, »in dem Milch und Honig fließen«, und animieren andere, ihrem Beispiel zu folgen. Wir sehen archäologisch und historisch zunächst nur die gelungenen Ansiedlungen, von der Steinzeit bis in die Gegenwart. Die gescheiterten Migrationen und Siedlungsexperimente, die den Mut und das Risiko von Pionieren auf besondere Weise dokumentieren, kommen nur in seltenen Fällen zu unserer Kenntnis. In L'Anse aux Meadows in Neufundland fanden sich 1960 Reste eines Hauses, das nach Art der mittelalterlichen Nordmänner gebaut war. Hier, so stellte sich im Verlaufe weiterer Forschungen heraus, war die Ansiedlung der Wikinger, die mit Leif Erikson um die erste Jahrtausendwende in Nordamerika ankamen. Nur für kurze Zeit (nach neusten Forschungen vielleicht doch rund ein Jahrhundert) war dieser Ort von nordischen Siedlern bewohnt, dann verließen die gescheiterten Neusiedler ihre Häuser im sagenumwobenen »Vinland« und überließen Christoph Columbus den Ruhm der Entdeckung einer neuen Welt.

Eine neue Welt war die Erde nach dem Zeitalter der Sesshaftwerdung und der Neolithisierung fruchtbarer Kernregionen auf fast allen Kontinenten tatsächlich geworden. Der Mensch hatte sich die Erde untertan gemacht. Mit technischem Fortschritt, aufwendiger Metallurgie zur Herstellung harter Bronzen, der Ausbildung komplexer und hierarchischer Gesellschaften sowie der Erfindung der Schrift begann der Mensch nun am Anfang der Bronzezeit, die Welt auch zu verwandeln. Und wieder, auch zu Beginn dieses Umbruchzeitalters, steht die Mobilität vieler Menschen, die nach Mitteleuropa migrierten, am Anfang.

1.3 Die Verwandlung der Welt

Seltsame, an große Kekse erinnernde Metallobjekte entdeckte ein junger Schwammtaucher im Meer vor der türkischen Küste am Kap Uluburun (Provinz Antalya) im Jahr 1982. Bald zeigte sich, dass es sich bei den Metallobjekten (es waren am Ende 354 derartige »Kekse« mit einem Gesamtgewicht von rund zehn Tonnen) um einen Teil der Fracht eines historischen Schiffswracks handelte, des bislang bedeutendsten Wrackfunds aller Zeiten. Denn wie sich im Verlauf der rund zehn Jahre dauernden unterwasserarchäologischen Forschungen zeigte, handelte es sich beim sogenannten »Schiff von Uluburun« um den endgültigen Beweis für die bereits früher vermutete und durch viele Indizien gestützte These eines weitverzweigten und weitreichenden Kontakt- und Tauschnetzwerks während der so genannten Bronzezeit, 3000–800 v. Chr.

Abb. 6: Rekonstruierte Teilladung des Uluburun-Schiffs, ausgestellt im Museum für Unterwasserarchäologie Bodrum.

Der für etwa 20 Tonnen ausgelegte hochseetüchtige Frachtsegler versank um 1300 v. Chr. aus unbekannten Gründen mit seiner wertvollen Fracht im Mittelmeer. Unter den vielen teilweise als Luxusgüter anzusprechenden Waren (▶ Abb. 6) – etwa Stämme von afrikanischem Ebenholz, Elfenbein, Bernstein von der Ostsee, Glas u. a. aus Ägypten, aber auch kanaanitische und mykenische (griechische) Keramik sowie Mandeln, Feigen und Oliven – waren die metallenen Rohstoffe von besonderer Bedeutung. Die Waren und ihre Provenienz vom Baltikum bis nach Afrika zeugen von der weiten Verzweigung der Netzwerke vor 3.300 Jahren. Bei den 354 im Schnitt rund 29 kg wiegenden plattenartigen Objekten aus Rohkupfer (die Einheiten waren genormt, und zwar nach einem mesopotamischen Gewichtstandard) handelt es sich um sogenannte Ochsenhautbarren, die so heißen, weil sie die Form einer ausgebreiteten Tierhaut haben. Diese zu Transportzwecken in solche Formen gegossenen Barren sind im ganzen Mittelmeerraum, aber auch im Balkan und bis nördlich der Alpen belegt. Daneben fanden sich auch kleinere Barren in Form von Brotlaiben aus Zinn (etwa eine Tonne). Naturwissenschaftliche Analysen haben ergeben, dass das Rohkupfer aus Zypern stammte, wo sich wichtige Kupferlagerstätten befanden, während die Herkunft des Zinns sich auch mit den neusten Methoden aufgrund der starken Korrosion kaum wird klären lassen. Das Zinn muss von weit, weit her gekommen sein. Denn die nächstgelegenen Lagerstätten für dieses Metall befinden sich im westlichen Europa und im mittleren Osten, vor allem aber in Zentralasien (besonders Afghanistan). Die Metallfunde, aber auch andere von weit her stammende Güter aus dem Schiff von Uluburun weisen für die späte Bronzezeit auf weiträumige Netzwerke hin, welche die nach ihrem Lebenselixier benannte Bronzezeit zur ersten Periode der Weltgeschichte machten, »in der weiteste Bereiche Europas zusammenwachsen« (Hänsel 1998, 11).

Vernetzung der Welt

Denn die Welt war größer und verzweigter geworden, gerade auch wegen der Abhängigkeit von den genannten Metallen. In dieser Zeit, in der sich die ersten komplexen Staatsgebilde, die Hochkulturen im Vorderen Orient, in Ägypten und später auf Kreta und in Griechenland, herausbilden, können wir eine ganze Reihe von Migrationsbewegungen fassen, die nicht nur der Verwandlung einer fragmentierten Welt in ein dichtes Kommunikationsnetzwerk geschuldet waren, in dem Händler, Gesandte, Gastfreunde und Eroberungsarmeen weite Strecken bewältigen. Diese Epoche zeigt auch besonders deutlich, dass die Vorgeschichte auch als Migrationsgeschichte gesehen werden muss.

Schuld daran war tatsächlich in erster Linie die Bronze, denn sie machte ihre Nutzer abhängig von den nicht einfach zu beschaffenden Rohstoffen und damit von Fernhandel. Bronze ist eine Legierung aus Kupfer und Zinn (letzteres mit einem Anteil von 5–12 %). Kupfer wurde in gediegener Form schon seit dem frühen Neolithikum verwendet. Es findet sich auch an erstaunlich vielen Lagerstätten in Europa und anderswo. Erst die Beimengung von Zinn hat aus dem weichen und nur zu kleinen Werkzeugen und Waffen zu verarbeitenden Kupfer etwas ganz Neues gemacht. Bronze ist fast so hart wie Stahl und lässt sich darüber hinaus wegen des niedrigeren Schmelzpunkts auch zu größeren Geräten und Waffen verarbeiten. Die Überlegenheit dieses Materials und sein dynamisches Potential trieben eine rasante Entwicklung an, weswegen es zu Recht Namensgeber für eine Epoche wurde und die »Metallzeiten« aus archäologischer Sicht erst mit dieser Neuerung und nicht etwa mit der lange zuvor bekannten Verwendung des Kupfers anbrechen.

Bronze und Mobilität

Frühe Zentren für Bronzeherstellung und -verteilung entstehen um 3000 v. Chr. in Vorderasien sowie später im Karpatenraum. Parallel entwickeln sich nicht nur in den Hochkulturen am Euphrat und am Nil komplexere Gesellschaften, und gerade auch die Metallurgie bringt ein neues Spezialistentum hervor. »Die Bronzezeit« stellt keine einheitliche Entwicklungsstufe in ganz Europa und im Vorderen Orient dar, sondern hat unterschiedlichste Aspekte und ist auch von unterschiedlichen Geschwindigkeiten bei der Ausbreitung geprägt. So ist Mitteleuropa gesellschaftlich in mancherlei Hinsicht bereits im 3. Jahrtausend durchaus bronzezeitlich und kennt soziale Stratifizierung und gesellschaftliche Unterschiede. Jedoch beginnt hier die eigentliche Bronzezeit erst nach 2200 v. Chr. Im Vorderen Orient und bald darauf in Ägypten wurde das Metall aber bereits seit etwa 3300 v. Chr. verwendet. Im Mittelmeerraum endete die Bronzezeit etwa um 1100 v. Chr., während sie in Mitteleuropa bis etwa 800 v. Chr. dauerte.

Als das Schiff von Uluburun vor etwa 3.300 Jahren unterging, war die Welt von Cornwall und Nordspanien bis nach Afghanistan eng vernetzt. Mobile Gruppen bewegten sich in einem weit verzweigten Raum als »Wanderer zwischen den Welten«, als Händler und Söldner, aber auch als Abenteurer und Migranten. Dieses von Mobilität und Kontakt geprägte Zusammenwachsen von Räumen war es, was zusammen mit der zunehmenden Stratifizierung der Gesellschaft und einer verstärkten Arbeitsteilung zum Aufstieg der altorientalischen und mediterranen Hochkulturen mit ihren komplexen Herrschaftsstrukturen führte. Die recht egalitäre Welt der Ackerbauern zwischen Kleinasien und Gibraltar hatte sich nachhaltig verwandelt.

Strukturell begann dieses neue Zeitalter im östlichen Mitteleuropa aber schon um 2800 v. Chr. – zunächst noch ohne die erst nur im Karpatenraum und in Vorderasien bekannte Bronze – mit der dritten großen Migrationswelle, die wir nach jener der Jäger und Sammler aus Afrika vor über 40.000 Jahren und der frühen Ackerbauern aus Anatolien vor etwa 7.500 Jahren aus der Vorgeschichte kennen. Auch diese Migrationswelle wurde erst von der Genforschung zweifelsfrei belegt und ihr Verlauf, ja ihre schiere Existenz hat viele Archäologen überrascht.

Interner Kulturwandel oder Migration?

Das 3. Jahrtausend v. Chr. war geprägt von großen Veränderungen in Europa. In Mitteleuropa entwickelte sich die schnurkeramische Kultur (etwa 2800–2200 v. Chr.), die sich weit zwischen Zentralrussland und dem Rhein verbreitete, wobei sie die vielen unterschiedlichen neolithischen Kulturen ablöste, die sich nach dem Ende der linienbandkeramischen Kultur regional herausgebildet hatten (die Michelsberger Kultur der sauerländischen Ackerbauern hatten wir schon kennengelernt, daneben gab es viele weitere durch Keramik und Grabsitten geprägte regionale Komplexe im europäischen Neolithikum). Eine spezifische Keramik, eben die namensgebende Schnurkeramik, sowie neue Bestattungsriten zeichneten diese neue Kultur aus, deren Gefäße von mithilfe geflochtener Bänder eingeprägten Schnurmustern verziert wurden. Es überwogen nun Einzelbestattungen, nach Geschlecht klar differenziert: Männer erhielten als Grabbeigabe u. a. steinerne Streitäxte. Generell kann man anhand der Bestattungen bereits Rückschlüsse auf eine beginnende gesellschaftliche Stratifizierung anhand reicherer oder ärmerer Grabinventare ziehen. Viehzucht wurde in größerem Ausmaß betrieben. Im Westen Europas bis nach Spanien und Großbritannien verbreitete sich die Glockenbecherkultur mit ihren spezifisch geformten Trinkgefäßen (2600–2200 v. Chr., in Großbritannien bis ca. 1800 v. Chr.). Auch in diesem neuen Kulturkomplex wurden die Toten nun einzeln bestattet, soziale Unterschiede lassen sich an der Beigabe von Kupferdolchen und Armschutzplatten (oder deren Fehlen) erkennen. Mit der Übernahme der komplexen Bronzemetallurgie aus dem Karpatenraum verbreitete sich dann die Nutzung des harten Werkstoffs rasch in den bronzezeitlichen Kulturen Mitteleuropas, welche die zusammenhängenden und überregionalen Großkomplexe Glockenbecherkultur und Schnurkeramik ab 2300 v. Chr. beerbten.

Migration aus der pontischen Steppe

Wie kam es nun am Ende des Neolithikums in Europa zur Verbreitung dieser neuen großräumigen archäologischen Kulturen, die grundlegende gesellschaftliche und ideologische Veränderungen anzeigen, die sich dann in der Bronzezeit durch weitere soziale Stratifikation weiter ausprägten? In der Forschung gab es darüber langanhaltende Diskussionen. Im Wesentlichen ging es darum, ob innere gesellschaftliche Veränderungen in Europa als Auslöser angesehen werden können oder ob die Impulse von außen kamen, etwa durch Kulturtransfer oder Migration.

Marija Gimbutas, eine umstrittene Persönlichkeit innerhalb des Fachs, die besonders bei ihren männlichen Kollegen mit ihren Vorstellungen zum Matriarchat im Neolithikum nicht gut ankam, hatte in den 1960er Jahren die Idee entwickelt, die neuen Kulturen im Europa des 3. Jahrtausends seien die Folge einer Einwanderung und Eroberung durch patriarchalisch strukturierte Gruppen aus der nordpontischen Steppe, der Region nördlich des Schwarzen Meeres. Diese Kurgankultur (nach den typischen Grabhügeln), zuletzt häufiger mit der russisch-ukrainischen Benennung für »Grubengrab« als Jamnaja-Kultur bezeichnet, habe kriegerisch auf das friedliebende (weil matriarchalisch organisierte) bäuerliche Europa übergegriffen. Aufgrund des ideologischen Überbaus, aber auch aufgrund mangelnder archäologischer Belege folgte nur eine Minderheit Gimbutas' Ideen von einer Migration aus dem Osten. Während bei der Ausbreitung der neolithischen Kulturen in Europa noch deutliche Ähnlichkeiten im Fundmaterial (etwa bemalte Keramik in Thessalien und deren anatolische Vorbilder) die Verbindungen über geographische Grenzen hinaus belegen konnten, waren nur in Südosteuropa (Rumänien und Bulgarien) besonders bei den Begräbnissitten (u. a. weithin sichtbare Grabhügel) gewisse Verbindungen zur Steppenregion und zur Jamnaja-Kultur zu erkennen. Die mittel- und westeuropäischen Entwicklungen im Fundmaterial ließen solche direkten Verbindungen aber als unsicher erscheinen.

Entsprechend hatten die neusten paläogenetischen Studien, die in den vergangenen neun Jahren erschienen, die Wirkung eines Paukenschlags innerhalb der Archäologie. Ab 2015 und danach durch neuere Studien immer deutlicher bestätigt, kristallisierte sich heraus, dass die Träger der schnurkeramischen wie der Glockenbecherkultur eine auffällige genetische Signatur aus den Steppenregionen in sich trugen und nach Ausweis ihres Erbguts eng mit den Trägern der Jamnaja-Kultur verwandt waren. In Mitteldeutschland wiesen die für eine genetische Studie untersuchten Individuen sogar einen Anteil von rund 75 % des neuen, aus der Steppe stammenden Erbguts auf, die Bevölkerung Großbritanniens wurde sogar regelrecht »ausgetauscht«, wie die genetischen Modelle nahelegen, denn in der Umbruchzeit zur Bronzezeit weisen rund 90 % der untersuchten Individuen die neue genetische Signatur auf. Ein Vergleich mit modernen europäischen Populationen zeigte überdies, dass alle modernen Europäer einen erheblichen Erbanteil in sich tragen, der auf die in der Literatur als »Steppengen« bezeichneten DNA-Merkmale zurückgeht. Die heutige europäische Bevölkerung (von Zuwanderern von anderen Kontinenten einmal abgesehen) hat entsprechend drei im Verhältnis variierende große »Blöcke« im Genom: Unsere Gene enthalten zu einem geringen Anteil das Erbe der frühen steinzeitlichen Jäger und Sammler sowie mit zwei größeren Anteilen das Erbe der anatolischen Bauern und der am Ende der Steinzeit einwandernden Steppenbewohner. Heutige Deutsche oder Mitteleuropäer ohne jüngeren Migrationshintergrund können mit einem Anteil von rund 20 % Wildbeutergenen rechnen, bis zu 50 % stammen von den anatolischen Ackerbauern und etwa 30 % beträgt der Anteil der »Steppengene«.

Waren nach Veröffentlichung der ersten Studien, die eine niedrige und zeitlich weit gestreute Probenzahl untersuchten, zunächst noch Zweifel an den rasch vorgebrachten allgemeinen Schlüssen angebracht, verdichten sich nun mit vielen neuen Studien die Indizien: Die erneute komplette Umstrukturierung des Erbguts der Europäer deutet auf eine erhebliche Migrationsbewegung aus den Steppenregionen nördlich des Schwarzen Meeres nach Westen hin (▶ Abb. 7). Nun ist klar, dass die Träger sowohl der schnurkeramischen Kultur wie auch diejenigen der (nordwestlichen) Glockenbecherkultur von den Einwanderern aus dem Osten abstammten. Die auf mathematischen Modellen beruhenden Methoden der Genetiker (siehe Infokasten oben) machen sogar wahrscheinlich, dass die große Mehrzahl der Einwanderer Männer gewesen sein müssen (sieben von zehn waren männlichen Geschlechts).

Grenzen der Aussagekraft populationsgenetischer Studien

Was die Genetiker genauso wenig wie die Archäologen erklären können, sind Ablauf und Charakter dieses sich über eine lange Periode ersteckenden Einwanderungsprozesses (mindestens über 500 Jahre). Archäologisch lässt sich sogar geltend machen, dass fast ein Jahrtausend vorher bereits Kontakt zwischen dem Steppengebiet und der unteren Donauraum bestand und kleinere Gruppen von Pastoralisten, d. h. Viehhirten, schon früher nach Südosteuropa gelangten (Rumänien/Bulgarien). Bei der nach den bislang vorliegenden genetischen Daten offenbar massiven Auswanderung im 3. Jahrtausend wussten diese also durchaus, was sie in den Zielgebieten ungefähr zu erwarten hatten. Dennoch bleiben viele Aspekte schwer zu deuten.

Die für Historiker interessanten Kernfragen können mittels populationsgenetischer Methoden gar nicht geklärt werden; etwa die Frage, wie sich nahe Verwandtschaftsbeziehungen und soziale Strukturen im Grabbefund von Mikro-Regionen abbilden. Für die Hintergründe und Details der nur grob auflösbaren großen Migrationsbewegungen bleiben nur Spekulationen. Von den patriarchalischen Kriegerbanden, die den Ortsansässigen nicht nur ihre Nachkommen, sondern auch ein auf Männlichkeit und Kriegertum (Streitaxtbeigaben) gegründetes Weltbild aufzwangen, bis hin zu gerne als bewunderte neue Elite aufgenommenen Neusiedlern, die kulturelle Impulse und Prestige mitbrachten und so zu begehrten Heiratspartnern für die lokale weibliche Bevölkerung wurden, sind verschiedenste Szenarien entworfen worden. Der genetische Befund der Y-Chromosomen aus dieser Zeit ist indes so klar, dass die Einwanderer die ansässige männliche Bevölkerung faktisch an der Fortpflanzung gehindert haben müssen, wie auch immer man sich das vorzustellen hat (Gewalt, Androzid, eine Art »Apartheid«?). Der Nachweis des Pesterregers bei Trägern der Jamnaja-Kultur hat zu Vermutungen geführt, dass dieses Bakteriums als Auslöser einer Pandemie für die populationsge-

1 »Homo sapiens migrans«: Vor- und Frühgeschichte der Migration

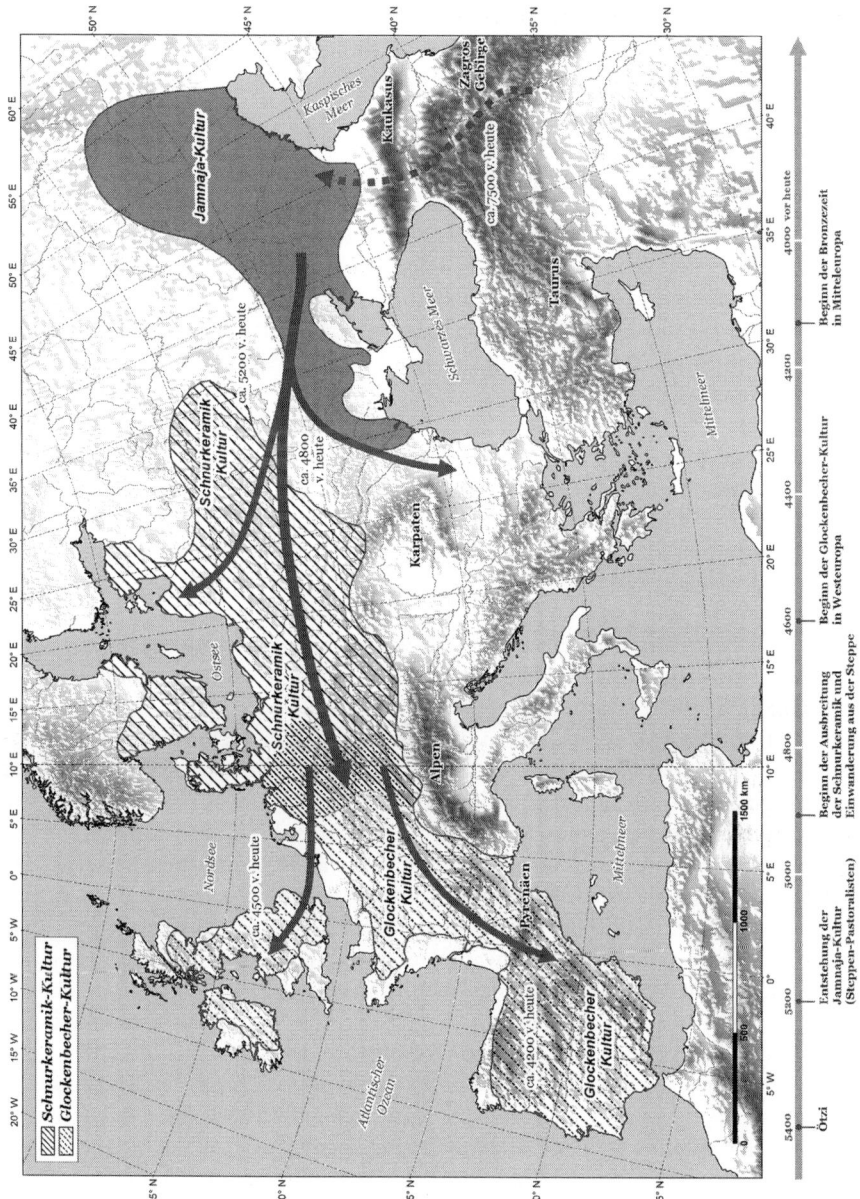

Abb. 7: Impulse der Jamnaja-Kultur und Ausbreitung der von ihr geprägten Schnurkeramik- (Zentraleuropa) und Glockenbecherkultur (Westeuropa).

netischen Veränderungen verantwortlich sein könnte. All diese interessanten Erklärungsmodelle sind jedoch reine Spekulation.

Welche Ideen, Kriege oder Seuchen sie auch immer mitgebracht haben mögen, ein anderer Einwanderer aus der Steppe lieferte auch den Alteingesessenen enormes

Entwicklungspotential und ist etwas später nachweisbar: das Pferd (ab etwa 2200–2000 v. Chr.). Vieles spricht dafür, dass die Zähmung des Pferdes (wahrscheinlich um 4200 v. Chr. in der eurasischen Steppe) es den Einwanderern erst ermöglichte, so weite Distanzen über den Landweg in kurzer Zeit zu überwinden. Das Pferd könnte so zur Überlegenheit beigetragen haben, will man die Rolle von Gewalt bei dieser Migrationswelle nicht zu gering veranschlagen. Diese Frage ist aber noch nicht endgültig geklärt. Das Pferd und der Pferdewagen spielten allerdings später eine Hauptrolle im Prozess der Beschleunigung von Mobilität und der Ausdehnung von Kontaktzonen und Fernhandel in der Bronzezeit, weil mit ihm auch Landwege besser erschlossen und genutzt werden können. Die Gründe für die Wanderung der Pastoralisten aus der eurasischen Steppe bleiben im Dunkeln. War es die dauernde Suche nach grünen Weidegründen, die sie mit ihren Herden immer weiter nach Westen gebracht hat? Handelte es sich in erster Linie um mobile Kriegergruppen, die als Eroberer auftraten? Der von den genetischen Befunden nahegelegte Sachverhalt, dass mehrheitlich Männer in Mittel- und Westeuropa auftauchten, könnte als Indiz dafür gedeutet werden. Jedoch fehlen bislang jedwede Spuren von kriegerischen Auseinandersetzungen oder Gewaltereignissen, wie wir sie etwa aus der späten Linienbandkeramik kennen (Herxheim, Talheim etc.). Erst aus der späteren Bronzezeit ist ein Schlachtfeld bekannt, das als erstes Zeugnis für einen größeren Krieg gelten darf (im Tollensetal in Mecklenburg-Vorpommern, um 1250 v. Chr.). Anzeichen für Naturkatastrophen oder Überbevölkerung in der eurasischen Steppe gibt es keine. Die aus der historischen Migrationsforschung bekannte Binsenweisheit, dass Migranten ihre Lebensumstände verbessern, ihr Potential verwirklichen wollen und nach Räumen Ausschau halten, wo das möglich ist, bleibt doch recht unbefriedigend als Erklärung für eine derartig auffällige Wanderungsbewegung, die offenbar auch die Migranten selbst kulturell verändert hat (sowohl bezüglich des von der Steppenregion sich unterscheidenden Fundmaterials als auch hinsichtlich der durch die existierenden Ackerbaustrukturen sich wandelnden Lebensweise).

Der Rundumschlag über schätzungsweise 500 Jahre Westwanderung der Steppenreiter und die geradlinige Darstellung einer dritten wichtigen Migrationswelle erfolgt im Rahmen dieses Buches zwangsläufig mit der groben Kelle und lässt einen komplexen Prozess wie ein einfaches Schnittmuster wirken, das eine scheinbar lineare Entwicklung abbildet. Dass wir es mit einem – gerade aus archäologischer Sicht – höchst komplexen Gefüge zu tun haben, muss hier ein wenig unter den Tisch fallen. Die Einflüsse aus der nordpontischen Steppe, die sich mit Migration in Verbindung bringen lassen und archäologisch nachvollziehbar sind, werden für das westliche Schwarzmeergebiet und den Karpatenraum bereits auf das 4. Jahrtausend v. Chr. datiert (Heyd 2016). Bislang erfassen die genetischen Studien offenbar nur die oft als »Welle« bezeichnete bemerkenswerte Wanderungsbewegung ab etwa 2800 v. Chr. Da die Daten bislang keine detaillierte zeitliche Auflösung zulassen, scheint diese »Welle« doch geraume Zeit angehalten zu haben (mindestens 500 Jahre, wenn wir den westpontischen Raum mitrechnen, noch viel länger). Darüber hinaus beschreibt man in letzter Zeit die mit den Glockenbechern und der Schnurkeramik verbundenen kulturellen Phänomene richtigerweise eher als »Komplexe«, denn als archäologische Kulturen, weil sie extrem breit ausgedehnt sind und regionale Unterschiede sehr deutlich hervortreten. Auch die geographischen Überlappungen beider Komplexe und ihre Interaktionen im Zentrum Europas (v. a. im heutigen Deutschland) zeigen an, dass Grenzziehungen jedweder Art oder Informationen über die mit dem Fundmaterial verbundenen »Ideologien« nicht einfach sind. Als kulturstiftende Gemeinsamkeit beider Komplexe, die sie auch mit den Jamnaja-Gräbern verbindet, könnten allenfalls gewisse grundlegende Elemente der Bestattungssitten gelten. Deswegen wurde angesichts der streng geographisch ausgerichteten und nach Geschlechtern getrennten Bestattungen vorgeschlagen, vorzugsweise mit dem Begriff des »Einzelgrabkomplexes« zu operieren. Hinter solchen geographisch weitverbreiteten Komplexen vermutet man ein Set von Ideen, Werten und »Weltansichten«. Ein Ideenbündel, das sich ohne Schriftquellen freilich nicht entschlüsseln lässt.

Welche enormen Interpretationsspielräume hinsichtlich (vermeintlicher) kultureller und sprachlicher Zusammengehörigkeit oder gar Identitäten über einen solch langen Migrationszeitraum eröffnet werden – Spielräume, die gerade Genetiker zuletzt recht unbefangen ausfüllen –, mag ein Gedankenspiel illustrieren. Man stelle sich vor, Archäologen des Jahres 5000 (n. Chr.), die natürlich auch alle Archäogenetiker sind und mit einem Gerät innerhalb von Sekunden die aDNA ihrer Funde prüfen können, fänden, ohne über weitere Dokumente und Schriftquellen zu verfügen, auf dem Kölner Westfriedhof reichlich Probenmaterial für ihre Analysen. Dort – das wissen aber nur wir – wurden seit den 1970er Jahren viele türkische Arbeiter der Fordwerke begraben. Könnten die zukünftigen Archäologen nicht schlüssig zur Überzeugung gelangen, dass sie in Köln Belege für die westlichste Ausbreitung der rund 500 Jahre früher in der heutigen Türkei dokumentierten großen mittelalterlichen Migrationsbewegung der turksprachigen Seldschucken (ursprünglich aus dem iranischen Bereich kommend) erfasst haben, zumal Befunde aus Essen und Bochum aus der gleichen Zeit diese Annahme stützen? Detaillierte Interpretationen archäologischer Funde auf Basis sozialer Interaktionsmodelle sind also zu bevorzugen, statt vorschnell einfache Zusammenhänge zwischen Massenmigrationen homogener Bevölkerungsgruppen und kulturellem Wandel herzustellen.

Diese knappen Anmerkungen zur archäologischen Komplexität von vielen Jahrhunderten europäischer Geschichte müssen an dieser Stelle genügen. Die überaus interessanten paläogenetischen Studien haben freilich ihre Grenzen und bergen die Gefahr einer Verengung unseres Blicks auf doch offenbar sehr komplexe Gesellschaften durch das Aufsetzen einer populationsgenetischen Brille, die schnell die über fast ein Jahrtausend zwischen Russland und dem Rhein mit sicherlich unterschiedlichsten Sprachen lebenden Träger der schnurkeramischen Kultur zu »*den* Schnurkeramikern« macht. Auf diese Weise werden sie bewusst oder unbewusst als eine zusammengehörige und damit in der Konsequenz für unsere Vorstellung auch *ethnisch homogene* Gruppe »reifiziert«, also verdinglicht und als von uns heutigen Betrachtern erfundene Einheit konstituiert, ohne dass der erfinderische Akt noch sichtbar wäre. Die rein auf Basis von Merkmalen der materiellen Kultur erfolgenden archäologischen Gruppenbildungen (Bandkeramik, Jamnaja, Glockenbecher etc.) werden bis heute oftmals mit den Populationen der Genetiker gleichgesetzt.

Migration als Erklärungsmodell für die Vorgeschichte

Durch die »genetische Revolution« in der Archäologie haben sich ganz neue Horizonte aufgetan. Mit der Steppenmigration zum Ende des Neolithikums und zu Beginn der Bronzezeit, die mit Arsenbronzen im Kaukasus, in Ägypten und in den mesopotamischen Stadtstaaten bereits begonnen hatte, bevor die Reiter aus der Steppe sich auf den Weg nach Westen machten, wurde eine bedeutende Migrationsbewegung ans Licht gebracht, die nur wenige Archäologen vermutet haben. Generell ist mit der Migration der anatolischen Ackerbauern und derjenigen der Pastoralisten aus Eurasien Migration als Erklärungsmodell für Kulturwandel und überhaupt als historisch relevante Kategorie in die prähistorische Geschichtsschreibung zurückgekehrt. Trotz der beeindruckenden Neuerkenntnisse bleiben die wirklich historischen Einsichten jedoch arg beschränkt. Die untersuchten Individuen aus tausenden von Jahren Geschichte und ihre Genome bleiben Mosaiksteinchen in einem noch unzureichend deutlichen Gesamtbild. Über die sozialen Verhältnisse, die ihr Leben bestimmten, über ihre Verwandtschaftsstrukturen, ihre Werte, ja auch über individuelle Migration lässt sich aus dem Genbefund wenig ablesen, nicht einmal, ob die – von der Genetik nur grob gerasterten – Populationen, die zwar allesamt »Steppengene« aufweisen, aber seit Generationen voneinander getrennt waren, sich irgendwelcher Gemeinsamkeiten bewusst waren.

Der »König von Stonehenge«

In seltenen Fällen gelingen aber mittels neuer naturwissenschaftlicher Verfahren Einblicke, die konkrete historische Erkenntnisse anhand von individuellen Schicksalen Einzelner liefern, deren sterbliche Überreste uns noch viel mehr als nur ihr Genom hinterlassen haben. Ein solcher Glücksfall ist der Fund des sogenannten »Bogenschützen von Amesbury«. Als man im Jahr 2002 sein Grab unweit der emblematischen Kultstätte von Stonehenge in Südengland entdeckte, war rasch klar, dass man hier eine sozial herausragende Persönlichkeit der Kupfersteinzeit mit außergewöhnlichen Grabbeigaben bestattet hatte. Die ^{14}C-Datierung zeigte zusammen mit der Bestimmung des Fundmaterials, dass hier einer der frühsten Träger der Glockenbecherkultur gefunden wurde, die ab 2400 v. Chr. für Großbritannien kennzeichnend wurde und sich bis an die Ostküsten Schottlands ausbreitete. Das auf etwa 2300 v. Chr. datierte Grab enthielt neben den Überresten eines zum Zeitpunkt seines Todes etwa 40 Jahre alten Mannes eine Vielzahl unterschiedlichster Artefakte: u. a. fünf der namensgebenden Glockenbecher, drei Kupferdolche, Bogenzubehör, Armschutzplatten und steinerne Pfeilspitzen sowie sogar – ganz neu und ganz selten in Britannien zu dieser Zeit – Goldschmuck in Form von zwei Ohrringen in Körbchenform. Mit dem Bau des legendären Steinkreises hatte der Bestattete allerdings nichts zu tun, denn der war bereits kurz vor Ankunft der Menschen, welche die Glockenbecher und neue Grabsitten mitbrachten, fertiggestellt worden. Aber sein unter allen anderen bekannten Bestattungen der Gegend und der Zeit herausragendes Grab zeigt an, dass dieser Mann eine führende Rolle in der Gesellschaft seiner Zeit einnahm. In der Presse wurde er dann auch in typischer Weise zum »König von Stonehenge« ausgerufen. Die Ausgräber erkennen in ihm einen frühen

Spezialisten für Metallverarbeitung, der die Kupfermetallurgie beherrschte und diese Techniken nach England mitbrachte. Noch viel interessanter als die Tatsache, dass hier ein mit der Glockenbechersitte verbundener Angehöriger einer neuen Elite entdeckt wurde, war die aus seinen Zähnen gewonnenen Informationen über sein Leben. Die Strontiumisotope seiner Backenzähne lieferten die Erkenntnis, dass dieser bedeutende »englische« Herr ein Migrant war.

> **Isotopenanalyse**
>
> Die drei Backenzähne (Molare) des Menschen bilden sich in Etappen bis zum 17. Lebensjahr. Dabei wird die chemische Signatur des Bodens, von dem der Mensch seine Nahrung bekommt, eingelagert. Je nach Trinkwasser, den Feldfrüchten, Pflanzen oder auch den pflanzenfressenden Tieren der Gegend, die jemand in seiner Jugend konsumiert, nimmt er Isotope des Elements Strontium (Sr) in unterschiedlichen Verhältnissen auf, die für jede Gegend charakteristisch und einzigartig sind (auch die Isotope von Sauerstoff und Argon können für derartige Untersuchungen herangezogen werden). Die unterschiedliche Sr-Isotopenzusammensetzung wird von Archäobotanikern und Geologen kartographiert. Entsprechend lässt die Isotopenanalyse bei prähistorischen Menschen, gewissermaßen als ein Fingerabdruck, Rückschlüsse darauf zu, wo sie aufgewachsen sind. Mit diesem zuverlässigen und in den letzten Jahren immer stärker verwendeten Instrument lässt sich in der Archäologie nicht nur bestimmen, welche Nahrungsgewohnheiten Menschen hatten, sondern auch, ob ein Mensch am gleichen Ort bestattet wurde, an dem er aufgewachsen ist (sofern die betreffenden Gebiete bereits kartiert wurden). Entsprechend lassen sich für Individuen Phasen von Mobilität nachweisen und viele Menschen, die vor tausenden von Jahren gestorben sind, entpuppen sich im Lichte der Wissenschaft als prähistorische Migranten.

Der Bogenschütze von Amesbury kam von sehr weit her, denn seine Jugend verbrachte er nachweislich im Alpenraum, wahrscheinlich in der heutigen Schweiz. Seine herausgehobene Stellung könnte im Zusammenhang mit den ihm und den anderen Einwanderern mit gleichem »Migrationshintergrund« zugeschriebenen Kompetenzen stehen: Mit dem Glockenbecherkomplex kam nämlich auch die Metallurgie auf die britischen Inseln. Diese neuen Kenntnisse über Guss- und Schmiedetechniken könnten ein Motiv gewesen sein, dem weitgereisten Mann besondere Hochachtung entgegenzubringen, die sich auch in der Behandlung nach dem Tod widerspiegelte. In jedem Fall finden wir mit ihm einen Beleg für konkrete und durchaus individuelle Migrationsbewegungen von Menschen, die nur durch neue Methoden entdeckt werden können und nachhaltig unser Bild von der Mobilität in der Vorgeschichte erweitern werden.

Mobile Gesellschaft im Lechtal:
Heiratsmigration und Wissenstransfer durch Frauen

Zusammen mit der Gentechnik, die für historische Zwecke nicht nur populationsgenetische Grobmuster, sondern auch die archäologischen Befunde ergänzen und konkret in Gräberfeldern von Siedlungen auch kleinräumige Verwandtschaftsbeziehungen und Hierarchiegefüge untersuchen kann, bietet die Isotopenanalyse großes Potential zur Untersuchung von Wanderungen von Individuen, die diese in ihrem Leben bewältigt haben. Eine integrale Untersuchung einer Mikro-Region hat zuletzt eine interdisziplinäre Forschergruppe um Philipp Stockhammer vorbildlich für bronzezeitliche Gehöfte im Lechtal vorgenommen (Massy et al. 2017).

Verglichen mit den Stadtstaaten im Zweistromland, die ihre Ökonomie bereits mit schriftlicher Buchführung stützten, oder Ägypten, wo die Pyramiden von Gizeh bereits standen, war das Lechtal am Übergang zur Bronzezeit um 2100 v. Chr. eher eine Art »dritte Welt«. Man siedelte nicht in engeren Dorfverbänden, sondern Einzelgehöfte am Rande der fruchtbaren Lößterrasse bestimmten die Kulturlandschaft des Tals südlich von Augsburg. Jeder dieser Höfe verfügte über einen eigenen Friedhof, wo die zum Haushalt gehörigen Personen über Generationen hinweg bestattet wurden. Mit den neuen naturwissenschaftlichen Methoden konnten nun die seit den 1990er Jahren vorliegenden archäologischen Befunde so ergänzt werden, dass ein verblüffend komplexes Gesamtbild der frühbronzezeitlichen Gesellschaft im Lechtal erkennbar wird.

Archäologisch ließen sich reiche Bestattungen von beigabenlosen Gräbern unterscheiden. Die genetischen Untersuchungen konnten über Verwandtschaftsbeziehungen der Bestatteten Auskunft geben, Isotopen über ihre Herkunft bzw. darüber, wo sie ihre Kindheit oder Teile davon verbracht hatten. Aus den überraschenden Untersuchungsergebnissen lassen sich weitreichende Schlüsse ziehen. So zeigt sich, dass die Männer aus besser ausgestatteten Gräbern auf diesen Hofgrabstätten miteinander verwandt waren und die typische Beigabe eines Bronzedolches als Ausstattungsmerkmal der Hoferben zu betrachten ist. Demnach wurden die Wirtschaftsbetriebe patrilinear weitergegeben, also vom Vater auf die Söhne. Darüber hinaus weisen diese Männer in ihren aus den Zähnen gewonnenen Isotopen lokale Signaturen auf, sie wuchsen also im Lechtal auf. Gleiches gilt für Männer und Frauen, die in beigabenlosen Gräbern bestattet wurden. Auch sie stammten aus der Region, hatten jedoch keine Verwandtschaftsverbindungen zu den »Reichen«. Der Gegensatz zu den Gräbern der Hofbesitzer und ihrer Frauen zeigt soziale Unterschiede an. Auf den Gehöften lebten also auch weniger privilegierte Menschen, die vielleicht mit dem mittelalterlichen und frühneuzeitlichen Gesinde verglichen werden können. So weit, so gut, alles genau so, wie bei Ackerbaugesellschaften dieser einfacheren Strukturen zu erwarten war. Allenfalls die soziale Schichtung ist ein Zeichen für neue Zeiten, in denen zunehmend soziale Unterschiede zwischen neuen Eliten und Unterschichten entstehen.

Verblüfft waren die Forscher über den Befund bei den weiblichen Bestattungen. Denn keine (erwachsene) Frau stammte aus dem Lechtal, alle waren in diesem patrilokalen Heiratssystem offenbar »importiert«, und es war nicht üblich (offenbar auch nicht möglich), eine Heiratspartnerin von einem Nachbargehöft zu freien. Etwa zwei Drittel der Frauen stammte gemäß der Isotopensignatur ihrer Zähne aus Süddeutschland. Damit zeichnete sich ziemlich deutlich die Existenz eines ausgedehnten regionalen Netzwerks an. Das übrige Drittel der »importierten« Frauen im Lechtal sorgte dann wirklich für Erstaunen bei den Forschern, denn diese stammten nach Ausweis der Isotopen von sehr weit her. Sie sind nach aktuellem Datenstand der Mittelelbe-Saale-Region zuzuordnen, der Region um Halle und Leipzig, aber auch bis ins Prager Becken nach Böhmen hinein. Somit waren diese Frauen als Erwachsene über 400–600 km ins Lechtal gekommen. Derart aufwendige, zielgerichtete und auch definitiv lebensverändernde Verlegungen des Wohnorts können vor 4.000 Jahren nur im Rahmen etablierter Netzwerke und dauerhafter Beziehungen sowie im Rahmen generalstabsmäßiger Planung durchgeführt worden sein.

Weitere Informationen über das ungewohnt mobile Sozialgefüge der Lechtalbauern ergaben die Gräber von Kindern und Jugendlichen. Da nur Mädchen (so sie denn vor dem Erwachsenenalter starben) lokale Isotopensignaturen aufwiesen und erwachsene Frauen allesamt von außerhalb des Lechtals kamen, wurde deutlich, dass nicht nur alle Ehepartnerinnen »importiert« wurden, sondern dass auch der eigene weibliche Nachwuchs offenbar über die etablierten Netzwerke beim Erreichen des Erwachsenenalters das Lechtal und die Familie verlassen musste und den umgekehrten Weg in die nähere oder weitere Welt hinausging. Auch Männer, die als Jungen im Alter von sieben oder acht Jahren das Lechtal verlassen haben, einige Jahre (während sich ihr dritter Backenzahn ausbildete, der darüber Auskunft gibt) in der Ferne weilten und dann als Erwachsene – vielleicht frisch verheiratet – zurückkamen, konnten in den Gräberfeldern der Höfe nachgewiesen werden (drei der untersuchten Individuen). Rätselhaft bleibt jedoch die Rolle der von weit her, aus Mitteldeutschland und Böhmen stammenden Frauen. Denn zumindest dieses Drittel der Frauen hatte offenbar keine Nachkommen gezeugt. Mutterschaft schien ihnen nach bisherigem Kenntnisstand aus irgendeinem Grund verwehrt gewesen zu sein.

Könnten diese fremden Frauen, deren Rang durch Grabbeigaben ausgewiesen ist, vielleicht die neuen metallurgischen Fertigkeiten ins Lechtal gebracht haben, wie Stockhammer und seine Forschergruppe vorschlagen? Denn innerhalb von nur etwa zwei Generationen schafften die Lechtaler um 2150 v. Chr. in einem Schritt – und nicht etwa über einen längeren Zeitraum hinweg – den Übergang zur Bronzezeit. Nicht nur die Tatsache, dass just Böhmen, das Erzgebirge und die Mittelelbe-Saale-Region, die Herkunftsregion der »importierten« Frauen, um 2200 v. Chr. mit der sogenannten Aunjetitzer Kultur (Únětice) Keimzelle und ein bedeutender Relaispunkt der Ausbreitung der Zinnbronzemetallurgie in Zentraleuropa war, spricht für diese Interpretation, auch ihre Sonderrolle als kinderlose Zugereiste könnte dafür sprechen. Zwar herrschen noch (von sehr gegenwärtigen Rollenvorstellungen geprägte) Zweifel vor, ob Frauen eine herausragende Rolle bei der Vermittlung von technischem Knowhow in der Bronzemetallurgie gehabt haben können, jedoch gibt es keinen Anlass zu glauben, dass Hephaistos nicht auch Töchter gehabt haben sollte.

Exogamie in der europäischen Bronzezeit: Ausnahme oder Alltag?

Während die Details des sozialen Gefüges dieser frühbronzezeitlichen Höfe im Lechtal weiterhin Gegenstand von Spekulation und Mutmaßungen bleiben müssen, zeichnen sich doch einige klare Erkenntnisse ab: Wir können ein über Exogamie definiertes Netzwerk von Fernbeziehungen erkennen, das offenbar über etwa 800 Jahre stabil geblieben ist. Diese durch Migration und weit gestreute verwandtschaftliche Beziehungen etablierten Netzwerke sind Motor eines Kulturwandels, der auch im Lechtal zu beobachten ist. Dabei sind es offenbar in erster Linie die Frauen, die wandern; auch das ein für viele unerwarteter Befund. Trotz aller Unwägbarkeiten und offenen Fragen kann kein Zweifel darüber bestehen, dass tief verankerte soziale Regeln dieses Heirats- und Austauschnetzwerk bestimmten. Die über Jahrhunderte ununterbrochene Tradition, nach der Menschen aus den vernetzten Regionen dazu verpflichtet waren, ihre Töchter auf immer in die Fremde zu schicken, muss über enorm starke ideologische oder religiöse Normen verankert gewesen sein.

Das Forschungsprojekt zur Bronzezeit im Lechtal ist bislang einzigartig. Die interdisziplinäre Untersuchung, ja Durchdringung dieser Mikro-Region unter Berücksichtigung möglichst vieler Aspekte wird hoffentlich in der Zukunft Nachahmer in anderen Regionen und für andere Epochen finden. Dass das Lechtal in ein komplexes Fernmigrationssystem eingebunden war, ist nur dann überraschend, wenn man solche weiträumigen Netzwerke und alltägliche geplante Migration für sesshafte Ackerbaugesellschaften arbeitshypothetisch ausschließt. Aus der nordeuropäischen Bronzezeit sind allerdings weitere Beispiele von weitgereisten Frauen bekannt, die vielleicht nur die Spitze des Eisbergs exogamer Netzwerke in Europa markieren. Das sogenannte »Mädchen von Egtved« und die »Frau von Skrydstrup« (beide Dänemark) stammen nach dem Isotopenbefund von weit her (erstere vielleicht aus dem Schwarzwald).

Diese Einzelfälle, die sich noch ergänzen ließen, sind kleinste Mosaiksteinchen eines immensen, noch weitgehend verborgenen Gesamtbildes. Gerade vor dem Hintergrund der Ergebnisse aus dem Lechtal scheint es überlegenswert, ob bronzezeitliche Kontakt- und Handelsnetzwerke vielleicht typischerweise mit parallelen Heiratsnetzwerken abgesichert wurden oder umgekehrt traditionelle verzweigte Verwandtschaftsbeziehungen dann die Tauschnetzwerke entstehen ließen. Die alte Arbeitshypothese, man habe es im prähistorischen Europa mit weitgehend isolierten Gesellschaften zu tun, die lediglich interessenorientierten Waren- und Wissensaustausch betrieben, ansonsten aber unter sich blieben, kann bereits nach jetzigem Stand nicht mehr überzeugen.

Hochkulturen im Mittelmeerraum

Was in den vergleichsweise ärmlichen Regionen Mitteleuropas nun durch die modernen interdisziplinären Ansätze deutlicher zu werden scheint, nämlich weitverzweigte Netzwerke von Austausch und Wissenstransfer, ist den Archäologen aus dem Mittelmeerraum und dem Vorderen Orient schon lange geläufig. Denn dort hatten sich bereits im ausgehenden Neolithikum arbeitsteilige Gesellschaften gebildet, die man bereits mit Fug und Recht als veritable Staaten ansprechen darf.

Mesopotamien und Ägypten sind die bekanntesten Regionen, in denen frühe Hochkulturen komplexe und zunehmend hierarchische Gesellschaften herausbildeten. Diese Entwicklungen, die man aus einer gewissen technischen Perspektive durchaus als »Fortschritte« bezeichnen könnte, waren eng verbunden mit der Nutzung der Bronze und der Erfindung und Nutzung der Schrift. Die Schrift diente zunächst – und das ist aus literaturgeschichtlicher Perspektive mehr als bitter – exklusiv administrativen und ökonomischen Zwecken. Es ging um die Zentralisierung und Verwaltung von Ressourcen und Rohstoffen, von Gütern aller Art, die Teil eines komplexen Verteilungssystems mit zentralen Herrschaftsagenturen an der Spitze wurden. Besonders die Eintreibung und Verwaltung von Steuern war für diese frühen Staaten wichtig, und die Schrift diente in erster Linie der Bilanzierung von Abgaben und Einkünften. Erst später wurde Schrift auch als Medium der Überlieferung und Archivierung von religiösen Inhalten und zuletzt auch von Literatur (sumerische Hymnen, der Epenkreis um Lugalbanda und das Gilgamesch-Epos) eingesetzt: gewissermaßen die Geburt der Literatur aus dem Geiste der Finanzbuchhaltung.

Bedeutung der Bronze: Die erste »Globalisierung«

Wie im übrigen Europa und auch in Asien (dazu unten ein weltgeschichtlicher Seitenblick) wird aber vor allem das neue Metall zum Motor der Entwicklung. Die nötigen Rohstoffe gibt es nicht an jeder Ecke. Kupfer kommt zwar häufiger vor, aber Zinn ist, wie erwähnt, auf wenige Lagerstätten beschränkt, wobei besonders solche in Zentralasien für die frühen Hochkulturen eine wichtige Rolle spielen, später auch die europäischen, etwa in Spanien, im sächsischen Erzgebirge und im englischen Cornwall. Kurioserweise waren gerade die mediterranen und vorderasiatischen Hochkulturen besonders von der Versorgung mit den wertvollen Rohstoffen abhängig, da sie selbst über so gut wie keine Lagerstätten verfügten. Der immer größer werdende Bedarf an den Rohstoffen war maßgeblich für die wachsende Mobilität und die immer weiter verzweigten Netzwerke verantwortlich. Die Bedeutung der Bronze für die seinerzeit schon recht ansehnlich globalisierte Welt lässt sich vielleicht mit der Bedeutung des Öls, des schwarzen Goldes, für die modernen Industriegesellschaften in unserer globalisierten Welt des 20. und 21. Jahrhunderts vergleichen.

Der schier unstillbare Hunger nach den Rohstoffen Kupfer und Zinn ließ einen ökonomischen Austausch entstehen, der – wenngleich vielleicht unter »staatlicher« Aufsicht organisiert – als regelrechter Handel angesprochen werden kann. Dieser Handel hat beim Ideentransfer und beim Kulturaustausch über große Distanzen, der sich archäologisch gut beobachten lässt, eine entscheidende Rolle gespielt. Im Rahmen dieser innerhalb der Forschung der letzten Jahrzehnte immer deutlicher akzentuierten Mobilität müssen Migrationsphänomene wie die beschriebenen Exogamiepraktiken oder auch andere Formen von gezielter Migration mehr als nur ein Nebenprodukt gewesen sein. Sie lassen sich derzeit aber nur mit großem Aufwand auf individueller Ebene nachweisen. Allein die Entstehung der großen urbanen Zentren in Mesopotamien, Uruk, Ur, Babylon oder Assur setzt zumindest

Binnenmigration in großem Ausmaß voraus. Im ägyptischen Theben und in Uruk in Mesopotamien lebten bis zu 80.000 Menschen.

Gesellschaftliche Entwicklung: Die Entdeckung der Ungleichheit (Zwangsmigration und Sklaverei)

Spezialisierung und Arbeitsteilung haben in ganz Europa, über die zentralistisch organisierten Staaten Mesopotamiens und des östlichen Mittelmeerraums sowie des ägyptischen Reichs hinaus, zu einer grundlegenden Veränderung der Gesellschaften geführt. Soziale Differenzen, wie sie auch in den frühen orientalischen Schriftquellen im Sinne von unterschiedlichen Rängen und »Klassen« auftauchen, werden überall auch im archäologischen Befund sichtbar. Das Vollgriffschwert wird in Mitteleuropa zum Emblem einer neuen Elite, der Krieger als sozialer Typus entsteht. Reich und Arm werden zunehmend in der Bestattungspraxis erkennbar. Schwerter unterschiedlicher Formen werden über weite Räume verteilt, und bestimmte Stile setzen sich großräumig durch. Es entsteht ein Spezialistentum: Handwerker, Bergleute, Bronzeschmiede, aber auch Herren und Krieger tragen zur zunehmenden Diversifizierung der frühen Gesellschaften bei. Kupfer- und Salzminen werden durchrationalisiert. Während die Hauer unter Tage arbeiten, stellen andere Kienspäne für die Beleuchtung her, wieder andere kümmern sich um die Versorgung und Ernährung der jeweiligen Spezialisten. Organisatorischer Fortschritt und rationalisierte Wirtschaftsprozesse scheinen gesellschaftliche Prozesse losgetreten zu haben (oder vielleicht auch umgekehrt?), die auch moderne Gesellschaften bis heute prägen: Ungleichheit wird ein neues Ordnungsprinzip.

In dieser verwandelten Welt hatte der Mensch sich die Erde längst untertan gemacht, nun machte er sich seinesgleichen untertan. Nach der Herrschaft über die Natur kam die Herrschaft über andere Menschen als neues gesellschaftliches Organisationsprinzip. Die entwickelte Bronzezeit ist auch die Epoche, aus der wir erstmals (schriftliche) Belege über die Institution der Sklaverei haben. Wir können zwar annehmen, dass das Gesinde der Lechtalhöfe in einem recht abhängigen Verhältnis zu seiner Herrschaft stand, jedoch lässt sich das nicht genauer präzisieren. Außerdem wissen wir, dass es sich um Leute handelte, die aus der Gegend stammten und nicht etwa Opfer von Zwangsmigration waren. Solche kennen wir erstmals, teils sogar namentlich, weil Keilschrifttexte sie verzeichnen, aus der mesopotamischen Großstadt Uruk um 1800 v. Chr. Kriegsgefangene wurden dabei im Feindesland oder bei der Eroberung festgenommen (z. B. 102 namentlich aufgelistete Gefangene aus der Stadt Isin, andere aus weiteren, entfernteren Stadtstaaten und Ländern, mit denen König Rim-Anum Krieg führte). Diese erstmals urkundlich erwähnten Opfer von Zwangsmigration mussten auch Zwangsarbeit verrichten, sie waren Sklaven. Dass mit ihnen eine ganz neue gesellschaftliche Gruppe auftaucht, die sich hinsichtlich ihres Status fundamental von anderen unterscheidet, zeigt der wenige Jahre später in Babylon unter dem Namen des Königs Hamurapi auf einer Stele kodifizierte Gesetzestext, der Sklaverei und Sklavenrecht eindeutig definiert.

Die Deportation von Kriegsgefangenen und Teilen der Bevölkerung scheint nach Quellenlage eine altorientalische Erfindung zu sein und ist bei den altorientalischen Kulturen vielfach belegt. Bereits der akkadische König Rimuš (23. Jahrhundert

v. Chr.) hat nach Feldzügen Kriegsgefangene deportiert, als gezielte und systematisch eingesetzte Politik werden Deportationen in mittelassyrischer Zeit unter Assurnasirpal II. (883–859 v. Chr.) viel häufiger. In Königsinschriften, den Tatenberichten und Leistungsnachweisen der assyrischen Herrscher, wird immer wieder nüchtern die Zahl der Entwurzelten angegeben. Auch die babylonische Gefangenschaft der Israeliten im 6. Jahrhundert v. Chr., die aus dem Buch Jeremia bekannt ist, entspricht damit der lange geübten Gepflogenheit, die Elite des unterworfenen Gegners zu deportieren, um sowohl potentiellen Widerstand zu brechen als auch über neue Arbeitskräfte zu verfügen.

Seitenblick: Komplexe Gesellschaften in China und im Industal

Am Oberlauf des Gelben Flusses in China bildet sich Ende des 3. Jahrtausends, nachdem zuvor Klimaschwankungen (Dürren wechselten sich mit Flutkatastrophen ab) stetigere Entwicklungen negativ beeinflusst hatten, eine frühbronzezeitliche Kultur heraus, die mit dem Siedlungsplatz Erlitou in Verbindung steht. Von einigen chinesischen Archäologen wird die Erlitou-Kultur mit ihren Palastzentren, in der Bronze eine große Rolle für die neu entstehenden Eliten zu spielen beginnt, mit der aus späteren Überlieferungen bekannten Xia Dynastie, der (weitgehend mythologischen) ersten Dynastie Chinas, in Verbindung gebracht. Die dann ab 1600 v. Chr. einsetzende Erligang-Kultur markiert den Beginn der eigentlichen chinesischen Bronzezeit (Zentrum: Zhengzhou, frühe Shang Dynastie). Die Bronzemetallurgie breitete sich am Ende des 2. Jahrtausends vom östlichen China (Unterläufe des Gelben Flusses und des Jangtse) über Vietnam und Myanmar über ganz Südostasien aus. Diese Ausbreitung war offenbar mit der Wanderung von Menschen verbunden, wie neue genetische Studien nahelegen. Mit der frühen Nutzung der prähistorischen Seidenstraße und der zunehmenden Bedeutung des Metalls (in China kommt eine besondere kultisch-religiöse Note hinzu) wurden weiträumige und ähnlich komplexe Netzwerke etabliert, wie wir sie besser und detaillierter aus dem Mittelmeerraum und dem Vorderen Orient kennen.

Im Industal, im Norden Pakistans, entstand schon früher, im 3. Jahrtausend v. Chr., eine frühurbane Kultur mit Städten, die über Kanalisation und Wasserversorgung verfügten (»Indus-Zivilisation«). Die nach einem bedeutenden Fundplatz auch Harappa-Kultur genannte archäologische Kultur, die etwa zwischen 2600 und 1800 v. Chr. florierte, war weniger durch Metallurgie und Bronzeverarbeitung geprägt als die übrigen zeitgleichen Hochkulturen. Die Angehörigen dieser Kultur pflegten Handelskontakte nach Afghanistan (Lapislazuli) und über den Persischen Golf bis zu den Sumerern ins Zweistromland. Das Fehlen von Palastbauten und Herrschersitzen sowie typischer Merkmale von Akkumulation von Reichtum sorgt für anhaltende Unsicherheiten bei Deutungsversuchen. Vielleicht, so eine Vermutung, wurde gesellschaftliches Prestige und Reichtum aufgrund ganz anderer Faktoren bewertet, etwa dem Besitz großer Viehherden außerhalb der Städte. In jedem Fall bleibt der geringe Stellenwert der Bronze auffällig, die erst in der vedischen Kultur ab dem 15. Jahrhundert v. Chr. bedeutender wird.

Handelsnetzwerke und internationale Beziehungen in Mittelmeerraum und Vorderem Orient

Kehren wir aber zurück in die mediterrane Welt der späten Bronzezeit, als das Schiff von Uluburun seine letzte Reise antrat. Die im östlichen Mittelmeerraum, in Anatolien und von der Levante bis nach Ägypten als Stadtstaaten und Palastherrschaften, aber auch als viele abhängige Städte umfassende Großreiche (etwa der Hethiter und Ägypter) organisierten Einheiten, hatten um 1300 v. Chr. komplexe Beziehungen zueinander aufgebaut. Die Hochkulturen hinterließen neben Verwaltungslisten und Inventaren auch eine Vielzahl diplomatischer Dokumente. Auf Akkadisch, der Diplomatensprache der Zeit, wurden unter Verwendung von Verwandtschaftsbezeichnungen (Vater, Sohn, Bruder etc.) Briefe und Noten zwischen den mächtigen Herrschern ausgetauscht. Geschenke wurden verschickt, Allianzen wurden geschmiedet und verworfen. Mächtige Staaten unterwarfen ihre Nachbarn, Güter und Reichtümer wurden in den Palastzentren akkumuliert und weckten die Begierden potentieller Imperien. Entsprechend war das 2. Jahrtausend v. Chr. nicht nur von friedlichem Wettbewerb wirtschaftlicher Partner und Konkurrenten geprägt, sondern in ganz Europa (auch im Karpatenraum und weiter westlich) können wir massive Aufrüstung und den Bau großer Verteidigungsanlagen beobachten. Bronze war ja nicht nur der Werkstoff für Pflugscharen, sondern eben auch für Schwerter, die in ganz Europa zum Kennzeichen einer von Kriegern gelenkten Gesellschaft wurden. Zwischen Zweistromland und dem östlichen Mittelmeer entstanden fast schon imperiale Großmächte mit stehenden Heeren, die zu verschiedenen Zeiten kleinere Einheiten und Stadtstaaten in Abhängigkeit brachten oder auch selbst im Kampf um die Vorherrschaft unterlagen.

Die Griechisch sprechenden »Mykener«, nach dem wichtigsten Fundplatz auf der Peloponnes benannt, aber in vielen kleineren politischen Einheiten in Griechenland und auf den ägäischen Inseln organisiert, wurden seit rund 1600 v. Chr. zu einer bedeutenden Macht im östlichen Mittelmeer. In ihren Palästen in Pylos, Tiryns und in Mykene selbst benutzten sie die neue Linear-B-Schrift, um auf Tontäfelchen ihre Güter und Produkte zu verwalten und zu verteilen. Aufwendige Fürstengräber einer adligen Kriegerelite und ihrer königsgleichen Herrscher zeugen vom Reichtum der frühen Griechen. Ihre Keramik wurde stilbildend und verbreitete sich über weite Strecken, mykenische Gefäße waren auch Teil des Warenkonvoluts auf dem Schiff von Uluburun. Die Träger der mykenischen Kultur breiteten ihren Einfluss in der Ägäis aus und eroberten die Insel Kreta. So war das östliche Mittelmeer um 1300 von einer ganzen Reihe von Machtzentren geprägt: den untereinander konkurrierenden mykenischen Palaststaaten in Griechenland und auf den Inseln, dem politisch wichtigen, weil Kupfer exportierenden Zypern, den kanaanitischen Handelszentren an der levantinischen Küste (in unterschiedlichen Abhängigkeitsverhältnissen zu sich abwechselnden Herren aus dem Zweistromland und Ägypten) sowie zwei veritablen Großmächten: dem eben erwähnten Ägypten und dem Hethiterreich.

Diese vernetzte Welt bricht rund einhundert Jahre nach dem Untergang des Uluburun-Schiffs völlig zusammen. Die administrativen Zentren werden zu Beginn des 12. Jahrhunderts zerstört. Das Hethiterreich verschwindet aus der Geschichte, bis es erst Anfang des 20. nachchristlichen Jahrhunderts wieder entdeckt wird. Nur

Ägypten übersteht angeschlagen die Krise. Die Griechen vergessen die Schrift, Kontakte brechen ab, Handelsrouten werden unterbrochen. Erst über 300 Jahre später übernehmen sie die Schriftzeichen der Phönizier, das Alphabet, und schreiben ihre mündlich tradierten, langsam verblassenden Erinnerungen an die Bronzezeit nieder, an einen Krieg der griechischen Allianz unter Führung der Mykener gegen die Trojaner: Homers *Illias*.

Der Zusammenbruch der Bronzezeitkulturen und die »Seevölker«

Die komplette Auslöschung Trojas und die Irrfahrten des Odysseus, geschildert in den homerischen Epen, deren direkter Bezug auf reale Verhältnisse der Bronzezeit umstritten ist, spiegeln sinnbildlich das Schicksal der zusammenbrechenden Kulturen der Mittelmeerwelt wider. Und so wie am Anfang der Bronzezeit Migration entscheidende Impulse durch die Einwanderung von Pastoralisten aus der pontischen Steppe nach Mittel- und Westeuropa lieferte, wird auch das Ende dieser Epoche von Migration bestimmt. Denn die Quellen berichten von den »Seevölkern« (v. a. ägyptische Inschriften und ein Papyrus, aber auch die Korrespondenz der Herrscher), von Kriegergruppen, die teilweise über das Meer oder auch von Norden kommen und die wohlhabenden Küstenstädte plündern und zerstören. Zweimal überfallen sie Ägypten (1207 und 1177 v. Chr. – die Ägyptologen sind sich bei der Chronologie nicht ganz sicher, eventuell auch 1216 und 1186). Ramses III. (ca. 1221–1156 v. Chr.) kann sich aber brüsten, das Heer dieser offenbar als Koalition mehrerer Gruppen operierenden Zweckgemeinschaft in einer Schlacht im Nildelta vernichtend geschlagen zu haben. Die Seevölker verschwinden danach aus der Geschichte, aber es war ein Pyrrhussieg, denn Ägypten gelangte nie wieder zu alter Größe.

Wer nun genau diese »Seevölker« waren, welche Gründe sie dazu brachten, die spätbronzezeitliche Wirtschaftsordnung ins Chaos zu stürzen, und wo sie letztlich geblieben sind, ist bis heute Zankapfel der Forschung. Dass Migration eine entscheidende Rolle bei dem Untergang der Mittelmeerzivilisation zwischen 1200 und 1100 v. Chr. gespielt hat, zeichnet sich allerdings immer deutlicher ab. Die Frage bleibt indes, ob die »Seevölker« selbst als Migranten anzusprechen sind (was wahrscheinlich ist) oder ob sie lediglich durch die Zerstörung der reichen urbanen Palastzentren die Mittelmeerwelt ins Chaos gestürzt und Migrationen ausgelöst haben. Denn in das nach 1150 v. Chr. entstandene Machtvakuum stoßen nun neue Gruppen vor, die erst jetzt ins Licht der Geschichte vordringen können. Die Dorer wandern von Norden nach Griechenland ein, das Hirtenvolk der Israeliten wird dauerhaft in Kanaan ansässig, dem gelobten Land. In jedem Fall treten die »Seevölker« zu einem Zeitpunkt auf, an dem schon eine Reihe von anderen Faktoren dafür gesorgt hatte, dass die wirtschaftliche Blüte der späten Bronzezeit einem krisenhaften Ende entgegen ging.

Ihr rätselhaftes Auftauchen am westlichen Horizont kann also auch nur ein Symptom oder ein weiterer Faktor einer umfassenderen Krise und nicht die einzige oder gar wesentliche Ursache derselben gewesen sein. Neue Pollenuntersuchungen zur historischen Klimaforschung haben ergeben, dass just am Ende des 13. und während des 12. Jahrhunderts v. Chr. eine Trockenperiode die Landwirtschaft des gesamten Mittelmeerraums in Mitleidenschaft gezogen hat. Diese Dürre könnte einer der Faktoren gewesen sein, der für die Krise des 12. Jahrhunderts verantwortlich war, auch für die Entwurzelung vieler Menschen, die auf der Suche nach einer besseren Zukunft als »Seevölker« in den östlichen Mittelmeerraum kamen. Diese »Völker«, die im östlichen Mittelmeer eine Spur der Zerstörung hinterlassen hatten, waren den Ägyptern offenbar schon von früheren diplomatischen Kontakten bekannt, einige ihrer Angehörigen dienten zuvor als Söldner in den Armeen des Pharao. Jedenfalls überliefert Ramses III. in Inschriften und in einem Papyrus (Papyrus Harris I) einige ihrer Namen. Es handelte sich um die Šardana, Šekeleš, Tjekker, Denyen, Wešeš und Peleset. Die Namen haben Sprachwissenschaftler auf den Plan gerufen. Mit nachvollziehbaren Argumenten, aber ohne endgültige Beweiskraft, konnte vorgeschlagen werden, die Šardana als Bewohner Sardiniens und die Šekeleš als aus Sizilien stämmig anzusehen (die ursprünglichen Bewohner Siziliens sind aus späteren griechischen Quellen als Sikeler bekannt). Mit den Denyen könnten die Griechen gemeint sein, die bei Homer auch als Danaer (Danaoi) bezeichnet werden.

David und Goliath

Wesentlich sicherer ist man sich jedoch mit der Zuordnung der Peleset aus den ägyptischen Texten. Diejenigen Peleset, welche die Niederlage gegen Ramses überstanden haben, wurden nämlich im Gazastreifen angesiedelt und haben dem Gebiet seinen heutigen Namen, Palästina, gegeben. Aus der Bibel kennen wir sie als die Gegenspieler der frühen Israeliten, die Philister. Diese gewinnen mit dem Schwinden der ägyptischen Macht seit dem ausgehenden 12. Jahrhundert an Einfluss in der Gegend. Dass die Philister in Gaza, Gath, Aschdod, Ekron und Aschkelon Nachfahren einer Seevölkergruppe sein könnten, hatten Archäologen schon länger angenommen, denn die Keramik aus dem späten 12. und dem frühen 11. Jahrhundert ist stilistisch der spätmykenischen Keramik in höchstem Maße ähnlich. Allerdings stammt der Ton aus Gruben aus der näheren Umgebung Palästinas, somit handelt es sich nicht um spätmykenische Importe. Entsprechend vermutete man den Ursprung der Philister in Griechenland bzw. auf den ägäischen Inseln oder Kreta. Diese Vermutung scheint sich immer mehr zu bestätigen. Jüngste genetische Untersuchungen an den Philistern zugerechneten Individuen aus Grabungen in Aschkelon haben wahrscheinlich gemacht, dass eine genetische Signatur um 1100 v. Chr. – die jedoch in späterer Zeit weniger nachweisbar wird – auf Ursprungsgebiete in Griechenland, auf Kreta oder in Spanien verweist.

Ein Argument für die Interpretation, bei den »Seevölkern« handele es sich eher um entwurzelte Migranten als um professionelle Seeräuber und Eroberer, könnte ihre Darstellung auf einem Relief im Totentempel Ramses III. in Medinet Habu liefern, wo neben den bewaffneten Kämpfern der Eindringlinge auch ein Transportwagen mit Sack und Pack sowie Kind und Kegel dargestellt wird. Ein Teil der Überlebenden (der Papyrus Harris nennt explizit die Šardana) wurde in Ägypten als Hilfstruppen angesiedelt, die Philister (Peleset) fanden in Kanaan ihr neues Zuhause. Wenngleich sich die Bewegungen von Bevölkerungen in dieser Zeit nicht quantifizieren lassen, wird doch deutlich, dass Migration auch am Ende der Bronzezeit eine entscheidende Rolle spielte. Denn nach den »Seevölkern«, deren Schicksal weitgehend im Dunkeln bleibt, entsteht ein Machtvakuum, in welches neue Gruppen vorstoßen. Babylon, das seit dem 15. Jahrhundert v. Chr. von als Migranten eingewanderten und zur Führungsschicht aufgestiegenen Kassiten beherrscht wird, wird 1155 v. Chr. von den Elamitern erobert. Die Assyrer gelangen zu einer Vormachtstellung im Nahen Osten und das einwandernde Hirtenvolk der Israeliten erlangte nach dem Niedergang der kanaanitischen Handelszentren die Vorherrschaft in Kanaan und entwickelte ein eigenständiges Stammeskönigtum (Stichwort: David und Salomon), das sich nur in einem von den alten Großmächten der Bronzezeit offengelassenen Machtvakuum etablieren konnte. Die berühmte Geschichte vom Hirtenjungen David, dem späteren König, der den Philister Goliath besiegt (Samuel 1, 17; aber auch die Niederlage der Israeliten nach der Schlacht am Gilboah-Gebirge, in der sich Saul in sein eigenes Schwert stürzte, Samuel 1, 31), spiegelt in literarischer Brechung die Auseinandersetzungen zwischen den Philistern und den Israeliten nach der biblischen »Landnahme« wider (um 1000 v. Chr.).

Dunkle Jahrhunderte

Angesichts der neuen klimahistorischen Daten und (nicht unumstrittenen) Hinweisen auf eine Reihe von Erdbeben am Ende der Bronzezeit wird den »Seevölkern« in der Forschung nicht mehr die alleinige Schuld am Untergang der mediterranen Bronzezeitkulturen in die Schuhe geschoben. Der Untergang der Hochkulturen, die über 500 Jahre das östliche Mittelmeer dominiert hatten, wird nun eher als Kollaps eines ganzen Systems gesehen. Die Kulturen waren über Handelsnetzwerke fast symbiotisch miteinander verbunden, so dass die Krise nacheinander alle Beteiligten in den Abgrund stürzte. Dürren und Klimaveränderung wie auch damit verbundene wirtschaftliche Krisen und die Unterbrechung von Handelsrouten und damit von »Lieferketten« für die wichtigsten Rohstoffe sowie Aufstände und Unruhen könnten das empfindliche Netzwerk so destabilisiert haben, dass die ganze Epoche ihr Ende fand. Nach einer solchen Interpretation hätten die »Seevölker« den moribunden Staaten und Städten nur den Todesstoß gegeben.

Mit den sogenannten »dunklen Jahrhunderten« beginnt nun im Mittelmeerraum, gefolgt von den übrigen Regionen Europas und Vorderasiens, die Eisenzeit, in welcher der so lange begehrte, goldglänzende Werkstoff Bronze durch das viel schwieriger zu verarbeitende Eisen ersetzt wird, das aber mit Kohlenstoff versetzt zu hartem Stahl geschmiedet werden kann. Diese Übergangszeit von etwa 1100 bis 800 v. Chr. ist aber eher nur für Archäologen, die nicht mehr gut »sehen« können, was in den kleinräumigen politischen Einheiten vor sich geht, ein dunkles Zeitalter. Denn die frühe Globalisierung ist an ein Ende gelangt, erst wieder zur Zeit der hellenistischen Reiche und dann unter dem Imperium der Römer und danach schließlich erst wieder in der kapitalistischen Neuzeit, in der die ostindischen und westindischen Kompanien und danach das Britische Empire die Welt erneut vernetzten, werden vergleichbare Kommunikationsräume entstehen. Der Verlust der Schrift, der architektonischen Kenntnisse, die zum Bauen großer steinerner Anlagen und Gebäude nötig sind, sowie die Unterbrechung etablierter Handels- und Kommunikationswege zeichnen diese »dunklen Jahrhunderte« aus, in denen jedoch auf regionaler Ebene das Leben weitergeht. Laertes, der edle Vater des Odysseus, König von Ithaka, spannt selbst die Ochsen vor den Pflug und zieht die Furchen. Aus den Königen der mykenischen Paläste sind Seeräuber und Hofbesitzer geworden. Dennoch hat nur der Untergang der mediterranen Hochkulturen den Weg frei gemacht für die Ausbildung der Kulturen der klassischen Antike, die – so ist es wirklich – das geistige Fundament unserer modernen Welt geliefert haben.

> **Literaturhinweise zu Kapitel 1**
>
> Die beste knappe wissenschaftliche Darstellung der menschlichen Entwicklungsgeschichte auf aktuellem Stand der Forschung ist Haidle (2019). Einen großen Bogen spannt Parzinger (2014) in seiner ausführlichen Darstellung der Vorgeschichte. Zur Entstehung der Sprache grundlegend Tallerman und Gibson (2012). Die Vermischung zwischen Neandertaler, Denisovaner und *homo sapiens* wird ausführlich von Krause (2019) beschrieben, er schildert auch die Ausbreitung des Menschen aus Sicht der Genforschung.
>
> Die Geschichte der neolithischen Revolution in Europa (und nicht nur dort) mit ihren wichtigsten Implikationen beschreibt ausführlich und sachkundig Parzinger (2014). Die genetische Perspektive dieser Epoche ebenfalls bei Krause (2019). Kritik zur Überstrapazierung der genetischen Befunde etwa bei Furholt (2018). Zu den Befunden in der Blätterhöhle Orschiedt et al. (2014). Zu Klimaereignissen als möglichen Migrationsauslösern Wanner (2020).
>
> Gesamtdarstellungen zur Bronzezeit sind wegen der regionalen Unterschiede zwischen den orientalisch-mediterranen Gebieten und Mitteleuropa rar und in deutscher Sprache gar nicht zu haben. Die besten Darstellungen sind die auf Mittel- und Südeuropa konzentrierten Sammelbände und Ausstellungskataloge von Bernhard Hänsel (z. B. 1998). Zur Einwanderung aus der Steppe siehe die Überblicksdarstellung bei Krause (2019) aus Sicht der Genforschung. Archäologische Daten zur Einwanderung aus der Steppe bei Heyd (2016). Die maßgebliche Monographie zum »Bogenschützen von Amesbury« stammt von Fitzpatrick (2011). Die Verhältnisse im Lechtal bei Massy et al. (2017). Zu den »Seevölkern« Cline (2015).

2 Migration in der Antike: Vom archaischen Griechenland bis zur Zeit der »Völkerwanderung«

2.1 Tomis und die Westküste des Schwarzen Meeres: Ein Streifzug durch antike Migrationsgeschichte

In der Stadt Tomis an der Westküste des Schwarzen Meeres (heute Constanța in Rumänien) wurde folgende Inschrift in griechischer Sprache gefunden:

> »Geweiht dem großen Gott Sarapis und den mit ihm im gleichen Tempel verehrten Göttern sowie dem Imperator Antoninus Pius und dem Caesar Marcus Aurelius. Karpion, Sohn des Anubion, hat diesen Altar [im Heiligtum des Sarapis] für die Alexandrinische Kaufmannsgilde (*oikos ton Alexandreon*) aus eigenen Mitteln [im Jahr 160 n. Chr.] errichtet« (ISM II, 153).

Diese Inschrift vermittelt uns eine Vielzahl von wichtigen Informationen. Wir erhalten zunächst einmal die Information, dass sich in der Handels- und Hafenstadt offenbar eine ganze Reihe von Händlern aus Ägypten dauerhaft angesiedelt hatte, die dort ihre Kontore und Niederlassungen betrieben. Sie hatten sich zu einem *oikos* zusammengeschlossen, einem Interessensverband würde man heute sagen. Solche Verbände oder Kaufmannsgilden, aber auch Bürgergemeinschaften und Herrscher wie auch Einzelpersonen haben in der Antike häufig Inschriften aufstellen lassen (meist zu Ehren der Götter oder später auch der römischen Kaiser). Diese Sitte, mit Inschriften im öffentlichen Raum auf sich aufmerksam zu machen, gereichte den Aufstellern wie auch den in den Inschriften Genannten zur Ehre – und den Historikern zum Nutzen, denn aus ihnen erfahren wir eine ganze Reihe nützlicher Dinge, die nicht in literarischen Quellen auftauchen. In diesem Sinne lassen sich auch aus dieser Inschrift weitere Informationen gewinnen.

Griechisch-römische Kultur im Mittelmeerraum

Was sagt uns beispielsweise die Tatsache, dass die Sprache der Inschrift, der sich auch die »Ägypter« aus Alexandria bedienen, Griechisch ist? Betrachten wir außerdem die Datierung der Inschrift (160 n. Chr.), so wird deutlich, dass sie aus einer Zeit stammt, in der die Römer längst zu den Herren über die gesamte Mittelmeerwelt geworden waren und sowohl Alexandria wie auch Tomis von ihnen und ihren Institutionen beherrscht wurde. Sollte man da nicht eher Lateinisch als öffentliche Kommunikationssprache vermuten? Weit über 1.000 km vom griechischen Kernland entfernt, von seiner Heimat im Nildelta mehr als 3.000 km Luftlinie weit weg, platzierte dieser niedergelassene Händler aus Alexandria im Auftrag seines Vereins eine Weihinschrift auf Griechisch im zum römischen Imperium gehörenden Tomis. Wie dies alles sich vor dem Hintergrund von Mobilität und Migration in der Antike zusammenfügen lässt, soll in den folgenden Unterkapiteln detaillierter zur Sprache kommen. Hier und jetzt nur eine kurze Auflösung des Rätsels: Tomis wurde im Rahmen der sogenannten »griechischen Kolonisation« gegründet, als griechische Stadtstaaten ab dem 8. Jahrhundert v. Chr. begannen, Tochterstädte im Mittelmeerraum und später auch entlang der Küsten des Schwarzen Meeres anzulegen. Im Fall von Tomis waren die Gründer im Jahr 633 v. Chr. Griechen aus dem kleinasiatischen Milet (südlich von Izmir). Die ersten Siedler aus Milet bauten die Stadt, teilten das Land auf, holten weitere Siedler nach und pflegten über viele Generationen den Kontakt zu ihrer Metropolis (Mutterstadt).

Mit dem Kriegszug des Makedonenkönigs Alexander der Große, seiner Übernahme des Perserreichs (nach 330 v. Chr.) und danach mit der Bildung von Teilreichen seiner Nachfolger (etwa im heutigen Syrien, in Ägypten, in Kleinasien, Griechenland und Makedonien) breiteten sich die griechische Sprache und Kultur, aber auch ihre Träger, Griechisch sprechende Makedonen und Griechen, dann in einem noch viel größeren Gebiet aus als zuvor, bei der auf Küstengebiete beschränkten Kolonisation. Dieses weit in den Vorderen Orient hinein reichende Einflussgebiet (▶ Abb. 8) entspricht geographisch überraschenderweise in etwa der vernetzten Mittelmeerwelt der späten Bronzezeit, die im vorigen Kapitel behandelt wurde. Als die Römer mit Ägypten im Jahre 30 v. Chr. auch das letzte der von den Nachfolgern Alexanders gegründeten sogenannten hellenistischen Reiche erobert hatten, herrschte das von Rom aus operierende Imperium Romanum über die gesamte damals bekannte Welt. Deswegen sind die Griechisch sprechenden »Ägypter« aus Alexandria, die in Tomis ihre landsmannschaftliche Gilde gegründet hatten, als Angehörige einer griechisch-makedonischen bzw. »gräzisierten« Oberschicht aus Alexandria anzusprechen. Über ihre eigentliche ethnische Herkunft und Zusammensetzung lässt sich nicht wirklich etwas aussagen. Der Osten des Imperium Romanum war sogar durch und durch griechisch geprägt, und auch nach dem Untergang Roms blieb die griechische Kultur durch das Byzantinische Reich im östlichen Mittelmeerraum dominierend. Das Römische Reich integrierte zu seiner Hochzeit (im 2. Jahrhundert n. Chr.) Gebiete von Britannien und Spanien im Westen, bis zum syrischen Palmyra im Osten, von Nordafrika und Ägypten im Süden bis zu den Niederlanden, Teilen Germaniens (bis in die hessische Wetterau) und dem heutigen Nordwestrumänien (Provinz Dakien) im Norden in einen einheitlichen Rechtsraum, wobei viele einheimische Völker und Stämme kulturell römischen Vorbildern folgten und das Lateinische übernahmen. Im östlichen Teil des Reiches, weitgehend überall dort, wo sich das Griechische zuvor durchgesetzt hatte, eben auch in Tomis am Schwarzen Meer, blieb auch unter den Römern das Griechische vor dem Lateinischen die stärker verbreitete Kultur- und Verkehrssprache. Auch generell beherrschten die römischen Eliten übrigens Griechisch.

Ovid und die »Barbaren« in Tomis

Nach Tomis hatte der römische Kaiser Augustus – rund 150 Jahre bevor Karpion, der Vertreter der alexandrinischen Kaufmannsgilde, seine Inschrift gravieren ließ – den in Rom unliebsam gewordenen Dichter Ovid verbannt (ab dem Jahre 8 bis zu seinem Tod ca. 17 n. Chr.). Damals waren die Stadt und die Region nur Mandatsgebiet und noch nicht Teil einer römischen Provinz, und Ovid war sehr unzufrieden mit der »barbarischen« Umgebung und dem Mangel an kultureller Abwechslung. Die tomitanischen Griechen hielt er für degeneriert, und mit den in der Gegend einheimischen oder zugewanderten Stämmen – den Geten, Bessen, Bastarnen, Jazygen, Sarmaten und den Skythen, die aus dem Norden von Zeit zu Zeit immer wieder Überfälle auf die Griechenstadt organisierten – konnte er noch weniger anfangen.

In der Tat war die Gegend um Tomis, die rumänisch-bulgarische Dobrudscha, ein Sammelbecken unterschiedlicher Völker und Stämme. Die Skiren und die Bastarnen etwa (die »Reinen«, vgl. dt. »schier«, engl. *sheer*, und die »Vermischten«, vgl. dt. »Bastard«, engl. *bastard*), die offenbar eine germanische Sprache sprachen, waren ebenso in diesen Raum eingewandert wie die einen iranischen Dialekt sprechenden Sarmaten. In der Region finden wir aber zunächst die in Histria, Argamum (Orgame), Kallatis, Odessos und eben auch Tomis angesiedelten Griechen, die ihre Städte schon im 7. Jahrhundert v. Chr. gegründet hatten. Sie blieben fast die gesamte Antike über wichtige urbane Handelszentren und mit ihren Häfen Tore zur Welt. Zu den Griechen und den von Ovid beschriebenen im Hinterland siedelnden Barbaren gesellten sich vor allem ab dem 1. Jahrhundert zunehmend auch »Römer«, also römische Bürger aus verschiedenen Teilen des großen Reiches. In den Städten und Dörfern der Gegend finden sich auf Grabsteinen Namen römischer Bürger neben typisch thrakischen Namen. Zudem erhielten viele Bewohner der Provinzen, auch hier in der Provinz Moesia Inferior, das römische Bürgerrecht und passten sich auch kulturell und sprachlich an die neue »Leitkultur« an (dieser vielschichtige Prozess wird allgemein als »Romanisierung« bezeichnet, siehe Infokasten). Für die Stiftung von Weihgeschenken in Tempeln finden sich Einheimische und römische Bürger bisweilen zusammen, auch an der Schwarzmeerküste. So kennen wir etwa einen Inschriftenstein, der von *cives Romani et Bessi consistentes*, also von römischen Bürgern und den mit ihnen siedelnden Bessen gemeinsam gestiftet wurde.

Romanisierung

Im Rahmen der Ausweitung der römischen Herrschaft verbreitete sich die römische Lebensweise einschließlich Tischsitten und Ernährung sowie die lateinische Sprache in den Provinzen. Es entstanden Mischkulturen, die das römische Vorbild als »Leitkultur« pflegten, ihrerseits aber wieder auf Rom einwirkten, nicht zuletzt auch durch Migration der Provinzialen ins Zentrum. Deren Elite konnte in Rom sogar zu Amt und Würden (etwa Aufnahme in den Senat) aufsteigen. Diese sehr komplexe von Rom nicht aufgezwungene, sondern nur wohlwollend begleitete Entwicklung nennt man aus Ermangelung einer Alternative immer noch »Romanisierung«, obwohl postkoloniale Bedenkenträger für eine Abschaffung dieses Begriffs plädieren.

Die Goten an der unteren Donau

Während der Spätantike und der Zeit der sogenannten »Völkerwanderung« (4.–6. Jahrhundert n. Chr.) siedelten sich neue Gruppen im Gebiet um Tomis an. Goten vor allem, die bereits im 3. Jahrhundert die griechischen Städte im nördlichen Balkangebiet überfallen hatten, flohen 376 vor den Hunnen an die untere Donau und ersuchten um Aufnahme ins Römische Reich. Nach vielen Verwicklungen und kriegerischen Auseinandersetzungen wurden sie 382 offiziell in der Gegend angesiedelt. Die meisten zogen schon eine Generation später weiter nach Westen. Einige blieben aber offenbar und nahmen im 4. Jahrhundert das Christentum an: Die Gegend am Unterlauf der Donau kennen wir aus den Quellen als die Region, in der die sogenannten »Kleingoten« ihre Gemeinden hatten und in gotisch-germanischem Dialekt ihre Gottesdienste abhielten. Wulfila, der erste Bischof der sogenannten Westgoten (Terwingen) und Übersetzer der Bibel ins Gotische, war in dieser Region an der unteren Donau tätig. Seine griechischen Vorfahren waren übrigens Mitte des 3. Jahrhunderts von den Goten aus Kappadokien als Sklaven verschleppt worden, er war also Opfer von Zwangsmigration.

Noch im 9. Jahrhundert berichtet der Reichenauer Abt Walafried Strabo (808–849), zuvor Hofbeamter bei Ludwig dem Frommen, von seinen interessanten Gesprächen mit byzantinischen Gesandten, die ihm berichtet hatten, dass »besonders die Tomitaner« am Schwarzen Meer noch heute die Messe in ihrer »deutschen« Sprache (*lingua theodisca*) lesen würden, da die heiligen Schriften in diese übersetzt seien. Für die Krimgoten auf der Halbinsel an der Nordküste des Schwarzen Meeres, die Nachfahren derjenigen Goten, die sich nicht an der »Völkerwanderung« beteiligt hatten, sondern in den seit dem 3. Jahrhundert besiedelten Gebieten geblieben waren, lässt sich noch bis ins 18. Jahrhundert der Gebrauch einer alten ostgermanischen Sprache belegen. Die »Gothia«, als Staat im 15. Jahrhundert untergegangen, hatte in osmanischer Zeit noch als eigenständiges Bistum bis 1678 Bestand.

Was ich hier auf wenigen Seiten am Beispiel der bescheidenen Provinzstadt Tomis und der Region an der Westküste des Schwarzen Meeres im Zeitraffer über rund 1.200 Jahre dargestellt habe, lässt sich in gewissem Sinne für die gesamte antike Geschichte verallgemeinern. Besonders in hellenistischer und römischer Zeit waren Mobilität und Migration der Normalfall, weswegen die Quellen derlei Migrationsgeschichten, vor allem auf individueller Ebene, nur selten herausstreichen, allenfalls nebenbei berichten. Oftmals sind es Inschriften auf Stein oder aufgrund der klimatischen Bedingungen zufällig erhaltene Papyri aus dem hellenistischen und römischen Ägypten, aus denen sich komplexe Lebensläufe rekonstruieren lassen. Im Folgenden können nur einige wenige Beispiele ausgewählt werden, wobei sowohl größere Bevölkerungsverschiebungen, von denen wir wissen, als auch individuelle Beispiele aus den Quellen Erwähnung finden sollen.

2.2 Die griechische Kolonisation

Das Wichtigste, was den Griechen in der Ägäis und auf dem Festland während der sogenannten »dunklen Jahrhunderte« nach dem Zusammenbruch der mykenischen Palastkultur passierte, war ihr Kontakt zu den Phöniziern. Von ihnen übernahmen sie auf äußerst kreative Weise die Schrift. In gewisser Weise folgten sie ihrem Vorbild auch bei der Gründung neuer Städte (Kolonien) entlang der Küsten des Mittelmeers und des Schwarzen Meers. Die Phönizier waren versierte Seefahrer und Händler, deren Stadtstaaten im heutigen Libanon (etwa Byblos, Sidon und Tyros) als bedeutende Handelszentren nach dem Untergang der Bronzezeitkulturen das Scharnier zwischen dem Vorderen Orient und dem gesamten Mittelmeerraum bildeten. Wie sie sich selbst nannten, wissen wir nicht, denn ihren Namen (*Phoinikes*) und die Bezeichnung ihres Landes (*Phoinike*, »Purpurland«) haben sie von den Griechen. In der biblischen Überlieferung tragen sie den Namen »Kanaanäer«. Auf den Handel mit dem wertvollen Purpur und mit Purpur gefärbter Stoffe hatten sie eine Art Monopol. Die archäologischen Hinterlassenschaften der Phönizier zeugen seit dem 10. Jahrhundert v. Chr. von ihrem Ausgreifen über das gesamte Mittelmeergebiet, weit jenseits ihres levantinischen Ursprungsgebiets. Im Rahmen ihres ausgreifenden Fernhandels, der mit dem Machtzuwachs der Assyrer auch von zunehmender Auswanderung in neugegründete Pflanzstädte geprägt war (die wichtigste war das berühmte Karthago), kamen die Phönizier in engen Kontakt mit den Griechen. Ihre Schrift, die in der griechischen Adaption nun für jeden Laut, auch die Vokale, ein eigenes Zeichen aufwies, wurde von den Griechen zunächst für kommerzielle Zwecke (Warenlisten und Abrechnungen) übernommen und genutzt, setzte sich aber in ganz kurzer Zeit auch literarisch durch (um 800–750 v. Chr.). Die homerischen Epen sind genau in dieser Zeit unmittelbar nach Übernahme der Schrift erstmals niedergeschrieben worden und wurden damit der veränderlichen mündlichen Tradition, aus der sie stammten, dauerhaft entzogen.

Ab der Mitte des 8. Jahrhunderts v. Chr. begann die sogenannte »griechische Kolonisation« nach Sizilien und Unteritalien, später ins Schwarze Meer. Der eingebürgerte Begriff führt ein wenig in die Irre, denn weder siedelten »Kolonisten« in menschenleeren Gebieten (die Beziehungen zu den Einheimischen waren durchaus ambivalent) noch waren sie von einem administrativen Zentrum abhängige Aussiedler: Die neuen Städte waren autonom und blieben in nur lockerer Verbindung mit der Heimat. Die Griechen vermittelten ihren neuen Gemeinden von Anfang an das noch recht frische Konzept der »Polis«, des autonomen Stadtstaats, als Organisationsprinzip. Die griechischen Kolonien, Pflanzstädte, »Apoikien« (wörtl. »Aus-Siedlungen«) genannt, verwalteten sich selbst, gaben sich eigene Gesetze und besaßen eigene politische Institutionen wie Stadträte, Bürgerversammlungen und Funktionsträger. Die sich selbst verwaltende Bürgergemeinde war der griechische Exportschlager vom 8. bis zum 6. Jahrhundert v. Chr., der Hochzeit der griechischen Kolonisation. Die Neugründungen wurden planmäßig angelegt, das Umland in gleiche Landstücke aufgeteilt, die unter den Neubürgern verlost wurden, und die typische Dreiteilung in einen politisch-öffentlichen Bereich (Marktplatz, »Agora«),

Heiligtümer und den Ort für die Toten, die Nekropolen außerhalb der Stadt, strukturierte eine neue Polis an allen Siedlungsorten in gleicher Weise.

Die ersten Neugründungen erfolgten in Süditalien und auf Sizilien, wobei Handelsstädte auf der Insel Euböa, Chalkis und Eretria als erste Siedler aussandten. Mitte des 6. Jahrhunderts kommt diese von nur etwa 20 Küstenstädten getragene Auswanderungsbewegung, welche die Griechen fast bis zur Straße von Gibraltar und an die Küsten des Schwarzen Meeres führte, langsam zum Stillstand. Die günstigsten noch verfügbaren Plätze und Küstenstreifen waren besetzt. Gewisse Regionen, etwa die Küsten der Levante, Ägyptens und des größten Teils von Nordafrika, wurden von den Reichen des Alten Orients oder den Phöniziern beherrscht und kamen deshalb grundsätzlich nicht infrage.

Der Hauptgrund für die massive Auswanderung junger griechischer Männer war Überbevölkerung und Landknappheit. Wichtigstes Ziel der »Kolonisation« war also die Gewinnung von neuem Ackerland für die überzähligen Auswanderer. Handel, das Hauptmotiv der phönizischen Städtegründungen, kam erst an zweiter Stelle. Untersuchungen von Gräberfeldern, deren einzelne Grablegen man anhand der Beigaben sehr genau datieren kann, belegen ein auffälliges Bevölkerungswachstum ab dem ersten Drittel des 8. Jahrhunderts. Der Aufbruch zu neuen Ufern erfolgte dabei – wie bei allen Formen von Migration – keineswegs auf gut Glück ins Blaue hinein. Aus eigener Erfahrung in Handel und Seeraub oder über Mittelsmänner wusste man ungefähr, was einen in dem Gebiet, das man sich ausgesucht hatte, erwarten würde. Entsprechend erfolgten die ersten Ansiedlungen entlang längst etablierter Handelsrouten und die ersten Gründerstädte waren bekannte Handelszentren, wie Chalkis und Eretria auf Euböa. Auch Korinth, das über Korkyra (Korfu) als Zwischenstation die Fühler nach Sizilien ausstreckte und dort Syrakus gründete, gehörte zu den Städten Griechenlands, die bereits im 8. Jahrhundert intensive Handelskontakte im ganzen Mittelmeergebiet pflegten.

Die mit den Städtegründungen verbundenen umfassenden Wanderungen der Griechen lassen sich nicht näher quantifizieren. Es waren ja nicht nur die ursprünglichen Gründungsväter, sondern auch ungezählte spätere Nachzügler, welche die neuen Städte besiedelten, die bald ähnlich große Bürgerschaften aufwiesen wie ihre Mutterstädte. Diese Gründergeneration bestand selten aus mehr als 200 wagemutigen Männern, die angeführt von einem wohlhabenden Adligen eine neue Apoikie gründeten. Frauen folgten ihnen bei erfolgreicher Gründung nach, oft heirateten die Auswanderer der ersten Generation aber auch einheimische Frauen. Auch unter den Auswanderern der zweiten Generation, die in die bereits erfolgreiche neue Stadt zogen, waren oft viele Glücksritter und Abenteurer. Der Dichter Archilochos (ca. 680–645 v. Chr., im Brotberuf Söldner) gehörte zu einer Gruppe Nachzüglern, die in die griechische Kolonie auf der Insel Thasos zogen. Er sprach davon, dass »der Abschaum aller Griechen« sich auf diesem unwirtlichen Eiland zusammengefunden habe, wobei er sich selbst davon nicht ausnahm.

Vor allem das östliche Mittelmeer und die West- und Südküsten des Schwarzen Meeres hatten es den Griechen zunächst angetan. Ab 600 orientierten sie sich weiter nach Westen. Siedler aus Phokaia, an der kleinasiatischen Küste gelegen, gründeten Massilia (Marseille), Nikaia (Nizza) und Emporion (Ampurias). Im Westen bekamen sie es aber oftmals mit den Phöniziern zu tun, die mit ihrer Kolonie Karthago und

Niederlassungen im Süden des heutigen Spanien den Handel durch die Straße von Gibraltar beherrschten.

Zwischen den über die Küsten des Mittelmeeres und des Schwarzen Meeres verteilten Griechenstädten herrschte ein reger Austausch, denn die griechische Welt war durch das Meer verbunden. Zwar kam es auch oft zu Konflikten zwischen einzelnen Stadtstaaten, aber überregionale (vor allem kultische) Institutionen wie etwa die »panhellenischen« (also für alle Griechen zugänglichen) Spiele, zu denen auch die berühmten Olympischen Spiele gehörten, und die trotz unterschiedlicher Dialekte gemeinsame griechische Sprache sowie ein gemeinsamer Herkunftsmythos, nach dem alle Hellenen von einem gewissen »Hellen« abstammten, ließen eine Vorstellung von kultureller Gemeinsamkeit entstehen.

Die griechischen Poleis wurden nicht nur von ihren Bürgern bewohnt, also den Personen, die über das volle Bürgerrecht verfügten. Der Bürgerstatus war in den meisten Städten an die Herkunft mindestens eines Elternteils aus der Stadt geknüpft (in Athen mussten sogar beide Eltern freie Athener sein). Es gab in den griechischen Städten auch viele Personen, die von außerhalb kamen. Zunächst wären da die Sklaven zu nennen. Belastbare Zahlen gibt es nicht, vernünftige Schätzungen sind meist auf Athen beschränkt, die wichtigste Stadt Griechenlands, über die wir auch am meisten wissen. Dort könnten doppelt so viele Sklaven wie Vollbürger gelebt haben. Zu diesen kamen noch die ansässigen »Ausländer« hinzu, in Athen die sogenannten »Metöken« (»Mitbewohner«), in anderen Städten auch »Periöken« oder »Paröken« genannt. Diese waren Bürger anderer Griechenstädte und hatten keine politischen Rechte, waren jedoch die wichtigsten Träger des ökonomischen Lebens und in Fernhandel und Bankwesen aktiv. Außerdem waren sie ihrer Wahlheimat oft eng verbunden und traten öffentlich durch Stiftungen als Wohltäter hervor.

Für Athen und das zugehörige Umland (Attika) schätzt man im 5. und 4. Jahrhundert v. Chr. eine Gesamtbevölkerung von rund 250.000 Einwohnern (dies ist eine der niedrigeren Schätzungen), wovon nur ca. 40.000 Vollbürger waren. Die Sklaven, die den größten Anteil an der Gesamtbevölkerung ausmachten, waren meist keine Griechen, sondern »barbarischer« Herkunft. Sie waren als Kriegsgefangene oder über professionelle Sklavenhändler nach Athen gekommen. Die komplexen Migrationsströme lassen sich nicht aufdröseln. Antike Autoren haben sich für solche Aspekte nicht interessiert. Man erkennt jedoch deutlich, dass die griechischen Poleis trotz ihres restriktiven Bürgerrechts in entscheidendem Maße von Migration geprägt waren – sowohl von der durch Fernhandel und Wirtschaftsbeziehungen motivierten wie von Zwangsmigration.

Über das Meer wanderten die Griechen aus, gründeten neue Städte, schufen regionale Identitäten und brachten ihre Kulte, Mythen, künstlerischen Konventionen und Artefakte, Amphoren und ihre Philosophie mit. Sowohl geplante als auch zufällige Verbindungen verringerten schnell die Entfernung zwischen den Knotenpunkten des neuen griechischen Netzwerks und verwandelten das riesige Mittelmeer und das Schwarze Meer in eine »kleine Welt«, ein zentraler Begriff in der modernen Netzwerktheorie. Diese Migrationsnetzwerke dienten nicht nur dem Informationsaustausch, sondern bildeten im Kern das, was wir griechische Zivilisation nennen. Sie waren ihr Fundament und die Voraussetzung für die weitere Ausbreitung der hellenistischen Kultur im Gefolge des Alexanderzugs.

2.3 Das Alexanderreich und die Zeit des Hellenismus

Die bereits vernetzte griechische Welt wurde im Gefolge des berühmten Alexanderzuges noch größer und vielschichtiger. In den nördlich an Griechenland anschließenden Regionen Epirus und Makedonien lebten verwandte Völker, die sich kulturell an die südlichen Vorbilder anlehnten, aber stammesmäßig und nicht nach Vorbild der griechischen Polis organisiert waren. Sie verfügten über ein starkes, auf einen Adel und persönliche Nahbeziehungen gestütztes Königtum. Da sich die um Athen und Sparta (später auch Theben) gruppierenden griechischen Städtebünde im 4. Jahrhundert v. Chr. gegenseitig bekriegten und belauerten, konnte es dem makedonischen König Philipp II. als lachendem Dritten gelingen, die griechischen Stadtstaaten unter seine Herrschaft zu bringen und durch den Aufruf zu einem gemeinsamen Rachefeldzug gegen die Perser, welche die Griechen rund 150 Jahre zuvor überfallen hatten, sogar hinter sich zu vereinen. Diesen Feldzug unternahm aber erst sein weltberühmter Sohn Alexander, Philipp wurde 336 v. Chr. ermordet.

Für die Zeitgenossen wie auch für die Nachwelt war der 334 v. Chr. begonnene Alexanderzug ein überwältigendes, nicht vorhergesehenes und geradezu märchenhaftes Ereignis, das vor allem von der genialischen Figur Alexanders dominiert wurde. In knapp einem Jahrzehnt eroberte der im Alter von zwanzig Jahren auf den Thron gestiegene junge König praktisch die gesamte damals bekannte Welt und stieß bis nach Indien vor (▶ Abb. 8). Entscheidend war dabei die Übernahme des mächtigen Perserreichs, die nicht als zerstörerische Eroberung, sondern eher als geschickter Machtwechsel vonstattenging. Alexander übte seine Herrschaft über das Vielvölkerreich auch mithilfe einheimischer Führungskräfte aus, ohne dabei mit kulturellen Gepflogenheiten und Verwaltungstraditionen der Perser zu brechen. Ähnlich hatte er zuvor im von uralten Traditionen geprägten Ägypten agiert, wo er nicht als fremder Besatzer, sondern als neu inthronisierter Pharao auftrat. Dass nach seinem frühen Tod 323 v. Chr. seine ehemaligen makedonischen Generäle und potentiellen Nachfolger (die sog. Diadochen), die sich in blutigen Kriegen zunächst erfolglos um die alleinige Nachfolge Alexanders stritten, ähnlich verfuhren, war das Erfolgsrezept der drei großen Reiche, die sich nach den langen Diadochenkriegen als beständige Einheiten Anfang des 3. Jahrhunderts v. Chr. herauskristallisierten. Es handelte sich um das makedonisch-griechische Kerngebiet, das von Alexanders General Antigonos und seinen Nachfahren beherrscht wurde, um das auf den Heerführer Seleukos zurückgehende Seleukidenreich mit dem heutigen Syrien als Kerngebiet und um das ägyptische Reich der Ptolemäer, das die Nachfahren von Alexanders Jugendfreund und Leibwächter Ptolemaios in der Tradition der Pharaonen verwalteten.

Die hellenistische Geschichte ist, wie Moses Finley einmal geschrieben hat, »uninteressant, eintönig und oft abstoßend« (1983, 126), aus ereignisgeschichtlicher Perspektive im Wesentlichen eine Aneinanderreihung von Schlachten, Siegen und Niederlagen, mal des einen Herrschers, mal eines anderen. Aber die kulturellen und sozialen Entwicklungen, die Alexanders Kriegszüge in Bewegung gesetzt hatten, machen diese Epoche (323 bis 30 v. Chr.) zu einer der spannendsten der gesamten Geschichte des Altertums. Durch Alexanders Griff nach der Welt hat sich ein weit-

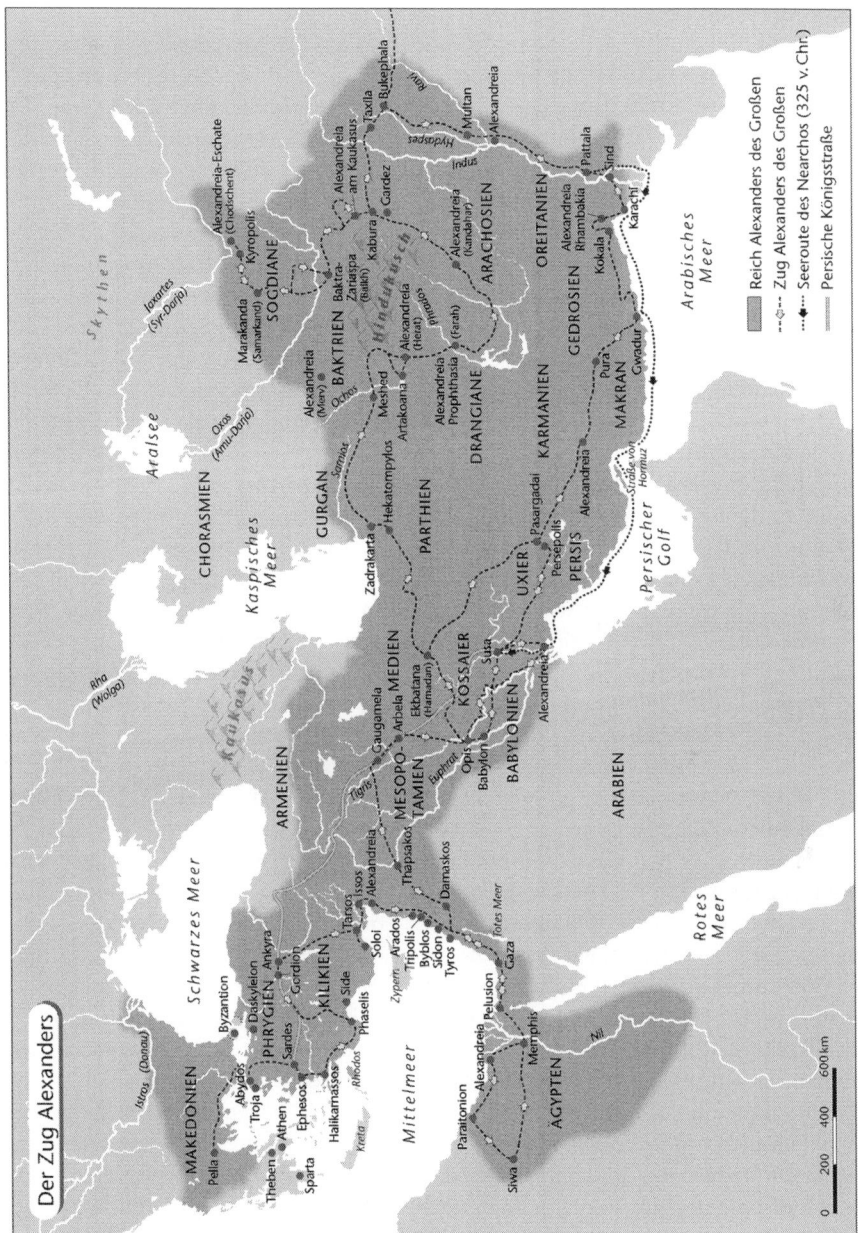

Abb. 8: Der Alexanderzug und das griechische Einflussgebiet.

räumiges Netzwerk politischer, administrativer, ökonomischer und kultureller Verbindungen herausgebildet, das dem modernen Phänomen der Globalisierung durchaus nahekommt.

Dass Migration in einem solchen Netzwerk ein entscheidender Faktor ist, liegt auf der Hand und wird auch ausgiebig von den antiken Quellen gespiegelt. Allerdings ist es nicht immer leicht, die Wanderungsbewegungen zu quantifizieren, die in diesem Zeitalter erstmals wirklich die gesamte griechisch-römische Welt (die »Oikumene«, wörtlich: »bewohnte Welt«) erreichten und verbanden: Asien bis nach Indien, den Mittelmeerraum und die angrenzenden europäischen und nordafrikanischen Gebiete – im Falle Ägyptens weit den Lauf des Nils hinauf. Jedoch rechnet man für das hellenistische Ägypten, wo die Quellenlage wegen der Erhaltungsbedingungen für alltägliche Schriftstücke auf Papyrus am besten ist, mit mindestens einer Million Einwanderern aus unterschiedlichsten Gebieten des Mittelmeerraums, mehrheitlich aber Makedonen und Griechen. Erst mit dem Alexanderzug und den Diadochenreichen kann man eigentlich mit Fug und Recht von einer »griechischen Kolonisation« sprechen, denn Makedonen und Griechen kamen zuerst als Eroberer bzw. im Gefolge der Eroberung in den Orient und etablierten sich dort als privilegierte Führungsschicht.

Bereits Alexander hatte Soldaten seines Zuges in entfernten Gebieten, etwa in Baktrien (heute Afghanistan), zur Absicherung seiner Herrschaft angesiedelt. In Ai-Khanum und Kandahar haben archäologische Ausgrabungen typisch griechische Stadtanlagen zum Vorschein gebracht. Alexanders Nachfolger folgten diesem Beispiel in weit größerem Ausmaß. Söldner aus allen Teilen der griechischen Welt, essenziell für die ständigen Kriegszüge, wurden oft mit Land entlohnt. Ganze Städte wurden nach dem Vorbild der griechischen Polis neu gegründet und teils mit Veteranen besiedelt, teils wurden Einwanderer aus Griechenland und auch Einheimische von den neuen Zentralorten angelockt. In Ägypten wurde durch Verteilung von Land im Losverfahren an Söldner und ihre Familien sogar ein militärdienstpflichtiger Mittelstand begründet. Die sogenannten »Kleruchen« (von *kléros*, »Landlos«) verpachteten ihr Land weiter oder bearbeiteten es selbst und waren bei Bedarf als Krieger einsetzbar – eine günstigere Lösung als die Bezahlung von teuren Söldnerheeren.

Entscheidend für die Durchsetzung des griechischen Zivilisationsmodells war neben den Städtegründungen nach griechischem Vorbild (etwa 300 Städte wurden von Alexander und seinen Nachfolgern gegründet) vor allem die Notwendigkeit des Aufbaus einer königlichen Verwaltung, welche die neuen Residenzen wie Seleukeia am Tigris (später gewann Antiochia in Syrien noch mehr Bedeutung) oder Alexandria im Nildelta dominierten. In Schlüsselpositionen wurden von den neuen dynastischen Herrschern vor allem Makedonen und Griechen eingesetzt. Es bildete sich – ähnlich wie im Einwanderungsland USA – aber kein Erbadel aus, wie er aus Makedonien bekannt war, denn weder konnten die neuen Führungskräfte als Einwanderer mit alter Herkunft prahlen noch waren die Posten und Funktionen erblich (zu Beginn noch nicht einmal die zugelosten Landstücke der Militärsiedler). Dabei konnten die hellenistischen Könige auf eine Vielzahl auswanderungswilliger Abenteurer zurückgreifen, die ihr Glück jenseits ihrer überbevölkerten Heimatstädte suchten. Es ergingen auch Aufrufe an griechische Städte, Siedler nach Osten zu schicken. König Antiochos I. (Sohn des Seleukos, 281–261 n. Chr.) war beispielsweise darum bemüht, die Bevölkerung von Antiochia (in der Persis, nicht die berühmte spätere Hauptstadt des Seleukidenreichs) zu vergrößern. Auf ein entsprechendes Gesuch hin entsandte die Stadt Magnesia »Männer, ausreichend an Zahl und hervorragend für den Zweck geeignet«, für die Stadt des Königs (OGIS 233, Z. 18). Darüber hinaus waren gerade die prunkvollen Höfe Anziehungspunkte für Dichter, Philosophen und Gelehrte, die von den hellenistischen Herrschern intensiv gefördert wurden, besonders von den Ptolemäern in Ägypten, wo in Alexandria mit dem Museion und der großen Bibliothek ein Zentrum der Gelehrsamkeit entstand. Aber nicht nur der Hof und die Verwaltung waren attraktiv für Auswanderer, die neuen Residenzstädte boten auch für Kaufleute viele Möglichkeiten. Die Wirtschaft und der »internationale« Handel florierten erstmals in nahezu globalem Ausmaß. Stempelmarken von Herstellern auf Transportamphoren, gewissermaßen die Warenetiketten der Antike, zeugen von weitreichendem und vernetztem Fernhandel mit Wein und Öl und lassen uns bestenfalls erahnen, welche Mengen anderer Güter, deren Handel nicht im Detail durch unvergängliche Keramik nachgewiesen und quantifiziert werden kann, unserer Kenntnis verborgen bleiben. Bemalte hellenistische Keramik wurde sogar auf Sri Lanka gefunden.

Eine Karriere in Ägypten

Der Zufall der Überlieferung hat dafür gesorgt, dass wir über den Geschäftsmann und Gutsverwalter Zenon von Kaunos (ca. 285–229 v. Chr.) vergleichsweise viel wissen. Sein rund 2.000 Schriftstücke umfassendes Archiv wurde an seinem Wohnort Philadelphia im Fayyum-Becken in Ägypten fast vollständig geborgen. In Ägypten haben sich aufgrund des trockenen Klimas und der dort üblichen Verwendung eines auf Basis von Pflanzengewebe gewonnenen Beschreibstoffs, Papyrus, von dem unser Wort Papier sich herleitet, besondere Erhaltungsbedingungen herausgebildet. Während derartige vergängliche Materialien in anderen Gebieten der Erde die Jahrhunderte nicht überdauern, haben sich in Ägypten Abertausende von Schriftstücken erhalten, deren besonderer Wert darin liegt, dass sie nicht für die Nachwelt bestimmt waren, sondern es sich bei ihnen um Alltagstexte handelt – Quittungen, Privatbriefe, Verträge, Abrechnungen usw. –, die uns einen ungefilterten und unmittelbaren Einblick in die Lebenswelt vor über 2.000 Jahren gewähren. Ein geradezu idealtypisches Beispiel bildet eben das Archiv des Zenon.

In dieser prosperierenden großen Oase hatte König Ptolemaios II. Anfang des 3. Jahrhunderts v. Chr. griechische und makedonische Veteranen angesiedelt. Der anhand der Dokumente und Briefe rekonstruierbare Werdegang und die Lebensumstände des Griechen Zenon, der aus der Stadt Kaunos in Karien (heute Südwesttürkei) stammte und sein Glück als Immigrant im hellenistischen Ägypten machte, bieten einen unschätzbaren Einblick in die Alltagswelt dieser Epoche. Zenon war ins aufstrebende Ägypten ausgewandert, um als Privatsekretär des ebenfalls griechischstämmigen Finanzministers von König Ptolemaios II. (308–246 v. Chr.), Apollonios, zu Reichtum und Würden zu gelangen. Zunächst an der Seite des Verwalters der Staatseinkünfte in Alexandria, zog er 256 v. Chr. ins Fayyum-Becken, um dort das über 2.700 ha große Landgut seines Herrn zu verwalten. Wie zuvor seine Funktion als Mitarbeiter des Ministers in Alexandria erlaubte seine Tätigkeit als Gutsverwalter es ihm, selbst geschäftlich tätig zu werden: Er investierte in Steuerpachtgeschäfte, verpachtete Land, betrieb intensiv Tierzucht und vermietete Zug- bzw. Arbeitstiere. Dabei war er so erfolgreich, dass er sich im Jahr 248 v. Chr. als wohlhabender Privatier zurückziehen konnte. Er blieb in Philadelphia, wo auch andere reiche Griechen ihre Villen hatten, und beteiligte sich an der Verwaltung des örtlichen Gymnasions, des nur den Griechen zugänglichen Sport- und Kulturzentrums der Kleinstadt, dem er als Mäzen auch Spenden zukommen ließ. Dort lebte er als »Ausländer«, zeitlebens Bürger von Kaunos, bis zu seinem Lebensende.

Zenons Laufbahn ist von einem hohen Maß an Mobilität gekennzeichnet, einem Emblem der Zeit. Er begann seine Karriere als Auswanderer, reiste an der Seite oder im Auftrag des Ministers in Dienstgeschäften weit herum. Als Geschäftsmann war er erfolgreich und hatte Teil am allgemeinen wirtschaftlichen Aufschwung der Zeit. Listen von Handelswaren, Geschenken und Quittungen für Transportkosten sind erhalten. Als Geschäftsmann und Vertreter des Ministers unterhielt Zenon auch viele interkulturelle Kontakte in der Region. So verhandelte er mit den Nabatäern und mit Clanchefs der Ammoniter (im heutigen Jordanien). Im Alltag hatte er regelmäßig Umgang mit den ägyptischen Bauern und Arbeitern, deren Werkverträge und Auszahlungsquittungen teils in griechischer, teils in demotischer Sprache im Archiv erhalten sind. Denn trotz beachtlicher Hellenisierung der einheimischen Eliten blieben weite Teile der indigenen Bevölkerung (nicht nur in Ägypten) im Sinne einer friedlichen Koexistenz ohne Assimilationsdruck unter sich.

Nicht übersehen darf man dabei aber die Tatsache, dass die einheimische Bevölkerung Ägyptens – wie auch die »Nichtgriechen« im Seleukidenreich – eine sozial unterprivilegierte Gruppe bildeten: eine von den Herrschern und der griechisch-makedonischen Führungsschicht ausgebeutete Mehrheit, die den immensen Reichtum der Höfe und auch solcher Leute wie Zenon eigentlich erwirtschafteten. Die unterschiedlichen Volksgruppen hatten ihre jeweils eigene Gerichtsbarkeit, kam es zu Rechtsstreitigkeiten zwischen einem ägyptischen und einem griechischen Bewohner des Ptolemäerreichs, waren besondere Gerichte dafür zuständig. Man könnte von einer einigermaßen konfliktfreien Apartheid sprechen, oder doch wenigstens von Parallelgesellschaften. Allerdings muss man sich von modernen Vorstellungen frei machen, ethnische oder gar rassistische Kategorien seien maßgeblich für die systematische Schlechterstellung der ägyptischen Fellachen und für die generelle Trennung der in den hellenistischen Reichen lebenden Bevölkerungsgruppen gewesen. Es waren, typisch für die Antike, soziale Aspekte, welche die entscheidende Rolle spielten. Denn der Status des »Hellenen« war nicht exklusiv an die ethnische Herkunft geknüpft. In den hellenistischen Staaten bedeutete Hellene sein zunächst einmal vor allem, Griechisch sprechen zu können und sich auch kulturell zum Griechentum zu bekennen, so wie gesellschaftliche Aufsteiger unter den Ptolemäern und Seleukiden das durchaus taten. In diesem Sinne wurden auch die Juden in den hellenistischen Teilreichen zu den »Griechen« gerechnet. In der Apostelgeschichte heißen Griechisch sprechende Juden, (sogenannte »Judenchristen«) und Nichtjuden entsprechend auch »Hellenisten«.

Autonome Stadtgemeinden von Einwanderern: Parallelgesellschaften

Das lässt sich besonders nachdrücklich an einer ptolemäischen Institution zeigen, mit der Gruppen, die wir heute ethnisch, bzw. als »Landsmannschaften« definieren würden, unter separatem Recht als zusammengehörige Gruppen in die ägyptischen Gemeinden integriert wurden. Diese autonomen Verwaltungseinheiten wurden »Politeumata« genannt. Eine ganze Reihe derartiger Ausländergemeinden sind aus Ägypten bekannt, sie sind nach ihrer regionalen bzw. ethnischen Herkunft benannt. So kennen wir Politeumata der Kreter, der Böoter, der Kilikier und der Idumäer, allesamt Herkunftsgebiete, die entweder als Außenbesitzungen oder Einflusszonen der Ptolemäer zu betrachten sind. Die komplexen internen Strukturen einer solchen autonomen Gemeinde innerhalb der Stadt Herakleopolis sind uns aus einem erst 2001 publizierten Konvolut von 20 Papyri des dortigen Politeuma der Juden bekannt (P.Polit.Iud.). Demnach hatten die in Herakleopolis im südlichen Fayyum-Becken lebenden Juden eigene Gemeindeoberhäupter und Funktionsträger, die auch teilautonom die Gerichtsbarkeit ausübten. Die Institution Politeuma gewährte bestimmten Gruppen von Einwanderern, allesamt Gruppen von steuerlich etwas besser gestellten »Hellenen«, einen gesonderten Rechtsstatus und eine Teilautonomie innerhalb des städtischen Bürgerverbandes. Der Ursprung dieser Institution geht auf eingewanderte Söldnergruppen zurück, die durch gemeinsame Herkunft verbunden und *en bloc* angesiedelt worden waren. Dies gilt auch für die Juden aus Herakleopolis, deren Vorfahren als Söldner nach Ägypten gekommen waren. Im Gefolge dieser rechtlichen Ordnung und öffentlichen Institutionalisierung als Politeuma konnten Gruppenidentität und gemeinsame Lebensformen in der Gemeinde weiter gepflegt und ausgebaut werden. Damit war zumindest administrativ für die Integration von Einwanderern gesorgt.

Gerade auch in Alexandria lebten sehr viele Juden, über deren Bürgerrechtsstatus die Wissenschaft bis heute streitet (Alexandrinisches Bürgerrecht, Politeuma, Metöken – also aufenthaltsberechtigte Ausländer?). Sie waren in den westlichen Bezirken des Deltas angesiedelt und nach der jüdischen Überlieferung (Flavius Josephus und Philon von Alexandrien) hatte bereits Alexander sie in die Stadt geholt und privilegiert. Ihr Anteil an der Gesamtbevölkerung der antiken Megacity, die bis zu 600.000 Einwohner hatte, wird von einigen Fachleuten mit bis zu 40 % veranschlagt. Das schon mehrfach benannte Problem der antiken Migrationsgeschichte gilt aber auch hier: Letztlich können wir nur ganz grob schätzen und die Wanderungsbewegungen auch in dieser von Mobilität so entscheidend geprägten Epoche des Hellenismus nicht wirklich beziffern.

Hauptmagnete der Einwanderung in die hellenistischen Reiche waren aber die urbanen Siedlungen, die Residenzmetropolen und die vielen nach Vorbild der griechischen Polis angelegten Städte. Dabei waren bestimmte Institutionen und Gebäudetypen in den neuen Städten typische Kennzeichen des Hellenentums und damit auch der kulturellen Durchdringung der griechischen Zivilisation. Besonders wichtig waren neben der Agora, dem Marktplatz und öffentlichen Bürgertreffpunkt, vor allem das Gymnasion und das Theater. Auch in Ai-Khanum im heutigen Afghanistan, einer Gründung Alexanders, bestimmen Theater und Gymnasion das Stadtbild. Wiewohl schon im 3. Jahrhundert v. Chr. vom Seleukidenreich abgetrennt, existierte dort noch bis ins 2. Jahrhundert v. Chr. eine greaco-baktrische Mischkultur. Von diesen Institutionen, der Stätte für Sport und Jugenderziehung und dem Ort des gemeinschaftlich erfahrenen Schauspiels, gingen die wichtigsten Impulse zur Selbsthellenisierung der einheimischen Eliten aus. Die Theater, in klassischer Zeit in ihrem Programm auf streng reglementierte Dramenwettbewerbe in kultischem Rahmen beschränkt, wurden zu »ganzheitlichen« Kultur- bzw. Unterhaltungsstätten, die neben dem engeren Theaterprogramm allerlei Rezitationen, Lesungen und Reden offerierten. Die Übernahme des *Greek way of life* bot nicht nur Aufstiegschancen: Die Lebensweise und Kultur der neuen Führungsschicht übte auch allein durch ihre spezifische Ästhetik und die Neuartigkeit ihrer Gegenstände und Inhalte eine starke Anziehungskraft auf die Einheimischen aus; eine Tatsache, die angesichts moderner postkolonialer Betrachtungsweisen heutzutage besonders in Erinnerung gerufen werden muss. Jedoch blieb die Hellenisierung der einheimischen Bevölkerung insgesamt recht begrenzt und erfuhr keine Förderung »von oben«, da die Herrscher kein wirkliches Interesse an einer systematischen Durchsetzung eines kulturellen Modells hatten.

Dies verhinderte allerdings nicht, dass die gesamte »Oikumene« kulturell und auch sprachlich weiter zusammenwuchs. Am Ende der hellenistischen Epoche schrieben die schwärmerischen Evangelisten, allesamt Judenchristen aus Palästina, ihre »Gute Botschaft« vom Leben und Wirken des Jesus von Nazareth in der geläufigen »Koiné«, dem am Attischen orientierten international verwendeten »Hochgriechisch«, das sie perfekt beherrschten. Nur so konnten sie sicherstellen, dass die neue Religion eine Chance hatte, in der ganzen bekannten Welt weitere Anhänger zu erreichen.

2.4 Das römische Imperium

Die Helvetier und Caesar

Um 60 v. Chr. herum entschlossen sich die Helvetier, ein keltisches Volk, das im Schweizer Mittelland, der Ostschweiz und Süddeutschland siedelte, ihre Heimat zu verlassen und geschlossen nach Gallien auszuwandern. Sie wollten dort das Gebiet der Santonen erobern und sich im milden Klima der Charente-Maritime in Westfrankreich ansiedeln (die Motive für die Auswanderung liegen im Dunkeln, Caesar nennt häufige Germaneneinfälle, es könnten aber auch ökonomische Gründe eine Rolle gespielt haben). In die heutige Schweiz waren die Helvetier erst rund zwei Generationen zuvor eingewandert. Offenbar hatten germanische Gruppen ihr ursprüngliches Siedlungsgebiet in Süddeutschland unsicher gemacht. Nach einer Planungsphase machten sich die Helvetier und vier weitere mit ihnen verwandte kleinere Stämme im Jahr 58 v. Chr. mit Sack und Pack, Kind und Kegel und mit vielen Vorräten auf den Weg. Der Zug der Helvetier wollte bei Genf in die bereits seit etwa 125 v. Chr. zum römischen Imperium gehörende Provinz Gallia Narbonensis eindringen.

Dagegen hatte jedoch der gerade mit der Eroberung des restlichen Galliens betraute römische Feldherr Gaius Iulius Caesar etwas einzuwenden. Gallische Stämme ersuchten Caesar um Hilfe gegen die Helvetier, weil deren keineswegs friedliche Auswanderung eine große Gefahr für ihre Länder darstellte. Ein Siegeszug durch Gallien, dem sich weitere Keltenstämme anschließen könnten, konnte aus Sicht der Römer eine gefährliche Situation heraufbeschwören. So blockierte Caesar zunächst die Rhône-Übergänge bei Genf, so dass die Helvetier den Weg nach Westen über das Jura nehmen mussten. Nach mehreren taktischen Volten gelang es Caesar mit seinen Legionen, die Stammesallianz der Helvetier bei Bibracte (nahe Autun im Département Saône-et-Loire) vernichtend zu schlagen. Die Überlebenden, nur rund ein Drittel derjenigen, die sich auf den Weg gemacht hatten, wurden in die verlassene Heimat zurückgeschickt und mussten ihre Orte wieder aufbauen. Die Episode der gestoppten Wanderung war der Startschuss und gewissermaßen auch das offizielle Motiv für Caesars zuerst als Polizeiaktion getarnten großen Eroberungszug. Sein berühmter Tatenbericht *De bello gallico*, Alptraum vieler Lateinschüler, bei genauerer Betrachtung aber ein großartiges Stück Weltliteratur, beginnt deshalb just mit dieser Geschichte.

Für die antike Migrationsgeschichte ist der Auszug der Helvetier ein einmaliger Glücksfall, denn hier begegnen uns erstmals wichtige Details über die Migration eines ganzen Volkes und darüber hinaus auch exakte Zahlenangaben. Allein schon die Tatsache, dass Caesar, Hauptakteur und Augenzeuge, eine solche umfassende und offenbar umsichtig geplante Auswanderung detailliert beschreiben konnte, ist ungewöhnlich. Caesars Offiziere hatten nach dem Sieg bei Bibracte im Lager der Feinde detaillierte Aufstellungen einer Volkszählung der Helvetier und der mit ihnen verbündeten Stämme gefunden, die in griechischer Schrift abgefasst waren. Nach den Dokumenten (*tabulae*), die auch über die Anzahl der Kinder, Frauen und Greise Auskunft gaben, hatten sich insgesamt 368.000 Menschen auf den Weg gemacht, davon waren 92.000 waffenfähige Männer (Caes. Gall. 1, 29). Caesar liefert uns somit den ersten genauer dokumentierten Fall einer geplanten (wenn auch gescheiterten) Migration eines gesamten Volksstammes von beachtlicher Größe.

In der klassischen Antike verfügen wir nun erstmals über erzählende Schriftquellen, die uns Hinweise auf größere Migrationsbewegungen geben. Diese Informationen sind aber meistens sehr vage und betreffen nur solche Wanderungsbewegungen, die auch das Interesse der antiken Autoren geweckt haben und zu ihrer Kenntnis gelangt sind: Also weitgehend nur Migrationen, welche die griechischen und römischen Einflussgebiete und die politischen Interessen der griechischen Staaten und Roms tangierten. Dennoch kann man die Bedeutung dieser Informationen kaum überschätzen, denn nur die schriftliche Überlieferung stellt Sinnzusammenhänge her, die sich aus rein archäologischen Informationen nicht erschließen lassen.

Bereits der griechische »Vater der Geschichtsschreibung«, Herodot, der im 5. Jahrhundert v. Chr. lebte und auch über Ereignisse, die drei Generationen vor ihm stattgefunden hatten, recht gut Bescheid wusste, hatte berichtet, dass die Skythen, ein halbnomadisches Reitervolk aus der eurasischen Steppe, den Fluss Araxes an der

Grenze zwischen Iran und Armenien überquert hätten und so in westlichere Siedlungsräume vorgedrungen seien (Hdt. 4, 11, heute der Fluss Aras, einige Forscher glauben, Herodot habe die Wolga gemeint). Wie diese Angabe so sind auch die meisten übrigen Berichte von Migrationen in der Antike vor der Auswanderung der Helvetier äußerst lückenhaft und ermöglichen kaum eine überzeugende Quantifizierung der Migrationsbewegungen, manchmal nicht einmal sichere geographische Einordnungen.

Keltische Wanderungen

Über die Wanderungen keltischer Stämme, zu denen auch die Helvetier zählen, erfahren wir einiges aus den antiken Quellen. Die Gallier oder *Keltoi*, wie sie in griechischen Quellen genannt werden, hatten ihre Ursprünge wahrscheinlich im heutigen Süddeutschland, Böhmen und in Österreich. Von dort breiteten sich die protokeltischen Siedlungsgebiete auf Zentral- und Westeuropa aus (verbunden mit der sogenannten Hallstatt-Kultur, nach dem Fundort im Salzkammergut). Die berühmten Fürstensitze von Vix (im Burgund), Hochdorf oder der Heuneburg (beide Baden-Württemberg), wo schon im 6. Jahrhundert v. Chr. mächtige Herrscher residierten, die sich mit griechischen Luxuswaren umgaben, zeugen von einer vernetzten und über Fernhandel an das Mittelmeer angebundenen eigenständigen Kultur. Ihnen eigentümlich ist später die durch bestimmte Verzierungen, Formen und Ornamente vor allem bei Metallgegenständen geprägte »Latène-Kultur« (etwa ab 450 v. Chr., benannt nach dem Ort La Tène in der Schweiz, wo derartige Artefakte zuerst entdeckt wurden), typisch sind ineinander verschränkte Rankenmotive (▶ Abb. 9) und phantastische Tierdarstellungen. Leider wurde der Formenreichtum des Latène-Stils in ganz Europa so beliebt, dass auch andere Völker und Stämme diesen Stil übernahmen, man spricht sogar von einer »Latènisierung« Europas. Deswegen ist archäologisch nicht immer klar, ob »echte« Kelten hinter den Latène-Artefakten zu vermuten sind. »Die Kelten« selbst bilden auch keine homogene Einheit, sondern waren in viele unabhängige Stämme und Gruppierungen aufgeteilt – das Gleiche gilt für »die Germanen«.

Dennoch lassen sich Wanderungen von keltischen Stämmen oft auch archäologisch nachweisen. Die Ausbreitung der mit den Kelten verbundenen Latène-Kultur in ganz Europa lässt sich mindestens teilweise mit Migrationsphänomenen verbinden und auch mit der in den Quellen berichteten Wanderung der Kelten in Übereinstimmung bringen. Keltische Gruppen gelangten im 4. Jahrhundert v. Chr. in mehreren Wellen in den Norden des heutigen Italiens. Sie tauchen als »Gallier« in der römischen Überlieferung auf. Gleiches gilt für die Kelten in Anatolien, die um 280 v. Chr. einen großen Raubzug durch die Balkanhalbinsel unternahmen. Viele von ihnen siedelten sich entlang des Flusses Halys (heute Kızılırmak) in der Gegend von Ankyra (Ankara) an. Diese »Galater«, wie sie auf Griechisch genannt wurden, sind uns noch heute aus dem Neuen Testament aus einem Brief des Paulus geläufig oder wenigstens durch den auf den Istanbuler Stadtteil Galata zurückgehenden Namen des Fußballclubs »Galatasaray« bekannt. Die Galater übten nachhaltigen Einfluss auf ihr anatolisches Umfeld aus, denn als die Römer mit ihnen zu tun bekamen, gab es bereits mehrere Hunderttausend Galater (nach einem Sieg 189

Abb. 9: Keltische Scheibe aus Auvers-sur-Oise (Anfang 4. Jh. v. Chr.); Gold auf Bronze mit den für die Latènekultur typischen Rankenmustern; Ausstellungsort: Cabinet des Médailles der Bibliothèque Nationale in Paris.

v. Chr. nahm der römische Feldherr Manlius Vulso 40.000 Galater als Kriegsgefangene mit). Nach Auskunft des heiligen Hieronymus, der einen Kommentar zum Galaterbrief verfasst hat, sprachen sie auch in der Spätantike neben dem Griechischen noch immer ihre eigene keltische Sprache.

Vom Stadtstaat zum Vielvölkerreich

Der Stadtstaat Rom, von seiner ursprünglichen Verfasstheit einer griechischen Polis nicht unähnlich, entwickelte sich in der Zeit, als die Diadochen sich um die Nachfolge Alexanders stritten und ihre Erben die hellenistischen Königreiche gründeten, erst zur regionalen, dann zur überregionalen Kraft im westlichen Mittelmeergebiet. Je mehr Rom über das italische Kerngebiet hinaus aktiv wurde und seit dem 2. Jahrhundert v. Chr. nach und nach zu einer antiken Weltmacht wurde (▶ Abb. 10), umso mehr weitete sich der Blick der Römer, die nun nicht mehr nur ihre unmittelbaren Nachbarn wahrnahmen – und meistens bald niederrangen –, sondern auch in fernere Gebiete schauten. Sie bekamen es auch zunehmend mit Migrationsphänomenen zu tun.

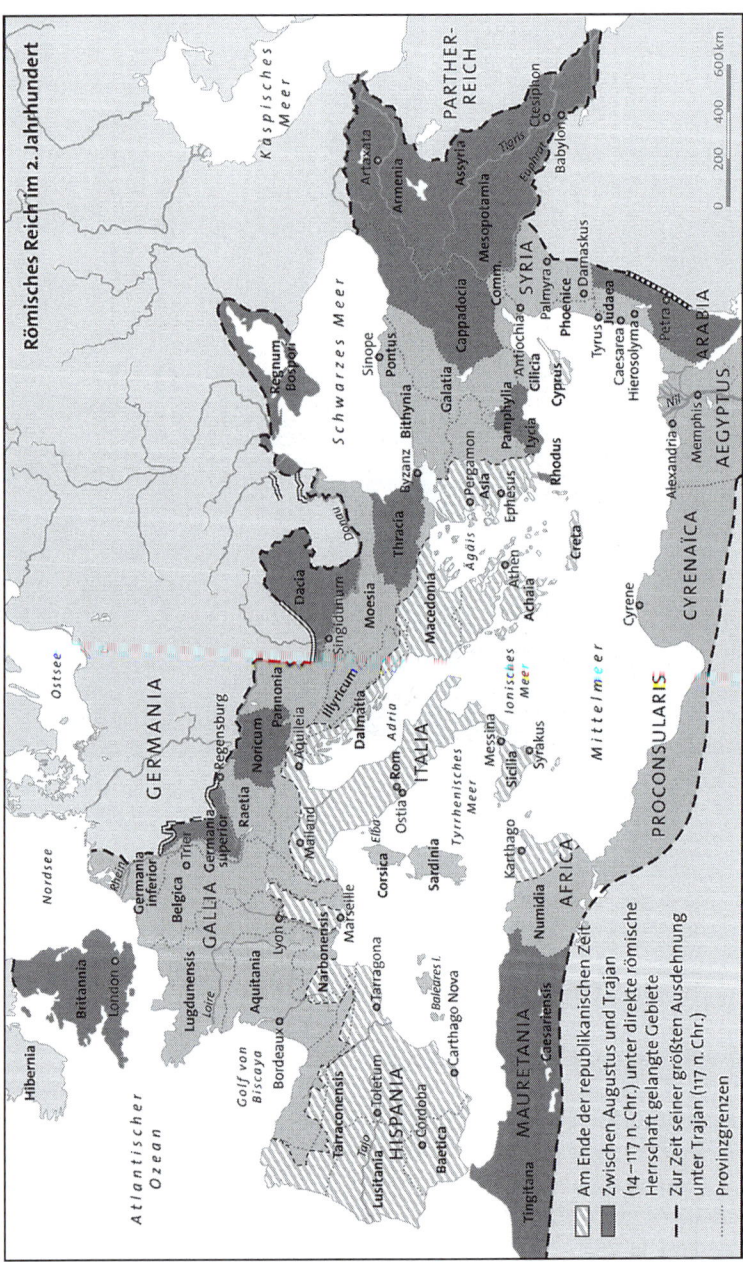

Abb. 10: Das Römische Reich in seiner größten Ausdehnung.

Das betraf in selteneren, aber durchaus spektakulären Fällen ganze Völkerschaften, wie die erwähnten keltische Stämme oder die ab etwa 115 v. Chr. auf der Suche nach Land und einem besseren Leben aus der Region an der Nordsee und aus Jütland auswandernden Kimbern, Teutonen und Ambronen, die in Gallien und nördlich der Alpen nach vorangegangenen Niederlagen von den Römern abgewehrt werden konnten (101 v. Chr.). Diese Stämme aus dem Norden zählten zu den mit Rom zu diesem Zeitpunkt noch kaum in Kontakt getretenen Germanen, deswegen wurden sie von den Zeitgenossen auch als Gallier wahrgenommen. Häufiger und alltäglicher als regelrechte »Völkerwanderungen« waren jedoch Wanderungen und Ansiedlungen kleinerer Gruppen oder Einzelner, die nun aus moderner Sicht fast als »Binnenmigranten« (denn Staatsgrenzen werden nicht überwunden) im ständig größer werdenden Römischen Reich auftauchten oder innerhalb des Herrschaftsgebiets der Römer migrierten.

Römische Bürger ziehen in die Provinz

Dies waren zunächst und in erster Linie die Römer selber. Zur Absicherung ihrer sich ausweitenden Herrschaft gründeten sie Kolonien in den eroberten Gebieten, zunächst noch in Italien, das sie im 4. und 3. Jahrhundert unterwarfen. Nachdem sie Ende des 3. Jahrhunderts v. Chr. ihre Erzrivalen im Westen, die phönizischen Karthager, besiegt hatten und aus Sizilien und Sardinien, später auch aus Spanien vertrieben hatten, wurden auch dorthin Kolonisten entsandt. Dort lebten sie in Enklaven, die als römische Landstädte organisiert waren und deren Bewohner das römische, bzw. das latinische Bürgerrecht besaßen.

Diese staatlich geförderten Ansiedlungen erfolgten durchaus im großen Maßstab. Bereits zwischen 338 und 263 v. Chr. wurden 19 Kolonien nach latinischem Recht in Mittelitalien gegründet, in die mit Nachzüglern rund 100.000 Neusiedler kamen. Es folgten viele weitere Koloniegründungen auf dem gesamten italienischen Stiefel bis in die früher gallischen Gebiete diesseits der Alpen. »Provinzen« entstanden als auswärtige Verwaltungsgebiete. Zur Zeit des Augustus lebten bereits geschätzt rund 600.000 römische Bürger und Italiker außerhalb Italiens (ohne die Militärangehörigen in den außerhalb operierenden Legionen), zu welchen man noch die Angehörigen der jeweiligen Kernfamilie hinzurechnen muss. Diese staatlich organisierte Migration bildete mit den Kolonien römischer Bürger auch die Basis für die dauerhafte Etablierung römischer Macht in Italien und den Provinzen, gewissermaßen das Rückgrat des Imperiums. Die Kolonien waren dabei auch wichtige Brückenköpfe bei der kulturellen Ausbreitung des Römertums sowie der lateinischen Sprache in den Provinzen, der sogenannten »Romanisierung« (▶ Kap. 2.1). Die Romanisierung war kein politisches Programm, sondern vereinfachend gesagt nur eine logische Folge der militärischen und dann administrativen Eingliederung der neuen Gebiete.

Pax Romana: Migration im Römischen Reich

Das römische Weltreich, das etwa 500 Jahre Bestand hatte, war machtpolitisch gesehen zunächst einmal die Konsequenz der nicht im Detail vorausgeplanten Eliminierung sämtlicher potentieller Konkurrenten Roms im Mittelmeerraum. Es war in seiner drei Kontinente übergreifenden Ausdehnung von Britannien bis Nordafrika und Spanien bis nach Syrien eine Schöpfung des ersten römischen Kaisers, Augustus (63 v. Chr.–14 n. Chr.), der mit dem in der Forschung so genannten »Prinzipat« eine neue Form der faktischen Alleinherrschaft eingeführt hatte. Im Gegensatz zu Caesars Herrschaft nahm sie zunächst auf die Traditionen und Empfindlichkeiten der alten Adelsschicht im Senat Rücksicht. Dieses neue und weiterwachsende Weltreich verschmolz mit der im 2. Jahrhundert v. Chr. hinzugewonnenen griechischen Welt zu einer neuen Einheit. Die griechische Welt mit ihren einflussreichen Kulturleistungen, die bereits durch die griechischen Städte in Süditalien und durch den Einfluss griechischer Kunst und Literatur auf Römer und Italiker ein Teil der römisch-lateinischen Identität geworden war, verband sich nun mit römischen Sitten und Eigenheiten zu einem Ganzen. Bei allen Unterschieden im Detail lässt sich deshalb mit Fug und Recht von einer zusammengehörigen Epoche sprechen, eben der griechisch-römischen Antike. Pragmatische Aspekte der römischen Zivilisation wie Recht, Verwaltung und Militärorganisation verbanden sich mit griechischer Kunst, Staatslehre und Philosophie zu einem gemeinsamen Gefüge. Entsprechend formulierte der Dichter Horaz, dass der ungeschlachte militärische Sieger Rom eigentlich im übertragenen Sinne selbst von den Griechen besiegt wurde – mit den Waffen der Kultur: »Das bezwungene Griechenland bezwang den wilden Sieger und brachte die Künste ins bäuerische Latium« (Hor. Epist. 2, 1, 156).

Selbst die römischen Gründungsmythen dockten an die mythologischen Meistererzählungen der griechischen Tradition an. So galt nach einer Gründungssage, die vor allem durch Vergils *Aeneis* berühmt wurde, der trojanische Held Aeneas aus der homerischen *Ilias* als Gründer Roms. Denn er gelangte auf seiner Flucht gen Westen nach dem Fall Trojas ausgerechnet nach Latium, wo der König Latinus den Flüchtling freundlich empfing. Sein Sohn, den er mit Latinus' Tochter Lavinia zeugte, gründete Alba Longa, die Stadt, aus der dann Rom erwuchs. Die Gründung eines »neuen Troja« war auch der Auftrag, den Aeneas vom Göttervater Jupiter bei seiner Flucht aus der brennenden Stadt erhalten hatte. Bemerkenswert ist daran einerseits, dass auf diese Weise Rom in den mythologischen Kontext der homerischen Sagen integriert wurde, andererseits, dass die Geschichte von der Gründung Roms in dieser Form zu einer regelrechten Migrationsgeschichte wird.

Nachdem Augustus die seit rund 50 Jahren tobenden Bürgerkriege, deren Höhepunkt die Auseinandersetzungen nach der Ermordung Caesars (44 v. Chr.) bildeten, endgültig beendet und eine Friedenszeit, die »Pax Augusta«, ausgerufen hatte (27 v. Chr.), erlebte das sich nun als Monarchie neu formierende Imperium eine rund 200 Jahre dauernde Blütezeit, geprägt von weiterer Expansion und wirtschaftlichem Wachstum (bis etwa um 200 n. Chr.). Das Mittelmeer als natürlicher Verkehrsweg und das römische Fernstraßennetz, das im 2. Jahrhundert n. Chr. bereits 80.000 km umfasste, verbanden die unterschiedlichen Regionen des Imperiums miteinander. Nicht nur der Fernhandel und das Nachrichtenwesen in Form einer regulären Post, sondern auch die Mobilität der Menschen profitierten vom Zusammenwachsen der Räume unter dem Dach des Reiches.

2 Migration in der Antike

In dieser langen Friedenszeit, auch allgemein als »Pax Romana« bekannt, bot das Imperium Romanum in erster Linie einen gemeinsamen Rechtsraum, in dem allgemeine Handels- und Steuerregeln galten und ein Ausmaß an Wirtschaftsaktivitäten, Austausch und Mobilität bei gleichzeitiger Stabilität und Sicherheit erreicht wurde, das erst wieder im modernen Europa der Nationalstaaten des 19. Jahrhunderts seinesgleichen fand. Dieser Raum bot die idealen Voraussetzungen für Migration und Mobilität. Entsprechend verfügen wir über viele Quellen, die Ortswechsel und Wanderungen von Individuen und Gruppen im Imperium bezeugen. Dabei gilt es festzuhalten, dass die Bewohner des riesigen Reiches kulturell, ethnisch und sprachlich ebenso unterschiedlich waren wie die Regionen, die das Imperium von der Wüste im südlichen Ägypten bis zum kalten nördlichen Britannien am Hadrianswall, von der Atlantikküste Lusitaniens bis zu den schneebedeckten Gipfeln der Karpaten in der Provinz Dakien vereinte. Im Römischen Reich lebten neben römischen Bürgern auch solche latinischen Rechts (eine fast gleichberechtigte Bürgerrechtskategorie, die historisch aus der Zeit der Eingliederung Italiens in den römischen Staat stammt) sowie solche, die nur das Stadt- oder Stammesrecht ihrer Herkunftsorte hatten, was indes nicht mit extremen Nachteilen verbunden war. Solche Reichsbewohner wurden, auch Generationen nach der Eingliederung der betreffenden Gebiete, als Fremde (*peregrini*) bezeichnet, was allerdings nur ihren Rechtsstatus, nicht aber ihre persönliche Freiheit oder ihr Recht auf wirtschaftliche Betätigung etc. betraf. Bewohner griechischer Städte des Reichs, die individuell über römisches Bürgerrecht verfügen konnten, waren immer auch und zuerst Bürger ihrer jeweiligen Polisgemeinde. 212 n. Chr. wurden jedoch alle Bewohner des Reichs per Dekret zu römischen Bürgern gemacht, die Unterschiede im Rechtsstatus galten nicht mehr, soziale Unterschiede blieben jedoch akzentuiert.

Interessant ist bei der Beurteilung der allgegenwärtigen Migrationen im Römischen Reich, dass Wanderung von den Zeitgenossen keineswegs als etwas Bemerkenswertes angesehen wurde und die Quellen von vielen Migrationsereignissen nur beiläufig berichten, sofern sie nicht die wenigen massiven Bevölkerungsverschiebungen betreffen, die sich (wie die Auswanderung der Helvetier) im Rahmen der kriegerischen Expansion der Römer ereigneten oder (wie beim Zug der Kimbern und Teutonen und später, im 4. Jahrhundert n. Chr.) zu Beginn der »Völkerwanderung« mit dem Eindringen fremder Kriegergruppen in Roms Einflussgebiet zusammenhingen. Die wenigen Schlaglichter auf verschiedene Formen von Migration im Römischen Reich, auf die sich diese Darstellung aus Platzgründen beschränken muss, werden uns meist aus Alltagstexten wie Inschriften bekannt (etwa auf Grabsteinen) oder werden von antiken Autoren nebenbei notiert.

Millionenstadt als Schmelztiegel: Rom in der Kaiserzeit

> »Schon längst hat sich der syrische Fluss Orontes in der Tiber ergossen, und hat die Sprache, die Sitten, schräge Klänge seltsamer Musikinstrumente und tribale Trommeln mit sich geführt, auch Mädchen, die man nötigt, sich beim Zirkus feilzubieten: Auf, nur hin, wenn Euch ausländische Huren mit buntem Turban antörnen!« (Iuv. 3, 62–66)

Als der Dichter Juvenal (ca. 60–135 n. Chr.) diese Bemerkungen über Zugereiste in Rom machte, die aus den orientalischen Teilen des Imperiums kamen, hatte die

Metropole fast eine Million Einwohner, eine Zahl, die Historiker aus Angaben zur Anzahl der Bewohner mit Bürgerrecht sowie des anhand verschiedener Parameter und Quellen berechneten Getreideverbrauchs der Stadt erschließen können. Zu den rund 600.000 Einwohnern aus Bürgerfamilien kamen noch viele »Ausländer«, gewerbetreibende Zugereiste aus unterschiedlichsten Regionen und eine schwer abzuschätzende Zahl von Sklaven, die in den Haushalten und diversen Wirtschaftszweigen tätig waren, insgesamt aber sicher weit mehr als 100.000 Köpfe zählten (einige Schätzungen liegen weit darüber).

Wir verfügen nur hinsichtlich der Hauptstadt des Imperiums über genauere Daten zur Migration, die gleichwohl für Neuzeithistoriker oder moderne Statistiker völlig ungenügend sind. Dennoch gibt es eine ganze Reihe von Quellen, zuletzt auch solche, die mittels naturwissenschaftlicher Methoden erschlossen wurden, wie etwa Untersuchungen alter DNA oder Isotopenanalysen, die uns wichtige Informationen über die Zusammensetzung der römischen Bevölkerung geben. Besonders wichtig bleiben aber die vielen Inschriften, vor allem Grabinschriften, die ein charakteristisches Merkmal der römischen Antike bildeten. Mit Grabinschriften, Weihungen an Götter oder Ehreninschriften markierten Bewohner des Reiches oder ihre Hinterbliebenen und Freunde den sozialen Rang der in der Inschrift erwähnten Person. Außerdem geben Inschriften manchmal Auskunft über die Herkunft der genannten Personen. Aus der Auswertung der Steindenkmäler ergibt sich, dass in Rom etwa 20–30 % der Bevölkerung von außerhalb kamen. »Ausländer« in unserem Verständnis waren dabei die Wenigsten, denn ein *peregrinus* aus Südgallien konnte weniger »ausländisch« wirken als etwa ein hellenisierter »Syrer«, der das römische Bürgerrecht besaß. Den Zugereisten in Rom war gemeinsam, dass sie fast alle Bewohner des Imperium Romanum waren. Ethnische Herkunft oder Rechtsstatus waren weit weniger wichtig als der soziale Rang, das entscheidende Kriterium im Römischen Reich. Kulturelle Unterschiede bestanden aber durchaus, wie die Spottdichter Martial und Juvenal in ihren Versen betonen. Gerade Juvenals bitterböse Bemerkungen über hellenisierte »Ostler«, die aus dem ehemaligen Alexanderreich kamen, das in der römischen Kaiserzeit zu großen Teilen Teil des Imperiums war, haben einige Kommentatoren bewogen, moderne Vorstellungen von »Fremdenhass« auf römische Verhältnisse zu übertragen. Das trifft aber nur bedingt zu. Eine Ausnahme bilden die Juden, die nicht nur in bösen Spottgedichten verunglimpft wurden. Besonders ihre seltsame Religion, die sich im Vergleich zu derjenigen der meisten anderen Völker, mit denen die Römer zu tun hatten, nicht kulturell integrieren ließ, sorgte dafür, dass die Juden den Römern generell suspekt blieben. Dazu kamen die immer wieder angezettelten Aufstände in Palästina. Aber abgesehen davon, dass das Konzept *political correctness* noch nicht erfunden war, Dichter und Satiriker also noch ungestraft ihre beleidigenden Spottverse schreiben konnten, fällt beim Thema Fremde und Fremdenhass auf, dass bei keinem antiken Autor Parolen à la »Ausländer raus« zu finden sind oder die Anwesenheit Fremder oder als fremd empfundener Einwohner als ein zu lösendes politisch-soziales Problem beschrieben wird. Das liegt vor allem daran, dass auch für xenophobe Schreiberlinge klar war, dass die Geschmähten ja Reichsbewohner und deshalb keine »Ausländer« im modernen Sinne waren, die Frage von Ausweisungen sich also so gar nicht stellte.

Rom brauchte die Zuwanderer auch, und die meisten fielen kulturell kaum auf. Die Herkunft eines Schumachers aus Ephesos etwa, den wir aus einer Inschrift aus der Hafenstadt Ostia (Roms Tor zur Welt) kennen, ist uns nur durch die Erwähnung auf seinem Sarkophag bekannt (in griechischer Sprache IG 14, 928–929). Seine Zeitgenossen werden sicher kaum Aufhebens darum gemacht haben, wenn sie ihr Schuhwerk bei ihm bestellten. Offenbar war der Bedarf an Arbeitsmigranten recht groß. Für die antike Metropole galt nämlich in etwa das Gleiche wie für vergleichbare Städte der Frühen Neuzeit, etwa London, das aber erst im 19. Jahrhundert eine mit dem antiken Rom vergleichbare Größe erlangte: Wiewohl die Möglichkeiten, die solche großen und sich weiter entwickelnden Städte boten, sie sehr attraktiv für Zuwanderer machten, waren die Lebensbedingungen jedoch so ungesund, dass sich eine bestehende Bevölkerung nicht aus sich heraus reproduzieren konnte (»Urban-Graveyard-Effekt«). In der Zeit des Römischen Reichs hatten neben der Hauptstadt noch Alexandria in Ägypten, Antiochia in Syrien, Karthago oder Korinth mehrere Hunderttausend Einwohner. Nachzug von außerhalb war deswegen immer erforderlich. Nicht nur die anhand der Quellen gewonnenen Schätzungen legen nahe, dass ein erheblicher Anteil der Bevölkerung Roms von weiter her zugezogen war. Auch Isotopen- und DNA-Untersuchungen von menschlichen Knochen aus Friedhöfen des römischen Hafens und anderer Bestattungsplätze legen einen Anteil von Fremdstämmigen in Höhe von 20–30 % nahe. Wiewohl die wenigen Stichproben, die bisher analysiert werden konnten, für weitreichende Rückschlüsse viel zu geringe Aussagekraft haben, scheinen sie doch die älteren Schätzungen, die nicht von naturwissenschaftlichen Untersuchungen begleitet waren, einigermaßen zu stützen. Der bis jetzt vorliegende Befund zeigt, dass die Bevölkerung Roms und Italiens insgesamt in der Zeit des Aufstiegs und des Höhepunkts des römischen Weltreichs genetisch wesentlich vielfältiger wird als in der früheren Eisenzeit. Besonders aus dem östlichen Mittelmeerraum kamen nach Aussage der Gene viele Einwanderer, Juvenal würde sich postum bestätigt fühlen.

Das Auffälligste am Phänomen der Zuwanderung in Rom und im Römischen Reich ist eigentlich, dass diese – von den wenigen und deshalb immer wieder zitierten Spottversen abgesehen – überhaupt nicht in den Quellen thematisiert wird, sondern offenbar als normale Gegebenheit galt und deswegen keiner Diskussion würdig war. Ein Abschnitt aus einer Trostschrift des Philosophen Seneca an seine Mutter Helvia bildet eine einmalige Ausnahme, weil er neben der Erwähnung von Migration nach Rom auch mögliche Motive von Migranten erwähnt. Seneca, der nach einer Palastintrige aus Rom auf die Insel Korsika verbannt wurde, erklärt seiner Mutter, dass er nicht der Einzige sei, der nicht in seiner angestammten Heimat weilen könne. Ein großer Teil der in Rom lebenden Menschen teile sein Schicksal, sie seien als Migranten, die ihr Auskommen in Rom suchten, ebenfalls aus ihrer Heimat Verbannte:

> »Fern zu sein dem Vaterland ist unerträglich – Aber blicke doch einmal auf diese Volksmenge, für die kaum die Häuser der unermesslichen Stadt [Rom] ausreichen. Aus ihren Landstädten und aus den Kolonien, ja aus dem ganzen Erdkreis sind sie zusammengeströmt. Die einen hat ihr Ehrgeiz hergeführt, die anderen eine offizielle Verpflichtung oder die Teilnahme an einer diplomatischen Mission, wieder andere dann die Genusssucht, die den Ort sucht, an welchem man die Lasterhaftigkeit besonders gut ausleben kann, andere hat die

Leidenschaft zur höheren Bildung hergeführt, andere die Schauspiele, manche wiederum zog es aus Freundschaft her, manche hat die Geschäftstüchtigkeit, die hier ein reiches Betätigungsfeld findet, bewogen ihr Talent hier zu zeigen, manche haben ihre Schönheit zu Markte getragen und wieder andere ihr Talent als Redner.« (Sen. ad Helv. 5, 6, 2).

Seneca nennt hier einige typische Pull-Faktoren für die Einwanderung in Rom, die ebenso für viele moderne Einwanderungsländer und Großstädte gelten könnten. Das gute Geschäftsklima in Rom, das Unternehmer aller Art und Kaufleute anlockt, aber auch die Bildungschancen in der Hauptstadt machen diese als Ziel von Migration attraktiv. Auch weniger noble Motive wie die Suche nach Genuss und Luxus spricht Seneca an. Er hat bei seiner Aufzählung möglicher Motive allerdings ausschließlich freiwillige Einwanderung im Sinn, die verbreitete und keineswegs als moralisch problematisch angesehene Zwangsmigration kommt nicht zur Sprache. Diese betraf in erster Linie und mit der höchsten Intensität von Zwang das Heer der Sklaven in Rom und im gesamten Reich.

Zwangsmigration im Imperium Romanum: Umsiedlungen, Sklaverei und Freilassung

Die Quellen berichten bisweilen von staatlich angeordneten Um- oder Ansiedlungen von ganzen Völkern oder Stämmen auf römischem Reichsgebiet, die man als Deportationen beschreiben könnte. So wurden etwa die Ubier, ein ursprünglich rechts des Rheins siedelnder germanischer Stamm, 19 v. Chr. linksrheinisch im Gebiet des heutigen Kölns angesiedelt. Die als Verbündete der Römer geltenden Ubier sollten die Grenze sichern und auf die rechtsrheinischen Stämme einwirken. Wie viele Menschen diese unter dem Statthalter Agrippa getroffene Maßnahme betraf, verraten die Quellen leider nicht. Jedoch erfahren wir von 50.000 Geten an der unteren Donau, die 3 v. Chr. von Sextus Aelius Catus über die Donau nach Moesien geholt wurden. Etwa 60 Jahre später siedelte der Statthalter von Moesien, Tiberius Plautius Silvanus Aelianus, nach erfolgreichen Feldzügen gegen die Skythen und Sarmaten mehr als 100.000 »Transdanubianer« mit Frauen und Kindern sowie ihren Anführern zwangsweise südlich der Donau an. Die meist aus militärischen Erwägungen erfolgten Zwangsansiedlungen stehen hinsichtlich der Anzahl der Betroffenen in keinem Verhältnis zum massenhaften Import von Sklaven durch das Römische Reich.

Die Form von Zwangsmigration im Römischen Reich mit den bedeutendsten sozialgeschichtlichen Auswirkungen ist jedoch auf die Institution der Sklaverei zurückzuführen. Sklaven kamen zunächst als Folge der vielen Kriegszüge der Römer vom 3. bis zum 1. Jahrhundert v. Chr. als Kriegsgefangene nach Rom und Italien. Die Zahlen, von denen wir aus den Quellen hören, sind enorm hoch, bieten aber reichlich Raum für Spekulationen. Eine konservative Schätzung kommt zur Zeit Caesars auf eine Sklavenbevölkerung von rund 2.000.000 in Italien. Aber auch neuere Berechnungen, die von einer um etwa die Hälfte niedrigeren Sklavenpopulation in Italien ausgehen, veranschlagen einen Gesamtimport von bis zu 4.000.000 Sklaven bis circa um die Zeitenwende. Erst mit dem Abflauen des sogenannten römischen »Imperialismus« in der Kaiserzeit, der »Pax-Romana«-Phase, als es nicht mehr viel für das Imperium zu erobern gab, kommt der bislang stetige

Zustrom von Kriegsgefangenen zum Erliegen und internationale Sklavenmärkte gewinnen an Bedeutung, die den ganzen Mittelmeerraum mit geraubten und versklavten Menschen versorgten.

Sklaven fanden in verschiedenen Bereichen Verwendung und ihre Lebensbedingungen unterschieden sich je nach Einsatzort teils fundamental. Während die Sklaven in der Landwirtschaft ein unmenschliches Los teilten – in sogenannten römischen »Villen«, größeren landwirtschaftlichen Betrieben, haben sich in Wirtschaftsgebäuden die Eisenringe erhalten, an denen die unfreien Arbeiter nachts angekettet wurden –, sah das unfreie Leben für Sklaven in der Stadt oft ganz anders aus. Sie gehörten in den wohlhabenden Familien zum Hausstand und nahmen meist Aufgaben als Dienstboten wahr, viele verrichteten auch qualifizierte Arbeiten. Manche hatten in den Läden und Tavernen ihrer Herren sogar die Funktion von beinahe unabhängigen »Geschäftsführern« inne und mussten ihren Herren nur die Profite abliefern. Der berühmte Redner und Politiker Marcus Tullius Cicero hatte einen hochgebildeten Sklaven namens Tiro als Privatsekretär und Schreiber in seinen Diensten, der in einem freundschaftlichen Verhältnis zu ihm und seiner Familie stand, ein Sachverhalt, der nicht im Gegensatz zu seinem Status als Unfreier stand. Er war als Sklave geboren worden, denn Kinder von Sklaven waren von ihrer Rechtsstellung zunächst auch immer Sklaven.

An Tiros Beispiel lässt sich auch ein besonderes Phänomen der römischen Gesellschaft erläutern, das sozialgeschichtlich seines Gleichen sucht: die verbreitete Sitte der Freilassung (*manumissio*) von Sklaven und deren Eingliederung in die Bürgerschaft. Tiro wurde im Jahr 53 v. Chr. nach den gängigen Regeln offiziell freigelassen und in der Folge automatisch römischer Bürger. Er nahm der Tradition entsprechend als Marcus Tullius Tiro den Namen seines ehemaligen Herrn an. Sofern die Freilassung nach dem vorgeschriebenen Protokoll erfolgte, waren die Freigelassenen automatisch römische Bürger. Viele Herren verfügten in ihrem Testament Freilassungen. Als Freigelassenem (*libertus*) haftete Tiro und seinesgleichen jedoch noch das Stigma des Ex-Sklaven an, und seine Bürgerrechte waren leicht eingeschränkt. Nachkommen von *liberti* waren aber rechtlich gesehen Vollbürger ohne jedwede Einschränkung. In die »gute Gesellschaft« konnten sich die Nachkommen von Freigelassenen jedoch oft nur nach einigen Generationen integrieren, weil sie vielen Alteingesessenen als Emporkömmlinge galten. Tiro war als Freigelassener seinem Patron und früheren Herrn zu Dankbarkeit und Unterstützung verpflichtet, gehörte nach seiner *manumissio* also zu Ciceros »Klienten«. Freigelassene haben es – so wird in den Quellen nicht immer ohne Neid berichtet – als Geschäftsleute oft zu einigem Wohlstand gebracht, den dann ihre Nachkommen gänzlich frei genießen konnten. Obwohl es immer wieder Bestrebungen gab, die Anzahl und Frequenz der oft von persönlicher Nähe zwischen Herrn und Knecht beförderten Freilassungen zu beschränken, war gerade diese Praxis der Freilassung ein besonderes Kennzeichen der römischen Gesellschaft.

Frappierend und auch ganz im Gegensatz zu den Gepflogenheiten im klassischen Griechenland erscheint die insgesamt gesehen äußerst unproblematische Aufnahme der ehemaligen Sklaven und ihrer Nachkommen in die Bürgerschaft. Die Freigelassenen und ihre vollberechtigten Nachkommen bildeten sozialgeschichtlich das Fundament des aufstiegsorientierten römischen Mittelstands in Handel und

Handwerk, weswegen ihre Rolle für die römische Gesellschaft kaum überschätzt werden kann. Einige gelangten auch in politische Schlüsselpositionen, etwa als kaiserliche Freigelassene in der Finanzverwaltung. Ausnahmeerscheinungen waren Freigelassene von herausragendem Rang, z. B. Narcissus, der Vertraute des Kaisers Claudius und seiner übelbeleumdeten Frau Messalina, der großen politischen Einfluss ausübte. Eher selten sind – etwa im Gegensatz zum mittelständischen, »bürgerlichen« Aufstieg – die Aufstiegsgeschichten »vom Freigelassenen zum Millionär«, aber auch diese gab es wirklich und nicht nur in der literarisch-übertreibenden Darstellung im *Satyricon* des Petronius Arbiter, eines Senators und Schriftstellers aus der Zeit Neros.

Es ist beinahe schon zynisch, das unmenschliche System der Sklaverei als die Zauberformel der sozialen und demographischen Entwicklung des Römischen Reiches zu preisen. Sklavinnen und Sklaven in den engen Bordellen der Städte (Prostitution war für ärmere Reichsbewohner, die Reichen hatten Lustsklavinnen und -sklaven) oder in den Minen Spaniens und Portugals, die nicht auf Freilassung hoffen konnten, würden dieser Interpretation vielleicht nicht zustimmen. Jedoch war in historischer Perspektive gerade die soziale Mobilität, die vielen ehemaligen Zwangsmigranten bzw. ihren Nachkommen nicht unbeträchtliche Aufstiegsperspektiven bot, ein wichtiger Motor für das Erblühen des Römischen Reiches und auch für seine Stabilität.

Arbeitsmigration

Die Arbeitswelt der Antike war allerdings weit weniger von unfreier Arbeit geprägt, als man früher – auch unter dem Eindruck marxistischer Vorstellungen vom »Sklavenhalterstaat« – meinte. Viele Arbeitsbereiche, vor allem solche in denen nur saisonal gearbeitet wurde, wurden von freien Arbeitskräften dominiert. Diese zogen aus verschiedenen Reichsteilen zu den Orten, wo Arbeit angeboten wurde. Die zitierte Passage bei Seneca weist auf diesen Sachverhalt für die besonders anziehende Hauptstadt hin. Nur selten geben die Quellen aber konkreten Einblick in die persönlichen Verhältnisse der Zugereisten aus anderen Regionen. So erfahren wir – eher zufällig oder weil die Herkunft in Inschriften genannt wird – von einem aus Gallien stammenden Schumacher, einem thrakischen Geldwechsler, einem Augenarzt aus Theben oder einem Kleiderhändler aus der Narbonensis, dem heutigen Südfrankreich (Cass. Dio 59, 26, 9; CIL 6, 9707; AE 1972, 14; AE 1979, 75). In den Provinzstädten gab es ähnliche Phänomene, wie etwa das Beispiel eines aus Karthago stammenden Glasbläsers nahelegt, der sich in Lyon niedergelassen hatte (CIL 13, 2000). Aber auch Betätigungsfelder mit schwierigen Arbeitsbedingungen wie der Bergbau wurden mindestens teilweise von Freien ausgefüllt. In einer Mine in Portugal arbeiteten Sklaven und Freie Seite an Seite, allerdings waren die Strafen für Unterschlagung von Edelmetall unterschiedlich: Während der Freie mit Geldstrafe und Verbannung aus dem Distrikt bestraft wurde, musste ein unfreier Erzdieb die Peitsche und ein weiteres Leben in Ketten gewärtigen.

Da gerade im Bergbau erfahrene Spezialisten gebraucht wurden, kamen diese manchmal von weit her. In der Provinz Dacia (Siebenbürgen im heutigen Rumänien) beuteten die Römer die reichen Goldminen des Apuseni-Gebirges aus. Die gesamte neue Provinz, die nach den Kriegen gegen die Daker (101–102 und 105–106) an Bevölkerungsmangel litt, wurde von Migranten »aus der gesamten römischen Welt« (*ex toto orbe Romano*, Eutr. 8, 6, 2) besiedelt. In die Bergbausiedlung Alburnus Maior kamen vor allem Dalmater und Illyrer, die als Bergbauspezialisten Gold und Silber abbauten. Aus den Inschriften aus dieser Gegend wissen wir, dass sie das Lateinische benutzten und in der neuen Provinz offenbar auch möglichst »römisch« auftreten wollten, allerdings belegen viele Fehler beim Gebrauch der Sprache, dass sie in ihrer Heimatregion noch nicht sehr lange am römischen *way of life* teilgenommen hatten.

Militär und Migration

Inschriften und gelegentliche Hinweise in den literarischen Quellen lassen erahnen, dass im riesigen Reich der Römer der Ortswechsel aus den unterschiedlichsten Gründen eine für viele Reichsbewohner alltägliche Selbstverständlichkeit war. Aber auch »Barbaren« von außerhalb konnten etwa als Söldner bei den Römern anheuern. Die sogenannten *auxilia* oder Hilfstruppen stellten neben den Bürgern vorbehaltenen Legionen etwa die Hälfte der römischen Streitkräfte. Gerade zu Beginn der Kaiserzeit dienten in den Hilfstruppen fast ausschließlich *peregrini*, oft auch von außerhalb des Reichsgebiets. Nach 25 Dienstjahren bekamen diese Soldaten das römische Bürgerrecht verliehen, und nicht wenige siedelten sich als Veteranen in den zu Städten ausgewachsenen Truppenstandorten an.

Überhaupt war das Militär ein bedeutender Faktor für die reichsweite Migration, auch eine Form von »Arbeitsmigration«, wenn man so will. Truppenverlegungen und Einsatzbefehle, über die wir aufgrund der sogenannten Militärdiplome – das sind auf Bronze gravierte Entlassungspapiere für die Hilfstruppen – verhältnismäßig viel wissen, beförderten viele Soldaten aus den unterschiedlichsten Gegenden an die Grenzen des Imperiums. Denn dort, am »Limes«, an den Außengrenzen, waren fast alle Legionen und Einheiten im Einsatz. Wir verfügen über reichliche Nachrichten von Versetzungen über weite Entfernungen hinweg. So froren in den winterlichen Karpaten, im dakischen Porolissum, Syrer aus Palmyra und dakische Rekruten schwitzen in der ägyptischen Sonne. Auch die Reichsverwaltung, die ebenfalls von militärischen Strukturen geprägt war, erforderte ständige Mobilität der Eliten des Imperiums. Der aus der Weihnachtsgeschichte nach Lukas bekannte römische Offizier Publius Sulpicius Quirinius (bei Luther: Cyrenius), der zur Zeit der Geburt Jesu »Landpfleger«, also Statthalter von Syrien war, hatte vor seiner Berufung auf die Stelle im Vorderen Orient bereits eine eindrucksvolle Karriere hinter sich. Als Vertrauter des Augustus hatte er sich auf Führungsposten in Nordafrika und als Statthalter der Provinz Asia in der heutigen Türkei bewährt. In Syrien regierte er immerhin sechs Jahre, bevor er 12 n. Chr. nach Rom zurückkehrte.

Migration im Imperium Romanum: Eine Zusammenfassung

Das Römische Reich war gerade zu seiner Blütezeit in den ersten beiden Jahrhunderten n. Chr. stark von fast allen bekannten Formen der Migration geprägt. Zu gewöhnlicher Arbeitsmigration kommen heute ungewohnte Formen wie Eroberung und Kolonisierung der eroberten Gebiete, aber auch Verschleppung und Sklaverei hinzu, die aber paradoxerweise durch die Freilassungspraxis das Fundament des Bevölkerungswachstums bildete. All dies lässt sich allerdings zum Leidwesen der Historiker nicht exakt beziffern. Nur zufällig und nebenbei gewähren uns bestimmte bedeutende Ereignisse, über welche die an alltäglichen Dingen wie Mobilität und Migration wenig interessierten Quellen berichten, Einblick in die Migrationsgeschichte des Römischen Reichs. Die skandalöse Ermordung beinahe aller Römer und Italiker, die im Jahr 88 v. Chr. in Ephesos, einer bedeutenden Stadt an der kleinasiatischen Küste, und anderen Zentren der Region lebten, gibt uns indirekt einen Einblick in die Präsenz römisch-italischer Händler und Interessenvertreter in Kleinasien. 80.000 Menschen fielen der sogenannten »Vesper von Ephesos« zum Opfer. Mit dieser Tat wollte der König Mithridates VI. von Bithynien und Pontos den römischen Einfluss in seinem Einflussgebiet ein für alle Male beenden. Das Gegenteil hat er erreicht: Die Römer besiegten ihn, machten sein Land zur Provinz und ruhten mit ihrem Durst nach Rache nicht, bis er in auswegloser Lage seinem Leben selbst durch Gift ein Ende bereitete. Uns hat die Bluttat einen seltenen Einblick in das Ausmaß mediterraner Mobilität gewährt, die sonst im Verborgenen geblieben wäre. Dieser und ähnliche Einblicke legen aber nahe, dass Migration eine alltägliche Erscheinung im Römischen Reich war und ihr Ausmaß weit über die aus den Quellen destillierbaren Zahlen hinausging.

Bleibt am Ende nüchtern festzustellen, dass die Pax Romana die idealen Voraussetzungen bildete, um die Mobilität von Gütern und Menschen im riesigen Römerreich zu befördern. Das Imperium war in starkem Maße von Bevölkerungsmigration der kulturell überaus unterschiedlichen Reichsbewohner geprägt, für welche die ökonomische Einheit des Reiches ideale Wanderungsvoraussetzungen bot. Immer wieder stoßen wir auf eindrucksvolle Belege für Migration Einzelner und von Gruppen. Sklavenhandel, Freilassung, Einbürgerung von Angehörigen der Hilfstruppen, Arbeitsmigration in die Hauptstadt, Stationierung von Militäreinheiten im ganzen Reich und Umsiedlung von ganzen Volksgruppen waren allesamt wichtige und diverse Faktoren, die zeigen, dass das Imperium Romanum geradezu emblematisch von Migration geprägt war. Migration als Phänomen war indes kein Problem für das Römische Reich, sondern fast schon dessen Daseinsberechtigung. Abgesehen vom Gründungsmythos (Aeneas war ja selbst Migrant, Flüchtling gar) war es gerade das aus heutiger Sicht bemerkenswert integrativ wirkende System der Eingliederung ehemaliger Sklaven aus aller Herren Länder und ihrer Nachkommen in die Gesellschaft, die das Imperium definierte und auch seine lange demographische Stabilität sichern half.

So schreibt der in die Verbannung geschickte Politiker und Philosoph Seneca an seine Mutter, dass Migration ein Kennzeichen der Menschheit sei:

»Beständig ist beim Menschengeschlecht nur das Umherwandern. Jeden Tag verändert sich etwas in der großen Welt: Neue Fundamente von Städten werden gelegt, neue Namen von Völkern entstehen, nachdem frühere ausgelöscht wurden oder auf andere übergingen.« (Sen. ad Helv. 7, 7, 5)

Sein Hinweis auf die wandernden Völker, die in anderen aufgehen, verweist bereits auf die Spätantike und eine historische Meistererzählung, die bis heute Schulbücher und Dokumentationen prägt: die sogenannte »Völkerwanderung«.

2.5 Spätantike und »Völkerwanderung«

Die »Völkerwanderungszeit«, die als Scharnierzeit zwischen Antike und Mittelalter gilt, dient in vielen Darstellungen als Paradebeispiel für vormoderne Massenmigration (und oft auch als einziges Beispiel). Nach allgemeinem Verständnis waren es jene »wandernden Völker«, die für den Untergang des Römischen Reiches verantwortlich waren. Deswegen mag es auf den ersten Blick vielleicht etwas verwundern, dass das folgende, der »Völkerwanderung« gewidmete Unterkapitel ziemlich kurz gefasst ist. Das ist einerseits der Tatsache geschuldet, dass die grundlegenden Sachverhalte dieser Migrationserzählung recht bekannt und im kulturellen Bewusstsein stärker verwurzelt sind als frühere Epochen, die hier ausführlicher behandelt wurden (auch medial entsprechend vermittelt, angefangen beim Filmklassiker *Kampf um Rom* nach dem gleichnamigen Roman von Felix Dahn). Andererseits bietet die »Völkerwanderung« nicht wirklich neue Aspekte von Migration oder gar einen Paradigmenwechsel. Strukturell waren Einwanderung und Aufnahme von »Barbaren« in das Reich der Römer, das wie gezeigt in starkem Maße von Mobilität geprägt war, keineswegs neuartige Phänomene. Allenfalls die Massivität und Gleichzeitigkeit bestimmter Entwicklungen war ungewöhnlich und sorgte mit vielen anderen Faktoren für das Ende des Imperiums im westlichen Reichsteil. Für Konstantinopel und den Osten kann man sogar argumentieren, dass die Reichsstrukturen bis 1453 bestand hatten, mindestens aber bis zum Arabersturm im 7. Jahrhundert. Darüber hinaus muss auch gleich drauf verwiesen werden, dass in der Forschung seit mehr als 30 Jahren herausgearbeitet worden ist, dass wir es bei dieser Epoche zwischen Antike und Mittelalter weder mit »Völkern« im landläufigen Verständnis zu tun haben noch dass diese zielgerichtet »wanderten«. In den meisten Fällen handelt es sich um mehr oder weniger wohlorganisierte Heerzüge von ethnisch wenig homogenen Kriegergruppen, die selten mehr als 30.000 Mann zählten. Auch das Ausmaß der mit dieser Entwicklung verbundenen Migration wird neuerdings wesentlich geringer veranschlagt. Deswegen werden in diesem Buch auch durchgehend Anführungsstriche beim Begriff »Völkerwanderung« verwendet.

Die »Völkerwanderung«

> »Neben [dem Haus Attilas] stand das Haus des Onegesios [dem nach Attila vornehmsten der Hunnen], das gleichfalls einen hölzernen Zaun aufwies, der aber im Gegensatz zu dem um Attilas Residenz keine Türme hatte. [...] Während ich nun zum Zeitvertreib vor der Umfriedung des Hauses des Onegesios spazieren ging, kam ein Mann heraus, den ich nach seiner Skythentracht für einen Barbaren hielt [als »Skythen« werden in griechischen Quellen die Hunnen wie auch die Goten bezeichnet], und begrüßte mich auf Griechisch mit

»Chaire!«. Ich staunte, wieso er, ein Skythe, griechisch spreche; sprechen doch die Skythen, ein buntes Völkergemisch, neben ihrem heimischen Dialekt entweder hunnisch oder gotisch oder auch lateinisch, weil sie häufig mit den Römern in Berührung kommen; aber kaum einer von ihnen spricht griechisch, wenn es nicht Gefangene aus Thrakien oder von der illyrischen Küste sind. Die aber erkennt jeder leicht an ihrer zerlumpten Tracht und den verfilzten Haaren als Menschen, die ins Unglück geraten sind. Mein Freund aber sah aus wie ein geschniegelter Skythe, war gut und sorgfältig gekleidet und hatte den Kopf rundherum geschoren. Ich erwiderte also seinen Gruß und fragte ihn, wer er sei, wieso er in dieses Land und zu dem Entschluss gekommen sei, als Skythe zu leben. [...] Er sagte, er sei allerdings ein gebürtiger Grieche, ein früherer Kaufmann aus dem mysischen Viminacium an der Donau [heute Kostolac, östlich von Belgrad in Serbien], habe lange dort gelebt und eine reiche Frau geheiratet; er habe aber seinen Wohlstand bei der Eroberung der Stadt [durch die Hunnen 441/442 n. Chr.] verloren und sei als wohlhabender Mann bei der Verteilung der Beute mit all seiner Habe dem Onegesios zugesprochen worden. Es sei nämlich bei den Hunnen Sitte, dass die nach Attila vornehmsten Führer sich die Gefangenen aussuchen dürften. Später habe er sich im Kampf gegen Rhomäer und Akatziren ausgezeichnet, alle seine Kriegsbeute nach Skythenbrauch seinem Herrn abgetreten und dafür die Freiheit wiedererlangt. Auch eine Barbarenfrau habe er geheiratet, die ihm Kinder geboren habe. Am Tisch des Onegesios sei er ein ständiger Gast, und dies Leben behage ihm weit mehr als sein früheres«.

Dieses bemerkenswerte Treffen mit einem Migranten schildert der im Jahre 449 n. Chr. in diplomatischer Mission am Hofe Attilas weilende Oströmer Priskos (Fr. 8, Übers. E. Doblhofer).

Zur Zeit des Priskos hatte sich das Römische Reich grundlegend verändert. Mittlerweile gibt es zwei Reichsteile: Westrom mit Rom als Hauptstadt bzw. Sitz des Kaisers (später Mailand und Ravenna) und Konstantinopel oder Ostrom, wo seit der offiziellen Reichsteilung 382 n. Chr. der oströmische Kaiser residierte (▶ Abb. 11). Die beiden Reichsteile entfremdeten sich zunehmend und gerieten in Konflikte um Vorherrschaft und Rang. Die Oströmer sprachen zwar Griechisch und diese Sprache setzte sich sogar im ursprünglich lateinischen Rechtswesen durch, aber sie nannten sich selbst immer »Römer«, Rhomäer (*Rhomaíoi*). Es waren eben diese Rhomäer des Ostreichs, gegen die sich der ehemalige Kaufmann im Kampf ausgezeichnet hatte. Sein abenteuerliches Schicksal spiegelt die Wirren und Unsicherheiten dieser Zeit wider, die mit der reichseinheitlichen Pax Romana der ersten beiden Jahrhunderte der römischen Kaiserzeit wenig gemein hat.

Die Ordnung im Reich war zu dieser Zeit bereits gründlich durcheinandergeraten, und daran waren, sehr vereinfacht gesagt, die Hunnen schuld. Schon seit dem 3. Jahrhundert hatten Einfälle von »Barbarengruppen«, vor allem an Rhein und Donau, dem von Usurpationen und Reformstau geschwächten Reich zu schaffen gemacht. Aber erst die Ankunft der Hunnen in der nordpontischen Steppe in unmittelbarer Nachbarschaft des Imperiums im Jahr 375 hatte eine komplexe Reihe von Ereignissen losgetreten, die später als »Völkerwanderung« bezeichnet wurden.

Bis in die zweite Hälfte des letzten Jahrhunderts wurde die Geschichte der »Völkerwanderung« in Schulbüchern und wissenschaftlichen Veröffentlichungen als lineare Erzählung vom Ende der Antike und dem Beginn des Mittelalters in Europa präsentiert. Diese Erzählung wurde getragen von den Wanderungen und gewaltsamen Landnahmen germanischer Stämme wie der Goten, Franken, Alamannen oder Langobarden, deren Reichsgründungen auf römischem Boden das

2 Migration in der Antike

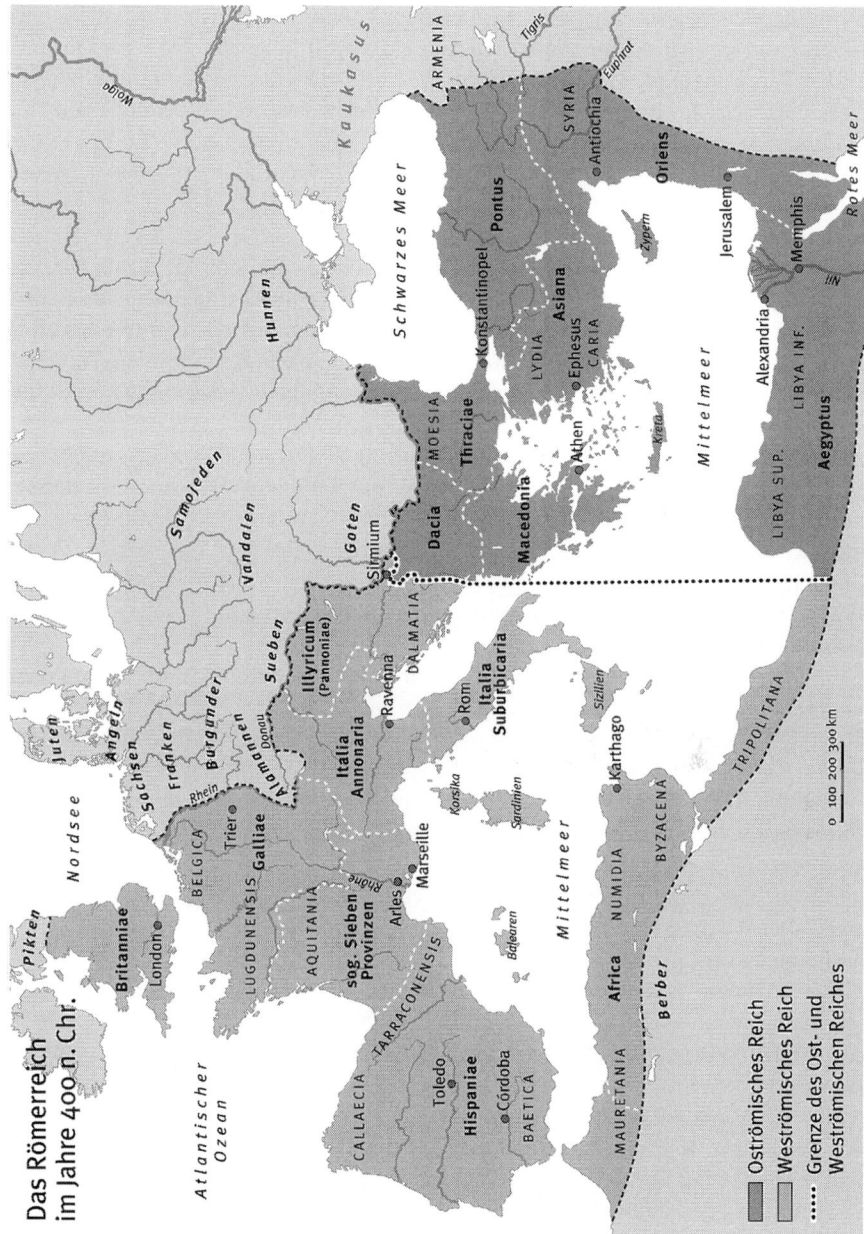

Abb. 11: West- und Ostrom, 400 n. Chr.

Altertum endgültig beendeten und diejenigen staatlichen Formationen des Mittelalters begründeten, aus denen später die Nationalstaaten hervorgehen sollten.

Mittlerweile sieht man die Prozesse, die zum Ende des Imperium Romanum und zur Entstehung der europäischen, von den germanischen Reichsbildungen sowie

Grundherrschaft und Lehenswesen geprägten Landesherrschaften des Mittelalters führten, wesentlich differenzierter. In den letzten 30 Jahren ist die Forschung zu neuen Einschätzungen gelangt, die das Bild jedoch wesentlich verkomplizieren. Versuchen wir, das hier dennoch ein wenig aufzudröseln und zu vereinfachen.

Zunächst einmal betrachten viele Forscher die Veränderungen, die das Imperium Romanum seit dem 4. Jahrhundert zu bewältigen hatte und die mit den germanischen Reichen im westlichen Teil Europas ihren vorläufigen Abschluss gefunden hatten, nicht mehr als Untergang oder abrupte Zäsur. Viele Gelehrte gehen vielmehr von einer »Transformation« hin zu den mittelalterlichen Nachfolgestaaten aus, die weniger einschneidend gewesen sei als früher angenommen. Entsprechend werden in der jüngeren Forschung vermehrt die Kontinuitäten zwischen Antike und frühem Mittelalter hervorgehoben. Auch wenn die Vorstellung von einer Transformation des Römischen Reiches in der Forschung durchaus umstritten ist und hinsichtlich Infrastruktur und zivilisatorisch-technischem Niveau ein Niedergang nicht geleugnet werden kann, lässt sich heute kaum noch von einer »Völkerwanderung« sprechen. Denn die »Völker«, von denen hier die Rede ist, waren höchst instabile, multiethnische Verbände. Wiewohl sprachlich als »Germanen« ausgewiesen, waren diese Gruppen sich niemals ihres »Germanentums« bewusst, das spätere Zeiten unter nationalistischen Vorzeichen für sie reklamierten. Auch Großverbände wie Hunnen, Goten oder Franken besaßen zunächst kein ethnisch fundiertes Kollektivbewusstsein oder eine klare gemeinsame Identität. Römische Gelehrte haben für sie Schubladenbezeichnungen geprägt, um mit bewussten Zuordnungen vermeintliche Ordnung herzustellen. In diesem Sinne sind die meisten dieser neuen Gruppierungen, die sich dann seit dem 5. Jahrhundert tatsächlich auch im eigentlichen Sinne als »ethnisch« zu verstehen beginnen, als Schöpfungen der Römer zu betrachten, denn nur durch die militärischen, ökonomischen oder diplomatischen Interventionen des Imperiums und im ständigen Austausch und Kontakt mit ihm konnten sich diese Verbände ausbilden.

Die in der Vergangenheit und auch heute noch oft gestellte Frage nach der möglichen »Urheimat« der Goten, Burgunder, Vandalen usw. wird durch diesen Sachverhalt im Grunde obsolet. Neuzeitliche Historiker, besonders im 19. Jahrhundert, hatten in ihnen dagegen die Vorväter der ethnisch fundierten Nationen ihrer Gegenwart gesehen, die seinerzeit als Sprach- und Abstammungsgemeinschaft, als »Germanen« völkischen Gemeinsinn gepflegt hätten. In der Schlacht auf den katalaunischen Feldern in Ostgallien, die im Jahr 451 mit einem taktischen Patt Attilas Ausgriff auf das Westreich vereitelte, standen sich aber auf beiden Seiten, auf der Attilas und auf der des römischen Generals Flavius Aëtius, etwa hälftig Angehörige eben dieser »germanischen« Verbände gegenüber, die jedoch aus politischen Erwägungen oder aufgrund von Bündnisverpflichtungen gegeneinander kämpften.

Die Verbände von Kriegern mit Tross und Anhang, für die auch der oft verwendete Terminus »Stamm« oder »Volksstamm« gerade vor dem Hintergrund moderner ethnologischer Forschungen wenig hilfreich ist, befanden sich auch nicht wirklich auf einer »Wanderung«. Als veritable Migrationsbewegungen können die in ihrer Mehrheit als Heerzüge zu betrachtenden Bewegungen von Kriegerverbänden deshalb kaum gelten.

Die Aufnahme ganzer Gruppen germanischer Krieger in den Reichsverband war an sich ein völlig normaler Vorgang. Im 4. und 5. Jahrhundert erhielt er jedoch eine ganz andere Dynamik und sprengte die Integrationskapazitäten des Imperiums, da nun zunehmend autonome Kriegerverbände unter ihren eigenen Anführern auf Reichsboden zu siedeln begannen und als kompakte Einheiten beisammenblieben. Weil Bürger des Reichs kaum noch für den Kriegsdienst zu gewinnen waren und die Landstädte in den Provinzen sich von militärischen Verpflichtungen freikauften, war das römische Heereswesen bereits im 3. und 4. Jahrhundert wesentlich durch Söldner und auswärtige Dienstleister geprägt gewesen. Durch die Aufnahme germanischer Verbände in das Heer als »Föderaten«, also als auswärtige Kontingente unter eigenen Anführern, entstanden zunehmend Strukturen, die als eine Art »Staat im Staat« bezeichnet werden können. Trotz zunehmender Probleme mit unzufriedenen Föderaten auf dem Reichsgebiet, wie etwa den Goten Alarichs, blieben die grundlegenden Verhältnisse zwischen Reich und germanischen Verbänden bis in die Mitte des 5. Jahrhunderts bestehen.

Die entscheidende Veränderung kam erst mit Attilas Ausgreifen auf das Gebiet des Römischen Reiches Mitte des 5. Jahrhunderts. Zuvor hatten bereits viele andere, meist germanische Gruppierungen das Reich belästigt und geschwächt. Deren primäres Ziel war es jedoch gewesen, etwas vom imperialen Wohlstand abzubekommen, entweder durch Raub oder Integration. Man spielte nach römischen Regeln, und die rivalisierenden Gruppen stritten sich um den Zugang zur Macht. Sie wollten ein gehöriges Stück vom Kuchen abhaben, nicht aber den Bäcker erschlagen. Teilhabe an den Segnungen Roms und seiner Provinzen war auch ursprünglich das Ziel des Goten Alarich gewesen, der nach 402 marodierend durch Italien zog, um mit Westrom zur dauerhaften Versorgung seiner Männer einen »Werkvertrag« (*foedus*) als ansässige Söldnertruppe zu erzwingen. Dabei wurde er von den unterschiedlichen Parteien in Konstantinopel und Ravenna (wo der Westkaiser mittlerweile residierte) in fast bürgerkriegsähnliche Auseinandersetzungen hineingezogen und instrumentalisiert. Die Plünderung Roms im Jahre 410 n. Chr. – von den Römern, allen voran dem heiligen Augustinus, und auch von späteren Historikern als »Untergang des Abendlandes« wahrgenommen – war eigentlich nur das unglückliche Ende gescheiterter Verhandlungen, durch die Alarich eine hohe Stellung im römischen Heer und die Versorgung seiner Anhänger erlangen wollte.

Das wollten bereits viele Anführer sogenannter »Barbaren« vor ihm. Selbst in unruhigen Zeiten war es dem Imperium meist gelungen, die sich ständig verändernden Verhältnisse an den Grenzen des Reiches zu kontrollieren und durch Diplomatie und Zugeständnisse in Form von Jahresgeldzahlungen oder auch durch die Integration barbarischer Kriegerkontingente ins römische Heer und in die Machtstrukturen des Reiches auf neue Situationen zu reagieren. Offiziere germanischer Herkunft gelangten seit dem 4. Jahrhundert zunächst im Militär, dann auch am Hof zu immer größerem Einfluss. Germanische Anführer und ihre Verbände wurden von den alten Eliten in ihren Auseinandersetzungen um die Macht in Rom instrumentalisiert und erst durch ihr Eingreifen in den innerrömischen Bürgerkrieg zu entscheidenden Machtfaktoren. Damit hatten die römischen Eliten selbst die Barbaren erst großgemacht: Sie waren die Geister, die man gerufen hatte und nun nicht mehr loswurde. Heermeister (das höchste römische Generalsamt in der

Spätantike) germanischer Herkunft wie Arbogast, Bauto, Stilicho, Ricimer oder Aëtius dominierten die wechselnden Geschicke Westroms im späten 4. und im 5. Jahrhundert bis zur Pensionierung des letzten römischen Kaisers durch Odoaker 476 n. Chr., mit der germanische Eliten die Herrschaft im Westen gänzlich übernahmen, ohne aber die typisch römischen Strukturen dieser Herrschaft grundlegend zu verändern.

Erst Attila hat die Spielregeln grundlegend verändert. Ihm ging es nicht um Teilhabe. Mit den Hunnen begegneten den Römern erstmals »Barbaren«, die keinerlei Willen zur Integration mitbrachten und denen die Infrastruktur und die internen Gepflogenheiten des Imperiums völlig egal waren. Über den Ursprung dieses asiatischen Reitervolks, der in Zentralasien oder in China vermutet wird, lässt sich nichts Endgültiges sagen. Bereits bei ihrem Auftauchen im Hinterland der Reichsgrenze, als sie 375 das Gotenreich des Ermanerich in der nordpontischen Steppe zerstörten, waren die Hunnen ein multiethnischer Verband von Reiterkriegern gewesen, dem sich auf dem Zug nach Westen diverse Gruppen angeschlossen hatten. Mit dem geeinten großen Attilareich (434–453 n. Chr.) hatte sich am Rande des Imperiums eine »hunnische Alternative« (Herwig Wolfram) zum Römerreich etabliert, die Priskos am Beispiel des am Attilahof gestrandeten Griechen recht gut beschreibt. In der sich an die zitierte Stelle anschließenden Diskussion stellt Priskos dem freien Kriegerdasein in der Entourage von hunnischen Edelleuten, das sein Gegenüber als sorgenfreies und unbeschwertes Lebensideal beschreibt, das geordnete Leben im durch Rechtswesen und Verwaltung gegliederten Römerreich gegenüber.

Nun standen ehrgeizigen Kriegern und ihren Gefolgschaften in den Randgebieten des Imperiums zwei Wege offen: sich als Söldner des Imperiums zu verdingen und eine Militärkarriere in den etablierten Strukturen des Imperiums anzustreben oder gegen Rom zu kämpfen. Bei der zweiten Option ging es nicht mehr darum, die Infrastruktur des Reiches zu übernehmen und auf Reichsgebiet ein nach römischen Spielregeln funktionierendes Barbarenkönigtum einzurichten, wie Theoderich der Große das später unter anderen Rahmenbedingungen tat, sondern parasitär durch Raubzüge, Plünderungen und erpresste Jahresgelder am Wohlstand des Reiches teilzuhaben. Dieser Wohlstand wurde aber gerade durch die »Völkerwanderung« nachhaltig bedroht. Denn durch die Besetzung der Provinz Pannonien durch die Hunnen, durch die Etablierung des Westgotenreichs zunächst in Südgallien und dann in Spanien sowie des Vandalenreichs im wirtschaftlich besonders wichtigen Nordafrika wurde die von den Steuereinkünften abhängige Wehrfähigkeit des Imperiums stark beeinträchtigt.

Die »Völkerwanderung« war aus migrationsgeschichtlicher Sicht nicht so außergewöhnlich, wie man früher glaubte, aus demographischer Sicht noch weit weniger. Zur Glanzzeit des Gotenreichs im 5. Jahrhundert wurden nach Schätzungen fast zehn Millionen Einwohner von einer kleinen gotischen Oberschicht beherrscht, die nicht mehr als 1–2 % der Bevölkerung ausmachte. Die politischen und sozialen Veränderungen zwischen dem 4. und dem 6. Jahrhundert sind keineswegs mit Phänomenen von »Massenmigration« in Verbindung zu bringen. Selbst im Falle des größten Barbarenverbands der »Völkerwanderungszeit«, der Vandalen, die 429 von Südspanien bei Gibraltar nach Nordafrika übersetzten und die reiche

Provinz Africa in kürzester Zeit eroberten, sind die Zahlen überschaubar. Von den Vandalen und Alanen, die nach Africa einwanderten, haben wir auch die glaubwürdigsten Informationen über die Größe ihres Zuges. Während der größte Teil der von Kriegerverbänden dominierten Barbarengruppen der »Völkerwanderungszeit« nicht mehr als 30.000 Menschen umfasste, setzten Vandalen und Alanen in einem großen Tross mit »Kind und Kegel« von etwa 80.000 Personen nach Nordafrika über. Auf den ersten Blick ist das eine recht beeindruckende Zahl, die von einigen skeptischen Historikern sogar für zu hoch gehalten wird. Dennoch: Alle 80.000 Vandalen (und Alanen), die 429 unterwegs waren, könnte man problemlos und ohne Platznot ins Westfalenstadion in Dortmund stecken, um das Spiel AS Rom gegen FC Vandalus zu sehen. In der Folge geboten die Vandalen in ihrem Reich, das eine der bevölkerungsreichsten römischen Provinzen umfasste, über sechs bis acht Millionen Einwohner, in der Mehrheit romanisierte Provinzbewohner.

Wir haben in diesem Kapitel gesehen, dass Migrationsbewegungen in der Antike keineswegs die Ausnahme waren, wie man früher für alle vormodernen Epochen gemeinhin glaubte. Als die »Völkerwanderung« begann, war das Römische Reich bereits seit Jahrhunderten ein Raum für Wanderungen unterschiedlichster Art. Neben Binnenmigration (die oft die Überschreitung kultureller Grenzen mit sich brachte) gehörten auch Ein- und Auswanderungen sowie ein kontinuierlicher grenzüberschreitender Austausch wie selbstverständlich zum Alltag. Denn das Römische Reich übte aufgrund des hohen Lebensstandards nicht nur große Anziehungskraft aus, sondern der Zuzug aus dem *Barbaricum* wurde mitunter sogar gefördert, etwa wenn Mangel an Arbeitskräften und insbesondere an Rekruten herrschte (▶ Kap. 2.4). »Während der ›Völkerwanderung‹ wurden die Römer also keineswegs mit einem grundlegend neuartigen Phänomen konfrontiert. Ungewöhnlich war lediglich die Massivität, mit der in einigen Grenzregionen nunmehr der Druck zunahm« (Meier 2016, 6). Die Tatsache, dass das Reich dauerhaft nicht mehr in der Lage war, die Migration zu kontrollieren und zu kanalisieren, ermöglichte das Entstehen bzw. die nicht länger durch Romanisierung modifizierte Fortexistenz von Barbarenverbänden auf dem Reichsboden, die eine gemeinsame Identität verband und die ihre partikularen Interessen erfolgreich verfolgen konnten.

Ob man bei den komplexen Bewegungen und Veränderungen, die durch die Aktivitäten germanischer Verbände ab dem 4. Jahrhundert ausgelöst wurden, durchgehend von »Wanderungen« sprechen sollte, erscheint vor dem Hintergrund der jüngeren Forschung immer fraglicher. Quantitativ erscheint die »Völkerwanderung« angesichts der rekonstruierbaren Daten vergleichsweise überschaubar. Es sind in der Summe eher die Begleitumstände, die Schwäche des westlichen Reichsteils und die bürgerkriegsähnlichen Verwerfungen im Inneren des Reiches, welche die »Barbaren« aufwerteten, sie gewissermaßen auch aus den Strukturen des Imperiums heraustreten ließen, die sie vorher gebunden hatten, und sie zum entscheidenden Zünglein an der Waage und damit zum Totengräber derjenigen imperialen Strukturen machten, an denen sie eigentlich teilhaben wollten. Angesichts der Millionen von Sklaven, die allein in der Zeit der späten römischen Republik als Kriegsgefangene nach Italien kamen, sind die nur wenige Tausend zählenden Kriegerverbände der »Völkerwanderungszeit« aus demographischer Sicht wahrlich kein Fall von Massenmigration. Jedoch lieferten die historisch bedeutsamen Auswirkungen, die die »Völkerwanderung« aufgrund der Umstände entfalten konnte, den Stoff für ein immer noch wirkmächtiges Narrativ, das sie unter den vielen – quantitativ meist umfangreicheren – Wanderungsbewegungen in Antike und Mittelalter heraushebt und zu *der* Migrationserzählung *par excellence* werden ließ, die in Gesamtdarstellungen oft allein die gesamte Vormoderne repräsentieren muss.

Islamische Expansion

Als der Heerführer des Gouverneurs von Ifriqiya (so nannten die Araber die ehemalige Provinz Africa), Tariq ibn Ziad, im Jahr 711 mit seinen arabischen Gefolgsleuten und nordafrikanischen Berbern über die Meerenge von Gibraltar auf die iberische Halbinsel übersetze und den letzten Gotenkönig Roderich besiegte, etablierte er die bis ins 15. Jahrhundert andauernde arabische Herrschaft in Spanien (Al-Andalus). Zugleich schuf er aber auch ein nachhaltiges Problem für Historiker: Hatte er mit dem Westgotenreich nun ein germanisches Königreich des frühen Mittelalters besiegt oder die letzte Bastion römischer Herrschaftstradition im Westen beerbt? Wann endet die Antike und wann beginnt das Mittelalter? Eine alte Streitfrage, bei der lediglich feststeht, dass Migration eine wesentliche Rolle beim Epochenwechsel spielte, denn die »Völkerwanderung« und die arabische Expansion sind für die Geschichtswissenschaft Migrationsereignisse *par excellence*. Die traditionelle europäische Geschichtsschreibung lässt die Antike gewöhnlich spätestens mit der Gründung des Reiches des Langobarden auf italischem Boden im Jahr 568 enden. Doch die sogenannten »germanischen« Nachfolgereiche der Goten, Franken, Alamannen usw. führten die römischen Traditionen und vor allem auch die Wirtschaftsweise der Antike zunächst weiter (Großgrundbesitz und Sklavenarbeit, Grundherrschaft dagegen war eine viel spätere Entwicklung). Sie übernahmen das etablierte Münzwesen, der Handel vor allem über das Verkehrsnetz des Mittelmeers lief weiter und die auf Latein verfassten Gesetzbücher der Barbarenreiche kodifizierten römisches Vulgärrecht. Ein radikaler und struktureller Bruch lässt sich vor diesem Hintergrund schwerlich ausmachen.

Darüber hinaus gab es ja noch Konstantinopel, Ostrom. Das Oströmische Reich erlebte gerade zu der Zeit, als die Langobarden als neue Herrn Italiens sich nicht mehr um imperiale Fragen und Souveränitäten scherten – im Gegensatz zum Ostgoten Theoderich, der sich als Stellvertreter des oströmischen Kaisers im Westen betrachtete –, unter Justinian I. (527–565) eine politische und kulturelle Renaissance. Unter seiner Herrschaft erlebte das römische Imperium im Osten eine ungeahnte Blüte. Er ließ alle Rechtstexte sammeln und kodifizieren, investierte Unsummen in die Erneuerung der Befestigungen der Städte und Festungen im Grenzgebiet, es war ihm sogar gelungen, den Vandalen die reiche Provinz Africa wieder abzujagen (534) und Sizilien zurückzuerobern (535). Die Rhomäer des Ostens verstanden sich als die Träger der römischen Reichsidee: Antikes Schrifttum, römisches Recht und gewohnte Herrschaftsstrukturen wurden hier weiter gepflegt. Immerhin beherrschte das frühbyzantinische Reich Justinians I. und seiner Nachfolger den gesamten östlichen Mittelmeerraum, einschließlich Kleinasiens, Syriens, Ägyptens, Nordafrikas und des Balkans, jedoch nur bis in die 630er Jahre. Dann geschah etwas, das das römische Imperium auch in seinem östlichen Teil erschütterte und die Epoche der Antike im Mittelmeergebiet endgültig beendete.

Die früher politisch wenig korrekt, aber durchaus treffend als »Arabersturm« bezeichnete sehr rasche islamische Expansion fegte die Reste der antiken Herrschaftsstrukturen in kürzester Zeit hinweg. 636 verlor das Imperium Syrien mit Palästina und dem Libanon, kurz darauf gingen sowohl das römische als auch das sassanidische Mesopotamien (etwa der heutige Irak) und Ägypten an die neuen Eroberer. Innerhalb von wenigen Jahren war das persische Sassanidenreich eliminiert worden und das frühbyzantinische Reich zu einem geschwächten Rumpfstaat herabgesunken.

Dass die Etablierung eines islamischen Imperiums, das im 8. Jahrhundert vom Indus bis nach Spanien reichte, und nicht die »Völkerwanderung« die entscheidende historische Zäsur für die Mittelmeerwelt am Ende des Altertums und zu Beginn des Mittelalters gewesen ist, hat bereits vor rund 100 Jahren der belgische Historiker Henri Pirenne mit ökonomischen Argumenten plausibel gemacht. Seit der Eigner des Uluburun-Schiffs in der Bronzezeit seine Waren auf Reisen geschickt hatte, war das Mittelmeer das Verbindungsglied der trotz aller im Laufe der Jahrhunderte auftretenden Differenzen immer zusammengehörigen Anrainergebiete. Es verband sie zu einem gemeinsamen Wirtschafts- und Kulturraum, der mit Alexander und den Römern, die es *mare nostrum* (»unser Meer«) nannten, eine imperiale Verdichtung erfuhr. Durch die arabischen Eroberungen (Syrien 636, Ägypten 642, Nordafrika 640–698, Spanien 711) kam es zu einem Zusammenbruch des Orienthandels (auch des wichtigen Sklavenhandels über Marseille) und damit der gesamten Schifffahrt im westlichen Mittelmeer. Erst dieser ökonomische Wandel, der die Märkte nur noch regional funktionieren ließ und die Agrarwirtschaft auf Subsistenzniveau drückte, den Geldumlauf hemmte und das Ende des Großgrundbesitzes und der Sklavenwirtschaft einläutete, habe die Antike faktisch beendet. Neuere Untersuchungen, die Methoden und Quellen nutzen, die Pirenne nicht zur Verfügung standen, haben seine These relativiert. Wenngleich bis heute umstritten ist, ob wirklich in erster Linie die islamische Expansion für die Wirtschaftskrise des 7. Jahrhunderts verantwortlich war, wie Pirenne glaubte, oder nicht eine Vielzahl von Faktoren zu dieser Entwicklung führte, haben die scheinbar unaufhaltsamen Eroberungen der Nachfolger Mohammeds die Welt des beginnenden Mittelalters entscheidend verändert.

Erfolgsgeschichte der arabischen Expansion

Die Araber sind als Volksstamm bereits aus altorientalischen Quellen und auch durch den griechischen Historiker Herodot bekannt gewesen. Lange vor ihrer großen Zeit tauchen ihre Stämme als Verbündete oder Gegner der regionalen Großmächte am Rande auf. Ihr Lebensraum war der Rand der Wüste, wobei der fruchtbare Süden (Jemen), die Oasen und die kargen Wüstengebiete unterschiedliche Lebensweisen von ihren Bewohnern verlangten. Je nach Gebiet lebten die Araber entsprechend als Nomaden, die vor allem Kamele hielten, als Ackerbauern und Dattelzüchter, aber auch als Händler (etwa mit dem südarabischen Weihrauch). Ihre Lebensweise war stark von Stammesstrukturen geprägt, von einem komplexen

Beziehungsgefüge von Verwandtschaften und Feindschaften zwischen Großstämmen und ihren diversen Untergruppen, Klans und Sippen. Die verschiedenen Stämme hingen unterschiedlichen Religionen an. Neben einer vorislamischen polytheistischen Religion, von der nur wenige Details überliefert sind, war sowohl das Judentum als auch das Christentum bei den Arabern des 6. Jahrhunderts verbreitet. Als bisweilen nützliche Verbündete oder lästige Störenfriede am Rand ihrer Reiche wurden sie von den beiden um die Vorherrschaft konkurrierenden Großmächten, dem römischen Imperium und dem persischen Sassanidenreich, nur am Rande wahrgenommen. Man hat sie auch in den 630er Jahren unterschätzt, als sie in kürzester Zeit das Reich der Sassaniden zerstörten und das der byzantinischen Oströmer halbierten.

Nur wenige Jahre zuvor war es zu entscheidenden Veränderungen gekommen. Durch Erweckungserlebnisse motiviert, trat in Mekka, einer aufgrund eines alten Heiligtums (der auch im Islam zentralen Kaaba) besonders wichtigen Handelsstadt, Mohammed (ca. 570–632) als Prophet eines neuen monotheistischen Glaubens auf. Der in seiner Jugend als Händler tätige charismatische Mohammed sammelte ab 610 in Mekka Unterstützer um sich, konnte seine neue, gegen die Vielgötterei gerichtete Religion dort aber nicht durchsetzen. Es kam zu Auseinandersetzungen, da die führenden Klans seines Stammes (er gehörte zu einem weniger einflussreichen Klan) seiner Botschaft nicht folgen wollten. Mit seinen Getreuen wanderte er in die etwa 350 km entfernte Oasenstadt Medina aus (622), wo es ihm gelang, zum mächtigen Anführer einer immer größer werdenden Gemeinschaft der Gläubigen (*umma*) zu werden, die alle Araber unabhängig ihrer Stammesherkunft unter dem neuen Glauben vereinen sollte. Seine Anhänger nannten sich »die (Gott-)Ergebenen« (Muslime), ihre Religion bezeichneten sie als »Islam«, als »Ergebung« oder »Unterwerfung« unter Gottes Willen. Die dem Propheten Mohammed auf Arabisch gesandten Offenbarungen, die in schriftlicher Form mehr als zehn Jahre nach seinem Tod zum Koran kompiliert wurden, bildeten in der Folge die einigende kulturelle und spirituelle Basis der neuen von Mohammeds Sendungsbewusstsein geprägten Gemeinschaft, die sich in den zehn Jahren seiner Wirkungszeit in Medina auf die gesamte arabische Halbinsel ausdehnte. Die Entscheidungsträger in Mekka gaben schließlich angesichts des großen Erfolgs des Propheten und seiner wachsenden Anhängerschar ihre Gegnerschaft auf und traten 630 zum Islam über. Auf dem Höhepunkt seines Erfolgs starb Mohammed 632 in Medina, ohne seine Nachfolge geregelt zu haben. Seine Schöpfung, die *umma*, war aber so gefestigt, dass die neue Religion mit Macht missionarisch und kämpferisch verbreitet wurde (*jihad*, der »heilige Krieg«, 9. Sure) und die Reste der antiken Ordnung im östlichen Mittelmeerraum hinwegfegte.

Nicht nur die auch emotional bedeutsame Kraft der neuen Religion, die ihre Adepten beflügelte, war für den Erfolg der islamischen Expansion verantwortlich. Die Rahmenbedingungen in der sich auflösenden antiken Welt waren ebenfalls günstig, da die beiden Großreiche der Sassaniden und der Oströmer entscheidend geschwächt waren. Darüber hinaus war die neue Ordnung für die betroffenen Untertanen der untergegangenen Großreiche gar nicht so ungünstig. Angehörige der Buchreligionen (sog. »Schriftbesitzer«), also Juden und Christen, wurden toleriert und unter herrschaftlichen Schutz gestellt (*dhimma*). Auch waren die nun an die muslimischen Herrscher zu zahlenden Abgaben oft weniger drückend als die zuvor gezahlten Steuern.

Expansion und Migration

Die arabischen Eroberer gründeten eine Reihe neuer Städte, die zunächst Militärsiedlungen waren und erst etwas später zu überregionalen Verwaltungssitzen wurden. Wenngleich die wenigen überlieferten Zahlen nahelegen, dass die erfolgreichen Armeen der Muslime, die oft durch regionale Verbündete unterstützt wurden (etwa Berberstämme im Westen), nur über eine vergleichsweise geringe Anzahl an Kämpfern verfügten (bei der Schlacht am Fluss Jarmuk, in der das Schicksal des römischen Syrien entschieden wurde, waren es höchstens 40.000 arabische Kämpfer), wurden bei den Städtegründungen gleich viele Tausend Neusiedler angesiedelt, meist Veteranen. Al-Kufa am Euphrat im heutigen Irak war eine solche Militärstadt (*misr*), bei deren Gründung im Jahr 638 schon zwischen 30.000 und 100.000 Veteranen angesiedelt wurden. Ähnliche Stadtgründungen waren Basra (635), al-Fustat (643, Alt-Kairo) und später der nordafrikanische Zentralsitz Kairouan (670, im heutigen Tunesien), von dem aus die Eroberer von Al-Andalus ausgesandt wurden, die wiederum Cordoba als neues Zentrum ausbauten.

Nach der Gründung kamen immer mehr Nachzügler in diese Städte, da aus Mekka und Medina der Aufruf erging, auszuwandern und gemäß den Worten des Propheten den Islam weiter in die Welt und die neuen Gebiete hinauszutragen, mehr noch: der Koran schrieb die »Auswanderung« (*hijra*) für wahre Muslime geradezu vor. Je früher sich ein Muslim zu Auswanderung und zur Teilnahme am Krieg gegen die Ungläubigen entschloss, desto höher war das Jahresgeld, das ihm ausgezahlt wurde. Diese Auswanderung, die *hijra*, kam einer religiösen Pflicht gleich, die man mit einer Ansiedlung in einer solchen Garnisonstadt erfüllen konnte. Es handelte sich regelrecht um ein Migrationsgebot (Sure 4, 97–100; 8, 72). Auf der iranischen Hochebene wurden rund 100.000 Araber angesiedelt, nach Merw im heutigen Turkmenistan, wohin sich der letzte Sassanidenherrscher zurückgezogen hatte, wurden später 50.000 Kämpfer entsandt. In Ägypten waren es nach 642 auch »nur« 100.000 Araber, die dann über etwa drei Millionen Untertanen geboten. Auch in den Irak und die anderen neueroberten Gebiete zog eine beachtliche Anzahl Militärsiedler nach. Auf diese Weise wurden viele Nomaden, auch zahlreiche Neukonvertierte, in den Militärsiedlungen gemäß dem Gebot des Propheten sesshaft. Denn nur diejenigen Beduinen, die aus ihren Heimatgebieten wegzogen und als Soldaten angesiedelt und damit sesshaft wurden, konnten als echte Muslime gelten. Schätzungen über die Anzahl der neuen Einwanderer erweisen sich anhand der wenigen Quellen immer als schwierig, aber ins ehemalige römisch-sassanidische Gebiet des fruchtbaren Halbmondes wanderten in der unmittelbaren Folge der Eroberung eher weniger als eine Million Menschen von der arabischen Halbinsel ein. Aus demographischer Sicht wäre der Begriff der »Völkerwanderung« für die islamische Expansion jedoch sicher zutreffender als für die Heerzüge germanischer Gruppen in den vorangegangenen drei Jahrhunderten.

Die Wanderungsbewegungen, die mit der Eroberung des neuen islamischen Weltreichs einhergingen, das trotz des Verlusts der Einheit der *umma*, trotz Abspaltungen und separatistischer Gegenkalifate das gesamte Mittelalter über einen neuen zusammenhängenden Kulturraum verkörperte, lassen sich kaum ermessen und schon gar nicht im Einzelnen beziffern. Zu trennen sind zudem die Eroberungszüge des 7. Jahrhunderts von der Zeit danach, in der viel größere Gruppen von arabischen Migranten die ehemals römischen, sassanidischen oder westgotischen Gebiete erreichten und diese nach und nach »arabisierten« und kulturell durchdrangen. Die Verbreitung des Islams sowie der arabischen Sprache und Kultur war dabei in einigen Gebieten ein tiefgreifender Prozess, der Zeit in Anspruch nahm. Andere Gebiete, wie etwa der Iran oder das von einer christlichen Gegenbewegung geprägte Spanien, wo die Rückeroberer seit dem 9. Jahrhundert nach und nach an Boden gewannen, wurden nicht oder nur teilweise von Arabisierung oder Islamisierung erfasst.

Zusammenfassung: Aufbruch ins Mittelalter

Zusammenfassend lässt sich über die »Völkerwanderungszeit« und das Ende der Antike sagen, dass der Epochenwandel in entscheidendem Maße von Wanderung und Migration geprägt war. Unabhängig davon, ob die Heerzüge der germanischen Kriegerverbände und ihre Ansiedlung auf Reichsboden oder die erfolgreichen Eroberungszüge der Araber am Südrand des alten Imperiums als Massenmigrationen betrachtet werden oder ob man darauf verweist, dass es sich zunächst um nur wenige zigtausend hochmobile Migranten handelte, die dann die Herrschaft über ortsansässige Romanen und Einheimische erlangten, wird ein grundlegender Sachverhalt deutlich: Die Wanderungsbewegungen, die das Ende der antiken Mittelmeerwelt und den Beginn des Mittelalters markieren, haben die Welt strukturell und nachhaltig verändert und in Ost und West die Entfaltung einer neuen Epoche entscheidend mit ausgelöst. Aus migrationsgeschichtlicher Sicht ist es auch unerheblich, ob man den Epochenwandel eher als Transformation oder als mit Niedergangsphänomenen verbundene gewaltsame Zäsur versteht. Ohnehin hängt dies auch vom Standpunkt des Betrachters ab. Ein Mediävist sieht vielleicht eher die Ansätze zur Entwicklung neuer Gesellschaftsstrukturen im Epochenwandel, während Althistoriker eher dazu neigen mögen, dem Imperium nachzutrauern und den Untergang Roms zu beweinen.

Unabhängig von der eher unspektakulären Anzahl der Wandernden waren die mit der »Völkerwanderung« verbundenen Migrationsphänomene aufgrund der Umstände und der historischen Konjunktur jedoch enorm wirkmächtig und haben die Grundlage zu den Herrschafts- und Gesellschaftsmodellen gelegt, die wir mit dem (west-)europäischen, byzantinischen und arabischen Mittelalter verbinden. Deshalb müssen sie zu Recht Teil, aber eben auch nur ein Teil, einer übergreifenden, Antike und Mittelalter gleichermaßen umfassenden Migrationsgeschichte sein.

Literaturhinweise zu Kapitel 2

Allgemein zur Geschichte der Antike Rubel (2017, für ein breites Publikum). Zur Migrationsgeschichte der Antike ausführlich Rubel (2024): In diesem Studienbuch werden die hier angeschnittenen Themen ausführlich behandelt und mit reichlich Quellenmaterial diskutiert. Zu den Kaufleuten und ihren Gilden in Tomis (und in den benachbarten Städten) Bounegru (2006). Zu Ovids Barbaren und den Völkern im Umland (auch zu den angeführten Inschriften) mit weiteren Quellen Rubel (2016).

Zu den Phöniziern unübertroffen Moscati (1966). Boardman (1981) ist immer noch das beste Buch zur griechischen Kolonisation. Zu den Metöken und den nichtgriechischen Bewohnern Athens Spahn (1995).

Eine hervorragende Darstellung zu Alexander und seinem Nachwirken ist Demandt (2009). Chaniotis (2019) beschreibt die hellenistische Welt vor dem Hintergrund einer ersten »Globalisierung«.

Grundlegende Arbeiten zu Mobilität und Migration im Römischen Reich hat Tacoma (2016) vorgelegt. Demographisches zu Rom, sowie zur Sklavenpopulation bei Kolb (2002) und Scheidel (2001).

Die gelungenste übersichtliche Darstellung zur »Völkerwanderung« bleibt Pohl (2005). Das neue gewichtige Standardwerk ist Meier (2019). Zur arabischen Expansion und der Frühgeschichte des Islam sind die Arbeiten von Donner (z. B. 1981) einschlägig, aber auch die traditionsreiche deutschsprachige Orientalistik verfügt über einige Standardwerke, die das Thema in unterschiedlicher Breite angehen. Einen Schnelleinstieg bietet Halm (2014).

3 Das Mittelalter

3.1 Vom »arabischen« zum »lateinischen« Mittelalter

Unter »dem Mittelalter« hat die europäische Historiographie oft nur das lateinische Mittelalter des Westens verstanden. Jedoch war Europa auch entscheidend vom griechischen Mittelalter im byzantinischen Osten wie auch vom arabischen Mittelalter in Spanien und auf Sizilien geprägt. Durch Kulturkontakt und Austausch zwischen diesen durch komplexe Migrationsereignisse verbundenen Regionen unterschiedlicher politischer, religiöser und kultureller Prägung entwickelten sich vielfältige Verflechtungen. An ihnen können sich die kulturellen und sozialen »Nebenwirkungen« von Migration exemplarisch studieren lassen. So entwickelten bereits die abbasidischen Kalifen im Bagdad des 8. Jahrhunderts ein besonderes Interesse an griechischer Philosophie und Wissenschaft. Teils über das Aramäische, später auch durch direkte Übersetzungen vom Griechischen ins Arabische verbreiteten sich medizinische Traktate der hippokratischen Schule und von Galen sowie mathematische Schriften des Archimedes und viele andere wichtige Gebrauchstexte über die Bagdader Schule im arabischen Raum (interessanterweise keine Dichtung). Der Lieblingsgrieche der arabischen Gelehrten war Aristoteles. Seine Rezeption, die schon unter dem Kalifen al-Mansur (754–777) begann, wirkte ihrerseits wiederum auf das Abendland zurück, da Aristoteles in Westeuropa erst durch die lateinische Übersetzung der auf Arabisch verfassten Forschungen des Ibn Ruschd (lat. Averoes, 1126–1198), des berühmten Gelehrten aus Cordoba, bekannt wurde. Durch dessen Vermittlung gelangte er auch zu Thomas von Aquin, der seinerseits maßgeblich den mittelalterlichen Aristotelismus prägte. Ibn Ruschd war für die europäische Scholastik so wichtig, dass er einen Platz in Raffaels berühmtem Fresko *Die Schule von Athen* fand. In Spanien profitierten auch christliche Gelehrte vom Wissen der Araber. Nach der Rückeroberung von Toledo (1085) beschäftigten sich die Gelehrten im Umkreis des undogmatischen Erzbischofs Raimund, der an Naturwissenschaft und Ingenieurskunst interessiert war, mit der arabischen Literatur. Die Übersetzerschule von Toledo wurde zum zentralen Scharnier für die Rezeption arabischer Wissenschaft im lateinischen Westen. Neben dem Koran wurden vor allem auch mathematische Traktate ins Lateinische übersetzt, so die berühmte *Algebra* des Muhammad al-Chwarizimi. Aber auch Schriften aus der griechischen Antike, neben Aristoteles etwa bestimmte medizinische Werke Galens, wurden nur über die Vermittlung des Arabischen im lateinischen Mittelalter bekannt. Die Schrift al-Chwarizimis *Über das Rechnen der Inder* (etwa um 820), in der die Dezimalzahlen und die Zahl Null eingeführt werden, ist hingegen heute nur in der lateinischen Fassung als *De numero Indorum* bekannt, das arabische Original ist verloren.

Die klassischen Meistererzählungen der europäischen Geschichtsschreibung begreifen das lateinische Mittelalter als statisches Endprodukt einer von der »Völkerwanderung« geprägten Migrationsphase, nach der folgerichtig das Frühmittelalter beginnt (von der Mitte des 6. Jahrhunderts bis ca. 1050). Die europäischen Nationen benötigten für ihre jeweiligen Nationalgeschichten keine Wanderungen, allenfalls eingefrorene Migration: Migration im Fotofinish der endgültigen Ansiedlung der Langobarden in Norditalien, der Reichsbildung der »deutschen Stämme« in Zentraleuropa oder der Übernahme des angelsächsischen Englands durch die siegreichen Normannen. »Nationsgründung aus stillgestellter Mobilität« (Osterhammel 2009, 199) war die Grundlage der Vorstellungen von der Ausbildung der mittelalterlichen Gesellschaften und Institutionen im lateinischen Rumpfeuropa der Nationalstaaten des 19. Jahrhunderts, die kaum einen Blick auf Byzanz und die dort weitergeführte Tradition warfen. Rufen wir uns noch einmal in Erinnerung: Die frühe Migrationsforschung seit Ravenstein hat dieses Bild eines statischen Mittelalters in der Folge verfestigt. Wanderung ist demnach in der allgemeinen Wahrnehmung ein Phänomen des industriellen Zeitalters, vielleicht der Neuzeit allgemein, in der sich die transatlantischen Handels- und Verkehrssysteme unter den Vorzeichen des Kapitalismus entwickelten. Die vormodernen Gesellschaften waren aus dieser Perspektive von weitgehend immobilen und sesshaften Menschen in ihren beständigen Ansiedlungen geprägt. Der »Begriff der Mobilität und sein Inhalt« seien »dem Mittelalter wesentlich fremd«, so die verbreitete Auffassung (so noch Hägermann 2002, 181). Allenfalls Außenseiter, Ausgestoßene, entlaufene Hörige oder andere Habenichtse seien zu Wanderungen gezwungen gewesen, wobei der unstete Charakter dieser Formen der Mobilität sie als von der Norm abweichende Sonderfälle ausweist. Dass die meisten Gesellschaften des lateinischen Mittelalters wesentlich weniger sesshaft waren und diverse Formen von Migration, die alle Schichten der mittelalterlichen Gesellschaften betrafen, verbreitet waren, ist eine Erkenntnis, die sich erst langsam durchzusetzen beginnt.

3.2 Sizilien als Fallbeispiel: Araber, Stauffer und Normannen

Ein Pfälzer in Sizilien

Markward von Annweiler (ca. 1160–1202) war ein Aufsteiger. Er stammte aus einer pfälzischen Ministerialenfamilie. Ministerialen waren die Dienstleute und Verwalter des »echten« Adels, sie waren im frühen Mittelalter ursprünglich Unfreie und bildeten durch ihre wichtigen Aufgaben ab dem 12. Jahrhundert zunehmend einen eigenständigen Dienstadel. Sie gehörten in der Folge dem Ritterstand an und erhielten Güter und Burgen zu Lehen, die bald erblich wurden. Auf diese Weise bildeten sie den Kern des niederen Adels des Spätmittelalters und der Neuzeit. Reichsministeriale, die wie Markward im direkten Dienst des Königs standen, gelangten bisweilen zu großem Einfluss, aber nur die Wenigsten konnten in den Fürstenstand aufsteigen, wie es Markward gelang. Sein Weg führte ihn aus dem Pfälzerwald über Konstantinopel, wo er als Gesandter des Kaisers weilte, bis nach Sizilien, wo er sein Leben als Regent des Königreichs Sizilien beschloss. Sein Freund und Gönner, Kaiser Heinrich VI., hatte ihn zu höchsten Ämtern und Würden berufen, die mit wichtigen militärischen Aufgaben verbunden waren. Der ehemalige Unfreie wurde Herzog der Romagna und von Ravenna sowie Markgraf von Ancona. Für seinen Kaiser und dessen Frau Konstanze, die Königin von Sizilien, eroberte er Sizilien zurück (ab 1194), dessen Thron ein Verwandter Konstanzes usurpiert hatte. Als er 1202 starb, hatte Markward das Königreich Sizilien für die Partei der Staufer gegen den Widerstand der päpstlichen Partei und des normannischen Adels für sein Mündel, den jungen Prinzen und zukünftigen König und Kaiser Friedrich II. (1194–1250), zurückgewonnen und gesichert.

Markwards Karriere vom unfreien Ministerialen zum Markgrafen und Herzog war in der Tat ungewöhnlich. Weniger ungewöhnlich für einen Adeligen seiner Zeit, vor allem im Umfeld eines Herrschers, war die enorme Mobilität, die sich im Falle Markwards in der Übernahme von Herrschaften auf dem italienischen Stiefel, zuletzt als Verweser des sizilischen Königsthrons dokumentiert. Ohnehin war er in seinem nicht gar zu langen Leben viel herumgekommen: Er war auf mehreren Hoftagen im Reich im Gefolge des Prinzen Heinrich zugegen, als dessen Vater Friedrich Barbarossa noch herrschte. Mit diesem war er auch auf dem Kreuzzug von 1189 (dem dritten) gewesen und als dessen Gesandter bis 1191 am byzantinischen Hof.

Das Sizilien der Staufer

Die Herrschaft Friedrichs II. über Sizilien und Süditalien (ab 1208, nach dem Ende der päpstlichen Vormundschaft, herrschte er in eigener Verantwortung) gilt als ein Höhepunkt mittelalterlicher Kulturgeschichte. Der Hof in Palermo war bereits zu Zeiten seines Großvaters mütterlicherseits zu einem kulturellen Zentrum von großer Reichweite und »internationaler« Bedeutung geworden. Der für seine Bildung und seine vielseitigen Interessen berühmte Kaiser pflegte und förderte in seiner eigentlichen Heimat die Künste und Wissenschaften, indem er bedeutende Poeten und Gelehrte an den Hof in Palermo holte. Besonders die arabische Gelehrsamkeit hatte es Friedrich angetan, weswegen er den in Toledo ausgebildeten schottischen Philosophen und Übersetzer (und Prototyp eines gelehrten mittelalterlichen Migranten) Michael Scotus (ca. 1180 bis ca. 1235) nach Palermo holte. Dieser übersetzte dort u. a. die für die hochmittelalterliche Philosophie (Scholastik) so bedeutenden aristotelischen Schriften des Ibn Ruschd aus dem Arabischen. Somit wurde Friedrichs Sizilien zur »Drehscheibe des Kulturtransfers« zwischen Orient und Okzident (Grebner 2008). Die Insel an der Stiefelspitze Italiens, durch deren Eingliederung ins Reich der Staufer die vitalen Interessen des Papstes bedroht wurden, dessen italienische Kerngebiete nun in die sprichwörtliche Zange genommen wurden, hatte schon vor den mittelalterlichen Machtkämpfen zwischen Kaiser und Papst eine überaus bewegte Geschichte hinter sich.

Das maurische Sizilien

Zur Zeit Friedrichs II. war das Königreich Sizilien ein von modernen Historikern viel bewunderter Schnittpunkt mehrerer Kulturen. Byzantinische, arabische und normannische Einflüsse, im Gefolge Heinrichs und Friedrichs nun auch nordalpine Traditionen der Staufer wirkten auf Architektur und Kunst in Süditalien und Sizilien. Moderne Wunschvorstellungen haben bisweilen das Bild des großen Staufers verklärt. Interesse an der arabischen Kultur und Förderung der Wissenschaften gingen bei Friedrich durchaus einher mit rigoroser Machpolitik, der sich die letzten auf Sizilien lebenden Muslime, immerhin noch etwa 250.000 an der Zahl, beugen mussten. Sie wurden jedoch nicht wegen ihres abweichenden Glaubens aufs Festland deportiert, sondern weil sie einen Aufstand angezettelt hatten, den der Kaiser und König niederschlug.

Damit gingen fast 400 Jahre arabisch-muslimischer Geschichte auf der Insel zu Ende. Bereits im 8. Jahrhundert hatten die Krieger des Islam von Nordafrika aus versucht, über Syrakus als Einfallstor das byzantinisch verwaltete Sizilien zu erobern (Justinians I. General Belisar hatte die Insel 535 für Ostrom gewonnen). Aber erst Mitte des 9. Jahrhunderts konnten sich die Muslime dauerhaft festsetzen und die Insel nach und nach einnehmen, nachdem der Emir von Kairouan 827 in den innerbyzantinischen Machtkämpfen auf Sizilien zu Hilfe gerufen worden war. So entstand das zunächst von Ifriqiya, später von Ägypten protegierte Emirat Sizilien. Mit der neuen Herrschaft kamen viele berberische und arabische Siedler auf die Insel, und Sizilien wurde zu einem muslimisch geprägten Land. Diese beträchtliche Zuwanderung, die von Übertritten der einheimischen Bevölkerung zum Islam begleitet wurde, sorgte dafür, dass die große Mehrheit der Bewohner im 11. Jahrhundert Arabisch sprach. Gerade Palermo wurde zu einem prosperierenden Mittelpunkt arabischer Kultur und entwickelte sich zu einem wichtigen wirtschaftlichen Zentrum des Mittelmeerhandels mit bis zu 100.000 Einwohnern. Die nicht ablassenden Versuche der Byzantiner wie auch des Papstes (miteinander oder gegeneinander), auf Sizilien Fuß zu fassen, sorgten gemeinsam mit den Spaltungen des Emirats in drei verfeindete Teile dafür, dass ab etwa 1040 die Tage der arabischen Herrschaft gezählt waren. 1091 wurde der letzte Stützpunkt der Muslime auf der Sizilien überwunden. Die entscheidende Rolle spielten dabei normannische Söldner, die sich am Ende auch als Nutznießer der Auseinandersetzungen in Sizilien profilierten und eine »normannische« Herrschaft auf der Insel und in Süditalien etablieren konnten. Diese Normannen waren von den süditalienischen Gemeinden in Apulien und Kalabrien, die unter ständigen Überfällen aus Sizilien litten, als Söldner angeworben worden. Bald etablierten sie sich, mit eigenen kleineren Herrschaften belehnt, jedoch als eigenständiger Machtfaktor, der zunehmend die Politik in Süditalien dominierte.

Die Normannen kommen

Die »Normannen« insgesamt haben die Historiker unter Migrationsgesichtspunkten immer schon fasziniert. Im engeren Sinne versteht man unter ihnen die Nachfahren derjenigen Wikinger, die sich im 9. Jahrhundert in Nordfrankreich festgesetzt hatten. Nach wenigen Generationen hatten sie sich integriert und waren von der französischen Krone auch legitimiert worden. Im weiteren Sinne versteht man aber unter den Normannen, angelehnt an den Begriff normanni, den vor allem fränkische Quellen verwenden, die skandinavischen Wikinger insgesamt, die auch in England und entlang der Wolga Siedlungen und Herrschaften aufbauten und während des 9. Jahrhunderts die Städte an der Seine bis nach Paris und entlang des Rheins mit ihren Überfällen terrorisierten. Die kleinadligen Abenteurer, um die es hier geht, die in Süditalien durch Tüchtigkeit gepaart mit Brutalität, mithilfe des Zufalls und mit viel Glück militärisch und politisch erfolgreich waren, stammten aus dem Herzogtum Normandie und gehörten also zu den Normannen im engeren Sinne. Von der Normandie ging noch eine weit wirkungsmächtigere und berühmtere normannische Wanderung aus, von der gleich die Rede sein wird: Die Eroberung und »Normannisierung« Englands ab 1066 (▶ Kap. 3.3).

Nach Süditalien hatten sich ab etwa 1035 die überzähligen und nicht erbberechtigten Söhne eines normannischen Kleinadligen namens Tankred de Hauteville begeben. Als Migrantentypen entsprachen die Hautevilles dem des Abenteurers, der aufgrund mangelnder Chancen in der Heimatregion sein Glück andernorts sucht. Nachdem ältere Brüder sich in Apulien bereits einen Namen als Krieger gemacht hatten und Besitztümer und Macht ansammeln konnten, waren es die beiden jüngeren Brüder Robert Guiscard und Roger, die die Geschicke Siziliens nachhaltig verändern sollten. Die Päpste, die den Machtgewinn der Normannen argwöhnisch beäugten, mussten über kurz oder lang den Machtanspruch der Hautevilles akzeptieren und versuchten, die schwer im Zaum zu haltenden ehrgeizigen Neuitaliener für ihre Zwecke zu nutzen. So war die Belehnung Rogers als Graf von Sizilien 1059, das ja von den Arabern erst noch zu erobern war, ein Versuch, den Teufel mit dem Beelzebub auszutreiben. Es gelang Rogers gleichnamigem Sohn Roger II. (1095–1154) durch geschicktes Taktieren sogar, den Königstitel vom Papst bestätigt zu bekommen. In der Folge blieben die Normannen Siziliens bis in die Zeit der Stauferherrschaft treue Unterstützer der Päpste. Ihre Politik in Süditalien war immer ausgesprochen pragmatisch. Ihre in Rom nicht gern gesehene Toleranz gegenüber den Muslimen, die – etwa bei der Eroberung Palermos – Glaubensfreiheit und lokale Autonomie erhielten und auch keinem christlichen Bekehrungsdruck ausgesetzt waren, entsprang nicht etwa einer liberalen Geisteshaltung, sondern herrschaftlichem Pragmatismus: Die muslimischen Einheiten im stehenden Heer Rogers I. waren nur ihm als dem Garanten ihrer Glaubensfreiheit verpflichtet, man konnte sie entsprechend auch gegen normannische Rivalen einsetzen. Rogers II. genialischer Kanzler Georg von Antiochien (der den arabischen Titel »Emir« trug) war ein in Nordafrika aufgewachsener Byzantiner, ein mittelalterlicher Migrant *par excellence*, der die noch lange sehr einflussreiche griechischsprachige Elite des Landes repräsentierte. Seine von Zeitgenossen und Historikern gerühmte Regierungskunst ermöglichte erst den Ausbau und die Stabilisierung des jungen Königreichs Sizilien und führte es zur Blüte. Auch auf den unteren Ebenen waren Kompromisse das Gebot der Stunde. Die Zahl der normannischen Eroberer war klein, man musste sich daher mit den ansässigen Bauern arrangieren. Viele Araber behielten ihr Land, manche Adlige sogar ihre Güter und Burgen. Das Gebot der Machbarkeit regierte die frühe Normannenzeit in Sizilien, nicht der Gedanke an Toleranz, immerhin waren weit über 95 % der Inselbewohner zu Beginn der normannischen Eroberung Muslime gewesen. Im 12. Jahrhundert wurden die abwandernden und zunehmend weniger wohlgelittenen Muslime auch durch zuwandernde Bauern aus Italien ersetzt, deren Zahl beträchtlich gewesen sein muss. In einer Quelle (*Liber de regno Sicilie*) ist von 20.000 Familien sogenannter »Lombarden« die Rede, die Mitte des 12. Jahrhunderts in Sizilien gelebt hätten, Steuerregister aus dem 13. Jahrhundert weisen etwa 11 % der Einwohner als solche norditalienischen Einwanderer aus.

Abb. 12: Der Palazzo Normanni in Palermo wurde ab 1130 von Roger II. als Herrschaftssitz ausgebaut.

Die große Wirkung der Normannen in Sizilien und Süditalien stand in keinem Verhältnis zu ihrer Zahl. Denn der kleinen, aber erfolgreichen Kriegerschar folgten keine Siedler aus Nordfrankreich. Dennoch war Sizilien am Ende des 12. Jahrhunderts ein weitgehend lateinischsprachiges, christliches, ja katholisches Königreich. Der Prozess der Rekatholisierung und der Integration in die sprachliche Romanitas, den die Altfranzösisch sprechenden Normannen gemeinsam mit dem Klerus betrieben, erfolgte schrittweise und über mehrere Generationen hinweg. Neben der Abwanderung vieler Muslime, die nicht in einem von Ungläubigen beherrschten

Staat leben wollten (Palermo verlor bis zur Zeit der Staufer etwa drei Viertel seiner Bevölkerung), war vor allem die Kirchenpolitik das entscheidende Mittel gewesen, das zur Durchsetzung der lateinischen Sprache führte und die zunächst geduldeten griechisch-orthodoxen Bistümer zurückdrängte. Bei Neubesetzungen nutzten die normannischen Machthaber ihr im zeitgenössischen Vergleich geradezu einzigartiges Investiturrecht dazu, nur Lateiner, meist Normannen, in Kirchenämter zu befördern, von denen viele aus der alten Heimat importiert wurden. Auf diese Weise war es den Glücksrittern und Habenichtsen gelungen, das arabische Sizilien in weniger als 100 Jahren nicht nur komplett zu erobern, sondern auch zu dem seinerzeit verwaltungstechnisch modernsten Musterstaat Europas zu machen und zu kultureller Blüte zu führen.

3.3 Normannen in England

Ähnlich erfolgreich, aber unter ganz anderen Umständen, waren die Normannen aus der Normandie in England. Mit einem bescheidenen Thronanspruch und mit kaum mehr als 7.000 Mann hatte Wilhelm, der Herzog der Normandie, den vakanten englischen Thron im Jahr 1066 im Handstreich erobert. Der in der Folge durchgeführte komplette Elitenaustausch und die Neuordnung der Grundherrschaft war ein Verwaltungsvorgang ohne Beispiel im Mittelalter. Wilhelm und seine wenigen Getreuen hatten die sich in West- und Mitteleuropa in den Jahrhunderten seit der »Völkerwanderung« nur langsam und nicht linear herauskristallisierenden, auf Grundherrschaft und Lehenswesen basierenden feudalen Strukturen zu einem funktionierenden System zusammengefasst und gewissermaßen »nach Lehrbuch« auf das sächsische England angewendet.

Zeugnis davon liefert das *Domesday book*. In dieser zu Steuerschätzungszwecken in Auftrag gegebenen minutiösen Zensuserhebung Wilhelms sind die gesamten Eigentumsverhältnisse des Landes nach der normannischen Eroberung nach Art eines Katasters zusammengefasst. Darüber hinaus sind auch die Lehenspflichten der Edelleute nach Größe und Ertrag des jeweiligen Lehens detailliert aufgestellt (etwa die Anzahl der im Kriegsfall zu stellenden Ritter). Das *Domesday book* bezeugt auch den vollständigen Elitenwechsel, den Wilhelm als Eroberer durchsetzen konnte: Nur etwa 5 % des Landbesitzes war in sächsischer Hand verblieben, fast ganz England war nun in den Händen der normannischen Seigneurs. *Angli*, wie die Angelsachsen im *Domesday book* genannt werden, mussten sich im besten Falle mit dem Status von Untervasallen französischer Grundherrn begnügen. Aus migrationshistorischer Sicht ist dieses Katasterbuch deswegen so wichtig, weil es Einblicke in die Bevölkerungsrelationen rund 20 Jahre nach der Eroberung ermöglicht. Im Kontext der Schlacht von Hastings 1066 waren zunächst höchstens 10.000 Normannen nach England gekommen, 1086, als das Katasterbuch geschrieben wurde, teilten sich etwa 25.000 *Franci*, Einwanderer aus der Normandie und anderen Regionen Frankreichs, den gesamten Landbesitz. Diese kleine aber erfolgreiche Oberschicht beherrschte rund zwei Millionen *Angli*. Dass dies gelingen konnte, liegt auch an der normannischen Bereitschaft zur Integration. Obwohl das neue Lehensrecht die gesamte Eigentumsstruktur und damit die Machtverhältnisse im Land umgekrempelt hatte, beließ Wilhelm vieles beim Alten, etwa die lokalen Verwaltungsstrukturen, die Gebietskörperschaften und auch das urenglische Amt des Sheriffs, das zu einem der Krone direkt unterstellten Exekutivamt ausgebaut wurde.

Obwohl das Französische neben dem Latein als Verwaltungssprache und innerhalb der Oberschicht verbindlich blieb, konnte sich das Englische behaupten und seit den Plantagenets im 13. Jahrhundert sogar wieder allgemein durchsetzen. Diese Entwicklung wurde auch durch den normannisch-sächsischen Ausgleich befördert, in dessen Rahmen zunehmend sächsische Namen unter den niedrigeren Adligen zu finden sind und *Angli* auch in höhere Ämter aufsteigen konnten. Besonders durch Heiratsverbindungen gelang manchen Sachsen die Anbindung an die neue Elite. So war im 13. Jahrhundert der Assimilationsprozess zwischen normannischstämmigen und einheimischen Familien so weit fortgeschritten, dass gar nicht mehr so klar wie noch im *Domesday book* zwischen *Franci* und *Angli* unterschieden werden konnte. Der Verlust der Normandie, die ab 1204 unter die direkte Herrschaft des Königs von Frankreich kam, und das im gleichen Jahr erlassene englische Gesetz, dass kein englischer Adliger über Landbesitz in der Normandie verfügen dürfe, sorgen für die endgültige Kappung der alten Verbindung und beförderten die Integration des jetzt anglo-normannischen Adels. Aber Französisch blieb noch lange die Sprache des Adels und wichtiges Distinktionsmerkmal. Dies findet seinen Niederschlag in der modernen englischen Sprache, in der viele Lehnwörter die herausgehobene Stellung der französischen Oberschicht im Mittelalter widerspiegeln. So hütet der sächsische Bauer die Kuh auf dem Feld (engl. *cow*), während der normannische Seigneur sie als *beef* verspeist (von frz. *boef*). Erst Richard II. (1367–1400) gilt als erster König nach der Eroberung, dessen Erst- und Muttersprache das Englische war.

Den großen Erfolg ursprünglich skandinavischer Migranten bzw. ihrer frankophonen Nachkommen in ganz Europa – von der Kiewer Rus bis nach Sizilien und England – haben die modernen Historiker mit ihrer Bereitschaft zur Anpassung, ihrem Pragmatismus aber auch ihrem Kriegerethos und der damit verbundenen militärischen Erfahrung in Verbindung gebracht. Die erstaunlichen sowie in Sizilien und England auch besonders dauerhaften Erfolge dieser Migranten und ihre Integrationsleistung erschienen der Geschichtswissenschaft immer in besonderem Maße erklärungsbedürftig. In beiden Fällen, besonders in Süditalien, war allerdings auch viel (Kriegs-)Glück im Spiel, das jedoch nur durch Integration und pragmatische Herrschaftsorganisation in dauerhaften politischen Erfolg umgemünzt werden konnte.

Die Wanderungsbewegungen der Normannen zeigen auch, dass nicht nur Massenmigration historisch wirkmächtig werden kann, sondern gerade auch kleinere Gruppen von entschlossenen Eroberern (ähnlich wie schon zur »Völkerwanderungszeit«) für bedeutende kulturelle und politische Veränderungen sorgen können. Elitenmigration (Klerus, adlige Heiratsmigration, Eroberung durch Kriegereliten etc.) ist gewöhnlich leichter zu erfassen und zu dokumentieren für eine Zeit, in der den Historikern keine Einwanderungsstatistiken, keine Meldeämter, auch keine Tauf- und Heiratsregister (Kirchenbücher) zur Verfügung stehen, als die Massenwanderungen unterer Bevölkerungsschichten. Dass diese das Mittelalter jedoch ebenso geprägt haben wie die Wanderungsbewegungen von Eliten und Eroberern, soll das Beispiel der sogenannten »deutschen Ostsiedlung« zeigen.

3.4 Die deutsche Ostsiedlung

»Da das Land [Wagrien/Ostholstein] verlassen war, schickte er [Graf Adolf II. von Holstein, 1128–1164] Boten in alle Lande, nämlich nach Flandern und Holland, Utrecht, Westfalen und Friesland, dass jeder, der zu wenig Land hätte, mit seiner Familie kommen sollte, um den schönsten, geräumigsten, an Fisch und Fleisch überreichen Acker nebst günstigen Weidegründen zu erhalten. [...] Daraufhin brach eine zahllose Menge aus verschiedenen Stämmen (*naciones*) auf, nahm Familien und Habe mit und kam zu Graf Adolf nach Wagrien, um das versprochene Land in Besitz zu nehmen« (Helmold von Bosau, Slawenchronik, 1, 57, Übers. H. Stoob).

Was Helmold hier für Ostholstein berichtet, ist ein geradezu typisches Beispiel einer Anwerbung von Neusiedlern aus dem alten Reich zum Landesausbau in den bewaldeten und dünn besiedelten Gebieten des heutigen Nordost- und Ostdeutschlands, später (v. a. ab dem 13. Jahrhundert) in den Regionen des heutigen Tschechiens und Polens bis nach Ostpreußen und ins Baltikum. Ähnlich verlief der Landesausbau im heutigen Österreich. Derartigen Aufrufen, Erfahrungsberichten, Mund-zu-Mund-Propaganda, Werbeagenten und Ansiedlungsmanagern (sog. Lokatoren) folgten im 12. Jahrhundert bereits 200.000 Bauern aus dem gesamten alten Reichsgebiet (besonders aus Flandern und Westfalen). Mindestens ebenso viele verließen ihre heimatlichen Dörfer im 13. Jahrhundert. Zwischen ca. 1200 und 1360 entstanden in Schlesien ungefähr 1.200 neue Dörfer, in Ostpreußen 1.400, zu denen ungefähr 60.000 neue Bauernhöfe gehörten, denen man 300.000 Bewohner zuordnen kann. Betrachtet man allein diese (konservativ) geschätzten Zahlen und vergleicht sie mit den Wanderungen von germanischen Kriegergruppen im 4.–6. Jahrhundert, so wird man mit Robert Bartlett (1996, 139) schließen können, dass eigentlich erst die Wanderungsbewegungen des Hochmittelalters die Bezeichnung »Völkerwanderung« verdienen, zumindest was Europa betrifft.

Die hochmittelalterliche »deutsche Ostsiedlung« galt innerhalb der Forschung lange als vermintes Terrain. Je nach nationalem Standpunkt wurden die Ereignisse und Entwicklungen bis weit in die Mitte des 20. Jahrhunderts von deutschen und osteuropäischen Mediävisten ganz unterschiedlich bewertet. Der Prozess des Landesausbaus und der Besiedlung Ostmitteleuropas durch Siedler aus dem deutschen Sprachraum wird allerdings heute recht einvernehmlich als komplexes Zusammenspiel von Eroberung, christlicher Mission, Koexistenz, Binnenwanderung und Einwanderung betrachtet, wobei die slawische Beteiligung beim Landesausbau und die Rolle der slawischen Fürsten auch in der deutschen Forschung gewürdigt wird. Im Gegenzug werden die deutschen Ritter und Siedler in der osteuropäischen Forschung nicht mehr allein als brutale Eroberer und Kolonialisten gesehen. Unabhängig von modernen Bewertungen bleibt als Faktum bestehen, dass Hunderttausende von Menschen sich auf den Weg machten, um als Neusiedler nach Mecklenburg oder Pommern, ja bis ins heutige Rumänien (Siebenbürgen) vorzudringen. Dafür gab es eine ganze Reihe von Gründen.

Ursachen der Ostsiedlung

Die wirtschaftliche Entwicklung im Frankenreich hatte bis zum 11. Jahrhundert aufgrund von Rationalisierungsprozessen, agrartechnischen Entwicklungen (u. a. Einführung des Kummets, Verbreitung der Dreifelderwirtschaft) und zunehmender Arbeitsteilung, die von einem Bedeutungsgewinn des Handwerks, des Handels und einem besonders starken Wachstum der Städte begleitet wurde, eine stetige Aufwärtsbewegung vollzogen und zu einem erheblichen Bevölkerungszuwachs geführt. Mindestens um das Dreifache ist die Bevölkerung im Kerngebiet des ehemaligen Frankenreichs bis um 1200 gewachsen. Während das frühmittelalterliche Köln, immerhin Nachfolger der antiken Großstadt Colonia Agrippina, um das Jahr 1000 kaum mehr als 1.000 Bewohner zählte, waren es um 1200 bereits 40.000. Gleichzeitig waren Land und Ressourcen begrenzt, oftmals konnten durch Realteilung kleiner gewordener Bauernstellen die Bewohner nicht ernähren. Im französischen und deutschen Adel setzte sich im 10. und 11. Jahrhundert das Vorrecht des Erstgeborenen durch (Primogenitur). Nachgeborene Söhne waren somit vom Erbe ausgeschlossen. Aus solchen Nachgeborenen hatten sich u. a. die normannischen Eroberer Englands und Siziliens rekrutiert, auch viele Gefolgsleute der Markgrafen und Eroberer in den Gebieten östlich der Elbe gehörten zur Gruppe der landlosen Krieger.

Landesausbau und Eroberungspolitik

Will man die Dynamik, die im 12. und 13. Jahrhundert durch das Bevölkerungswachstum im lateinischen Europa entstand und die sich nicht nur in der deutschen Ostsiedlung, sondern auch in den Kreuzzügen, der Reconquista oder auch der Eroberung Irlands manifestierte (parallel dazu wurde in Skandinavien Finnland von Schweden aus »kolonisiert«), in groben Zügen zusammenfassen, so ergeben sich hinsichtlich des Landesausbaus und der »Kolonisation« der Wälder und Sumpfgebiete in Ostmitteleuropa drei entwicklungsrelevante Faktoren:

Einerseits war es der Adel, der von Königen und Fürsten mit Markgrafschaften, also Grenzprovinzen, belehnt wurde, in denen die Herrschaft erst mit dem Schwert errungen und abgesichert werden musste. Die erfolgreichsten Markgrafen der frühen Zeit waren von Nahem betrachtet höchst brutale Kerle und kampferprobte Gewaltmenschen. Nur machtbewusste Persönlichkeiten wie Albrecht der Bär in Brandenburg (ca. 1100–1170) konnten Dynastien etablieren und mit ebenso brutalen Lehensmännern ihren militärischen Erfolg dauerhaft absichern. Legitimation für das gewaltsame Vorgehen und die Ausweitung der Herrschaft durch Lehensmänner im holsteinischen Wendland und in Ostelbien, Böhmen und Mähren, bot die katholische Kirche, besonders seit der Entwicklung und Ausformulierung des Kreuzzugsgedankens am Ende des 11. Jahrhunderts. Denn in den dünnbesiedelten

Waldgegenden herrschten slawische Stämme, die einem polytheistischen Glauben anhingen, also zu bekehrende und damit auch zu bekämpfende Heiden waren.

Christentum und kirchliche Institutionen

Die Kirche spielte somit als zweiter Faktor eine entscheidende Rolle beim Landesausbau in Ostmitteleuropa. Ihre Institutionen, vor allem Bistümer und auf der praktischen Ebene des Landesausbaus auch die Klöster, wurden zu den Brückenköpfen und Vorposten des weiteren Durchdringens der nicht erschlossenen Gebiete. Bei der Urbarmachung von Land und der Erschließung von Sumpfgebieten waren zunächst die Klöster der Zisterzienser wichtig. Neben der Missionsarbeit konnten die Mönche, die bereits im alten Reich Erfahrungen gesammelt hatten, wie man die Wildnis kultiviert, bei der Neugewinnung von Ackerland und der wirtschaftlichen Entwicklung wesentliche Impulse geben. Das Erzbistum Magdeburg war das geistige und politische Zentrum für die Slawenmission und im weiteren Sinne der Ausgangspunkt der Ostsiedlung. Die Bekehrung zum Christentum war in Nord- und Osteuropa Bestandteil einer grundlegenden Neuorientierung, gewissermaßen Bestandteil »der Eingliederung ins Abendland« (Bartlett 1996, 354). Erst durch die Integration der Slawen in die christliche Gemeinschaft, angefangen bei ihren Anführern, war ein Ausgleich und damit die spätere soziale und kulturelle Transformation möglich. Slawische Adlige wurden in der Folge von König und Fürsten belehnt, hatten also Teil an der Herrschaft und betrieben ihrerseits nun den Landesausbau. Dabei gab es – angesichts der enormen Größe und geographischen wie politischen Verschiedenheit der Gebiete im Osten kein Wunder – große Unterschiede im Einzelnen. Während die slawischen Anführer in Nordostdeutschland, Böhmen und Mähren das Christentum zügiger annahmen (ob aus politischen und taktischen Motiven oder aus innerer Überzeugung, muss häufig offen bleiben), blieb die Slawenmission in Livland, in Teilen des heutigen Polen und im Baltikum weniger erfolgreich und nahm die Form eines permanenten Kreuzzuges an, der hier – anders als in den gewöhnlichen Grundherrschaften in anderen Gebieten – vom Deutschen Orden mit brutaler Gewalt geführt wurde. Dabei sannen die Ordensritter, eigentlich eine gewalttätige Mönchsgemeinschaft fundamentalistischen Zuschnitts, auf die Etablierung eines eigenen und unabhängigen Ordensstaates.

So konnte die zunächst gewaltsam begonnene Ostsiedlung im weiteren Verlauf je nach Region friedlicher und im Ausgleich mit den Ansässigen erfolgen oder von dauerhafter gewaltsamer Auseinandersetzung geprägt bleiben. Viele Landstriche jenseits der alten Grenzen von Elbe, Saale und Enns (etwa Holstein, Schwerin, Mecklenburg, Meißen, die Lausitz und Österreich) waren Mitte des 13. Jahrhunderts in den Händen deutscher Fürsten. Auch Böhmen und Pommern gehörten zum Reich. Doch Christianisierung und Eroberung allein sorgten noch keineswegs dauerhaft für Stabilität und wirtschaftlichen Aufschwung.

Bauern als Neusiedler

Der dritte und entscheidende Faktor in dieser Entwicklung waren Hunderttausende von Neusiedlern aus dem Bauern- und Handwerkerstand. Die zunächst gewaltsame

Expansion nach Osten blieb trotz Burgenbau und militärischer Macht so lange prekär und ihr politischer Erfolg so lange ungewiss, »bis sich dort die namenlose Menge von Bauern aus dem alten Reich ansiedelte« (Higounet 1990, 87). Bei der Ansiedlung von Bauern aus deutschsprachigen Gebieten, die von deutschen wie von slawischen Fürsten betrieben wurde und wie beim Städteausbau im Osten unter maßgeblicher Beteiligung von slawischen Bevölkerungselementen vonstattenging, spielte ethnische Zugehörigkeit oder gar eine bewusste »Germanisierungspolitik«, welche die nationale Geschichtsschreibung (und zwar nicht nur in Deutschland, sondern ganz besonders auch in Polen und der Tschechoslowakei) lange erkennen wollte, keinerlei Rolle. König Andreas II. von Ungarn (ca. 1185–1235) bestätigte ganz selbstverständlich und aus Erwägungen des politischen Nutzens seinen »getreuen Gästen, den Deutschen jenseits des Waldes«, den sogenannten »Siebenbürger Sachsen« (die übrigens nicht aus Sachsen kamen) die umfangreichen Rechte, die sein Großvater Geysa ihnen bereits gewährt hatte, und hoffte mit der Verbriefung dieser Rechte im Jahr 1224 noch weitere Siedler aus deutschen Landen anzuziehen. Bei dieser Urkunde, dem sogenannten »Andreanum«, handelt es sich um das weitreichendste und am besten ausgearbeitete Statut, das deutschen Siedlern in Osteuropa jemals gewährt wurde. Für die Beteiligten auf allen Seiten im komplexen Prozess der Ostsiedlung ging es um handfeste Vorteile: Machtgewinn und Einkommensvermehrung bei den Grundherren sowie Freiheitsrechte, Privilegien und ökonomische Verbesserung bei den Einwanderern bildeten zusammen das soziopolitische Gemisch, das diese Entwicklung erst ermöglichte und die politische und kulturelle Einheit Mitteleuropas begründete.

Landesausbau und Besiedelung: Urbarmachung und wirtschaftliche Entwicklung

Wie haben wir uns konkret die praktischen Aspekte der deutschen Ostsiedlung vorzustellen? Das Beispiel des Grafen Adolf von Holstein kann hier erneut bemüht werden, da der Bericht des Chronisten Helmold die typischen Elemente erfasst: Ein Grundherr (im Falle Adolfs der Landesherr) möchte seine als Lehen übertragenen Ländereien erschließen und für die Zukunft profitabel machen. Dafür benötigt er Arbeitskräfte, welche die Wälder und Sümpfe urbar machen und dann als Ackerbauern dauerhaft nutzen, um einen Mehrwert zu erwirtschaften, der dem Grundherrn und mit dem »Zehnten« auch der Kirche zugutekommt. Helmold beschreibt, dass es Ziel des Grafen war, das unbesiedelte Land (*terra deserta*) urbar zu machen. Um geeignete Siedler anzuwerben, musste der Herr eine Form finden, mit den potentiellen Zuwanderern zu kommunizieren. Hierzu konnten im Mittelalter verschiedene Kanäle genutzt werden. Reisende und Händler berichteten von den Möglichkeiten anderswo, oder Zuhausegebliebene hörten vom Erfolg der Nachbarn und Verwandten und wurden nachgeholt (Kettenmigration). Am zielführendsten waren organisierte Rekrutierungskampagnen. Wenngleich Helmold allgemein von »Boten« (*nuntii*) spricht, die der Graf aussandte, handelte es sich bei derartigen Werbern oftmals um regelrechte Agenten, die sich ganz konkret um die Ansiedlungen und ihre Organisation kümmerten. Diese sogenannten Lokatoren wurden vom Landes- oder Grundherrn als eine Art Subunternehmer beauftragt, die gesamte

Urbarmachung und Ansiedlung von der Vermessung bis zur Rodung bzw. Trockenlegung im zugewiesenen Sprengel gemäß den vereinbarten Vorgaben durchzuführen. Sie entstammten dem niederen Adel oder gehörten dem entstehenden Bürgertum an. Entscheidend für ihren Erfolg war nicht nur ihr Organisationsgeschick, sondern auch die Verfügbarkeit eines überschaubaren Kapitals, mit dem die neuen Siedlungen die Gründungsphase überstehen konnten. Siedler wie auch Lokatoren wurden durch sehr attraktive Bedingungen angezogen. Steuerbefreiung während der ersten Jahre bei generell niedrigerer Abgabenlast, Freiheitsrechte und lokale Autonomie waren triftige Argumente für eine Auswanderung aus prekären Verhältnissen mit beschränkten Freiheiten (Frondienste, hohe Abgaben). Die Lokatoren erhielten wesentlich mehr Land als die einzelnen Siedler zugewiesen, meist erhielten sie auch die erbliche und durchaus lukrative Funktion des Ortsvorstehers (Schulze, Dorfrichter) sowie das Schank- und Mühlenrecht als Monopol (▶ Abb. 13).

Abb. 13: Szene aus dem Heidelberger Sachsenspiegel zur deutschen Ostsiedlung um 1300. Oben: Ein Lokator (mit Hut) erhält von einem Grundherrn eine Gründungsurkunde und beginnt mit der Gründung eines Dorfes. Unten: Im fertiggestellten Dorf ist er dann als Richter zu sehen.

Besonders motivierend war für die Neusiedler die Gewährung der Erbpacht für die Bauernstellen, gewissermaßen die Übertragung des Lehenssystems aufs Dorf. Mit dem dauerhaften Besitz von Grund und Boden war direkt der zweite entscheidende Vorteil für die Neusiedler verbunden: die persönliche Freiheit, die das Recht, die

Hofstelle an seine Erben weiterzugeben, zur Bedingung hatte. Für die Auswanderer des 12. und 13. Jahrhunderts war dies nach Auffassung von Higounet (1990, 261) »der schmackhafteste Köder überhaupt«. Auch der Pachtzins, der nach den Freijahren gezahlt werden musste, war wesentlich niedriger als im alten Reich.

Städte und Stadtrechte in Mittelosteuropa

Die Ostsiedlung erfolgte zu einer Zeit, die durch den wirtschaftlichen und demographischen Aufstieg der Städte in Europa geprägt war. Entsprechend wurden Städtegründungen bzw. der Ausbau und die Privilegierung bestehender Marktflecken und Handelsplätze zu einem wichtigen Element des Landesausbaus seitens der Landesherren, denn Städte brachten Gewinn. Städte wie Lübeck etwa, das 1143 gegründet wurde, oder auch durch Stadtrechte und Zuzug aufgewertete wichtige slawische Handelsplätze wie etwa Danzig wurden zu Gravitationszentren der ökonomischen Entwicklung. Auch in den Städten wurden, ähnlich wie bei dörflichen Siedlungen, Lokatoren im Auftrag der Landesherren aktiv. Neue Stadtviertel wurden in bereits bestehenden slawischen stadtähnlichen Ansiedlungen angelegt, etwa die Neustadt von Brandenburg (1196), und durch zugereiste Neubürger bevölkert. Darüber hinaus zogen diese Städte auch Zuzügler aus der Umgebung an und wuchsen stetig. Entscheidend war dabei der Rechtsstatus, also das sogenannte Stadtrecht. Es regelte den Rechtsverkehr, die Freiheiten der Bürger und bildete die Grundlage des ökonomischen Lebens. Städte waren allgemein seit dem Hochmittelalter für Zuwanderer attraktiv geworden. Aber nur Wenige zählten mehr als 10.000 Einwohner. Köln und Brüssel waren mit rund 40.000 Einwohnern die größten in Mitteleuropa, aber auch im neu besiedelten Osten zogen Städte Neubürger an (Riga hatte etwa 20.000 Einwohner). Der anhaltende Zuzug in die Städte ist aus migrationsgeschichtlicher Sicht die entscheidende und auffälligste Konstante mittelalterlicher Wanderungsbewegungen.

Der wichtige Osthandel der Hanse, der über das Baltikum bis nach Nowgorod und Smolensk reichte, nahm enorme Ausmaße an, so dass die Städte prosperierten und weiter wuchsen. Im 14. Jahrhundert liefen jährlich fast 700 Schiffe Lübeck an. Auch die Einwanderer kamen oft von weiter her. Anfang des 13. Jahrhunderts kamen Einwanderer aus Westfalen und Sachsen nach Riga, das aufgrund seiner Lage an den Fernhandelswegen zu einem wichtigen Verbindungspunkt zwischen russischen Handelszentren und Wisby oder Lübeck wurde. Aber nicht nur die Hafenstädte und Hansezentren prosperierten, auch viele mecklenburgische Kleinstädte im Hinterland konnten sich zu ansehnlichen Orten entwickeln, die von Markt- und Stadtrechten profitierten.

Kulturaustausch und Technologietransfer

Nicht nur in den großen Städten, die im Rahmen der Ostsiedlungen entstanden oder privilegiert wurden, fand Kulturkontakt und Kulturaustausch statt. Zweisprachigkeit war allgemein weitverbreitet (wenngleich das Deutsche höheres Prestige genoss und auch viele Sprecher des Slawischen assimilierte). Vor Gericht konnte jeder in seiner Sprache plädieren, Dolmetscher mussten gestellt werden. Dies war, wie auch im kaufmännischen Sektor, den praktischen Erwägungen des Alltags geschuldet. Niemand war zu diesen Zeiten um Pluralismus, Minderheitenschutz oder multikulturellen Austausch bemüht, wie man vielleicht aus heutiger Sicht gerne wohlwollend annehmen möchte. Dennoch entwickelten sich auf diese Weise sprachliche und kulturelle Wechselbeziehungen, die zur Ausbildung einer gemeinsamen Kultur führten. Sowohl deutsche Lehnwörter im Polnischen wie auch polnische in den lokalen Idiomen der Deutschen zeugen von gegenseitigen sprachlichen Anleihen, wobei das Deutsche Begriffe aus dem Herrschaftsbereich lieferte, während polnische Alltagswörter – etwa »Zille« (Kahn), »Plötze« (Karpfen), »Kaschemme« (Wirtschaft) – von den Deutschen übernommen wurden. Erst im Spätmittelalter entwickelte sich ein zunehmend politisiertes proto-nationalistisches Sprachbewusstsein.

Über die Rolle des Technologietransfers ist viel gestritten worden. Osteuropäische Gelehrte taten sich schwer damit, die besonders bis Mitte des 20. Jahrhunderts stark ideologisierte, immer wieder vorgetragene Meistererzählung von den deutschen Kulturbringern auch nur in Ansätzen zu akzeptieren. In der Tat hat die neuere internationale Forschung den slawischen Beitrag zum Landesausbau und die politische Rolle der Fürsten gewürdigt. Die flächendeckende Durchsetzung der Dreifelderwirtschaft, die konsequente Verwendung des schweren Räderpflugs mit Streichbrett, langstielige Sensen sowie die vermehrte Nutzung von Wasser- und Windmühlen lassen sich östlich von Elbe und Oder erst mit den Veränderungen im Rahmen der Ostsiedlung in Verbindung bringen: neue Wirtschaftsformen, Zuzug neuer Bevölkerung und Umbau der Sozialstruktur. Zumindest die systematische Verbreitung schon vorher bekannter rationellerer Agrartechnik wird man den Neusiedlern zuschreiben müssen. Die Verbreitung von Ideen und Techniken erfolgte entsprechend auch im Mittelalter besonders nachhaltig durch Migration.

Die Krisen des 14. Jahrhunderts und das Ende der Ostsiedlung

Die anhaltende Phase der Expansion im Hochmittelalter, die durch Bevölkerungswachstum und Ausdehnung der Anbaugebiete in ganz Europa zwischen dem 12. und 14. Jahrhundert gekennzeichnet war und Wanderungsbewegungen von Spanien (Reconquista) bis nach Nordeuropa (schwedischer Landesausbau in Finnland) und Osteuropa (Ostsiedlung) ausgelöst hatte, endete im 14. Jahrhundert mit der »Krise des Spätmittelalters«. Der Landesausbau in Europa und das mit ihm eng verwobene Bevölkerungswachstum hatten zur Folge, dass die Getreidepreise wegen der Nachfrage stiegen und entsprechend auch wenig ergiebige, für den Anbau von Feldfrucht eher ungeeignete Böden bestellt wurden, die nur in guten Jahren ausreichend Ertrag brachten. Nach mehreren Missernten 1315–1317 kam es zu Hungersnöten und sozialen Verwerfungen, die zu Landflucht, wüst gelassenen Siedlungen, weiterem Ernteausfall und geringerer Produktion führten. Klimaforscher haben in letzter Zeit diskutiert, dass das beginnende Ende der mittelalterlichen Warmzeit sich in dieser von Witterungsschwankungen gekennzeichneten Krisenzeit bereits manifestierte. Der Schwarze Tod schließlich, der zwischen etwa 1348–1352 von Süden aus durch ganz Europa zog, beendete die ökonomische und demographische Expansionsphase des Mittelalters dann vollständig. Man hat berechnet, dass die Bevölkerung des Kontinents im 14. Jahrhundert um etwa ein Drittel sank, was zu einem dauerhaften demographischen Niedergang führte, der auch die von der Pest weniger betroffenen Städte und Dörfer in Mittelosteuropa erfasste und zum Ende der bis dahin sehr dynamischen Ostsiedlung führte. Die Landesherren mussten nun versuchen, ihre bäuerliche Bevölkerung durch Zwangsmaßnahmen zu halten, an weiteren Zuzug aus westlichen Gebieten war nicht mehr zu denken. Damit war allerdings nur die große West-Ost-Migration an ein Ende gekommen. Im kleineren Rahmen beförderte die Krise die Migration sogar noch: Die Nachfrage nach Agrarprodukten wurde geringer (weniger Konsumenten), aber die Produktion sank nicht in gleichem Maße. Unrentablere Flächen werden zuerst aufgegeben, die Landwirtschaft in profitablen Sektoren intensiviert. Das heißt, die landwirtschaftlichen Betriebe wurden produktiver und konnten einen größeren Anteil nichtbäuerlicher Bevölkerung ernähren. Zugleich stiegen die städtischen Arbeitslöhne (Arbeitskräftemangel wegen Bevölkerungsrückgang). Das setzte eine Wanderungsbewegung vom Land in die Städte in Gang, die es den dynamischeren Städten erlaubte, die Bevölkerungsverluste durch die Pest durch Wanderungsgewinne mehr als auszugleichen.

3.5 Migration als Motor von Wissens- und Kulturtransfer: Von Westeuropa zum Reich der Mongolen

Migrationsforscher blicken mit besonderem Interesse auf demographisch relevante »Massenmigrationen«, von den aktuellen vermeintlichen »Flüchtlingsströmen« bis zu den großen historischen Wanderungen, etwa der europäischen Amerikaauswanderung (besonders im 19. Jahrhundert). Die vorausgegangenen Abschnitte haben jedoch gezeigt, dass nicht nur demographisch besonders markante Wanderungsprozesse wie die Ostsiedlung zu kulturellen und gesellschaftlichen Veränderungen führen können, sondern auch kleine Gruppen mit Machtanspruch die historische Entwicklung als Eroberer stark prägen können. Sogar Einzelne oder ganz kleine Gruppen von Migranten oder mobilen Spezialisten können nachhaltige Spuren in den Kulturen der Aufnahmegesellschaften hinterlassen, ja den Lauf der Geschichte bisweilen entscheidend beeinflussen.

Heiratsmigration

Die Sitte europäischer Fürstenhäuser, durch Heiraten dynastische Allianzen und politische Zweckbündnisse zu schmieden oder auch nur Prestigegewinne für das eigene Geschlecht oder reiche Mitgiften zu erlangen, war über das ganze Mittelalter und bis ans Ende des Ancien Régime ein Kennzeichen feudaler Herrschaftsstruktur. Der gesamte Adel bildete dieses fürstliche Streben nach standesgemäßer Vermählung und Zugewinn von Vermögen und Einfluss durch Heiratsallianzen auf den unteren Ebenen nach. Dieser für patrilinear und patrilokal organisierte Gesellschaften mindestens seit der Bronzezeit (▶ Kap. 1.3) verbreitete Brauch, dass die Töchter hinausheiraten müssen (Exogamie), führte zu einer weiträumig organisierten Heiratsmigration, die in ihrer Konsequenz oftmals dem Kulturaustausch und dem Wissenstransfer wichtige Impulse gab. Die Fürstenhäuser Europas vernetzten sich im Hochmittelalter immer stärker und suchten auch Bündnisse mit weit entfernten herrschenden Geschlechtern. Derartige Heiratsunternehmungen mussten lange geplant werden und waren auch von der politischen Konjunktur abhängig. Verwandte oder wichtige Persönlichkeiten wurden zur Brautwerbung entsandt, Gesandtschaften verhandelten die Bedingungen bis ins kleinste Detail. Auch logistisch waren solche Hochzeiten durchaus aufwendig, die Brautfahrt wurde so zu einer symbolisch aufgeladenen Demonstration von Prestige und Macht (für beide beteiligte Familien) und sogar zu einem literarischen Topos, man denke etwa an Kriemhilds Brautfahrt zu Etzels Hof in Ungarn aus dem *Nibelungenlied*.

Zur Hochzeit reiste nicht nur die Braut und ihr Gefolge, das gewöhnlich bei der Braut in der Fremde blieb, sondern fast der ganze Hof, angeführt von einem nahen Verwandten, etwa dem Bruder der Braut, oder auch vom fürstlichen Brautvater selbst. Damit waren die Brautfahrten und die anschließenden Hochzeiten die Vorläufer politischer »Gipfeltreffen«, denn gewöhnlich erfolgten diplomatische Kontakte aufgrund der Beschwerlichkeit und Dauer von Reisen über Gesandtschaften und reisende Kaufleute. Berühmt ist die in einer Saga besungene Brautfahrt der norwegischen Prinzessin Kristin Håkonsdatter, die im Jahr 1258 Prinz Felipe von Spanien, den Bruder König Alfons' II. von Kastilien, heiratete. Die Reise führte die Braut zunächst auf einem extra für die Fahrt gebauten nordischen Langschiff von Tønsberg, wo man im Sommer 1257 in See stach (▶ Abb. 14), nach Yarmouth in England, dann weiter in die Normandie, von wo aus man mit Pferden weiter durch Frankreich über Barcelona bis nach Burgos reiste. Dort feierte die Hofgesellschaft in einem Kloster das Weihnachtsfest. Erst im Januar 1258 kam die norwegische Delegation in Valladolid an. Die Reise hatte also ein gutes halbes Jahr in Anspruch genommen.

Schon 972 setzte die Hochzeit zwischen Kaiser Otto II. und der byzantinischen Prinzessin Theophanu den »internationalen« Standard auf höchster Ebene. Um das deutsche Kaisertum, von Ottos gleichnamigem Vater, dem Großen, wiederbelebt, noch weiter aufzuwerten und gegenüber Ostrom Augenhöhe zu demonstrieren, wollten die Ottonen eine Kaisertochter als Braut; Byzanz war immer noch Maßstab für das Kaisertum. Das ging den Byzantinern aber offensichtlich zu weit, eine Kaisernichte musste für Otto II. genügen. Aber in Theophanus Gefolge kamen Griechen in den Westen und mit ihnen byzantinisch-griechische Gelehrsamkeit: Sie trugen in entscheidendem Maße zur sogenannten »Ottonischen Renaissance« bei.

Ottonische Renaissance

Im Kontext der politischen Konsolidierung des Reichs unter Otto I. (912–973) und seinen Nachfolgern wurde bewusst an die Verwaltungs- und Herrschafts-

Abb. 14: Das historische Gemälde von Nils Bergsilen (1852–1928) zeigt in dramatisch-romantischer Verklärung die Abreise der Prinzessin Kristin aus Tønsberg gen Spanien im Jahr 1257.

praxis der Karolinger angeknüpft. Im kulturellen Bereich bilden besonders Architektur, Goldschmiedekunst und Buchmalerei Zeugnisse der neuen, vor allem von der Kirche getragenen Strömung. Die Ottonische Renaissance ist in erster Linie durch ihre Aufnahme byzantinischer Vorbilder geprägt, die vor allem durch Vermittlung der aus Konstantinopel stammenden Frau Ottos II. (955–983), Theophanu (955–991), nach Mitteldeutschland kamen – zumal Theophanu nach dem Tod ihres Mannes zwischen 985 und 991 als Kaiserinwitwe das Reich regierte. Theophanu hatte ein Gefolge an Künstlern, Architekten und Kunsthandwerkern aus Konstantinopel mitgebracht.

Die einander meist völlig unbekannten frischgebackenen Eheleute hatten es bei »internationalen« Heiraten nicht gerade leicht, zumal die Braut oft der Landessprache nicht mächtig und auch sonst an andere Sitten und Gebräuche gewöhnt war. Die neue Herrin und ihr ausländisches Gefolge waren ja nicht vorübergehend am Hofe geduldete Ausländer, wie etwa im Falle diplomatischer Gesandtschaften und Besucher, sondern »eine fremde Personengruppe drang plötzlich in den innersten Kern des Hofes, in die engste Umgebung des Herrschers vor und nistete sich dort auf Dauer ein« (Spieß 2004, 268). Eine solche Konstellation konnte zu Konflikten führen, zu dauerhafter Distanzierung, oder aber auch zu gelungener Integration. In welchem Umfang und ob überhaupt Gepflogenheiten oder Moden aus dem Herkunftsland der Braut in der »neuen Heimat« Anklang fanden, es somit zu einem Kulturaustausch kam, hing ganz von der Haltung des Ehemanns ab. Im Falle der norwegischen Prinzessin Kristin wissen wir wenig von kulturellen Nachwirkungen, sie starb nach nur vier Jahren Ehe kinderlos. Die kulturellen und internationalen Verbindungen, die diese Heirat hervorrief, sind jedoch durchaus eindrucksvoll, allerdings mehr mit der Gegenwart verbunden: Die spanische Stadt Covarrubias bei Burgos, in der die Königstochter nach dem Wunsch ihres Mannes ihre letzte Ruhestätte fand, betreibt eine fruchtbare Städtepartnerschaft mit dem norwegischen Tønsberg. Seit 2011 steht in Covarrubias – nach 750 Jahren endlich dem Willen der Prinzessin entsprechend – eine dem heiligen Olaf gewidmete Kirche.

Andere Fürstenhochzeiten sorgten bereits für zeitgenössischen Kulturaustausch. So war der englische König Eduard I. (1239–1307) von der spanischen Mode, die nach der Hochzeit mit Eleonore von Kastilien im Jahr 1254 am englischen Hof bekannt wurde, so angetan, dass er bisweilen selbst in einem spanischen Gewand herumlief. Bianca Sforza, die nicht ganz standesgemäße, aber sehr reiche Gattin Kaiser Maximilians II. (1459–1519), verfügte nicht nur über einen großen Hofstaat von rund 200 Personen, darunter viele Italienerinnen und Italiener, sondern hatte – wie ein kritischer Beobachter bemerkte – auch italienische Tänze bei Hof eingeführt. Die »Welschen«, so heißt es in einem Brief von Oswald von Hausen, tanzten »wie auf rohen Eiern«. Die italienischen Hofdamen und Höflinge sorgten jedoch immer wieder für Streit: Klagen über die mangelnde Beachtung von Regeln und über die Unordnung im italienischen Hofstaat sorgten dafür, dass Maximilian fast alle Italiener vier Jahre nach der Hochzeit wieder nach Hause schickte.

Anpassung und beachtliche Integrationsleistungen der Ehefrauen waren aber eher die Regel, und die Höfe waren insgesamt relativ resistent gegen von außen kommende neue Sitten. Der symbolisch wichtige, öffentlich vollzogene Kleiderwechsel der Braut nach der Hochzeit, die sich nun nach Landestracht kleiden musste, weist auf die bei Hofe erwartete Anpassung auch sinnbildlich hin. Ein ganz bemerkenswerter und in seiner Dimension einmaliger Fall ist die enorme kulturhistorische Wirkung, welche die Heirat des ungarischen Königs Matthias Corvinus (1443–1490) mit der neapolitanischen Prinzessin Beatrix von Aragon zur Folge hatte. Auf ihre von Matthias, der selbst humanistische Interessen verfolgte und eine umfassende klassische Bildung genossen hatte, begeistert aufgenommenen Anregungen hin kamen Baumeister, Literaten und Künstler nach Ungarn. Diese Italiener waren verantwortlich für die Pflege der klassischen Kultur bei Hofe, für den Bestandsausbau der Bibliothek, aber auch für Bauprojekte, etwa die neue Ausgestaltung des Palastes in Buda. Der italienische Humanist Antonio Bonfini, der mit Beatrix nach Ungarn gekommen war, hat die kulturpolitischen Auswirkungen der Heirat wie folgt beschrieben:

> »Nachdem aber die Königin Beatrix von Vngern kommen / hat sie schöne Tisch zurichten lassen und sich in der Haußhaltung viel stattlicher gehalten [...] sie hat auch Italienische Sitten eingeführt / vnd der König mit frembden speisen erlustiert / vnd hat mancherley künstler / dere sie seithero in mangel gestanden / auß Italien erfordert mit großen kosten.

Darumb dann die Mahler / Bildhawer / Steinschneider / Zierleut / Silberarbeiter / Steinmetzen und Bawmeister auß Italien in Vngern kommen / welchen man große Besoldung geordnet. [...] Sie fordert auch auß Italien viel Gärtner und deß Feldbaws erfarne Meister: [...] Es ließen sich auch finden die Poeten / Redner vnd Grammatici / diese alle hatte König Matthias sonderlich lieb / gab innen Vnterhaltung / vnd wollt auß Vngerland das ander Italien machen« (dt. Übers. aus dem 16. Jahrhundert, zitiert nach Spieß 2006, 447).

Man kann mit Fug und Recht sagen, dass die neue Königin die Renaissance nach Ungarn gebracht hat, wenngleich Matthias bereits vor seiner Heirat enge Beziehungen zu Florenz gepflegt hatte.

Baumeister und Bauhandwerker als Vektoren des Kulturtransfers

Die Baukunst der Renaissance, die mittels italienischer Fachleute auch den Palast von Buda an der Donau erreicht hatte, verbreitete sich nördlich der Alpen durch diverse Formen von Arbeitsmigration. Italienische Architekten waren gesucht und wurden fürstlich bezahlt. Sebastiano Serlio (1475–1554) ging nach Frankreich, Aristotele Fioravanti (ca. 1420 bis ca. 1486) nach Russland und Francesco Fiorentino (1439–1516) wirkte in Polen, um hier nur ein paar Stararchitekten mit fürstlichen »Auslandsaufträgen« zu nennen (alle drei beschlossen ihr Leben auch in ihren »Gastländern«, in denen sie für viele Jahre tätig gewesen waren). Nach Deutschland kam die Renaissance auch auf der unteren Arbeitsebene durch temporäre Migration, genauer Arbeitsmigration: Über die Alpenpässe kamen Bauhandwerker, bisweilen ganze Trupps (Bauhütten). Die »welschen Knecht«, die den Zünften nördlich der Alpen ein Dorn im Auge waren, fanden reichlich Auskommen. Gerade die Städte, die durch intensive Handelskontakte mit Italien verbunden waren, wie etwa das Augsburg der Fugger, erlebten einen Bauboom im Stil der Renaissance, an dem italienische Bauhandwerker maßgeblich beteiligt waren. Aber auch umgekehrt wanderten viele Handwerker und Künstler in die andere Richtung, um in Italien in die Lehre zu gehen. Albrecht Dürer suchte neue Anregungen auf seinen Italienreisen. Heinrich Schickhardt studierte Ende des 16. Jahrhunderts auf seinen Italienreisen die Architektur der Renaissance und importierte den neuen Stil ins Württembergische.

Die Vermittlung neuer Techniken und Stile durch Bauhandwerker war allerdings bereits im Hochmittelalter eingeübte Praxis. Ähnlich wie die Renaissance sich aus Italien über Spezialisten verbreitete, setzte sich schon seit dem 12. Jahrhundert die Gotik als neuer Baustil von Frankreich ausgehend nach und nach in ganz Europa durch. Sollten die neuen gotischen Gotteshäuser mit ihren filigran wirkenden und kühn gestalteten Bögen und Gewölben, die doch den Gesetzen der Physik und der Statik gehorchen mussten, dauerhaft Bestand haben, bedurfte es erfahrener Spezialisten. Berühmt ist der Fall des französischen Baumeisters Wilhelm von Sens († 1180), der ab 1174 den Mönchschor der Kathedrale von Canterbury, der einem Brand zum Opfer gefallen war, in gotischem Stil neu errichtete. Der schwebende, scheinbar vom Himmel herabhängende Baldachin auf hohen schlanken Säulen zeugt noch heute vom Können Wilhelms und von seinen Kenntnissen der Statik (▶ Abb. 15). Über diesen Vorgang – von der Verpflichtung des Architekten über die konkrete Bautätigkeit, die er als Bauleiter organisierte, bis hin zu einem tragischen

Unfall auf der Baustelle und die Weiterführung der Arbeiten nach seiner Rückkehr nach Frankreich (wo er an den Folgen des Unfalls starb) – haben wir einen ausführlichen Bericht aus der Feder des Gervasius von Canterbury, eines Mitglieds der auftraggebenden Mönchsgemeinschaft von Christ Church in Canterbury. Von ihm erfahren wir wichtige Details über den Fortschritt und die Innovationen bei diesem Bauwerk. Sein Bericht liefert interessante und wichtige Informationen über die Anstellung des Baumeisters, seine Tätigkeit als Bauleiter und Organisator, aber auch über das Unbehagen der Mönche an den kühnen Neuerungen und den neuen Formen, welche die Auftraggeber beeindrucken. Wilhelm, der die neue Bauweise aus Frankreich und aus eigener Anschauung und Erfahrung kannte (just zuvor wurde die Kathedrale von Sens fertiggestellt, Notre Dame in Paris und St. Remi in Reims waren ebenfalls bekannte Beispiele des neuen Stils in Frankreich), brachte die Gotik nach England.

Abb. 15: Von Arbeitsmigranten erbaut: der Chor der Kathedrale von Canterbury, das erste gotische Bauwerk in England.

Die moderne Kunstgeschichte kann ab dem 14. Jahrhundert international aktive und weitgereiste »Stararchitekten« identifizieren, etwa die Dynastie der schwäbischen Steinmetzfamilie Parler, deren Angehörige an Bauwerken in ganz Mitteleuropa maßgeblich beteiligt waren und die einen gotischen Formenschatz in ihren Bauhütten schufen, der sich von Prag über ganz Mitteleuropa ausbreitete. Jedoch bleiben viele Baumeister zum Leidwesen der Historiker anonym. Die Vorstellung vom Künstlergenie entwickelt sich erst langsam seit der Renaissance und mit ihr die Prominenz der ehemals in der Anonymität der mittelalterlichen Handerker aufgehenden Meister. Die Identität des anonymen Baumeisters, »der gerade aus Paris gekommen war« und den der Dekan Richard von Deidesheim für die umfassende Renovierung der Stiftskirche in Wimpfen (ab 1269) engagiert hatte, muss trotz der Versuche, ihn mit dem für die neue Fassade des Straßburger Münsters verantwortlichen Baumeister Erwin von Steinbach (ca. 1244–1318) zu identifizieren, im Dunkeln bleiben.

Migration im mittelalterlichen Bergbau

Ähnliches gilt im Großen und Ganzen auch für das aus heutiger Sicht weniger spektakuläre, aber für die Wirtschaft des Mittelalters und der Frühen Neuzeit sehr wichtige Gebiet des Bergbaus: Die Verbreitung von Bergbautechniken erfolgte ebenfalls durch Migration. Im Kontext der europäischen Silberkonjunktur seit dem späten 12. Jahrhundert holte der Bischof von Trient im Jahre 1185 Goslarer Bergleute (*silbrarii*), die ihre Bergordnung mitbrachten. Um 1220/30 wird die bedeutende Lagerstätte Iglau (Mähren) von Freiberger Bergleuten erschlossen, die dort eine deutsche Enklave in slawischer Umgebung bilden. Die dortige Bergordnung wurde entsprechend nach Freiberger Vorbild gestaltet. Etwa zeitgleich wird Iglesias auf Sardinien unter einem von den Pisaner Grafen von Donnoratico eingesetzten Aufsichtsbeamten erschlossen. Die Namen der Stollen (etwa »La Bergmastra«) lassen auf deutsche Bergleute schließen. Auch an weiteren kleineren Unternehmungen sind deutsche Bergleute beteiligt. 1254 holt König Uros von Serbien Sachsen nach Brskovo (Montenegro), dort wie überall auf dem Balkan auf Basis der Iglauer Bergordnung. Dergleichen ist auch an einer ganzen Reihe von anderen Orten zu beobachten, vor allem in Mittel- und Osteuropa, etwa in Schemnitz (Ungarn), wo der Abbau ebenfalls durch Iglauer Bergleute erfolgte. Von Schemnitz aus wurde die Bergbautechnik (durch Spezialisten) weiter in die Zips (Slowakei) und ins Rodnagebirge in Siebenbürgen exportiert.

Die Ausweitung der Silberproduktion erforderte eine komplexere Organisation des Geldwesens. Das zog ebenfalls die Anwerbung von Spezialisten von weit her nach sich, etwa im Königreich Böhmen, wo König Wenzel II. die Münzprägung 1300 in Kuttenberg konzentrierte. Dazu holte Wenzel Finanzfachleute aus Italien. Das Münzhaus von Kuttenberg hieß darum seit dem Mittelalter »Curia Italica«, in deutschen Quellen »Welscher Hof«. Etwa zur gleichen Zeit verpachtete König Albrecht die Reichsmünzstätte Schwäbisch Hall an ein Florentiner Konsortium. Wie lange die Italiener jeweils vor Ort waren und wie sie sich integrierten, ist nicht leicht zu bestimmen – Finanzleute sind ja, das zeigt auch die Gegenwart, eine eher flüchtige Elite. Das Münzwesen eines Königreichs wird aber nicht im Vorbeigehen organisiert, eine gewisse personelle Kontinuität ist dabei erforderlich.

Somit zeigt sich auch am Beispiel der wandernden Baumeister und Steinmetze sowie der Spezialisten im Bergbau und Münzwesen, dass kultureller Austausch und historische Wirkmächtigkeit, vor allem aber der Transfer von Wissen und Technik, nicht immer von der Mobilität großer Gruppen abhängt, die im Sinne von »Massenmigration« auch demographische Auswirkungen haben.

Entführte Europäer beim Khan der Mongolen

Dass Spezialisten in verschiedenen Wissensbereichen und Gewerken sehr begehrt waren, kann auch ein kurioses Beispiel von mittelalterlicher Expertenmigration veranschaulichen, das im Reisebericht des Wilhelm von Rubruk (ca. 1215 bis ca. 1270) enthalten ist. Der Franziskanermönch reiste im Auftrag des Königs von Frankreich zwischen 1253 und 1255 zu Möngke Khan, dem Großkahn der Mongolen und Enkel Dschingis Khans, nach Karakorum, um zu missionieren. Der kühne Plan bestand darin, den Khan, der immerhin nestorianische Christen an seinem Hof duldete, zum Christentum zu bekehren und damit von weiteren Bedrohungen Europas abzubringen (1241 waren die Mongolen bis in deutsche Lande vorgedrungen und die europäischen Fürsten versuchten mit diplomatischen Missionen, erneuten Raubzügen vorzubeugen). Wilhelm von Rubruk, der ein wenig im Schatten von Marco Polo steht, hat einen überaus interessanten Reisebericht verfasst, der neben vielen kulturhistorisch wichtigen Details vor allem auch vermittelt, wie unsagbar beschwerlich und gefährlich das Reisen im Mittelalter war.

Für unsere Darstellung ist besonders interessant, dass er von überraschenden Zusammentreffen mit Europäern im Reich des Khans berichtet. So trifft er eine aus Lothringen stammende Frau, die in Ungarn von den Mongolen versklavt wurde und ihm von ihrem Leidensweg berichtet. Ähnlich wie im Falle des griechischen Kaufmanns, den Priskos bei den Hunnen traf (▶ Kap. 2.5), hatte sich auch ihr Schicksal verbessert: Sie heiratete einen Ruthenen, der als gefragter Handwerker ausgewiesen war, und führte nun ein erträglicheres Leben unter den Mongolen. Wilhelm hört auch von verschleppten »Deutschen« (*Teutonici*), die als versklavte Bergarbeiter ein weniger gutes Los getroffen hatten. Bei ihnen handelte es sich wahrscheinlich um aus Siebenbürgen entführte Bergleute. In Karakorum trifft er eine ganze Reihe von anderen »westlichen« Ausländern, mit denen er sich in Gesprächen austauscht, etwa den Sohn eines Engländers und einen verarmten Deutschen, dessen Kinder er tauft. Er hält Gottesdienst in der dortigen nestorianischen Kirche vor einer großen Gruppe von christlichen »Expats«: »Ungarn, Alanen, Russen, Georgier und Armenier, die alle das Sakrament nicht mehr zu sehen bekommen hatten, seit sie gefangen genommen wurden« (Kap. XLII). Bei der Beichte erfährt Wilhelm, dass viele der geknechteten Ausländer ein entbehrungsreiches Leben führen. Andere waren als Soldaten in die Truppen des Khans aufgenommen worden und mussten in den Krieg ziehen. In der Hauptstadt der Mongolen trifft er auch den aus Paris stammenden Guillaume Bouchier. Dessen mehrsprachiger Sohn steht ihm in Karakorum als kompetenter Dolmetscher bei seinen Unterredungen (u. a. auch mit dem Großkhan) zur Verfügung. Der französische Goldschmied Bouchier war 1241 in Ungarn – bereits dorthin hatte ihn seine Tätigkeit als gefragter Kunsthandwerker geführt – gefangen genommen und mit anderen Spezialisten an den Hof des Großkhans verschleppt worden. Als gefragter Künstler stand er in hohem Ansehen und erhielt reichlich Mittel und Löhnung für seine filigranen Werke, die auch bei Wilhelm Bewunderung auslösten.

Diese eher kuriosen Beispiele von Menschen, die es gegen ihren Willen in die Fremde verschlagen hatte, zeigen an, dass Migration im Mittelalter ein alltägliches Phänomen mit unterschiedlichsten Facetten war. Ohne den Bericht Wilhelms von seiner entbehrungsreichen Reise, der die Erwähnung der Verschleppten in seinem Rapport für den französischen König für berichtenswert gehalten hat, wüssten wir nichts von den Europäern in der Mongolei, eine Tatsache, die klar erkennen lässt, wie viele Fälle von Wanderungen kleinerer Gruppen oder von Spezialisten aufgrund der Quellensituation einfach gar nicht zu unserer Kenntnis gelangen. Entsprechend kann man im fernen Osten des Mittelalters durchaus von »regelrechten Europäerkolonien« ausgehen (Reinhard 2016, 51). Immer wieder begegnen uns in Berichten, etwa von Missionaren in China aus dem 14. Jahrhundert, Hinweise auf Europäer in Peking oder Hangzhou (meistens Kaufleute und meistens Italiener). In Hangzhou hat man neben anderen europäischen Grabmälern den mit lateinischer Inschrift versehenen Grabstein der Katarina Vilioni aus der Mitte des 14. Jahrhunderts gefunden (▶ Abb. 16), bei der es sich um ein Mitglied der genuesischen Kaufmannsfamilie Vilioni gehandelt haben könnte. Nur solche zufälligen Funde und Randbemerkungen der Chronisten werfen Schlaglichter auf die bis nach China reichenden dauerhaften Kontakte von Europäern.

Abb. 16: Grabstein der Katarina Vilioni im chinesischen Hangzhou, 1342. Die Inschrift lautet übersetzt: »Im Namen des Herrn, Amen. Hier liegt Katarina, Tochter des verstorbenen Signore Domenico de Vilioni, gestorben im Jahre des Herrn 1342, im Monat Juni.«

Das mongolische Reich und die Nomaden der Steppe

Das Mongolenreich selbst ist das Resultat von Migration gewesen und hat während seiner Ausdehnung seinerseits große Migrationsbewegungen hervorgerufen. Der Name der Mongolen geht auf eine nomadische Gemeinschaft zurück, die im 12. Jahrhundert ihre Weidegründe in der heutigen Nordostmongolei hatte. Nach Eingliederung weiterer »Stämme«, von denen einige mongolische, andere türkische Sprachen verwendeten, wurden diese bereits von Anbeginn an von ethnischer, linguistischer und kultureller Vielfalt geprägten Nomaden unter dem Begriff »alle Mongolen« (*quamugh monghol*) bekannt und gelangten mit ihrem Anführer Dschingis Khan (ca. 1162–1227, ursprünglicher Name: Temüdschin) im 13. Jahrhundert zu weltweiter Berühmtheit. Seine ab 1206 erfolgenden Eroberungszüge, vor allem aber seine Verwaltungsreformen, wie die Neufassung (und schriftliche Fixierung) der Gesetze, die Einführung einer allgemeinen Wehrpflicht und die Schaffung einer auf dem Uigurischen beruhenden mongolischen Schrift, ermöglichten ihm und seinen Nachfolgern, die bis Ungarn und Polen vordrangen, die Errichtung des größten zusammenhängenden Landimperiums aller Zeiten. Dieses vielgestaltige Reich wurde in der Geschichtswissenschaft lange zu Unrecht als völlig unterentwickelte und rein auf Gewalt gegründete Herrschaft beurteilt. In dem immer größer werdenden Reich pflegten die Mongolen weiterhin ihre nomadische Lebensweise und kontrollierten die unterjochten Völker weitgehend indirekt aus der Steppe. In gewisser Weise kehrte sich die von der Weltsystemtheorie geprägte Vorstellung von Zentrum und Peripherie aus mongolischer Sicht um: Jetzt war die Steppe das Zentrum und die beherrschten tributpflichtigen Reiche der sesshaften Chinesen, Perser oder Russen wurden Peripherie. Als Wilhelm von Rubruk zur Zeit des Möngke Khan (1251–1259) nach Karakorum kam, hatte das Großreich der Mongolen den Höhepunkt seiner Macht und Ausdehnung erreicht. Nach dem Tod Möngkes war es mit der Reichseinheit vorbei. Die vier kleiner werdenden Reichsteile wurden autonom und entwickelten sich ohne einen übergeordneten Großkhan fortan sehr unterschiedlich.

Ein wichtiger Aspekt für die Reichsorganisation der Mongolen im Kontext der Eroberung war die Ansiedlung ethnisch und sprachlich unterschiedlicher Gruppen aus anderen Regionen in den eroberten Gebieten. Damit wurde die lokale Bevölkerung, von der eventuell Widerstand zu erwarten gewesen wäre, nachhaltig geschwächt und treue ortsfremde Untertanen konnten administrative Aufgaben im Rahmen der Reichsbildung wahrnehmen. Die Mongolen und ihr aus China und Zentralasien stammendes Verwaltungspersonal stellten in den neueroberten westlichen Gebieten (etwa Russland und Osteuropa) nur eine kleine Minderheit. Entsprechend lässt sich die exzessive Gewalt, die sich in einem überproportional hohen Blutzoll unter der sesshaften Bevölkerung dokumentierte, auch als strategische Maßnahme deuten, das demographische Ungleichgewicht ein wenig auszugleichen. Darüber hinaus war der Terror gegen die Bevölkerung auch ein Mittel der Einschüchterung seitens der zahlenmäßig oft unterlegenen Angreifer, wobei die Angst einen guten Teil der Eroberungsarbeit übernahm. Die Einwohner der Städte, die sich nicht ergaben, wurden erbarmungslos und ausnahmslos ermordet, ganze Gebiete entvölkert. Dieses parallele Vorgehen, das die Einsetzung fremder Administratoren mit der Dezimierung der lokalen Bevölkerung und planmäßigen Umsiedlungen verband, lässt in seiner Gesamtheit auf eine zentrale logistische Planung schließen, denn schon während des Feldzuges nach Westen wurden Handwerker und Spezialisten registriert, die dann in die östliche Steppengebiete »umgesiedelt«, also verschleppt wurden (Kollmar-Paulenz 2011, 32–33). Wilhelm von Rubruk ist solchen nützlichen »Westlern« ja in Karakorum begegnet. Umgekehrt wurden Uiguren und Chinesen mit Spezialkenntnissen nach Westen verbracht (etwa Ärzte). Diese Maßnahmen dienten in erster Linie dem Ziel, den Fluss von Steuern und Abgaben zu gewährleisten und die Versorgung mit Prestigegütern (v. a. Kleider aus Seide) zu garantieren. Deshalb legten die Mongolen auch höchsten Wert auf Pflege und Ausbau der Handelsverbindungen zwischen Ost und West, um den reibungslosen Verkehr von Waren, aber auch von Truppen sicherzustellen. Dies führte zu der nur auf den ersten Blick überraschenden Situation, dass das »lange Jahrhundert« der Mongolen zu einer als »Pax Mongolica« bezeichneten Blütezeit des Handels zwischen Ost und West über die Seidenstraßen wurde (▶ Abb. 17).

Dabei war der Ausbau des Post- und Kurierwesens besonders bedeutend. Unter dem Sohn Dschingis Khans, Ögedei Khan, war es den Mongolen gelungen, die schier unendlichen Weiten der Steppe durch einen nach den Angaben Marco Polos etwa 200.000 Pferde umfassenden Eilpostverkehr zu überbrücken und dafür etwa 10.000 Relaisstationen einzurichten. So konnten bei Bedarf über 200 Meilen pro Tag von Kurieren überwunden werden, eine beachtliche logistische Leistung. Neben Waren und eiligen Botschaften zirkulierten auf den Fernhandelswegen auch Innovationen und Informationen zwischen den von der »Pax Mongolica« gesicherten Kommunikationsräumen. Das Schießpulver etwa bzw. dessen Rezept fand so seinen Weg von China in den Westen, aber auch das Bakterium *Yersinia pestis*. Der Schwarze Tod des Mittelalters, die große Pestepidemie, die mindestens ein Drittel der europäischen Bevölkerung hinwegraffte und nach neusten Forschungen wohl in Zentralasien ihren Ausgang nahm, kam über die Seidenstraße aus dem Osten (in Europa 1347–1353, im Mongolischen Reich im heutigen Kirgistan bereits 1338 belegt). Die Ausbreitung der Pest ist aber zugleich auch ein handfester Beleg für die breite Nutzung der großen kontinentalen Migrations- und Handelswege im Mittelalter. Dieser Informationsfluss und der Warenverkehr wurden von wandernden Menschen, von Händlern, Kriegern, Missionaren und vielen anderen gewährleistet.

Die gesteuerten Migrationsbewegungen im mongolischen Reich, welche die Eroberungszüge begleiteten, lassen sich nicht beziffern. Nur sporadisch tauchen in den Quellen knappe Hinweise auf. Es existieren jedoch archäologische Belege, dass die Steppenkrieger aus Zentralasien auch dauerhaft und in bemerkenswerter Zahl an den Rändern ihrer Reiche verblieben. Davon zeugt ein ins 14. Jahrhundert datierter Friedhof der »Goldenen Horde« (von mong. *ordo*, »Heerlager«), derjenigen mongolischen Gruppe, die den westlichsten und langlebigsten Reichsteil beherrschte (v. a. das heutige Russland, Herrschaft über Russland 1238–1502, nach 1380 war die Horde aber zunehmend türkisch dominiert). In dem zur mongolischen Stadt Şehr al-Djedid, einem der westlichsten Stützpunkte der Goldenen Horde, gehörigen Friedhof im Dorf Trebujeni (Alt-Orhei, Republik Moldau) haben die Archäologen und Anthropologen 136 Skelette ausgegraben, die nach muslimischer Grabsitte bestattet worden waren (die Goldene Horde hatte Anfang des 14. Jahr-

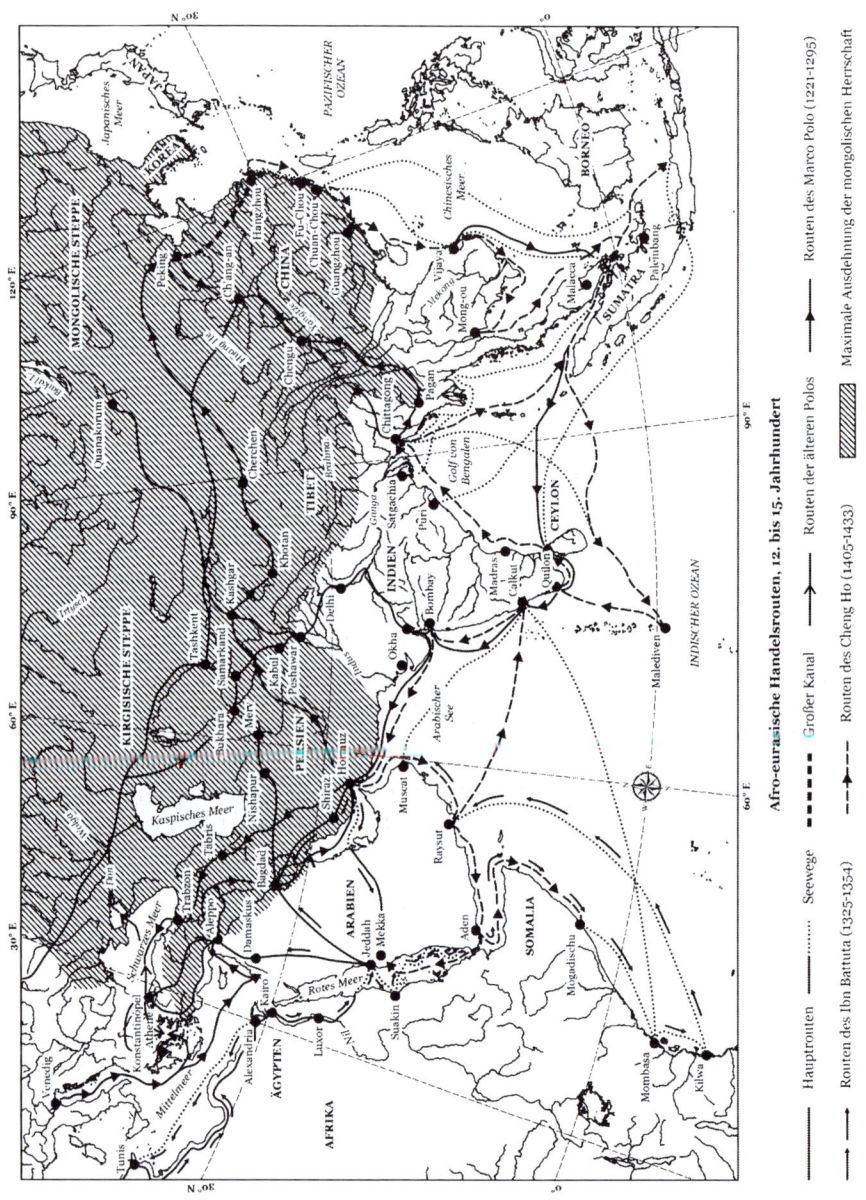

Abb. 17: Handelsrouten zu Zeiten der »Pax Mongolica«.

hunderts den Islam angenommen) und gemäß der typologischen Analyse der Anthropologen mehrheitlich mongolische Merkmale aufweisen. Aufgrund neuerer Untersuchungen und zusätzlicher Ausgrabungen machen die Forscher geltend, dass die Bewohner dieser neben den Dörfern der Einheimischen bestehenden Siedlung typische Merkmale der aus Südsibirien und Zentralasien bekannten Populationen aufweisen (Simalcsik et al. 2021).

Nomadismus als Alternative

Die Lebensweise der Mongolen unterschied sich grundlegend von der ihrer sesshaften Nachbarn. Wie eine ganze Reihe weiterer Völker in der eurasischen Steppe und im gesamten sogenannten »altweltlichen Trockengürtel« (▶ Abb. 18), die teilweise bis heute diese Lebensweise pflegen, lebten sie als Nomaden. Den Nomadenvölkern, von den aus Keilschrifttexten und der Bibel bekannten Hirtenvölkern des alten Orients über Hunnen und Mongolen bis zu den wenigen verbliebenen Nomaden der heutigen Welt, gemeinsam ist die heftige Ablehnung, die die Sesshaften ihnen entgegenbringen. Sie tauchen als halbtierische Wesen in den Chroniken auf oder sind, wie die auch als Ta(r)taren bekannten Mongolen, dem »Tartaros«, also der Hölle entsprungen. Sie sind den ackerbauenden Völkern suspekt, weil sie Weiderechte beanspruchen und Landbesitz ihnen kulturell fremd ist. Staatlicher Kontrolle entziehen sie sich leicht und können kaum der Steuererhebung unterworfen werden. In den historischen Quellen sind sie unterrepräsentiert, und ihre Geschichte wurde fast ausschließlich von Sesshaften geschrieben, die ihre Lebensweise von außen und selten wohlwollend betrachteten. Sie repräsentieren aber bis heute eine Lebensform, die als legitime, erfolgreiche und in bestimmten Regionen der Welt einzig mögliche Alternative zu Sesshaftigkeit und Ackerbau gelten kann.

Unter Nomadismus versteht man in der ethnologischen Fachliteratur in erster Linie die auf extensiver Weidewirtschaft basierende Wirtschaftsform mobiler Gruppen, also von »Hirtennomaden«, in ariden oder semiariden Gebieten. Als Nomaden gelten »nur diejenigen, deren Wirtschafts- und Existenzgrundlage überwiegend auf der Viehhaltung basiert und deren Lebensrhythmus deshalb weitgehend von der Weidesuche bestimmt wird« (Herzog 1982, 491). Die Notwendigkeit der permanenten Weidesuche bestimmt Migration *per definitionem* als entscheidenden Wesenszug und bestimmenden Teil des Nomadismus. Ohne an dieser Stelle detaillierter auf das Phänomen des Nomadismus eingehen zu können (siehe ausführliche Hinweise in den kommentierten Literaturangaben der Onlinebibliographie), muss festgestellt werden, dass die nomadische Lebensweise keineswegs eine Vorstufe der Sesshaftigkeit war, wie man früher angenommen hat. Bereits in der Bronzezeit hatte sich diese alternative Lebensform herausgebildet. Nomadismus ist eine eigenständige, auf Weidewirtschaft und mobiler Viehzucht beruhende kulturelle Entwicklung, die erst nach der Ausbildung der sesshaften Wirtschaftsweise in Ergänzung zu dieser entstanden ist. Nomaden gelten in der neueren Ethnologie als Spezialisten, die für Ackerbau und stationäre Viehzucht ungeeignete aride Gebiete der Erde erst für den Menschen nutzbar gemacht haben. Es ist also in erster Linie die Geographie, die den Nomadismus hervorgebracht hat, wobei der Mensch mit seinen kreativen Fertigkeiten eben jene Nischen nutzbar machen konnte, die anderer wirtschaftlicher Ausbeutung nicht zugänglich sind.

Nomaden waren aufgrund ihrer Mobilität und der damit einhergehenden Herrschaft über Fernstraßen und Transportwege oftmals in den Fernhandel eingebunden und traten historisch als »Spediteure« für besondere Güter auf (etwa

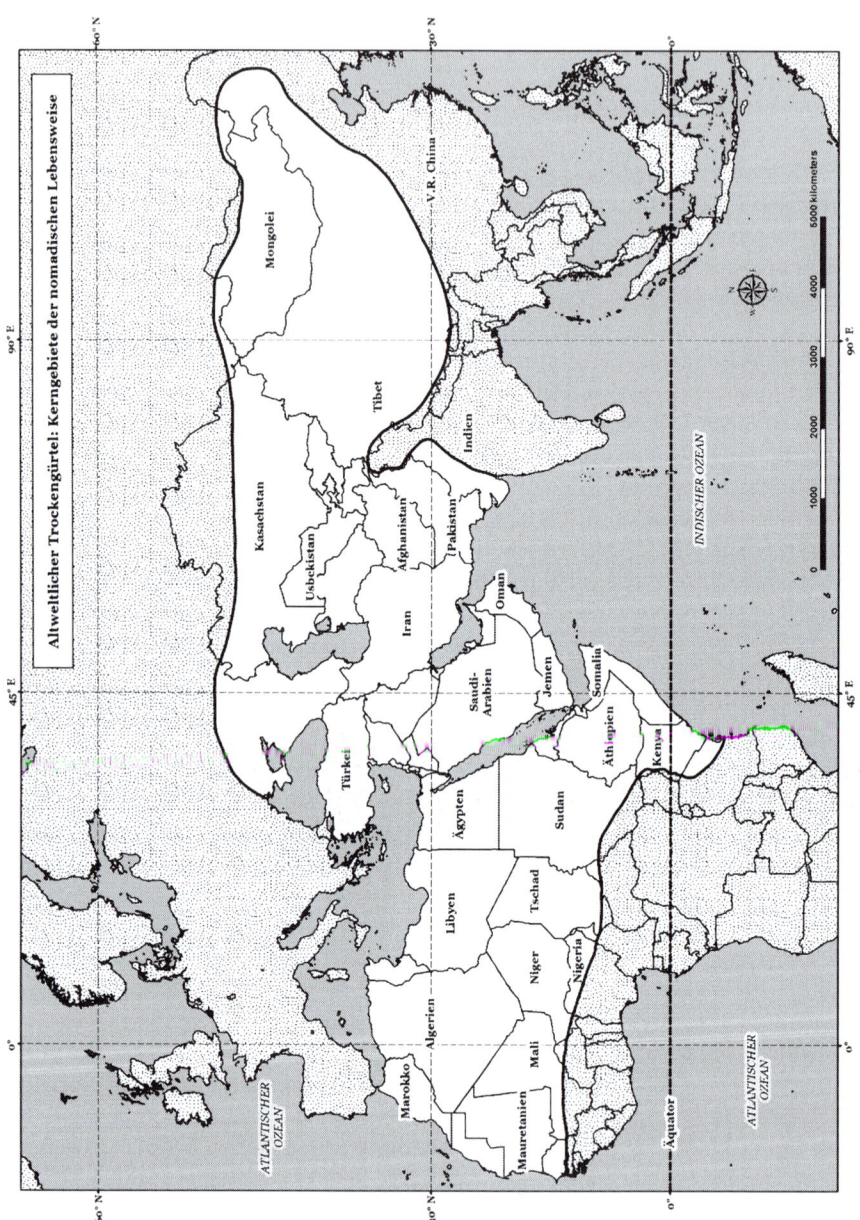

Abb. 18: Der altweltliche Trockengürtel, Habitat für nomadische oder halbnomadische Völker.

wichtige Rohstoffe, u. a. für die Metallurgie). Ihre Dienste, vor allem ihre Kriegsdienste als Söldner, wurden von den benachbarten Staaten und Reichen intensiv nachgefragt. Mit der Kontrolle über Transportwege und als berittene Streitkräfte im

Sold der Städte und Staaten verfügten sie neben ihren Herden über bedeutende Ressourcen, die nur im Kontakt mit sesshaften Gesellschaften nutzbar gemacht werden konnten. Auch kurzlebige Reiche konnten Nomadenvölker etablieren: Hunnen, Awaren und Mongolen beherrschten für bestimmte Zeiträume weite Gebiete. Jedoch fehlte letztlich die staatlich-administrative kritische Masse, um dauerhaft Großräume beherrschen zu können. Durch ihre Beweglichkeit kam den Nomaden insgesamt gesehen in der eurasischen Steppe von der Spätantike bis zum Ende des Mittelalters eine besondere Rolle beim Austausch von Waren und Innovationen zu. Es entstanden Netzwerke der Interaktion über Tausende von Kilometern. Nomaden spielten eine Schlüsselrolle in der Ausgestaltung komplexer Systeme politischen und ökonomischen Austauschs von China bis ans Schwarze Meer. Hierfür bieten die Mongolen das eindrücklichste Beispiel.

Scholaren und Geistliche

Der Mongolenmissionar Wilhelm von Rubruk gehörte als Geistlicher zu einer sozialen Kategorie des Mittelalters, die entweder in höchstem Maße bodenständig oder überaus mobil war. Erwartete man von gewöhnlichen Mönchen ein Leben in arbeitsamer Demut, bei dem jeder Ortswechsel und jede Reise eigens eine Erlaubnis erforderte, waren Gelehrte des geistlichen Stands und vor allem auch Missionare wie Wilhelm sehr mobil und überwanden bisweilen Tausende Kilometer, um ihrer göttlichen Mission nachzukommen. Bereits im frühen Mittelalter waren es vor allem die iroschottischen Missionare, die in Mitteleuropa bei den germanischen Völkern und den Slawen missionierten und einflussreiche Klöster gründeten, die wiederum zu Kristallisationspunkten des Christentums in den jeweiligen Regionen wurden. Die meisten von ihnen beschlossen ihr Leben in der Fremde, Wochen- oder Monatsreisen von ihrer Heimat entfernt, entweder als Märtyrer oder als erfolgreiche Gründer und Bekehrer in den Ländern an Rhein, Elbe und Donau. Columban, der 591 aus der nordirischen Abtei Bangor nach Gallien (bzw. in den fränkischen Reichsteil Austrasien) aufbrach, gründete dort die Klöster Annegray, Luxeuil und Fontaines, die zu großen geistigen Zentren des westlichen Frankenreichs wurden. Nachdem es zu Auseinandersetzungen um die Klosterordnungen gekommen war – seine Klöster verstanden sich nach irischem Vorbild als autonom, aber die gallische Kirche war episkopal und damit streng hierarchisch organisiert – und er sich auch am Königshof zu sehr in die Politik eingemischt hatte, ging er im Streit weiter gen Süden, missionierte am Zürichsee und am Bodensee, wo er sowohl auf Heiden traf als auch auf Christen mit unklarer Doktrin. Durch seine Strenge machte sich der streitbare Missionar aber auch hier unbeliebt und zog 612 ins Langobardenreich weiter. Dort gründete er die berühmte Abtei Bobbio, wo er 615 starb. Sein gelehrter Schüler Gallus blieb am Bodensee und gründete dort 612 eine Einsiedelei, aus der das Kloster St. Gallen hervorging.

Mit dem Aufkommen der Domschulen als Ausbildungsstätten für die Kleriker des Hochmittelalters und erst recht mit den im Spätmittelalter immer zahlreicher werdenden Universitäten, die nach italienischen Vorbildern und besonders unter dem Einfluss der berühmten Pariser Universität des 13. Jahrhunderts seit dem 14. Jahrhundert auch in Mitteleuropa entstanden, entwickelte sich ein auf Mobilität von Menschen gegründeter Austausch von Wissen, eine im Wortsinne grenzüberschreitende *universitas*, eine Gemeinschaft der Gebildeten (▶ Abb. 19). Gemessen an der europäischen Gesamtbevölkerung und der Vorliebe der Migrationsgeschichte für Massenwanderungen erscheinen die Bildungswanderungen dieser Scholaren zumindest aus demographischer Sicht als weniger relevant. Jedoch ist die Anziehungskraft von Bologna für Juristen, von Paris für Theologen oder von Salerno für Mediziner so groß, dass schon im 12. Jahrhundert ein Regelungsbedarf besteht und der Kaiser selbst eingreift: 1155 erlässt Friedrich I. Barbarossa das Scholarenprivileg *Authentica habita* für Bologna und gründet so die Universität als Rechtskörperschaft. Die Mehrzahl der meist adeligen, mindestens aber dem wohlhabenden Bürgertum entstammenden Universitätsabsolventen (im Reich könnten es nach dem Boom der Universitätsgründungen zwischen 1400 und 1550 etwa 300.000 gewesen sein) kehrten zudem wieder in ihre Heimat zurück und besetzten Pfarrstellen oder standesgemäße Verwaltungsposten in Städten und bei Hofe.

Die Studenten des Mittelalters waren zunächst in erster Linie Geistliche. Die sich herausbildenden Fakultäten wurden immer als Teil einer im eigentlichen Sinne theologischen *universitas* gesehen – und so waren auch so praktische Disziplinen wie Medizin und Jurisprudenz immer an die Theologie rückgekoppelt. Die Entwicklung der Städte und die Ausbildung lokaler und landesherrschaftlicher Verwaltungen und Kanzleien sorgten für einen steigenden Bedarf an Juristen. Generell entdeckten der niedere Adel und das aufstrebende Bürgertum die Bedeutung von Bildung für das Fortkommen ihres Nachwuchses, in dessen kostspielige universitäre Ausbildung seit dem Spätmittelalter viel investiert wurde.

Die enorme Horizonterweiterung, welche die in Italien oder Frankreich studierenden Deutschen oder die in Leipzig oder Rostock studierenden Skandinavier durch das Erleben unterschiedlicher Lebensweisen und Traditionen erfuhren, war nur ein Aspekt der Bildungsmobilität, der für interkulturellen Austausch sorgte. Nicht nur Menschen durchquerten innerhalb dieser Gemeinschaft der Gelehrten ganz Europa, sondern mit ihnen auch Bücher und Manuskripte, also gesammeltes Wissen. Die Verbreitung von Kenntnissen war im lateinischen Europa zu großen Teilen das Verdienst des sich immer weiter ausbildenden Universitätssystems. Wiewohl auch die in ihre Heimat zurückkehrenden Magistri oder Baccalaurei ihre Wanderungserfahrung und ihr Wissen als Multiplikatoren weitergaben, waren es vor allem diejenigen, die eine Universitätskarriere und damit eine geistliche Laufbahn verfolgten, die als international agierende Lehrer und »Intellektuelle« die geistige Welt des Mittelalters über Grenzen hinweg prägten. Sie waren auch die eigentlichen Migranten der Geisteswelt, denn als Gelehrte in kirchlichen und universitären Diensten bewegten sie sich mit bemerkenswerter Leichtigkeit zwischen Städten und Ländern. Das Paradebeispiel für ein solches Gelehrtenleben liefert Erasmus von Rotterdam.

Erasmus von Rotterdam (ca. 1467–1536) gehört schon in die Zeit des Humanismus und der Renaissance, als die mittlerweile zahlreichen europäischen Universitäten längst etablierte Institutionen mit fest gefügtem Regelwerk und international anerkannten akademischen Graden waren. Sein akademischer Lebensweg führte den aus den Niederlanden stammenden Geistlichen durch ganz Europa. Nach Schulbildung in Deventer wurde er Kanoniker bei den Augustiner-Chorher-

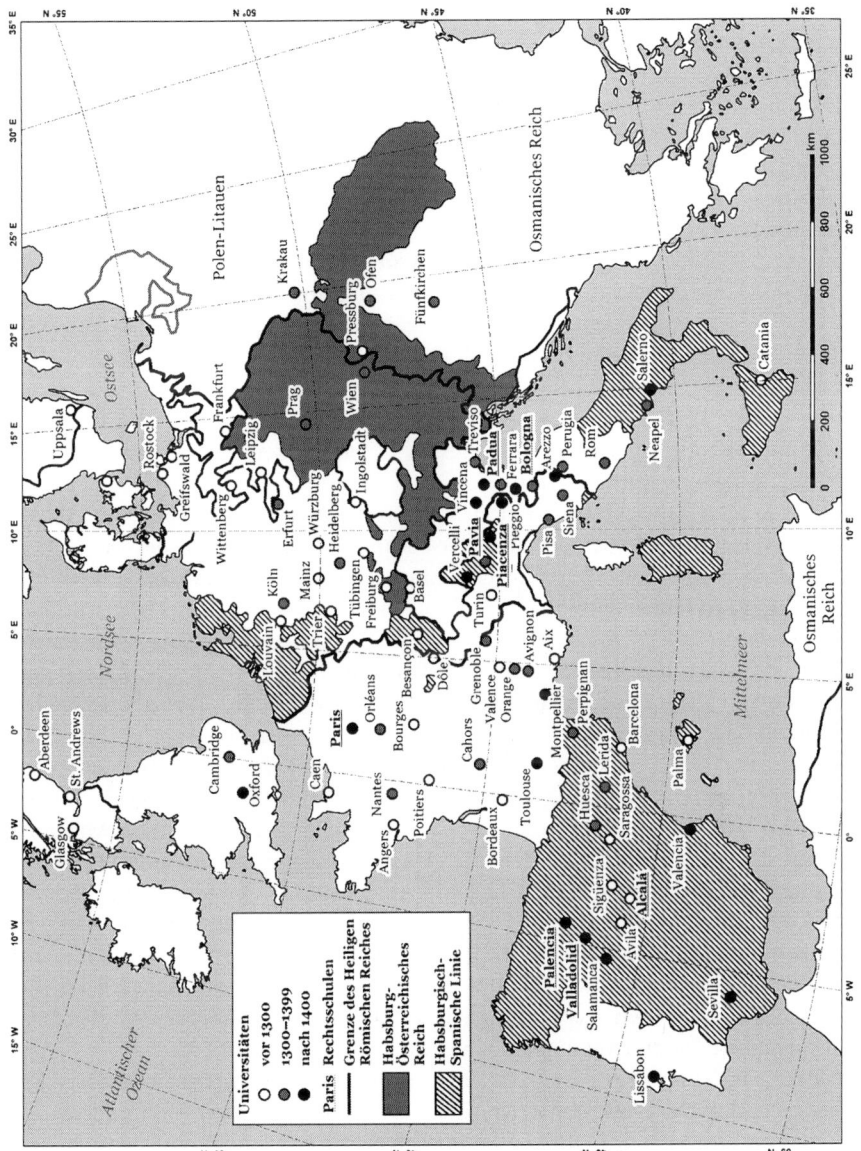

Abb. 19: Mittelalterliche Universitätsgründungen in West- und Mitteleuropa.

ren im Kloster Emmaüs te Stein bei Gouda. Erasmus studierte nach einer kurzen Dienstzeit als Sekretär des Bischofs von Cambrai ab 1495 in Paris Theologie. Danach ging er 1499 als Privatlehrer eines Adligen nach England, machte die Bekanntschaft von Thomas Morus und anderen englischen Gelehrten und knüpfte Kontakte zum englischen Hof. Von 1500 bis 1506 hielt er sich abwechselnd in den Niederlanden, in Paris und in England auf. Danach bereiste er Italien und wurde in Turin zum Doktor der Theologie promoviert. Zwischen 1510 und 1515 unterrichtete er am Queen's College in Cambridge Griechisch. Er bekam sogar eine dotierte Pfarrstelle in Aldington (Grafschaft Kent), versagte aber als ländlicher Seelsorger auf ganzer Linie, da er nur Latein und Niederländisch (und Altgriechisch ...) sprach. Diese Stellung gab Erasmus unter dem Vorwand, er vertrüge das lokale Bier nicht, bereits nach einem Jahr auf. Anschließend pendelte er jahrelang zwischen England, Burgund und Basel. Zwischen 1514 und 1529 war er als Professor in Basel tätig, was ihn jedoch nicht von intensiver Reisetätigkeit abhielt. Als Befürworter innerkirchlicher Reformen, gleichzeitig Gegner der Reformation verließ er 1529 das von Reformationswirren und Bildersturm gebeutelte Basel und unterrichtete weiter im benachbarten Freiburg im Breisgau. 1535 kehrte er ins protestantische Basel zurück, wo er hochangesehen bei Freund und Feind 1536 starb. Trotz oder gerade wegen dieser geradezu rastlosen akademischen Wanderschaft hinterließ er ein enormes Werk, das neben etwa 150 Büchern zu unterschiedlichsten Themen auch 2.000 überlieferte Briefe umfasst, die er mit den wichtigsten Gelehrten seiner Zeit, aber auch mit Fürsten und gekrönten Häuptern wechselte.

Der aus dem italienischen Piemont stammende Anselm von Canterbury (1033–1109) beschloss sein Leben als einer der berühmtesten Gelehrten des Mittelalters, Verfasser wichtiger Schriften zum Gottesbeweis, rund 1.000 km von seinem Heimatort Aosta in Italien entfernt. Michael Scotus (ca. 1180 bis ca. 1235), der gelehrte Schotte, der in Toledo aus dem Arabischen übersetzt hatte und danach im Auftrag des Stauferkaisers Friedrich II. in Palermo Ibn Ruschd ins Lateinische übertrug, ist uns schon im Kontext der Kulturkontakte des Abendlandes mit der arabischen Zivilisation begegnet (▶ Kap. 3.1). Auch der heilige Thomas von Aquin (1225–1274) lebte ein akademisches Wanderleben, das ihn aus seiner Heimat Neapel im Auftrag des Dominikanerordens nach Paris, Bologna, Rom und Köln und wieder zurück nach Paris führte, wo er zu einer Art »Starprofessor« wurde. Mehrere Missionen führten ihn auch wieder nach Italien, wo er im Auftrag des bildungsbeflissenen Dominikanerordens sein Wissen in den Ordensschulen in Orvieto, Viterbo und Rom weitergab. Er selbst gründete später das Angelicum in Rom. Er starb bezeichnenderweise unterwegs, erst fünfzigjährig, auf der Reise zum Zweiten Konzil von Lyon. Nicht nur sein erhebliches Übergewicht, auch sein beschwerliches akademisches Wanderleben, das bereits zuvor zu Erschöpfungszuständen geführt hatte, war für seinen Tod mit verantwortlich gewesen.

Diese vier Titanen des lateinischen Mittelalters waren wie viele andere ihres Standes und ihrer Profession nach allen gängigen modernen Definitionen Migranten *par excellence*. Im Übrigen kenne ich keinen akademischen Lebenslauf der Nachkriegsgeschichte, der ähnlich reich an Volten und Ortswechseln wie der des Erasmus wäre. Ihre akademischen und kirchlichen Ämter führten sie weit weg von ihrer angestammten Heimat. Ihre wirkliche Heimat war die Gelehrtenrepublik des Mittelalters, die in Avignon wie in Prag gleichermaßen auf Lateinisch funktionierende Welt von Theologie und Kirche. Auch die Politik und die drängenden Fragen der Zeit, mit denen die Gelehrten sich als hohe Würdenträger auch politisch auseinandersetzten – etwa die Frage nach dem Vorrang von Kaiser, König oder Papst (Investiturstreit) oder die Auseinandersetzung um die Reformation –, waren Angelegenheiten europäischen Ausmaßes und wurden auf Lateinisch verhandelt.

Deswegen stellt sich die Frage, ob diese frühen »Weltbürger« in ihrer lateinischen Bildungsblase, frei von Sorgen ums tägliche Brot, in ihren Konventen, Colleges und Kathedralen von Cambridge bis Neapel nicht weit weniger kulturelle und sprachliche Grenzen überschreiten mussten als etwa Kristin Håkonsdatter bei ihrer Einheirat ins kastilische Königshaus oder der Hörige, der die ländliche Arbeitswelt mit ihren engen Vorgaben verließ und in der nur wenige Kilometer entfernten Stadt eine Vielzahl biographischer Optionen finden und nutzen konnte.

Das Mittelalter als normale Epoche der Migrationsgeschichte

Die hier ausgewählten Beispiele für Wanderungen im Mittelalter haben verschiedene, vielleicht für manche Leser etwas überraschende Aspekte aufgezeigt. So haben die Beispiele von Elitenwanderung bzw. von Migrationen überschaubarer Gruppen von entschlossenen Eroberern gezeigt, dass auf Migration zurückzuführende politische und kulturelle Veränderungen keiner massenhaften, demographisch wirksamen Einwanderung bedürfen. Eliten setzen die entscheidenden Akzente, auch hinsichtlich des Wissenstransfers und der Verbreitung neuer Kenntnisse. Das im Hochmittelalter entstehende Universitätssystem verbreitet durch seine schon im Namen zum Ausdruck kommende Universalität die vom spanisch-arabischen Kontaktraum ausgehenden Schriften und Kenntnisse in ganz Europa. Nur durch die kleinen Gruppen von gelehrten Geistlichen und ihre Mobilität kann die Renaissance des Aristotelismus unter christlichen Vorzeichen sich in der Folge ausbreiten. Eliten setzten die entscheidenden Akzente auch im politischen Bereich. Gerade das normannische Sizilien zeigt bis in die Architektur, zu welchen kreativen Verschmelzungen Kulturaustausch führen kann, selbst wenn Eroberung und Gewalt den Beginn markieren und der Wille zu herrschen Motor der Entwicklung war (▶ Abb. 12).

Auch wird das verbreitete Bild vom statischen Mittelalter, vom Mangel an Mobilität innerhalb der durch ihre Lebensweise und rechtliche Einschränkungen in vielerlei Hinsicht »an die Scholle gebundenen« bäuerlichen Bevölkerung zurechtgerückt. Dieses Bild, das außerhalb der Fachwelt immer noch dominiert, verdankt sich nicht nur der Geschichtsschreibung der Nationalstaaten im 19. Jahrhundert, sondern auch und besonders den großen soziologischen Theorien des 20. Jahrhunderts. Mit soziologischer Schützenhilfe von Max Weber und Niklas Luhmann wurde das Mittelalter statischer gemacht, als es war, weil man es als Folie zur Erklärung der Moderne genau so brauchte.

Die hier für das lateinische Mittelalter beschriebenen grundlegenden Elemente und auch die Tendenz zur Landflucht im Kontext des sich verstärkenden Städteausbaus behalten auch in der Frühen Neuzeit, mitunter bis zum Beginn der Industrialisierung ihre Gültigkeit. Erbteilung, ökonomische oder pandemische Krisen, Ernteausfälle und viele andere Notlagen sorgten dafür, dass die (zumindest von späteren Historikern) erwünschte Sesshaftigkeit an einem Ort über Generationen hinweg nicht immer gelingen konnte. Wo darüber verstreute Nachrichten und Dokumente existieren, ergibt sich, dass Bauernfamilien praktisch nie länger als drei Generationen als Pächter oder Beisassen auf einem Hof nachweisbar sind. In der Frühen Neuzeit ergaben sich mit den überseeischen Kolonien und auch mit der Erschließung neuer Gebiete in den peripheren Gebieten des Russischen Reiches

165

darüber hinaus neue Optionen für solche, die ihr Glück anderswo suchen wollten oder von den Umständen zum Verlassen ihrer Heimat gedrängt wurden. Binnenwanderung, für einfache Menschen des Mittelalters und der Frühen Neuzeit sicher ähnlich einschneidend wie eine Auswanderung in entferntere Länder, war eine Normalität und lässt sich anhand der Landflucht, des verbreiteten »Bauernlegens« (der Vertreibung der Bauern durch Gutsherrn) und der von Fluktuation zeugenden Pachtverzeichnisse und Neubürgerlisten der Städte ansatzweise ablesen, wenngleich genaue Daten und damit quantifizierbare Informationen oft fehlen.

Vor dem Hintergrund der hier präsentierten Beispiele und Sachverhalte scheint ein Festhalten an der Vorstellung vom statischen Mittelalter problematisch. Bei genauerem Hinsehen war auch das europäische Mittelalter wie die Epochen zuvor und danach von Migrationsphänomenen aller Art betroffen und stellt in dieser Hinsicht keine Besonderheit dar. Über die individuellen Motive von mittelalterlichen Migranten sind wir wie bei den vorangehenden Epochen wenig bis gar nicht aus erster Hand informiert. Jedoch lassen sich auch für das Mittelalter einige zentrale, ja »die üblichen« Beweggründe erkennen, die Menschen dazu brachten, zu wandern. Abgesehen von Zwangsmigration bei Sklaven, Hörigen oder Flüchtlingen vor Krieg und Gewalt, bietet sich auch für diese Epoche das breite Spektrum der Motive einer auf Besserung der Lebensumstände zielenden Wanderung. Deren Bandbreite reicht von objektiven Zwängen (Bedrückung, Not, Hunger) über Hoffnung auf ökonomische Verbesserung und günstigere Lebensumstände (eigenes Land in Erbpacht, Freiheitsrechte) bis hin zu Abenteuerlust und Glücksrittertum (die normannischen Hautevilles etwa, Kreuzritter). Dabei ist es nicht immer leicht, zwischen »gewöhnlicher« Mobilität, temporärer oder zirkulärer Migration und den Phänomenen zu unterscheiden, die wir auch im modernen Verständnis als »echte« und dauerhafte Migration über Kultur- und Sprachgrenzen hinweg bezeichnen würden.

Literaturhinweise zu Kapitel 3

Zur mittelalterlichen Migrationsgeschichte insgesamt ist das Handbuch von Borgolte (2014) einschlägig. Die Geschichte Siziliens unter arabischer, normannischer und staufischer Herrschaft ist handbuchartig übersichtlich und unübertroffen bei Finley, Mack Smith und Duggan (1998) dargestellt. Zur deutschen »Ostsiedlung« siehe Higounet (1990) und Bartlett (1996). Zu international agierenden Bauhütten und Baumeistern in Gotik und Renaissance siehe Binding (1993). Das Reich der Mongolen und ihre Nomadenkultur sind Gegenstand einer Vielzahl von Darstellungen, unter denen die von Kollmar-Paulenz (2011) die zugänglichste deutsche ist. Einen guten Einblick in das Thema Nomadismus bietet der als Wörterbuch gestaltete Ausstellungskatalog von Nippa (2011). Ein übersichtlicher Aufsatz von Herzog (1982) fasst das Wichtigste zum Thema knapp zusammen. Mobilität und Migration von Studenten und Gelehrten im Mittelalter wird von Schwinges (2008) behandelt.

4 Intermezzo: Ist die Neuzeit wirklich eine Zäsur in der Migrationsgeschichte?

Was ist neu an der Neuzeit?

Der Periodisierungsbegriff, der um etwa 1500 herum das Mittelalter enden und eine »neue« Zeit beginnen lässt, ist eine Erfindung der Historiker und kam im deutschen Sprachraum erst Ende des 19. Jahrhunderts in Gebrauch. Zuvor war von »neuer« oder »neuerer« Zeit nur adjektivisch die Rede. Jedoch waren sich schon die Humanisten des 15. und 16. Jahrhunderts bewusst, dass sie in einer neuen Epoche lebten, die von bedeutenden Veränderungen und Herausforderungen geprägt war. Unter Historikern, die gerne Prozesse in Augenschein nehmen und auf Kontinuitäten im Verlauf der Geschichte schauen, war und ist diese schematische und schulbuchmäßige Epocheneinteilung umstritten. Betrachtet man jedoch die Umwälzungen, die in wenigen Generationen auch das Alltagsleben und das allgemeine Weltverständnis der bis dahin »mittelalterlichen« Europäer massiv erschüttert haben, bleiben die Bedenken, dass einige Entwicklungen bereits im 13. und 14. Jahrhundert vorgezeichnet waren, andere »mittelalterliche« Traditionen weit bis ins 18. Jahrhundert hinein relevant blieben, vernachlässigbare Spitzfindigkeiten. Diese massiven Umwälzungen betreffen in entscheidendem Maße auch die Geschichte der Migration und rechtfertigen dieses kleine Intermezzo. Denn wir müssen hier die Frage stellen, ob sich die Wanderungen, die seit Anbeginn der Geschichte zur Menschheit gehören, in der Neuzeit nur quantitativ und geografisch verändern oder ob sich auch Veränderungen im Wesen und in den Motiven von Migration ergeben. Es geht also um die Frage, ob der Mensch der Neuzeit, beeinflusst von sich verändernden sozialen und ökonomischen Faktoren seiner Umwelt, ein anderes, von früheren Epochen klar zu unterscheidendes Wanderungsverhalten ausbildet. Entwickelt sich gar ein neuer Typus des *homo migrans* in der modernen Welt? Letzteres wird von Teilen der Forschung bis heute bejaht, die den echten *homo migrans* erst im neuzeitlichen Menschen und vor allem dem sich unter dem Modernisierungsparadigma beschleunigenden Menschen des 19. Jahrhunderts sowie dem »transnationalen« Nomaden des digitalen Zeitalters erkennen will.

Dass sich zwischen 1450 und 1550 tatsächlich historische Entwicklungen von großer Bedeutung beobachten lassen, die buchstäblich alle Ebenen von Lebensweise, Weltbild, Kultur und Gesellschaft umfassen, ist unstrittig. Sie verändern nachhaltig Europa und ab 1492 die gesamte Welt. Die Ausschläge des historischen Seismographen, der diese Entwicklung durch Schwellenereignisse anzeigt, kommen geballt in diesen etwa 100 Jahren. In der hier gebotenen schematischen Kürze lassen sie sich aber nur unbefriedigend und bestenfalls oberflächlich darstellen: Gutenberg erfindet um 1450 den Buchdruck, mit welchem eine mediale Revolution beginnt, die Kommunikation und Wissenskultur grundlegend und nachhaltig verändert. 1453 erobern die Türken Konstantinopel, der »Antichrist« scheint *ante portas* zu stehen. 1492 »entdeckt« Kolumbus Amerika (zu Leif Erikson ▶ Kap. 1.2). Das geschieht im Kontext einer von Portugal und Spanien ausgehenden nautischen Expansion, von Abenteuer- und Entdeckungsreisen, die neue Handelswege auskundschaften, neue Länder entdecken und kartographieren. Der Startschuss zur »Globalisierung« verändert die Sicht auf die gewohnte Welt vollständig. Einen anderen Blick auf die Welt provoziert auch – passend zur Entdeckung Amerikas und zur Weltumseglung Magellans (1519–1522) – die bahnbrechende Arbeit des Nikolaus Kopernikus *De revolutionibus orbium coelestium* (1535 abgeschlossen, erst 1543 veröffentlicht). Diese Arbeit legt das alte geozentrische Weltbild des Ptolemaios endgültig *ad acta* und beweist mathematisch, dass sich die Planeten des Sonnensystems um ebendiese Sonne drehen. Alte Wahrheiten »über Gott und die Welt« zerfallen zu Staub. Die Welt wird zunehmend »verwissenschaftlicht« und mathematikbasierte Naturkunde und Geographie durchdringen die Gesellschaft rational. 1517 schließlich macht ein Wittenberger Mönch kritische Thesen zum Ablasshandel der katholischen Kirche publik und löst damit ein Erdbeben aus, das ganz Europa bis weit ins 17. Jahrhundert erschüttert. Reformation, Glaubensspaltung und ein europäischer Bürgerkrieg sind die Folge, wie auch die Geburt der Aufklärung und der religiösen Toleranz in Europa aus dem Geist der Glaubensspaltung und ihrer politischen Überwindung.

Vor dem Hintergrund dieser einschneidenden Ereignisse lassen sich eine ganze Reihe von Entwicklungen ausloten, die für die Herausbildung einer wirklich »neuen« Zeit verantwortlich waren und auf welche die genannten markanten Ereignisse ein Schlaglicht werfen. Zum einen die demographische Entwicklung: In Europa war es wieder zu demographischem Wachstum gekommen und die Verluste durch die Krise des 14. Jahrhunderts und die Pest waren nicht nur ausgeglichen worden, sondern die Bevölkerung Europas hatte um 1500 mit etwa 80 Millionen einen neuen Höchststand erreicht, Tendenz nur noch leicht steigend bis ins 17. Jahrhundert (Verdopplung seit 1400), dann ab etwa 1730 exponentiell steigend. Damit drohte man schon zu Beginn der Neuzeit erneut an die Grenzen der erwirtschaftbaren Nahrungsmittelressourcen zu gelangen. Die »Malthusianische Falle« drohte zuzuschnappen.

Malthusianische Falle

Der britische Nationalökonom Thomas Robert Malthus (1766–1834) lehrte, dass ökonomisches Wachstum von endlichen Ressourcen gesetzmäßig beschränkt werde. Während die Bevölkerung exponentiell wachse, sei Ressourcensteigerung nur linear möglich. Verelendung und steigende Preise seien die für die Volkswirtschaft äußerst negativen Folgen, die Malthus für die frühindustriellen englischen Großstädte kommen sah. Vor Malthus war man in den Kanzleien der Fürsten davon überzeugt, dass Bevölkerungswachstum zu immer weiter wachsendem Wohlstand führe, weswegen man Anwerbungsprogramme für Siedler aus anderen Ländern auflegte (u. a. für Glaubensflüchtlinge). Seit dem 19. Jahrhundert wurde vor dem Hintergrund der Erkenntnisse von Malthus die Sorge der Herrschenden größer, dass es aufgrund von Ressourcenknappheit zu sozialen Unruhen und Aufständen gegen die Obrigkeit kommen könnte, weswegen man etwa in Großbritannien Angehörige der Unterschicht in entfernte Kolonien zwangsumsiedelte. Der technische Fortschritt und die Produktivitätssteigerung in der Landwirtschaft haben die Thesen von Malthus im 20. Jahrhundert in der Praxis widerlegt.

Aus der sich weiter verstärkenden Tendenz zur Überbevölkerung speisten sich auch die kolonialen Migrationsbewegungen und die spätere Amerikaauswanderung. In ökonomischer Hinsicht kam es zum Ausbau von überregionalen Märkten und zu stark zunehmender gewerblicher Produktion, die über Subsistenzwirtschaft hinausging. Träger dieser neuen Marktproduktion und ihres Vertriebs (zunehmend »weltweit«) war das aufstrebende Bürgertum, der neue Stand, der letztlich die ständische Gesellschaft des Ancien Régime Alteuropas beerdigen sollte. Der frühe Kaufmannskapitalismus war beim Ausbau des internationalen Handels und der ökonomischen Ausbeutung der neuen Welt von entscheidender Bedeutung. Jedoch bedurfte er der staatlichen Protektion und wurde vom Anspruch der europäischen Staaten flankiert, die neu entdeckten Gebiete jenseits des Meeres zu beherrschen und für die frühmodernen Königreiche zu reklamieren.

Neben und gemeinsam mit Gewerbe und Handel, die immer mobiler wurden, ist die Neuzeit auch vom Ausbau von moderner Staatlichkeit geprägt. Die spätmittelalterlichen Zentralstaaten – Spanien, Portugal, Frankreich und England – prägen diese Phase politisch. Sie gewinnen an Kontur und an organisatorischer Macht, werden zu Territorialstaaten, die sich vom stark personalisierten Herrschaftsverständnis des Mittelalters loslösen und Institutionen ausbauen. Im Kleinen loten die italienischen Stadtrepubliken oder Herzogtümer die neuen Formen von Verwaltung, effizienter Besteuerung, Aufbau eines Beamtenapparates usw. aus. Sie sind gewissermaßen die Versuchslaboratorien für den modernen Verwaltungsstaat. Nicht von Ungefähr stammt unsere moderne Bezeichnung dafür aus Florenz, von niemandem geringerem als Niccolò Machiavelli (1469–1537), der *lo stato* (»der Zustand«) als Begriff einbürgerte. Dieser sich ausbildende, moderne Staat war im Übrigen – auch hier schlägt der Eurozentrismus wieder zu – eine welthistorisch höchst bedeutsame Erfindung Europas, die dem Subkontinent in den folgenden Jahrhunderten einen enormen Wettbewerbsvorteil verschaffte. Die frühneuzeitlichen Staaten brauchten für die entstehenden Verwaltungsstrukturen mehr und mehr Fachleute, die nun dem Bürgertum entstammten und von den immer zahlreicheren Universitäten kamen. An diesen sich zunehmend vom Primat der Kirche lösenden Universitäten entstand, befeuert auch durch den Buchdruck und die Zirkulation von Schriften und Ideen, eine neue Wissenskultur in Europa, die bei der nun erforderlichen Erschließung und Durchdringung der Welt von großer Bedeutung war. Naturwissenschaftler und Philosophen entwickelten die Fragestellungen, die ein neues, rationales und naturwissenschaftlich begründetes Weltbild entstehen ließen. Dies führte unmittelbar zur Verwissenschaftlichung des Zeitalters und damit zur Emanzipation und letztlich zur Abkehr vom kirchlichen Weltbild und dem damit verbundenen Absolutheitsanspruch der Kirche.

Die größte gesellschaftliche Herausforderung der Frühphase dieses Zeitalters bildete die sogenannte »Konfessionalisierung« als Nachwehe der Reformation: Durch die Herausbildung des auf Glaubensbekenntnissen basierenden frühmodernen Staates verändert sich das öffentliche und private Leben in Mitteleuropa fundamental. Die Gesellschaft gestaltet sich nun entlang der neuen Institutionen, die der absolutistische Flächenstaat ausgebildet hat und die sich fundamental vom mittelalterlichen Staat unterscheiden, der als Personenverband gegliedert und durch Grundherrschaft und komplexe persönliche Abhängigkeitsverhältnisse fragmentiert war (Heinz Schilling). Die Spaltung der Christenheit in mehrere Konfessionen hat demnach nicht nur auf religiösem Gebiet große Veränderungen bewirkt, sondern die Gesellschaft in allen ihren Teilbereichen tiefgreifend verändert und bei den Betroffenen Verunsicherung und Widerstand hervorgerufen. Der Bruch mit der Vorstellung von der Einheit des Christentums, gefolgt von großen Konflikten und Krieg, konnte erst nach langen Auseinandersetzungen in einen dauerhaften friedlichen Ausgleich münden und damit auch zur Entstehung der Toleranzidee führen. Bis ins 18. Jahrhundert blieb die Glaubensspaltung aber wichtiger Motor von Migration. Vertreibung Angehöriger anderer Konfessionen als derjenigen der Landesherren gehörte nicht nur in Frankreich (Hugenotten) und im Reich bis zum Westfälischen Frieden (1648) zum Alltag, sondern fand noch im 18. Jahrhundert sein spätes Echo in der Vertreibung der Salzburger Protestanten im beginnenden Zeitalter der Aufklärung.

Konfessionalisierung

Mit »Konfessionalisierung« bezeichnet man eine einflussreiche geschichtswissenschaftliche Theorie zur Strukturgeschichte der Frühen Neuzeit im deutschsprachigen Raum, die in den 1970er Jahren zeitgleich und unabhängig voneinander von Heinz Schilling und Wolfgang Reinhard entwickelt worden ist. Die Verfestigung kirchlicher Strukturen im 16. Jahrhundert ging einher mit dem Anwachsen der Staatsgewalt und dem Ausbau neuer Institutionen. Diese Faktoren in ihrer gegenseitigen Bedingtheit zu sehen, ist das Verdienst dieser bis heute prägenden Theorie. Sie erklärt die enormen Veränderungen und Neuerungen, eben das Anbrechen der Moderne, das mit der massiven Erschütterung des Weltbildes und der persönlichen Orientierung der Zeitgenossen verbunden war, durch das wichtigste Kennzeichen dieser »neuen Zeit«: eben die enge Bindung an die neu entstandenen Konfessionen und ihre Institutionen. Die besondere Leistung dieses Ansatzes war es, die institutionellen und sozialen Dimensionen der christlichen Religion im Gesamt der Gesellschaft zu verorten und dadurch eine sozialgeschichtlich erweiterte Perspektive auf die frühneuzeitlichen Varianten des Christentums zu entwickeln. Heute gilt die Konfession in der Forschung als Grundkategorie, ohne die wesentliche Aspekte des Gesellschaftssystems insbesondere des 16. und 17. Jahrhunderts nicht zu verstehen sind. Heinz Schilling sieht in der Konfessionalisierung »einen gesellschaftlichen Fundamen-

> talvorgang, der das öffentliche und private Leben in Europa tiefgreifend umpflügte, und zwar in meist gleichlaufender, bisweilen auch gegenläufiger Verzahnung mit der Herausbildung des frühmodernen Staates und mit der Formierung einer neuzeitlichen disziplinierten Untertanengesellschaft, die anders als die mittelalterliche Gesellschaft nicht personal und fragmentiert, sondern institutionell und flächenmäßig organisiert war« (Schilling 1988a, 6).

Die beschleunigte technische Entwicklung schließlich, angefangen mit der Schiffsbautechnik seit dem Aufstieg der großen europäischen Seefahrerstaaten im 15. Jahrhundert, sorgte dafür, dass die Überwindung großer Distanzen zunehmend leichter wurde. Sie bewirkte aber auch, dass sich Raum- und Zeitwahrnehmungen der Zeitgenossen vor allem seit dem 19. Jahrhundert grundlegend veränderten, ein vielbeschworenes Kennzeichen der Modernität (Koselleck 1995). Durch die effiziente und großräumige Nutzung der Dampfkraft rückten nicht nur die durch ein Schienennetzwerk verbundenen europäischen Regionen zusammen, sondern auch die Kontinente. Die Reisezeit und die Kosten für Schiffspassagen nach Nordamerika durch moderne Dampfer betrugen Ende des 19. Jahrhunderts nur noch einen Bruchteil derjenigen, die Auswanderer einhundert Jahre zuvor einkalkulieren mussten. Waren früher Entscheidungen für den Aufbruch in die Fremde von einer gewissen Endgültigkeit geprägt und Rückkehr seltener möglich oder auch nur eingeplant (denken wir an die aus dem Lechtal bei Augsburg ausziehenden Bräute oder an süddeutsche Bauern und Handwerker, die im 18. Jahrhundert über die Donau in die ungarischen Subkarpaten zogen), so war nun Rückkehr oder gar zirkuläre Arbeitswanderung (etwa Italiener, die ab dem späten 19. Jahrhundert saisonal nach Argentinien und zurück gingen) durchaus möglich und eine zunehmend selbstverständlichere Option. Von den rund 55 Millionen Europäern, die zwischen ca. 1830 und 1914 nach Amerika gingen, war nur ein Teil »Auswanderer« im Wortsinne. Über 15 Millionen kehrten zurück, davon die meisten in der späteren Phase, in der Schiffsreisen wesentlich günstiger wurden.

Ein Paradigmenwechsel für die Migrationsgeschichte?

Die Industrialisierung, die in England bereits seit dem 18. Jahrhundert einsetzte und durch die neue Wirtschaftsform des Kapitalismus nicht nur die gesellschaftlichen Verhältnisse in den betroffenen Staaten veränderte, wurde von einer rasanten technischen Entwicklung begleitet. Erst der Kapitalismus und die technisch nun mögliche beschleunigte Überbrückung von Raum und Zeit lieferten das Hauptargument für die verbreitete Vorstellung eines Paradigmenwechsels in der Migrationsgeschichte, die nun Massenmigrationsgeschichte wurde. Die beeindruckenden (und nun auch endlich messbaren) Zahlen von Arbeitsmigranten, die ihre ländlichen Herkunftsregionen verlassen und Industriestandorte in der Nähe oder in der Ferne aufsuchen, sowie die verkehrstechnischen Optionen auf Rückkehr mit gleichzeitiger Zunahme saisonaler, zirkulärer Migration ließen den Eindruck entstehen, erst jetzt mit dem Industriezeitalter habe die Epoche »echter« Migrationen begonnen, die sich auch qualitativ von der »Völkerwanderung« oder der »Ostsied-

Abb. 20: Reklame des Norddeutschen Lloyd (NDL), ca. 1903. Seinerzeit eine der größten Reedereien der Welt, beförderte der NDL zahlreiche Migranten: 42 % seines gesamten Passagieraufkommens transportierte er Ende des 19. Jahrhunderts nach New York, aber nur 16,2 % von dort zurück.

lung« unterscheiden. Der Kapitalismus, der nicht nur zunehmend Kapitalströme, sondern auch Menschenströme fließen lässt – Menschen, die als mobile Manipulationsware nach Bedarf, als »industrielle Reservearmee« (Karl Marx) im atlantischen System verschickt werden –, habe die Parameter der Migrationsgeschichte verändert.

Besonders aber das Zusammenwachsen der Welt, die Verbindung entfernter Räume durch Verkehrsmittel und Telekommunikation (seit der Erfindung des Telegraphen 1848, dem Internet des 19. Jahrhunderts), hat in der Migrationsforschung zu neuen Forschungsansätzen geführt, die »Transnationalität« als zentrale Kategorie untersuchen. Das in der Soziologie in den 1990er Jahren entwickelte Konzept hebt die Verbundenheit von Migranten zu zwei Nationalstaaten hervor, die durch moderne Reise- und Kommunikationsverbindungen dauerhaft gepflegt werden kann. Demnach würden moderne Migranten »transnationale« Identitäten ausbilden, die emotionale Bezüge zum Emigrations- wie auch zum Immigrationsland zulassen. Die hybriden Identitätsmodelle in modernen Migrantenmilieus erscheinen als neuartig und völlig verschieden von traditionellen Mustern (etwa aus der klassischen Zeit der Amerikaauswanderung bis Mitte des 19. Jahrhunderts). Entsprechend intensiv

4 Intermezzo: Ist die Neuzeit wirklich eine Zäsur in der Migrationsgeschichte?

werden diese Phänomene jetzt empirisch beforscht. Die neuere Forschung auf diesem Gebiet gelangt zu dem Schluss, dass grenzüberschreitende Sozialbeziehungen aufgrund ihrer Häufigkeit und Dichte eine neue historische Qualität erreicht haben und daher der typische Bruch zwischen Ausgewanderten und Daheimgebliebenen, der früher kennzeichnend war, nicht mehr in gleichem Maße wie noch vor wenigen Generationen auftritt.

In diesem Buch möchte ich diese verbreitete Sicht infrage stellen. Abgesehen davon, dass das Phänomen der »Transnationalität« keineswegs so neu ist, argumentiere ich in Teil II dieses Buchs, dass der eigentliche Paradigmenwechsel in der Migrationsgeschichte erst mit der Erfindung des Passes und mit der wirksamen Durchsetzung von Grenzregimen anzusetzen ist (▶ Kap. 11). Zwar gab es bereits in der Neuzeit Ansätze, Migration durch Grenzregime stärker zu steuern, aber erst im 20. Jahrhundert wurden wirksame Mittel zur Unterbindung von Wanderung erschaffen. Die Neuzeit hat der Migration vor allem mit Technik und Transportwesen neue Ermöglichungsräume eröffnet. Die Parameter und Grundlagen für Wanderverhalten von Menschen hat sie jedoch nicht wirklich verändert.

Das folgende Kapitel zur Neuzeit ist gemessen an der welthistorischen Ausdehnung, der beschleunigten Migrationsprozesse und der gesellschaftlichen Veränderungen eindeutig zu kurz; viel zu kurz auch gemessen an den detaillierten Kenntnissen, die aufgrund der besseren Quellenlage für die Neuzeit zur Verfügung stehen. Diese geradezu frivole Kürze kann man zu einem gewissen Teil der Arroganz des Altertumswissenschaftlers in Rechnung stellen. Gleichwohl gebe ich zu bedenken, dass auf diesem Feld nichts wirklich Neues berichtet werden kann. Ausgezeichnete Studien und auch gut lesbare Vermittlungsliteratur behandeln ausführlich die neuzeitliche Migrationsgeschichte. Darüber hinaus haben die meisten Zeitgenossen, und Sie liebe Leserin, lieber Leser ganz sicher, durchaus eine ungefähre Vorstellung von Kolonialismus und Sklavenwirtschaft im atlantischen System, von der europäischen Auswanderung nach Amerika im 19. Jahrhundert und von den durch die Weltkriege ausgelösten Flüchtlingsdramen und Massenvertreibungen im 20. Jahrhundert. Die Kürze ist also auch meinem Optimismus geschuldet, dass aufgrund der alltäglichen Präsenz der neueren Geschichte in Schule und Massenmedien bei den Lesern allgemeine Kenntnisse vorhanden sind. Im Gegensatz zur Migrationsgeschichte älterer Epochen lassen sich solche Kenntnisse auch viel leichter anhand der einschlägigen Literatur und durch die Medien gewinnen bzw. auffrischen.

Deswegen beschränkt sich die folgende nach wie vor eurozentrische Darstellung wesentlich auf einen knappen Überblick, der neben der »europäischen Expansion« vom 15. bis zum 18. Jahrhundert die »Peuplierungspolitik« der Fürstenstaaten des Ancien Régime streift und die europäische Auswanderung nach Amerika anhand weniger Beispiele illustriert. Daran anschließend kommt die »Ethnisierung« der von den Nationalstaaten Ende des 19. Jahrhunderts verfolgten Migrationspolitik zur Sprache, die Rassismus zu politischer Handlungsmaxime erhob (▶ Kap. 5). Das »kurze« 20. Jahrhundert mit seinen bis heute kaum begreiflichen Verwerfungen, Vertreibungen und Gräueltaten wird vor dem Hintergrund der Weltkriegskatastrophen und der auf sie folgenden Dekolonialisierung in extremer Kürze betrachtet werden (▶ Kap. 6).

Literaturhinweise zu Kapitel 4

Zum Epochenbegriff der Neuzeit und zu seiner Genese sind die Arbeiten von Koselleck (etwa 1995 und 2000) einschlägig. Zur Epochenwende zur Frühen Neuzeit und zu den markanten Ereignissen um 1500 herum siehe die Diskussionen bei Schwerhoff (2001). Zum seit den 1990er Jahren in der Migrationsforschung in Mode gekommenen Konzept von der »Transnationalität« ist Pries (2010) einschlägig.

5 Die Neuzeit

5.1 Migrationsgeschichte wird Weltgeschichte: Die Entdeckung Amerikas, Kolonialismus und Frühkapitalismus

Als der in den Diensten der »Allerkatholischsten Majestäten«, des Königspaars Isabella von Kastilien und Ferdinand von Aragon stehende genuesische Kapitän Christoforo Colombo mit seinen Seeleuten am 12. Oktober 1492 eine Insel der Bahamas betrat, hatte er bekanntlich keine Ahnung, dass er nicht – wie berechnet und eigentlich gewollt – den Seeweg nach Indien, sondern einen neuen Kontinent gefunden hatte. Auf diesem Kontinent, der sich über rund 15.000 km von Norden nach Süden erstreckt, lebten zahlreiche Völker. Einige von ihnen, besonders im Hochland der Anden und in Zentralamerika (heutiges Mexiko und Guatemala), hatten hochkomplexe Zivilisationen und Reiche mit »staatlichen« Institutionen entwickelt, die europäischen Kategorien von imperialer Herrschaft durchaus ähnlich waren. Zu »Völkern ohne Geschichte« (Eric Wolf) wurden sie erst durch die Ereignisse, die diesem ersten bewussten Kontakt von Europäern mit Bewohnern des neuen Kontinents folgen sollten und welche die zuvor jeweils auf die eurasische »alte« Welt und die inneramerikanischen Netzwerke beschränkten Interaktionsräume auf eine schicksalhafte Weise verbanden und zusammenführten – schicksalhaft für die von Kolumbus zu allem Überfluss auch noch völlig unzutreffend als »Indianer« bezeichneten Ureinwohner der »neuen Welt«. Da aber im Deutschen im Wort »Indianer« keine pejorativen Konnotationen mitschwingen (Karl May sei Dank), gebe ich ihm den Vorzug vor sinnentstellenden Konstruktionen wie »First Nations«.

Das ausgemachte Ziel der innovativen Seefahrernationen im äußersten Westen Europas war seit der sich durchsetzenden Erkenntnis über die Kugelgestalt der Erde und spätestens seit Prinz Heinrich dem Seefahrer (1394–1460) tatsächlich die Entdeckung des Seewegs nach Indien. Man wollte die arabischen, osmanischen und venezianischen Händler beim Erwerb der wertvollen Gewürze umgehen. Der indische Ozean und der Handel mit dem fernen Asien lagen seit dem frühen Mittelalter fest in islamischer Hand, im Mittelmeerraum wurden die begehrten Waren dann zum Leidwesen der Iberer von den Venezianern und Osmanen weiter vertrieben. Es war den durch ihren Glauben, der sich weiter nach Ostasien ausgebreitet hatte, geeinten, am Fernhandel beteiligten Völker Arabiens und Südostasiens über Jahrhunderte gelungen, die nach orientalischen Luxusgütern (v. a. Gewürzen) lechzenden Europäer auszuschließen (▶ Abb. 17). Das sollte sich nun grundlegend ändern, denn fast zeitgleich mit Kolumbus' Wiederentdeckung Amerikas hatten die Portugiesen 1498 mit Vasco da Gama den südlichen Seeweg nach Indien, ums Kap der guten Hoffnung, ausfindig gemacht.

Der Landgang eines eher mittelmäßigen Mannes im Jahr 1492 und die neue Seepassage nach Südasien hatten als eine wesentliche Folge, dass ab diesem Zeitpunkt europäische Geschichte zu Weltgeschichte wurde. Denn diese neue Epoche gestaltete sich politisch als Kolonialgeschichte, ökonomisch als Geschichte eines frühkapitalistischen, nun alle Kontinente einschließendes »Weltsystems« (Immanuel Wallerstein) und führte dazu, dass europäische Muster von Herrschaft, Sprache, Religion, Wirtschaft und Gesellschaft direkt exportiert wurden. Exportiert wurde Europa nach Übersee von Eroberern, Abenteurern, Soldaten, Kaufleuten und Siedlern, mit einem Wort: von Migranten.

Doch an dieser Stelle müssen wir ein wenig sortieren, denn die Umgestaltung der Welt nach europäischem Muster erfolgte nicht schlagartig mit der Entdeckung der neuen Welt, welche die Portugiesen und Spanier bereits 1494 vertraglich unter sich aufteilten (Vertrag von Tordesillas), als ihnen klar geworden war, dass Kolumbus nicht nach Indien gelangt war. Noch bis zur Mitte, gar bis zum Ende des 16. Jahrhunderts war vieles im Fluss, die Kenntnisse der jeweiligen Akteure übereinander und über ihre Kulturen waren denkbar gering. Dann aber setzten »Ketten von kontingenten Entwicklungen die jahrhundertelange Expansion Europas in Gang« (Reinhard 2015, 24). Dieses Kettengeflecht können wir in dieser Darstellung nicht wirklich entwirren. Nur einige Grundzüge sollen hier unter dem Aspekt von Wanderungsbewegungen kurz erwähnt werden (▶ Abb. 21).

Im Wesentlichen waren fünf europäische Mächte an der atlantischen Expansion, wie auch an der nach Asien beteiligt: Portugiesen, Spanier, Holländer, Franzosen und Engländer. Diese Reihenfolge entspricht auch der Abfolge, mit der sie als koloniale Seemächte in der Frühen Neuzeit die Vorherrschaft innehatten (mit Ausnahme der Franzosen, die nie in der gleichen Liga mitspielten). Die Portugiesen hatten sich mit Besitzungen und Handelsposten an den Küsten Afrikas und in Indien (Goa) festgesetzt und eroberten 1511 den wichtigsten Handelsplatz in Südostasien, Malakka, über den sie in der Folge den malaiischen Archipel und damit fast ganz Südostasien kontrollierten. Brasilien war ihr Teil vom großen Kuchen »Amerika«, der ihnen im erwähnten Vertrag von Tordesillas zugesprochen worden war, der die Welt unter der Schutzherrschaft des Papstes entlang des Meridians von 46° 37′ westlicher Länge aufteilte. Um ihre Kontrollposten und Handelsstützpunkte zu halten, war im 16. Jahrhundert eine äußerst niedrige Zahl von portugiesischen Soldaten, Kaufleuten und »Kolonialbeamten« dauerhaft in afrikanischen, asiatischen und brasilianischen Hafenstädten tätig. Die frühe Form der kolonialen Herrschaft in Asien und im Indischen Ozean war bis ins 18. Jahrhundert hinein keine Herrschaft über Territorien, sondern eine Herrschaft über Märkte. Seesoldaten, Kaufleute und Glücksritter, aber keine Siedler zogen von der lusitanischen Küste nach Asien.

In Südostasien beerbten die Holländer während des 17. Jahrhunderts die Portugiesen, deren Einfluss mit dem Beginn des Niederländisch-Portugiesischen Krieges 1624 rasch zurückging (schon 1641 eroberten die Niederländer Malakka). Die

5 Die Neuzeit

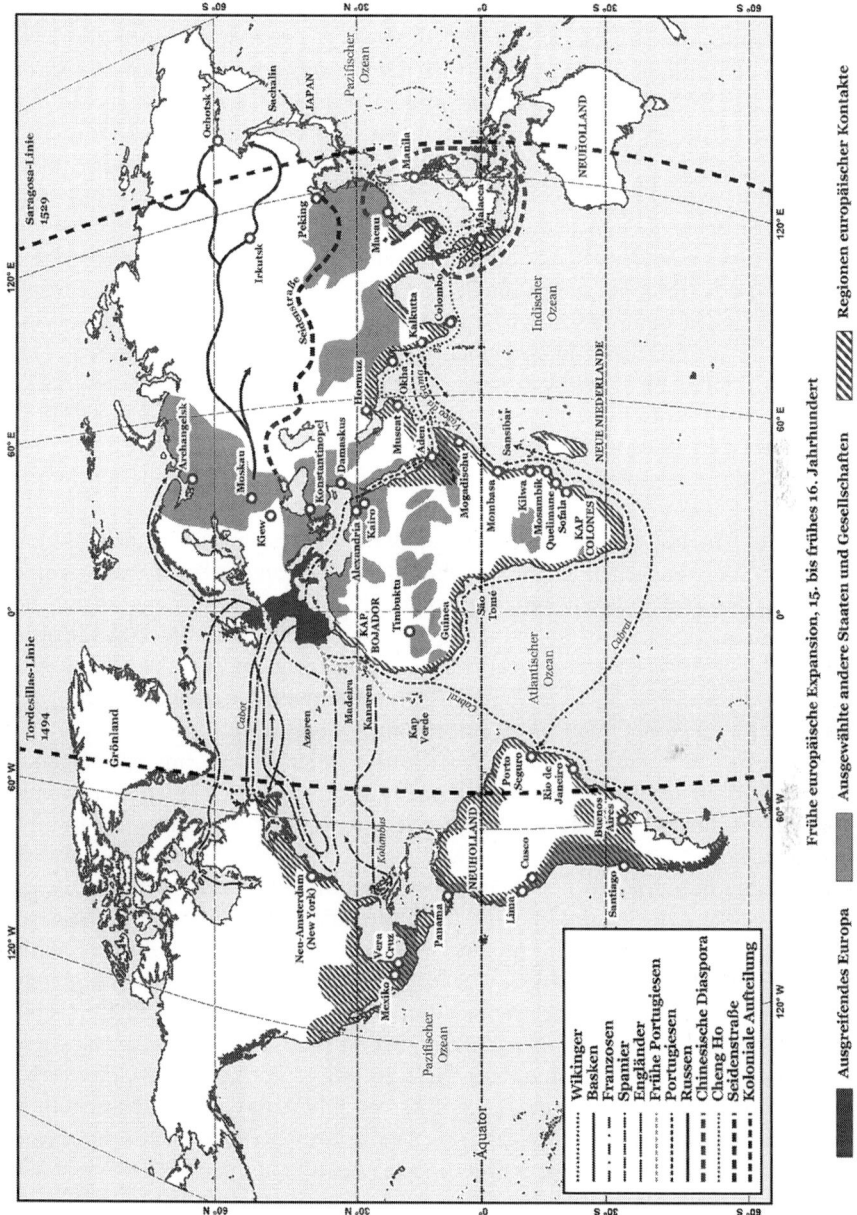

Abb. 21: Die europäische Expansion im 15. und frühen 16. Jahrhundert.

Vereenigde Oostindische Compagnie (VOC), die als Kapitalgesellschaft von holländischen Reedern gegründet worden war, übernahm als seltsam »halbstaatliche«, auch über Militärmacht und administrative Strukturen gebietende Organisation der Vereinigten Niederlande zum Teil die Stützpunkte der Portugiesen, baute aber in

Batavia auf Java (heute Jakarta, die Hauptstadt Indonesiens) ihr eigenes koloniales Zentrum auf. Mit Hoheitsrechten und Privilegien ausgestattet, baute die niederländische Ostindien-Kompanie auf Kosten der Portugiesen die Herrschaft über den Handel mit Luxusgütern von den Gewürzinseln und aus China weiter als Monopol aus. Auch aus heutiger Sicht ist es erstaunlich, dass es den wenigen Europäern in Asien gelungen ist, ein so effektives Wirtschaftsimperium für den Handel mit Gewürzen und dann auch mit chinesischem Porzellan an den Küsten gut funktionierender asiatischer Regional- und Großmächte dauerhaft zu etablieren. Nur etwa 14.000 Portugiesen haben das Funktionieren sämtlicher Handelsstützpunkte in Asien im 16. Jahrhundert sichergestellt. Die an den Küsten konzentrierten Europäer mit ihren Handelszentren wurden bis ins 18. Jahrhundert in Asien von den dortigen Territorialmächten eher nur geduldet und durchdrangen die etablierten Herrschaftsstrukturen nicht wirklich. Sie waren deshalb keine »klassischen« politisch dominierenden Kolonialherren wie später die Engländer in Britisch-Indien. Für die mächtigen Herrscher der Ming-Dynastie im Reich der Mitte waren die Portugiesen im 16. Jahrhundert nicht mehr als lästige Fliegen, ihre Gesandtschaften wurden nicht zum Kaiser vorgelassen.

In Mittel- und Südamerika dagegen haben bis 1650 nur rund eine halbe Million Bewohner der iberischen Halbinsel, mehrheitlich Spanier (Portugiesen wurden auch von den afrikanischen und asiatischen Kolonialbesitzungen angezogen) und mehrheitlich Männer, in Nordamerika bis etwa 1700 kaum 150.000 Europäer, davon die allermeisten von den britischen Inseln, es vermocht, ihre Architektur, Religion, Kultur und Sprache dauerhaft und dominant zu etablieren. Die »neue Welt« war zum Versuchslabor des europäischen Absolutismus geworden, und europäische Sitten, Sprachen und Weltansichten wurden eins zu eins übertragen. In Asien hingegen spricht man heute nicht Portugiesisch oder Holländisch, wenige Menschen gehören einer christlichen Konfession an (mit Ausnahme der Philippinen). Auch die Architektur ist, abgesehen von einigen verbliebenen Bauwerken der Kolonialzeit, wesentlich von einheimischen Traditionen geprägt, während die großen Paläste der Azteken und Inka in Mittel- und Südamerika nicht mehr existieren. Die unterschiedliche Intensität, mit der europäische kulturelle Modelle im Rahmen der kolonialen Expansion etabliert wurden, erklärt sich im Wesentlichen durch drei Faktoren. Die technische Überlegenheit der Europäer und ihrer bewaffneten Schiffe war für die Eroberung und den Ausbau der Vorherrschaft der sich ablösenden europäischen Mächte überall auf der Welt grundlegend. Auch ihre Gewaltbereitschaft und rücksichtslose Brutalität, mit der sie ihre Ansprüche durchsetzten, hat eine wichtige Rolle gespielt. Die Tatsache, dass gerade der »neuen Welt« die gesamte europäische Kultur aufgeprägt wurde und bis heute dominiert, ja gewissermaßen ein Neo-Europa entstand, liegt jedoch vor allem an einer tragischen Begleiterscheinung der Eroberung.

Während die alten Kontinente Afrika, Europa und Asien und ihre Bewohner seit Urzeiten wenigstens mittelbar in Kontakt standen, war die »neue Welt« 10.000 Jahre vom Austausch mit anderen Populationen abgeschnitten gewesen (seit Entstehung der Beringstraße). Deswegen trafen die in der alten Welt endemischen und weniger gefährlichen Mikroben und Erreger gewöhnlicher Krankheiten wie Pocken, Masern, Grippe oder Keuchhusten, welche die ersten Migranten mitbrachten, eine in der Sprache der Immunologie ausgedrückt völlig »naive« Bevölkerung. Die indigenen Völker wurden nicht von Kanonen und spanischem Stahl besiegt, sondern durch Seuchen an den Rand des Aussterbens gebracht. Etwa hundert Jahre nachdem Kolumbus seinen Fuß auf den Boden einer Mittelamerika vorgelagerten Insel gesetzt hatte, waren 90 % der Mittel- und südamerikanischen Ureinwohner durch Krankheiten ausgerottet worden, 1620 waren von den geschätzt einstmals 40 Millionen Ureinwohnern Mittel- und Südamerikas noch etwa 4 Millionen übrig. Selbst wenn die Konquistadoren nicht so sehr vom Zufall und vom Kriegsglück begünstigt gewesen wären – Cortés eroberte Tenochtitlan, die Hauptstadt des Aztekenreichs, mit nur 300 Spaniern (allerdings auch mit indianischen Verbündeten, die entscheidend waren), Pizarro besiegte mit etwa gleich vielen Männern die Inka – oder die amerikanischen Ureinwohner über bessere Kriegstechnik verfügt hätten, wäre der Sieg der extrem entschlossenen und gewaltbereiten europäischen Eroberer im Gefolge der Seuchen nur eine Frage der Zeit gewesen.

Im 17. Jahrhundert begann das neue kapitalistische »Weltsystem« zunehmend rund zu laufen: Muster des Warenaustauschs und auch »Migrationssysteme« begannen sich zu etablieren. Die wichtigste »Ware« im entstehenden atlantischen Dreieckshandel waren afrikanische Sklaven. Die Europäer hatten einen wachsenden Markt für Zucker geschaffen, die süßen Kristalle wurden in der alten Welt immer begehrter und auf den entvölkerten Inseln der Karibik gedieh das Zuckerrohr prächtig. Die Plantagenwirtschaft (später auch mit den Konsumgütern Tabak, Kaffee und zuletzt Baumwolle) bestimmte die weiter wachsende landwirtschaftliche Ausbeutung der Amerikas (▶ Abb. 22). Für diese Zwecke wurden Arbeitskräfte benötigt, die nicht in ausreichendem Maße vor Ort zu finden waren. Als Folge der unerbittlichen Logik des Marktes und der neuen global operierenden Kapitalgesellschaften griffen mit Privilegien und Monopolen der europäischen Mächte ausgestattete Reederkonsortien auf die längst etablierte Tradition des Sklavenhandels zurück. Die Portugiesen hatten bereits im 15. Jahrhundert das von muslimischen Händlern und Seefahrern schon zuvor genutzte System des Sklavenhandels, der innerafrikanisch von den regionalen Mächten beschickt wurde, zu ihrem Gewinn ausgebaut. Zunächst hatten sich die Portugiesen mit ihren nautischen Fähigkeiten in den innerafrikanischen Sklavenhandel eingeschaltet und tauschten im Nigerdelta eingekaufte Sklaven, die in Ghana begehrt waren, gegen Gold. Doch schon Mitte des 15. Jahrhunderts bauten die Portugiesen mit afrikanischen Sklaven auf der entwaldeten Insel Madeira mit enormem Gewinn Zuckerrohr an, ein wegweisendes Modell für die landwirtschaftliche Ausbeutung der Karibikinseln und Brasiliens, die im 17. Jahrhundert auf Basis von Zwangsarbeit fast industriell erfolgte.

Dieses dunkle Kapitel der Geschichte afrikanischer Zwangsmigration ist so intensiv wie kaum ein anderer Aspekt der Migrationsgeschichte erforscht worden. Etwa 12 Millionen Sklaven wurden bis zur faktischen Beendigung des Sklavenhandels (eine seit dem Beginn des 19. Jahrhunderts schrittweise Entwicklung, Verbot der Sklaverei in Brasilien 1888) aus Afrika in die »neue Welt« verbracht. Nur rund 10 Millionen kamen tatsächlich an, um unter unmenschlichen Bedingungen für ihre Besitzer zu arbeiten. Die Geschichte des auf menschlicher »Ware« basierenden atlantische Dreieckshandels, der gefragte europäische Waren nach Afrika brachte (etwa Messer oder Feuerwaffen), von dort Sklaven in die Amerikas und aus

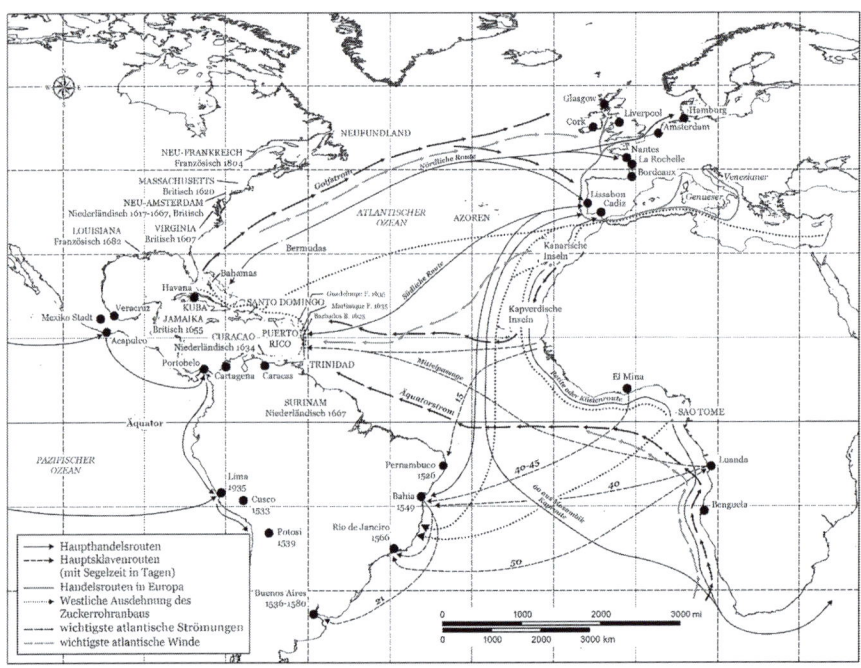

Abb. 22: Der an Strömungen, Windverhältnisse und Jahreszeiten gebundene Dreieckshandel zwischen Europa, Afrika und Amerika.

der »neuen Welt« mittels Plantagenwirtschaft gewonnene Zuckerprodukte nach Europa verschiffte, ist auch medial umfassend behandelt worden, weshalb auf Details hier verzichtet werden kann.

Ein »Weltsystem« im Entstehen

Die durch die hochentwickelte Navigations- und Schiffbautechnik beförderte Beherrschung der Meere veränderte den gesamten Welthandel nachhaltig (▶ Abb. 21). Der von den Historikern bevorzugte Blick auf den Atlantik lässt andere wichtige Wirtschaftsräume, die ebenfalls enormes Wachstum verzeichneten, etwas in den Hintergrund rücken. Der Ostseehandel und der Austausch mit dem Baltikum konnten schon zur Zeit der Hanse auf eine lange Tradition zurückblicken. Die modernen holländischen Schiffe machten den Warenverkehr durch den Sund im 16. Jahrhundert noch rentabler. Mit dem Fall der letzten christlichen Bastion auf Rhodos 1522 verloren die Venezianer definitiv ihre Position im Mittelmeer. Das Osmanische Reich kontrollierte nun gänzlich das östliche Mittelmeer und schnitt Zentraleuropa so vom Gewürzhandel über dieses Meer ab, das nun zum *mare nostrum* der Türken geworden war. Bis dahin war ein guter Teil des Warenverkehrs aus Asien über die Levante und Venedig, weiter über die Alpen und die Reichsstädte Nürnberg und Augsburg nach Zentraleuropa gelangt. Durch die Lähmung des mediterranen Handelssystems kamen die Holländer nachhaltig ins Spiel. Zuvor exklusiv in den Händen arabischer und venezianischer Händler (Mittemeerroute) oder über die vielen Stationen der Seidenstraßen, konnten die neuen Seemächte sich im 16. und 17. Jahrhundert direkten Zugang zu den Reichtümern des Ostens verschaffen (▶ Abb. 17 und 21). Der Asienhandel wurde dabei durch das amerikanische Silber dynamisiert, das von einheimischen Zwangsarbeitern aus den Minen in Bolivien, Peru und Mexiko gefördert wurde. 80 % des zwischen 1550 und 1800 weltweit geförderten Silbers und 70 % des Goldes stammten aus den spanischen Minen in Südamerika und Mexiko. Dieses Silber sorgte im komplexen Kontext des frühkapitalistischen Weltsystems auch für tiefgreifende ökonomische Veränderungen in den Reichen des asiatischen Ostens. Die zunehmende Monetarisierung der Wirtschaftssysteme in Asien erfolgte auf Basis der spanischen Reales und Pesos, denn an Waren aus Europa oder der »neuen Welt« waren die Konsumenten (und damit die Händler) Indiens und vor allem die des Reichs der Mitte nicht besonders interessiert. Chinesisches Porzellan und Seide wurden nur gegen gemünztes Edelmetall verhandelt. So griffen die unterschiedlichen Wirtschaftsräume ineinander, welche die Europäer sich in durchaus harscher Konkurrenz mit ihren Schiffen und ihrem Vorsprung in nautischer Technik und Kartographie erschlossen hatten, und fügten sich zum Weltsystem des frühen Händlerkapitalismus zusammen. Die riesigen Gewinne ließen die europäischen Hauptstädte erblühen und generierten eine nie dagewesene Wertschöpfung, die allerdings nur auf Kosten von Verlierern realisiert werden konnte. Die ersten Migranten, die in größerer Zahl über den Ozean kamen, die afrikanischen Zwangsmigranten und die nicht sehr viel freieren Schuldknechte, gehörten ebenso zu den Verlieren wie die überlebenden Ureinwohner Mittel- und Südamerikas, die in den Silberminen der Spanier als Zwangsarbeiter schuften mussten. Auf diese Weise begann Migration in der Neuzeit, auch wenn sie zahlenmäßig überschaubar blieb, die Welt nachhaltig zu verändern.

Die wesentlich von Gier und Gewinnstreben angetriebene europäische Expansion weist allerdings noch andere Facetten auf. Trotz Ausbeutung, Sklaverei und Gewalt waren Kulturkontakte und intellektueller Austausch in der Frühen Neuzeit eine wichtige Kategorie. Wissbegier und echter Entdeckersinn spielten beim Ausgriff Europas auf den Rest der Welt eine bedeutende Rolle. So erkundeten die Jesuiten neben ihrer Missionstätigkeit in Ostasien auch die chinesische und japanische Kultur und Wissenschaft. Matteo Ricci (1552–1610) war als Mathematiker am Kaiserhof in Peking und hatte voller Bewunderung die chinesische Hochsprache studiert. Sein umfassender Bericht, der 1615 in lateinischer Übersetzung postum in Augsburg gedruckt wurde, hat lange das westliche Chinabild bestimmt. Gelehrte Jesuiten studierten Flora und Fauna wie Michael Piotr Boym (*Flora Sinensis*, 1656) oder waren als Staatsbeamte (Mandarine) in die chinesische Verwaltung integriert worden wie Adam Schall von Bell (1591–1666), der als Astronom in Diensten des ersten Qing-Kaisers stand. Die jährlichen Berichte der Jesuiten (die sogenannten »Relationen«) aus dem Fernen Osten fanden viele Leser und weckten ein breites Interesse am Orient. Das Chinabild des 17. und 18. Jahrhunderts war ungeachtet ernsthafter wissenschaftlicher Bemühungen gleichwohl ein Konstrukt des westlichen »Orientalismus«, der jedoch in seiner frühen Phase keineswegs von der Unterlegenheit der fremden Kultur ausging, sondern in ihr Inspiration suchte und überlegene Weisheit erkennen wollte.

> **Orientalismus**
>
> Die postkolonialistische Theorie versteht unter »Orientalismus« die von Vorurteilen aller Art geprägte westliche Sicht auf den asiatischen Kontinent und seine Völker. Der Schöpfer dieses Konzepts, der amerikanische Literaturwissenschaftler palästinensischer Herkunft Edward Said (1935–2003), sah bereits in Herodots Berichten über die Perser aus dem 5. Jahrhundert v. Chr. eine frühe Form eines von westlichem Überlegenheitsgefühl geprägten Kulturimperialismus. In der Neuzeit habe dieser rassistische Formen der Kulturwahrnehmung ausgeprägt. Orientalismus kann sich sowohl in romantischer Verherrlichung orientalischer Lebensformen (»Haremskitsch«) wie auch in kolonialistisch geprägten Vorstellungen von der Minderwertigkeit der »Orientalen« und ihrer Kultur niederschlagen.

Bei aller berechtigten Kritik an den ab dem 19. Jahrhundert mit Vorstellungen von kultureller Unterlegenheit verbunden wissenschaftlichen und publizistischen Annäherungen an den näheren und ferneren Orient bleibt doch zu bemerken, dass Neugier und Interesse diese Bemühungen leiteten, auch wenn die Perspektive immer europäisch blieb. Aber nur durch den Bezug auf das Eigene konnte sich »der Westen« den Orient literarisch und wissenschaftlich aneignen und in die eigene Wirklichkeit übersetzen. Der frühmodernen Wissbegier kommt eine nicht unerhebliche Bedeutung für den Ursprung der europäischen Expansionsgeschichte zu. Diese sich zunehmend zu wissenschaftlichem Interesse verdichtende Neugier (im 19. Jahrhundert in morgenländischen Gesellschaften und Orientinstituten organisiert) war nach dem Philosophen Hans Blumenberg ein sehr eigentümliches Kennzeichen der europäischen Wissenstradition.

Umgekehrt war das Interesse orientalischer Gelehrter und Kaufleute am Westen begrenzt. Eine irgendwie geartete »Wissenschaft vom Westen« hat es im gesamten Orient nie gegeben, nicht einmal in den benachbarten islamischen Reichen, mit denen seit Jahrhunderten direkte Kontakte bestanden. Allenfalls an nach Kriterien der Brauchbarkeit orientiertem, eher »technischem« Wissen, nicht aber an europäischer Kultur zeigte der Osten Interesse. Daran möchte ich den Gedanken anschließen, dass die Träger der europäischen Expansion, der Eroberer, der Kaufmann, der Forscher und auch der Missionar, ganz unterschiedliche Ziele verfolgten. Gerade diese unterschiedlichen Ziele der Akteure können eine eindimensionale Vorstellung von der europäischen Expansion als einer Geschichte der kolonialistischen Vergewaltigung auch unterlaufen. Dies alles macht die Globalgeschichte der Neuzeit zu einem weitverzweigten und spannenden Forschungsgebiet, das an dieser Stelle nicht einmal ansatzweise in seiner Komplexität gewürdigt werden kann.

Die frühe europäische Expansion aus migrationshistorischer Sicht

Die spannende Frühgeschichte des entstehenden »Weltsystems«, der globalen Machtergreifung des Kapitalismus unter europäischen Flaggen und der Entstehung unterschiedlicher kolonialer Reiche zwischen Handelsimperien und auf Plantagenwirtschaft basierenden Territorialherrschaften, die erst später zu Siedlergesellschaften werden, konnte hier nur gestreift werden. Die europäische Expansion der Frühphase verzeichnet dabei vergleichsweise geringe Bevölkerungsverschiebungen aus der alten Welt in die neue. Gegen die 368.000 wandernden Helvetier, deren Zug Caesar stoppte (▶ Kap. 2.4) fallen 14.000 Portugiesen in ganz Asien während des 16. Jahrhunderts kaum ins Gewicht, wenn man Menschenmassen als entscheidendes Kriterium für Migration ansetzt.

Zunächst war das Plantagensystem im Kontext des atlantischen Dreieckshandels für die Migrationsbewegungen verantwortlich. Noch bis etwa 1820 waren nur 20 % der »Einwanderer« in die Amerikas Europäer, bei 80 % der etwa 14 Millionen Migranten der Frühen Neuzeit handelte es sich verschleppte afrikanische Sklaven. Abgesehen von der kleinen Oberschicht der Pflanzer und Agrarunternehmer, kamen die ersten europäischen Siedler unter einem verglichen mit der Sklaverei geringfügig leichteren Zwangsregime nach Amerika. Sie verdingten sich schon im Heimathafen als Schuldknechte (*indentured servants*), um nach Ankunft auf den Plantagen zu arbeiten. Das Los dieser frühen europäischen Auswanderer war nicht viel leichter als das der Sklaven, jedoch zeitlich begrenzt. Als Gegenleistung für die zu dieser Zeit (17.–18. Jh.) noch recht teure Überfahrt mussten sie für fünf bis sieben Jahre ohne Lohn auf den Plantagen arbeiteten, zu Bedingungen, die viele nicht überlebten. Auf diese Weise kamen in der Frühen Neuzeit (ca. 1500–1800) kaum zwei Millionen Europäer nach Amerika, zunächst vor allem in die spanischen und portugiesischen Besitzungen in Südamerika, ab dem 18. Jahrhundert auch nach Nordamerika.

In den ersten 200 Jahren der Existenz der europäischen Kolonialreiche in den Amerikas überquerten »nur« etwa 100.000 Portugiesen und weniger als 500.000 Spanier den Atlantik in Richtung Süd- und Mittelamerika, während sich in den 13 Siedlerkolonien der englischen Krone in Nordamerika, aus denen dann die Vereinigten Staaten hervorgehen sollten, bis 1775 lediglich rund eine halbe Million Europäer ansiedelten, mehrheitlich Engländer. Von diesen war fast die Hälfte als Schuldknechte eingereist, über 50.000 waren Sträflinge oder anderweitig unliebsame Angehörige der Unterschichten gewesen. Insgesamt sind bis zum Ende des 18. Jahrhunderts kaum zwei Millionen Europäer in die Amerikas gelangt. Im Vergleich dazu hatten die ersten Jahrhunderte des römischen Weltreiches ab Caesar doch einiges mehr an Mobilität zu bieten.

In Asien benötigte das Handelsimperium der Portugiesen, der Holländer und der Engländer noch weniger Personal, das im Übrigen keine dauerhafte Ansiedlung anstrebte (im 16. und 17. Jahrhundert lebten in den größten Kolonialstädten Goa und Batavia nur je rund 2.000 Portugiesen bzw. Niederländer). Gleichwohl hat die enorm aktive Ostindische Kompanie der Niederländer in den 200 Jahren ihres Bestehens (1602–1798) rund eine Million Menschen, darunter etwa die Hälfte Angehörige der Unterschicht aus nordwestdeutschen Gebieten, als Matrosen, Kolonialsoldaten und Bedienstete nach Südostasien transportiert. Viele von ihnen erlagen, wenn sie die entbehrungsreiche Überfahrt überhaupt überstanden hatten, dem ungewohnten Klima und den Tropenkrankheiten, nur etwa ein Drittel kehrte zurück.

Im Reich der Mitte, das seit 1644 von der aus der Mandschurei stammenden Qing-Dynastie gelenkt wurde, erfolgten zeitgleich zum Ausgreifen der europäischen Mächte und ihrer Handelskompanien Umsiedlungen von vergleichsweise kolossalem Ausmaß. Bereits unter dem ersten Ming-Kaiser wurden um 1400 elf Millionen Menschen (ca. 15 % der Gesamtbevölkerung; Soldaten und Zivilbevölkerung) gegen ihren Willen in wenigen Jahren vom Shanxi-Plateau ins Jangtse-Delta umgesiedelt. Unter den Qing erfolgte dann eine gesteuerte Siedlungspolitik, die mittels Ackerlandzuweisungen Anreize zur Auswanderung in die Provinz Sichuan schuf. Bis Mitte des 18. Jahrhunderts folgten sechs Millionen Siedler den kaiserlichen Aufrufen, entferntere Gebiete zu besiedeln und zu bewirtschaften.

Migrationsgeschichtliche Einordnungen des frühneuzeitlichen »Weltsystems«

Der obsessive Blick der Migrationsforschung auf Massenmigration soll jedoch nicht darüber hinwegtäuschen, dass Tendenzen zur Globalisierung seit der Neuzeit sowie technischer Fortschritt nur neue Möglichkeiten für Migration schufen, das Phänomen Migration an sich aber nicht strukturell veränderten. Es sind jedoch diese Ermöglichungsräume, diese Ansätze von Netzwerken, die Migration überhaupt generieren. Auf die Saldozahlen von Wanderungsströmen kommt es erst in zweiter Linie an. Die namenlosen Abenteurer, die vor 40.000 Jahren in die offene See, ins Unbekannte fuhren und Australien besiedelten, die Peleset und Šardana, die die Mittelmeerwelt am Ende der Bronzezeit erschütterten, die 368.000 wandernden Helvetier, die von Caesar zurückgeschickt wurden, und die bäuerlichen Ansiedler aus Westfalen, die im 13. Jahrhundert in die Gebiete östlich der Elbe zogen, unterscheiden sich strukturell nicht von den zunehmend nach Millionen zu zählenden Migranten der Neuzeit. Auch ohne Karavellen, Eisenbahnen und kapitalistischem Weltarbeitsmarkt, vor allem aber ohne Pass- und Grenzkontrollen überbrückten sie geographische und kulturelle Distanzen. Wagemut, Abenteuerlust, bedrückende Umstände am Ausgangsort, der Wunsch, »etwas Besseres als den Tod« oder auch nur »etwas Besseres« zu finden, waren Motive, die zur Zeit des Hellenismus für Zenon von Kaunos wie im 17. Jahrhundert für die sektiererischen Calvinisten auf der Mayflower gleichermaßen galten. Ähnliches gilt für Vertreibung und Sklaverei als epochenübergreifende brutale Formen von Zwangsmigration. Die ganzen Stämme und Völker, die von den Assyrern zwangsumgesiedelt wurden, oder die geschätzt vier Millionen Sklaven, die bis zur Zeit Caesars als Kriegsgefangene oder auf Märkten erworben nach Rom kamen, unterscheiden sich hinsichtlich ihres Loses nicht grundlegend von den in die Amerikas verschleppten Afrikanern. Die biblischen Geschichten und Psalmen über die ägyptische und babylonische Knechtschaft wurden ja nicht wegen der schönen Storyline in den »Spirituals« und »Work Songs« aufgegriffen und zu identitätsstiftenden Meistererzählungen der entstehenden missionierten schwarzen Sklavenkultur in Virginia und den Carolinas, sondern weil die historische Erzählung von Entwurzelung und Trost deckungsgleich war mit dem eigenen Erleben. Der biblische Jordan war die Mason-Dixon-Line, das »gelobte Land« Kanaan der Norden, in dem die Freiheit wartete (»O Canaan, sweet Canaan, / I am bound for the land of Canaan«).

Dennoch: Aus migrationsgeschichtlicher Gesamtperspektive lässt sich festhalten, dass mit der seit dem 16. Jahrhundert zunehmenden Bedeutung weltweiter Vernetzung, die man mit einer gewissen Berechtigung als »erste Globalisierung« bezeichnen könnte, die entscheidende Weichenstellung für die zukünftigen Massenmigrationen und räumlichen wie sozialen Neuordnungen der Neuzeit erfolgte. Allerdings möchte ich in Erinnerung rufen, dass bereits seit der Bronzezeit (Mittelmeersystem) und erst recht während der Pax Romana (1. bis Anfang des 3. Jahrhunderts), als der römische Kaiser Elagabal Seide aus China am Leibe trug, eindrucksvolle »Globalisierungsanläufe« (Osterhammel und Petersson 2019, 25) beobachtet werden können. Die Tatsache, dass diese eher »hemisphärischen« anstatt »globalen« Vernetzungen ohne die Einbeziehung später entdeckter Kontinente stattfinden mussten und diese Anläufe zur geographisch-ökonomischen Integration immer wieder abbrachen, schmälert weder ihren historischen Rang noch ihre strukturelle Bedeutung und rechtfertigt schon gar nicht die mangelnde Beachtung, die Migrationshistoriker und Mobilitätsforscher dieser vermeintlich aparten »Vorgeschichte« der Globalisierung entgegenbringen.

Komplexe Migrationssysteme

Die europäische Expansion seit dem 16. Jahrhundert hat allerdings eine unumkehrbare und vor allem ungebrochene Entwicklung weltweiter Verdichtung und Integration ausgelöst. Diese Entwicklung betraf nicht nur die gesamte mittlerweile entdeckte und kartographierte Welt, sondern sorgte auch für eine spätestens seit der Mitte des 18. Jahrhunderts stabile, multilaterale Interdependenz im Sinne eines Weltsystems. Daraus ergaben sich weitreichende Auswirkungen für die nun weltweite Migration: Die weiträumige Erschließung unterschiedlicher Gebiete über das Meer integrierte nun die ganze Welt zu einem globalen ökonomischen Austauschsystem, in dem immer mehr Menschen große Räume überbrückten und in neue Welten aufbrachen. Auf diese Weise entstanden die drei großen Migrationssysteme, die sich im 19. Jahrhundert bis in die frühen Dekaden des 20. Jahrhunderts weltweit etablierten:

1. Das transatlantische System mit fast 60 Millionen Migranten in die Amerikas, davon etwa 3 Millionen aus Asien (Millionen Sklaven nicht eingerechnet, die noch im 19. Jahrhundert trotz zunehmender Ächtung des Menschenhandels verschleppt wurden).
2. Das südasiatische Migrationssystem, in dem ab dem 19. Jahrhundert etwa 30 Millionen Inder und rund 20 Millionen Chinesen nach Südostasien und zu den Inseln im Indischen und im Pazifischen Ozean migrierten.
3. Das nordasiatische Migrationssystem, in dem vor allem Russen (etwa 13 Millionen) nach Sibirien und Chinesen (rund 30 Millionen) in die nördlichen Regionen, vor allem in die Mandschurei migrierten. Dazu zählt auch die nördlich in verschiedene Regionen gerichtete Auswanderung von Japanern und Koreanern, allerdings mit weit niedrigeren Zahlen (McKeown 2004).

5.2 Glaubensspaltung und Migration im Europa der Frühen Neuzeit

Die bis zum Ende des 15. Jahrhunderts bekannte »alte« geordnete Welt, die durch den christlich fundierten Ordo-Gedanken geprägt war – eine Welt, in der die meisten Menschen genau ihren von Gott bestimmten Platz und ihre Rolle kannten –, wurde nicht nur durch die verstörende Entdeckung eines Kontinents, der sich kaum ins christliche Weltbild einordnen ließ, in ihren Grundfesten erschüttert. Es war vor allem die Herausforderung der Konfessionalisierung, die den Eindruck einer alle Bereiche umfassenden Unsicherheit vermittelte.

Es war letztlich die Religion, die aus der ersten Phase der Frühen Neuzeit ein Zeitalter massenhafter Migrationen machte. Nicht die vergleichsweise wenigen transatlantischen Migranten, in der Mehrheit Funktionsträger, Verwalter und Soldaten, bestimmten das Migrationsgeschehen, sondern die Millionen von europäischen Glaubensflüchtlingen zwischen 1492 und 1685. Noch vor der Reformation, welche die Einheit der Christenheit und die althergebrachte Ordnung im Dreißigjährigen europäischen Bürgerkrieg auflösen sollte, dessen Auswirkungen auf die Kolonialreiche ihn zu einem »ersten Weltkrieg Europas« machten (Reinhard 2016, 179), waren es die Vertreibungen der Mauren und der vom Islam zum Christentum konvertierten Morisken aus Spanien sowie die Ausweisung der sephardischen Juden aus Spanien und Portugal, mit denen die neuzeitliche Odyssee der Glaubensflüchtlinge begann.

Nach 1492 wurden etwa 300.000 muslimische (und konvertierte) Bewohner Spaniens und ebenso viele spanische Juden vertrieben. Die mit Pogromen verbundene gewaltsame Vertreibung der Mauren und Juden bzw. ihre Zwangskonversion entsprang dem Wunsch der »Allerkatholischsten Majestäten«, nach der politischen Einheit Spaniens auch die innere, religiöse Einheit des Landes herzustellen. Diese auf Glaubenseinheit zielende frühneuzeitliche Logik der entstehenden Territorialstaaten, die sich zunehmend durch die Durchsetzung fürstlicher Macht definierten (Stichwort Absolutismus), sollte auch die blutigen Religionskriege bestimmen, die in der Folge der Reformation ganz Europa erfassten. Diese Logik machte das Zeitalter der Glaubensspaltung bis zum Ende des Dreißigjährigen Krieges zu einer Epoche der Glaubensflüchtlinge und damit zu einem in hohem Maße von Migration geprägten Zeitalter.

Reformation und europäische Religionskriege

Die von Luther und den übrigen Reformatoren beförderte geistige Veränderung des Abendlands hatte vielfältige politische Folgen, die sich auch migrationsgeschichtlich auswirkten. Fürsten und Reiche gerieten in den Sog der Auseinandersetzung um den rechten Glauben. Im Reich kulminierten die anhaltenden Auseinandersetzungen und wechselnden Allianzen in einem sich zum europäischen Bürgerkrieg auswachsenden Konflikt, dem Dreißigjährigen Krieg (1618–1648). Sein Ende mit dem Westfälischen Frieden markiert zugleich das vorläufige Ende der erbitterten Glaubenskriege in Europa und begründete einen auf gegenseitiger Anerkennung basierenden Ausgleich in einem neuen, modernen Staatensystem. In England hatte mit Heinrich VIII. (1491–1547) und seiner Tochter Elisabeth (1533–1603) der Protestantismus anglikanischer Prägung endgültig gesiegt. Dies alles kann hier aus Platzgründen nicht weiterverfolgt werden. Interessierte seien auf die gut lesbaren Arbeiten von Heinz Schilling und Wolfgang Reinhard verwiesen.

Die massenhaften Wanderungen im Gefolge der Reformation sind aufgrund fehlender Statistiken kaum zu beziffern, nur auf lokaler und regionaler Ebene liegen bisweilen genauere Zahlen vor. Ansonsten bleiben die Historiker auf sehr grobe Schätzungen angewiesen. Zu etwa 150.000 protestantischen Glaubensflüchtlingen aus den Niederlanden (aus den spanischen Niederlanden, grob das heutige Belgien) gesellten sich mindestens 100.000 aus Österreich, bis zu 200.000 französische Calvinisten, die sogenannten »Hugenotten«, sowie viele Tausende Glaubensflüchtlinge aus anderen Regionen. Zählt man die im Zuge der iberischen Religionspolitik vertriebenen Juden (s. o.) sowie die nur sehr ungenau zu schätzenden katholischen Glaubensflüchtlinge aus protestantischen Gebieten hinzu (hier gibt es noch Forschungsdefizite), kommt man für das 16. und 17. Jahrhundert auf mindestens eine Dreiviertelmillion Glaubensflüchtlinge, die man als *cross-cultural migrants* im Sinne Mannings ansprechen kann (Schilling 2002). Darüber hinaus erfolgten auch zahllose kleinräumigere Wanderungsbewegungen, nach heutigem Verständnis »Binnenmigrationen«, die in den Schätzungen zu den Glaubensflüchtlingen kein Echo finden. Wenn etwa in erzbischöflichen Herrschaften wie Köln oder Trier das Reformationsrecht des Landesherrn durchgesetzt wurde, dann führte dies bei der bodenständigen Bevölkerung, die sich nicht zum neuen Glauben bekannte, zu eher kleinräumigen Abwanderungen über die nächste Grenze. Denn die Konfessionszugehörigkeit der Untertanen wurde vom Landesherrn bestimmt. Und bei den durchaus vorkommenden Bekenntniswechseln der Herrscherhäuser war die Bevölkerung dieser Religionswillkür ausgeliefert und konnte sich dem Konfessionszwang oft nur durch Landesflucht entziehen. Gewaltbedingte Binnenmigration war während des Dreißigjährigen Krieges besonders häufig, oft vom Land in die sicherere Stadt. Der schwäbische Schumacher Hans Heberle, von dem ein beeindruckendes Tagebuch aus diesem europäischen Bürgerkrieg erhalten ist, berichtet ausführlich von seinen insgesamt 30 »Fluchten« vor plündernden und mordenden Soldaten, die er mit seiner Familie auf sich nehmen musste (meist in die Stadt Ulm). Zählt man noch heimatferne und oft heimatlose Landsknechte und Soldaten hinzu, die Jan und Leo Lucassen mit guten Argumenten zu den »echten« Migranten zählen, dann geht die Gesamtzahl weit über die Millionengrenze hinaus.

Die Zahlen der frühneuzeitlichen Glaubensflüchtlinge sind aus gegenwärtiger Perspektive nicht wirklich beeindruckend, wiewohl sie die der migrationsgeschichtlich emblematischen »Völkerwanderung« um ein Vielfaches übersteigen. Betrachtet man jedoch die meist urbanen, mindestens kleinstädtischen Ansiedlungsräume der Niederländer oder Hugenotten genauer, so schlagen sie angesichts heutiger Vergleichsmaßstäbe mit ähnlichem Gewicht zu Buche. Städte wie Emden oder Frankfurt am Main hatten über Jahre hinweg einen Anteil von etwa 20 % Glaubensflüchtlingen (und deren Nachkommen), Berlin zählte um 1700 ebenfalls etwa 20 % Hugenotten. Aber auch in diesem Zusammenhang ist nicht die Masse der

Migranten entscheidend, auch nicht der prozentuale Anteil an der Bevölkerung, sondern der gesellschaftliche Einfluss und die innovative Wirkungskraft, die Migranten in Aufnahmegesellschaften entfalten können.

Die Hugenotten und ihr »Refuge«

Ein Paradebeispiel für das Schicksal frühneuzeitlicher Glaubensflüchtlinge bieten die Hugenotten (die Herkunft des in Frankreich bald abwertend gebrauchten Begriffs ist unsicher, möglicherweise abgeleitet von *eyguenot*, »Eidgenosse«). Die französische Reformbewegung, die sich auf Jean Calvin (1509–1564) berief, formierte sich in den 1530er Jahren und gewann an Einfluss. Besonders der Adel begann sich für die Reformation zu begeistern, nicht zuletzt auch als Zeichen der Opposition gegenüber den frühabsolutistischen Bestrebungen des Königs. Damit entstand eine militärisch bedeutende protestantische Partei, die von der Krone nicht ignoriert werden konnte. Nachdem den Hugenotten zunächst gewisse Zugeständnisse gemacht worden waren, entluden sich die Spannungen zwischen ihnen und den radikalisierten Katholiken unter Führung der mit den Geschlechtern der hugenottischen Anführer auch politisch konkurrierenden Adelsfamilie der Guise in acht blutigen Religionskriegen. Deren tragischen Höhepunkt stellt die berüchtigte Bartholomäusnacht dar (23./24. August 1572). In dieser Nacht und in den darauffolgenden Tagen wurden in Paris und den Provinzen mindestens 5.000 Hugenotten abgeschlachtet, darunter die bedeutendsten Köpfe des hugenottischen Adels (andere Schätzungen geben bis zu 20.000 Opfer an).

Erst die unerwartete Erbfolge und die Konversion des Hugenotten Heinrich von Navarra, der als Heinrich IV. 1589 den Thron bestieg und 1593 zum Katholizismus konvertierte, um seine Herrschaft zu sichern (»Paris ist eine Messe wert«), nahm den Druck vom Kessel und ermöglichte eine Duldung, jedoch keineswegs die »Tolerierung« der französischen Calvinisten im Königreich. Das sogenannte »Toleranzedikt« von Nantes (1598) ermöglichte den Hugenotten beschränkte Religionsfreiheit, gewisse institutionelle Eigenständigkeit und subsidiäre Duldung, aber unter der dominanten katholischen Staatsreligion. Aus Sicht des absolutistischen und nach Glaubenseinheit seiner Untertanen strebenden frühmodernen Staates war diese Lösung unbefriedigend. Und so war ihr keine Dauer beschieden.

Schon im 16. Jahrhundert waren einige Tausend Hugenotten vor den Religionskriegen geflohen. Nach dem Durchgreifen Richelieus 1628 und der Belagerung und anschließenden Schleifung der hugenottischen »Hauptstadt« La Rochelle suchten weitere Calvinisten ihre Zukunft in den protestantischen Nachbarländern. Der große Exodus der Hugenotten erfolgte jedoch erst nach der Aufhebung des Edikts von Nantes durch das Edikt von Fontainebleau im Jahre 1685. Etwa 150.000 bis 200.000 Calvinisten wollten weder Konversion noch ein Dasein als »Geheimprotestanten« akzeptieren und flohen aus Frankreich – gegen den Willen des Königs, der im Edikt von 1685 die Ausreise untersagte. Proportional waren unter den Flüchtlingen viele Angehörige des Adels und des wohlhabenden Bürgertums (generell ist Migration nach Erkenntnis der Migrationshistoriker kostenintensiv und damit keine Option für Arme). Mindestens ebenso bemerkenswert wie die migrationsgeschichtlich bedeutsame Auswanderung einer so großen Anzahl an Hugenotten ist jedoch die Tatsache, dass etwa 80 % der französischen Calvinisten trotz des konfessionellen Drucks als beachtlichem Push-Faktor im Lande blieben und eben nicht das »Refuge« – und damit Verlust von Hab und Gut sowie sozialen Beziehungen – wählten. Die wichtigsten Aufnahmeländer für die Flüchtlinge waren die unmittelbaren Nachbarn, die (protestantischen) Vereinigten Niederlande (etwa 50.000) und England (etwa 45.000). Denn die Glaubensflüchtlinge hofften auf baldige Rückkehr nach politischen Veränderungen. Auch in die protestantischen Fürstentümer des Reichs gelangten etwa 50.000 Hugenotten. Frankfurt am Main wurde nicht nur ein wichtiges »Refuge«, sondern vor allem Drehkreuz für weitere Wanderungen in Aufnahmegebiete in den Niederlanden und im Reich. In Frankfurt und auch in Städten der Niederlande und der Schweiz hielten sich Agenten und Werber deutscher Fürsten auf, die die Aufnahme der Flüchtlinge für ihre Fürstentümer organisierten.

Peuplierungspolitik in den Fürstenstaaten des Ancien Régime

Nicht nur Solidarität unter Glaubensverwandten, sondern auch staatliches Interesse spielte bei der Aufnahme von Glaubensflüchtlingen in ganz Europa eine Rolle. Nach dem Dreißigjährigen Krieg, der ganze Regionen durch Kriegsfolgen und Seuchen entvölkert hatte (manche Gebiete, etwa die Pfalz, hatten im 17. Jahrhundert zwei Drittel ihrer Bewohner verloren), hatte sich in ganz Europa die Ansicht durchgesetzt, dass Bevölkerungswachstum die entscheidende Grundbedingung für Wohlstand und ökonomisches Wachstum sei. Durch einschlägige, auch populäre Schriften rückten gelehrte Konzepte von »guter Staatsverwaltung« (»gute policey«), die eine planmäßige Besiedelung, Steuerwesen und merkantilistischen Ausbau der Wirtschaft (Manufakturen, Handel, Handwerk) integrierten, zunehmend ins Interesse der Eliten und der Landesfürsten. Besonders interessiert war man entsprechend an solchen Zuwanderern, die über Kapital oder Fachkenntnisse verfügten. Dieser Umstand erklärt auch, warum man den Glaubensflüchtlingen oft attraktive Privilegien einräumte oder auch Angehörige eher wenig gelittener fundamentalistischer Sekten aufnahm (etwa Mennoniten oder Hutterer). Die Idee der »Peuplierung« entvölkerter oder der Urbarmachung noch unwirtlicher Regionen durch Neusiedler hatte sich in Europa als Staatsräson der frühneuzeitlichen Fürstenstaaten just zu jener Zeit durchgesetzt, als die Hugenotten in großer Zahl Frankreich verließen. So entstand ein regelrechter Wettbewerb um Neusiedler. Nicht nur Brandenburg-Preußen, das mit etwa 20.000 die meisten Glaubensflüchtlinge anziehen konnte, sondern auch kleinere Fürstentümer und Landesherrschaften kamen zum Zuge: So gingen etwa 10.000 Hugenotten ins Badische, etwa 7.000 in die Landgrafschaft Hessen-Kassel.

Generell entbrannte vor allem im 18. Jahrhundert ein Wettlauf der europäischen Großmächte um die besten Migranten. Sowohl Preußen und Österreich als auch wenig später das Zarenreich unter Katharina der Großen überboten sich gegenseitig mit Privilegien für einwanderungswillige Neusiedler. Maria Theresia und ihr Sohn Joseph II. wollten die von den Türken zurückeroberten Gebiete, vor allem das Banat (heute an der serbisch-rumänischen Grenze) mit erfahrenen Bauern aufsiedeln. Besonders in den deutschen Kleinstaaten und in den von Kriegen verheerten Regionen Süddeutschlands waren ihre professionellen Anwerber erfolgreich: Mit Einwegbooten, den sogenannten »Ulmer Schachteln«, fuhren Tausende in mehreren »Schwabenzügen« die Donau hinab ins nun wieder habsburgische Ungarn (▶ Abb. 23). Nach 1711 fanden rund 400.000 vorwiegend deutsche Neusiedler ihren Weg in die östlichen Teile des Vielvölkerreichs. Dem Aufruf Katharinas der Großen, die 1762 Siedler nach Russland einlud, folgten bereits in den ersten Jahren (bis 1774) über 30.000 Neusiedler aus deutschen Landen, die in der Gegend von Saratow am Don und in Gebieten der heutigen Ukraine angesiedelt wurden. Aber nicht nur deutsche Siedler kamen in die Steppengebiete des Zarenreiches (die werden in den Quellen und Darstellungen allerdings bevorzugt erwähnt). Die meisten Kolonisten waren Binnenmigranten und osteuropäische Bauern aus den Nachbarstaaten, vor allem aus Serbien und der Moldau (heute Rumänien). Hinzu kamen Bulgaren sowie Armenier und Griechen, die sich hauptsächlich in Hafenstädten niederließen. So wurden 1778 rund 31.000 Bewohner der Krim, über 18.000 Griechen und fast 13.000 Armenier, nach Russland umgesiedelt. Die durch die Konfessionsfrage ausgelöste Wanderung der Hugenotten traf auf eine günstige bevölkerungspolitische Konjunktur, da die dynastischen Staaten des Ancien Régime an den Migranten in höchstem Maße interessiert waren.

Abb. 23: Ulmer Schachtel vor Ulmer Münster. Diese improvisierten Boote transportierten die sogenannten »Donauschwaben« bis ins heutige Rumänien.

Die Hugenotten in Brandenburg-Preußen: Identität und Integration

Die Geschichte der Hugenotten in Brandenburg-Preußen ist besonders gut erforscht worden. Sie ist von der Geschichtsschreibung des späten 19. und des 20. Jahrhunderts zu einer beispielhaften Meistererzählung erfolgreicher Integration bei gleichzeitiger Bewahrung einer spezifischen Identität verdichtet worden. Gerade die Nachkommen der »Refugiés« haben dieses Narrativ in ihren gelehrten Schriften immer wieder bedient.

Kurfürst Friedrich Wilhelm von Brandenburg (1620–1688) bekannte sich zum Calvinismus, die Hohenzollerndynastie gehörte seit der Konversion seines Großvaters Johann Sigismund dem reformierten Glauben an, während die große Mehrheit der Bevölkerung Brandenburg-Preußens lutherisch war. Vor diesem Hintergrund spielte auch Solidarität mit den bedrängten Glaubensbrüdern, für die er schon zuvor vergeblich bei Ludwig XIV. interveniert hatte, eine Rolle, als der Kurfürst nur 21 Tage nach dem Edikt von Fontainebleau mit seinem berühmten Potsdamer Edikt den Glaubensflüchtlingen aus Frankreich Aufnahme und Privilegien anbot. Ihnen wurde befristete Steuer- und Zunftfreiheit gewährt, darüber hinaus die Ausstattung mit Pfarrstellen in den Ansiedlungen in Aussicht gestellt. Mitgebrachte Güter und Waren mussten nicht verzollt werden, usw. usf. Diese günstigen Bedingungen, die bei der ansässigen Bevölkerung für Unmut sorgten, waren erforderlich, um Glaubensflüchtlinge in die weit von Frankreich entfernten Provinzen zu locken. Das Dokument wurde in 5.000 Exemplaren zweisprachig gedruckt und zirkulierte in den wichtigsten Aufnahmestädten in unmittelbarer Nähe zu Frankreich, wo Agenten des Kurfürsten Anlaufstellen eingerichtet hatten.

Das »Grand Refuge« der Hugenotten nach 1685 hatte entscheidende Auswirkungen auf die Entwicklung Brandenburg-Preußens, nicht nur wirtschaftlich und demographisch, sondern vor allem kulturell. Bis heute ist eine ausgeprägte Erinnerungskultur mit der Einwanderung der Hugenotten verbunden. Die bedeutende Rolle der meist handwerklich und als Manufakturbetreiber tätigen Franzosen für den merkantilistisch-ökonomischen Ausbau des Fürstentums unter Friedrich Wilhelm und seinem Nachfolger Friedrich III., dem späteren König Friedrich I., lässt sich anhand der Fachliteratur detailliert nachvollziehen. Gleiches gilt für das nicht immer spannungsfreie Verhältnis der teils wenig früher ebenfalls eingewanderten lutherischen Bevölkerung zu den Neuankömmlingen. Konflikte entzündeten sich jedoch weniger an der anderen Konfession, sondern vor allem an den als ungerecht und wettbewerbsverzerrend empfundenen Privilegien, etwa der Zunftfreiheit, die von ansässigen Handwerkern als unlauterer Wettbewerb angesehen wurde.

Im »Refuge« wurden die aus sprachlich und kulturell unterschiedlichen Regionen Frankreichs stammenden Glaubensflüchtlinge erst zu »Franzosen« und bildeten auf Basis des Französischen der Bibel und des reformierten Glaubens eine gemeinsame Identität aus. Diese hugenottische Identität konnten die »Refugiés« gerade durch den Umstand weiterentwickeln, dass sie zwar integriert, aber nicht eingebürgert wurden wie etwa in England. Sie hatten in Brandenburg-Preußen und im Königreich Preußen bis zum Beginn des 19. Jahrhunderts (Preußische Reformen) einen separaten Rechtsstatus. Diese Autonomie drückte sich in der Institution der »Colonie« aus. Bis etwa 1720 hatte sich ein spezifischer Sonderstatus mit eigenen Institutionen und einer eigenen Gerichtsbarkeit entwickelt. Amtssprache war Französisch. Im Zentrum der hugenottischen Identität stand deshalb die französische Sprache. Durch das im Schrifttum der »Refugiés« immer wieder beschworene Selbstverständnis als Gemeinschaft und den zur hugenottischen Identität gehörenden vorbildlichen preußische Patriotismus hat sich die Meistererzählung einer gelungen Integration bis heute verfestigt. Tatsächlich kehrten nur wenige Hugenotten wieder in die fremdgewordene alte Heimat ihrer Vorfahren zurück, als das Rekonstitutionsedikt der revolutionären französischen Nationalversammlung rückkehrenden Calvinisten nicht nur alle Freiheiten und Rechte, sondern auch die Rückgabe von Eigentum garantierte. Die Hugenotten waren endgültig angekommen.

Mit wenigen Abstrichen in Details trifft das positive (Selbst-)Bild jedoch zu. Seine Dominanz zuungunsten anderer Gruppen von ebenso erfolgreichen und bedeutenden Gruppen von Einwanderern in Brandenburg-Preußen ist dem Corpsgeist und der Erinnerungspolitik der Hugenotten, aber auch der passgenauen Einbettung dieser Erfolgsgeschichte in den Preußenmythos zu verdanken. Dennoch ist der Beitrag der höchstens 20.000 Hugenotten zu Kultur und Geistesleben, Wissenschaft und Kunst in Brandenburg-Preußen ganz bemerkenswert, bedenkt man, dass dort zwischen 1640 und 1786 rund eine halbe Million Einwanderer aus dem Reich und aus ganz Europa aufgenommen wurden.

Ökonomische und kulturgeschichtliche Relevanz der Migration

Zwei Elemente waren besonders wichtig für den kulturellen Erfolg der Hugenotten in Berlin und im ganzen Kurfürstentum: erstens das Prestige der französischen Kultur und Sprache. Ab dem 17. Jahrhundert war Frankreich das politisch und kulturell dominierende Land in Europa, die europäische Aristokratie nahm den französischen Lebensstil und auch die französische Sprache an. Zweitens war die europaweite, durch die Auswanderung einiger Hugenotten (rund 5.000) nach Nordamerika sogar »weltweite« Netzwerkbildung der frankophonen Calvinisten eine Grundvoraussetzung für den Wissenstransfer und Übersetzungsleistungen von höchstem Rang, nicht nur in Preußen und im Reich, sondern in allen bedeutenden Staaten West- und Mitteleuropas.

Die 1700 in Berlin gegründete »Societät der Wissenschaften«, ab 1711 »Preußische Akademie der Wissenschaft«, bildete einen ersten Mittelpunkt der geistigen Tätigkeit der »Refugiés«: In den ersten Jahrzehnten ihres Bestehens stellten die Hugenotten etwa ein Drittel der Mitglieder, und die Wahl des Französischen zur Akademiesprache begünstigte ihre Tätigkeit in dieser Institution. Die auf Anregung von Leibnitz gegründete Gelehrtengesellschaft wurde zum geistigen Vorreiter im Reich, die Göttinger oder Heidelberger Gelehrtengesellschaften folgten erst rund ein halbes Jahrhundert später.

Mit den Hugenotten kam die französische Literatur nach Berlin. Französische Buchhändler und Verleger wurden zu wichtigen Gestaltern des publizistischen Lebens. Auf diesem Sektor boten vor allem Zeitschriftengründungen ein neues Medium der kritischen wissenschaftlich-journalistischen Kommunikation, die zuvor in Berlin unbekannt war. Die »Refugiés« waren somit maßgeblich an der Schaffung des literarischen Genres der wissenschaftlichen Publizistik beteiligt. »Berlin war im 18. Jahrhundert das Zentrum der französischsprachigen Presse in Deutschland« (Volmer 2007, 103). Zwischen 1737 und 1790 erschienen 24 Zeitungen und Zeitschriften in französischer Sprache. Über die Publikationen in den calvinistischen Netzwerken verbreiteten sich Ideen und geistige Neuerungen, Debatten und Polemiken europaweit und befruchteten nicht nur die hugenottische »République des

Lettres«, sondern den ganzen Kontinent. Viele der französischsprachigen Zeitschriften wurden im Amsterdam gedruckt, da in den Niederlanden nicht zensiert wurde.

Umgekehrt waren die Hugenotten aber auch am »Export« und der »Internationalisierung« deutscher Gelehrsamkeit entscheidend beteiligt. Die grundlegenden Traktate Samuel Pufendorfs zum Völkerrecht wurden ebenso wie später die Schriften des deutschen Aufklärungsphilosophen Christian Wolff, der einen hugenottischen Fanclub in Berlin hatte, ins Französische übersetzt. Erst durch diese das Lateinische zu jener Zeit bald überflügelnde Lingua franca (im Wortsinne diesmal: »die Sprache der Franken«) fanden sie in ganz Europa Verbreitung. Pufendorfs *De iure naturae et gentium* wurde nur in der französischen Übersetzung und mit dem Kommentar des Berliners Jean Barbeyrac (1706) das Standardlehrbuch des Völkerrechts in der ersten Hälfte des 18. Jahrhunderts. »Die Aufklärung, nicht nur in Deutschland, ist ohne die intellektuelle Tätigkeit und Übersetzungsarbeit französischer Refugiés undenkbar« (Schunka 2015, 168).

Diese Geschichte gegenseitiger intellektueller Befruchtung ist in erster Linie das Ergebnis von Migration. Das neue geistige Klima in Berlin ist ohne die französische »Colonie« nicht denkbar. An diesem Beispiel lässt sich die innovative Kraft von Kulturtransfer und Austausch im Bereich der akademischen und philosophisch-wissenschaftlichen Bildung gut dingfest machen, die wir schon mehrfach als wesentliches Merkmal von Migration benannt haben. Noch spannender scheinen mir aber die ganz subtilen und nicht so offensichtlichen kulturellen Wechselbeziehungen zu sein, die durch Migration zustande kommen. Hierfür möchte ich zwei abschließende Beispiele bringen, die ebenfalls in den Kontext des »Grand Refuge« der Hugenotten gehören.

Ausgerechnet Frankreich: Konterbande in den Märchen der Gebrüder Grimm

Als große Teile Deutschlands durch die Truppen Napoleons besetzt waren und deutsche Staaten unter Führung Preußens in den Befreiungskriegen das »französische Joch« abschüttelten (1813–1815), suchten die Brüder Grimm in der hessischen Residenzstadt Kassel nach symbolischen Formen für eine nationale Identität der Deutschen. Eine politische deutsche Nation existierte nicht, nur ein Flickenteppich kleiner Fürstentümer, deswegen wollten die beiden Sprachforscher wenigstens der deutschen »Kulturnation« zu einer Identität verhelfen. Ihr wissenschaftliches Lebenswerk, das *Deutsche Wörterbuch*, aber auch die Schriften Jacob Grimms zur altgermanischen Mythologie (*Deutsche Mythologie*, 1835) sind Teil dieser nationalen Identitätssuche. Aber gerade auch ihr Frühwerk, die berühmten *Kinder- und Hausmärchen* (erster Band 1812), welche die Brüder seit 1807 auf Anregung von Clemens Brentano, einem Nachfahren italienischer Einwanderer (▶ Kap. 8), in ganz Deutschland, aber vor allem im Hessischen gesammelt haben, ist Teil eines romantisch-nationalen Projekts. Die Volksmärchen sollten zeigen, dass eine gemeinsame Erzählkultur, die gemeinsame Sitten, Bräuche und Erfahrungen beschreibt, diese Kulturnation eint. Deswegen haben sich die Brüder besondere Mühe gegeben, ihre Quellen als Hort alter volkstümlicher Überlieferung darzustellen. Neben gedruckten Quellen aus vier Jahrhunderten folgten sie einer Anregung Brentanos und suchten nach noch lebendigen mündlichen Traditionen. So wollten sie sich von älteren Märchenerzählerinnen (und bisweilen auch -erzählern) aus der Hefe des Volkes, aus möglichst naturnahen Berufen im ländlichen Milieu, altdeutsche Märchen erzählen lassen.

Wie die Märchenforschung mittlerweile herausgefunden hat, gelang ihnen dies aus vielerlei Gründen jedoch nicht wirklich. Ihre Gewährsleute für die mündlich überlieferten Stoffe waren über fünfzig Märchenbeiträgerinnen und -beiträger vor allem aus Hessen und Westfalen, die wie sie selbst vornehmlich aus den gebildeten Schichten der Gesellschaft stammten und zumeist auch jüngeren Alters waren. Programmgemäß betonten die Grimms zwar den volkstümlichen und echt deutschen Charakter ihrer Märchensammlung: »In diesen Volks-Märchen liegt lauter urdeutscher Mythus, den man für verloren gehalten«, ist in der Vorrede zum zweiten Band der *Kinder- und Hausmärchen* von 1815 zu lesen. An gleicher Stelle ist von den »ächt hessischen« Märchen der Dorothea Viehmann oder von dem »rein deutschen« Ursprung der Märchen die Rede. Jedoch haben die Brüder Grimm absichtlich falsche Spuren gelegt und über 150 Jahre ihre Leser und auch die Forschung »an der Nase herumgeführt« (Rölleke 2016, 13). Denn die Angaben über die vorgeblich alte Bäuerin vom Dorfe sind allesamt falsch. Die Dame war nämlich eine Wirtstochter aus Kassel, und – das ist in unserem Zusammenhang noch bedeutender – eine geborene Pierson und damit Nachfahrin von in Hessen-Kassel aufgenommenen Hugenotten. Die »ächt hessischen« Märchen stammen denn auch teils aus dem Wirtshaus der Eltern der Viehmännin, teils aus der französischen Märchentradition. Der Bezug zu Frankreich wird noch deutlicher bei den Märchen, die sich die Grimms von den Schwestern Hassenpflug haben erzählen lassen. Deren Mutter wurde nämlich als Waise von ihrer aus der französischen Schweiz stammenden mit einem hugenottischen Pfarrer verheirateten Großmutter aufgezogen, die kein Wort Deutsch konnte, ja alles Deutsche als barbarisch verachtete. Ihre Enkelin wuchs bei ihr ausschließlich französischsprachig auf, lernte nur französische Bekannte kennen, las nur französische Bücher und hatte als Kind nur französische Märchen gehört, darunter auch die klassischen Märchen von Charles Perrault, die sie wiederum ihren drei Töchtern erzählte. Diese Märchen finden sich bei den Brüdern Grimm nach vier Generationen bürgerlich und hessisch eingefärbt wieder (u. a. »Dornröschen« und »Rotkäppchen«, seit der zweiten Auflage bringt Rotkäppchen der Großmutter auch keine »Bouteille« mehr mit, sondern eine echt deutsche »Flasche«).

Dies ist gewissermaßen der Idealfall von migrationsbedingtem Kulturtransfer, der in der Synthese neue Wirkungsmacht entfaltet: Gerade weil die hugenottische Konterbande überhaupt nicht erkennbar ist, da sie von den gestaltend und adaptierend eingreifenden Märchensammlern und Autoren, deren massive Eingriffe in die Stoffe und Erzählungen sie in der Tat zu den wahren Urhebern der *Kinder- und Hausmärchen* machen, auch durch fromme Legenden gänzlich unkenntlich gemacht wurde, entstehen die *Kinder- und Hausmärchen* als symbolische Formen urdeutscher Tradition, auf der man zunächst die Kulturnation und daraus folgend auch die politische Nation Deutschland gründen konnte. Betrachtet man die eigentlichen Absichten der Brüder Grimm, in den Erzählungen Zeugnisse einer weit in die nationale Vergangenheit reichenden mündlichen Erzähltradition zusammenzutragen, erscheint die Sammlung eher als Dokument einer Selbsttäuschung und Fiktion. Die Märchen sind nämlich keineswegs die Fortsetzung von etwas Tradiertem, sondern die Schaffung von etwas Neuem.

Südafrikanische Weinbaukultur und das hugenottische Erbe in der holländischen Kapkolonie

»Südafrika – durch das besondere Klima entstehen besondere Weine. Südafrika ist vor allem für seine ausdrucksvollen und kräftigen Rotweine bekannt. [...] Eines der bekanntesten, ältesten und führenden Weinanbaugebiete in Südafrika ist die Region Stellenbosch, die östlich von Kapstadt liegt. Dort wird seit Ende des 17. Jahrhunderts Wein produziert. Heute wird der Wein in Höhenlagen von 600–800 Metern angebaut«.

Mit diesen Worten bewirbt ein deutscher Online-Weinhändler seine Angebote vom Kap. Darunter findet sich etwa ein »L'Huguenot Shiraz/Pinotage« sowie der »The Huguenot› Chenin Blanc« aus Franschhoek (»Franzoseneck«). Dass bei der Erfolgsgeschichte des in aller Welt bekannten südafrikanischen Weines Konfessionsmigration eine entscheidende Rolle gespielt hat, geht in letzter Konsequenz auf einen Seitentrieb frühneuzeitlicher Migrationsgeschichte zurück.

Die Niederländische Ostindien-Kompanie hatte 1652 einen Stützpunkt im heutigen Südafrika errichtet (Kapstadt). Erst nach 1671 kamen auch Siedler in die neue Kapkolonie, die man zunehmend gezielt anwarb, um das Hinterland von Kapstadt in Besitz zu nehmen. Jedoch waren zunächst nur wenige Holländer bereit, auszuwandern. 1687 gewann man etwa 150 Hugenotten, die kurz zuvor in die Niederlande geflohen waren und sich ab 1688 in der Kapkolonie eine Zukunft aufbauen wollten. Bis 1700 kamen noch einige Familien nach, so dass man von etwa 200 französischstämmigen Siedlern in der neuen Kolonie ausgehen kann. Die meisten wurden bei Stellenbosch und Drakenstein angesiedelt. Dort sollten sie nach Maßgabe eines Briefs des Gouvernements der Kapkolonie an das Direktorium der Kompanie in Amsterdam (die sogenannten Siebzehn Herren, »Heeren XVII«) dem Landbau nachgehen. Das könnten sie am besten. Auch sollten sie sich nach Wunsch der Verwaltung in Kapstadt mit dem holländischen Landvolk vor Ort vermischen, damit der eine vom anderen lernen könne. Hier wurde also Kulturtransfer als hoheitliche Aufgabe verstanden und bewusst als Ziel des wirtschaftlich nützlichen Landesausbaus gefördert. Einige der französischen Einwanderer waren nämlich erfahrene Weinbauern aus Anbaugebieten in Frankreich. Ihnen ist es zu verdanken, dass heute international geschätzte Weine zu den wichtigsten Exportprodukten Südafrikas gehören. Die Holländer hatten generell großes Interesse am Weinbau, da europäische Weine im Indienhandel eine beliebte Ware darstellten. Außerdem musste die Versorgungsstation am Kap die durstigen Matrosen der Kompanie mit Wein und vor allem Weinbrand versorgen. Deshalb hatte bereits der Gründer von Kapstadt, Jan van Riebeeck, im Jahr 1652 Rebstöcke im Gepäck. Jedoch waren viele holländische Siedler, die sich beim Landbau malayischer Sklaven bedienten, beim Weinbau nicht sonderlich erfolgreich. Erst die Ansiedlung der Hugenotten verschaffte diesem Zweig der Landwirtschaft wieder einen bedeutenden Auftrieb, so dass der Weinbau Ende des 18. Jahrhunderts etwa 40 % der gesamten landwirtschaftlichen Produktion der Kolonie ausmachte. Besondere Fähigkeiten verschafften den Hugenotten aus den Weinbauregionen, die ihr önologisches Fachwissen in der Familie von Generation zu Generation weitergaben, gegenüber den holländischen Bauern einen dauerhaften Wettbewerbsvorteil, wie neuere Forschungen zeigen. Diese sehr speziellen Fähigkeiten, Expertise beim Anpflanzen und Pflegen der Rebstöcke, beim Keltern und beim Ausbau sowie bei der Lagerung, sind sehr komplex und nicht einfach übertragbar oder sofort und leicht von anderen erlernbar.

Das Beispiel der Hugenotten in Südafrika zeigt, dass Aufnahmegesellschaften und im Besonderen auch koloniale Institutionen nicht nur davon geprägt sind, ob sich Einwanderer niederlassen oder nicht, welches Rechtssystem sie annehmen oder welche Sprache sie sprechen, welche Religion oder Weltanschauung sie haben, sondern auch von den Fähigkeiten, dem Wissen und der Erfahrung, die sie aus ihrem Herkunftsland mitbringen. Außerdem zeigt sich hier erneut, dass nicht nur Massenmigration kulturgeschichtlich bedeutsame Spuren hinterlässt und Aufnahmegesellschaften stark prägen kann, sondern dass durch Kulturtransfer, Spezialistentum und technische Kenntnisse auch sehr kleine Gruppen von Migranten entscheidende Innovationen hervorbringen können.

Grundlagen frühneuzeitlicher Migration

Zusammenfassend lässt sich für die Frühe Neuzeit festhalten, dass vier Hauptfaktoren das Wanderungsgeschehen in Europa und in den durch die Expansion relevant gewordenen Gebieten in Asien und besonders in der »neuen Welt« maßgeblich beeinflussten:

1. Die Entwicklung der Städte als Handelszentren, die vor allem seit dem späten Mittelalter einen wachsenden Bedarf an Arbeitskräften generierten. Mit dem Aufkommen der merkantilistischen Wirtschaftspolitik wurde der Bedarf an Arbeitskräften, vor allem im Textilgewerbe, noch größer. Zunehmende Binnenwanderung vom Land in die Stadt, die mit der Industrialisierung nochmals größere Ausmaße annimmt, war die Folge.
2. Die Glaubensspaltung in Europa und die mit ihr einhergehende Vertreibung von Bevölkerungsteilen aufgrund ihres Bekenntnisses wird für fast zwei Jahrhunderte treibende Kraft des Migrationsgeschehens in und aus Europa.
3. Die geostrategischen Veränderungen, die durch den Niedergang des Osmanischen Reichs (1683–1699), die daraus folgende Konsolidierung des Habsburgerreiches in Mittel-Osteuropa, den Aufstieg Preußens und etwas später Russlands zu Großmächten hervorgerufen worden waren, führten zu einer Neuaufteilung des ost- und südosteuropäischen Raums, die weiträumige Wanderungen nach sich zog und das komplexe Geschehen der zeittypischen, aktiv steuernden Bevölkerungspolitik (»Peuplierung«) erst möglich machte.
4. Schließlich gerät vor allem seit dem 18. Jahrhundert Nordamerika zunehmend in den Fokus des Migrationsgeschehens. Wichtiger als die Saldozahlen der Auswanderung (die weit niedriger anzusetzen sind als für den südost- und osteuropäischen Raum) ist jedoch die räumlich-ökonomische Erschließung der »neuen Welt« als »Neo-Europa«: Die Entdeckung Amerikas und die durch Waren- und

Kapitalbewegungen ausgebildeten »Brücken« haben schon vor der Massenauswanderung von Europäern nach Übersee für die Erkundung neuer Ermöglichungsräume für Migration gesorgt. So sind neben den *indentured servants*, die als Plantagearbeiter schon im 16. und 17. Jahrhundert in die britischen und niederländischen Kolonien in der Karibik migrierten, bereits im 18. Jahrhundert größere Auswanderungsströme nach Nordamerika zu beobachten, Vorboten einer dynamischen Entwicklung, die dann das 19. Jahrhundert zum Zeitalter der Migration *par excellence* machen sollte.

5.3 Europäische Auswanderung nach Nordamerika und die Geschichte einer gescheiterten Rückwanderung

»Manchmal kommt mir in den Sinn, / Nach Amerika zu segeln, / Nach dem großen Freiheitstall, / Der bewohnt von Gleichheitsflegeln – / Doch es ängstet mich ein Land, / Wo die Menschen Tabak käuen, / Wo sie ohne König kegeln, / Wo sie ohne Spucknapf speien«.

Als Heinrich Heine 1830, kurz vor seinem selbstgewählten Exil in Paris, sein Gedicht *Jetzt wohin?* verfasste, war Nordamerika bereits zu einem der wichtigsten Ziele für Auswanderer geworden. In den 1830er Jahren wanderten rund 600.000 Europäer nach Nordamerika aus. Als das Gedicht dann 1851 in Hamburg publiziert wurde, hatte die Hochphase der Massenauswanderung aus Europa längst begonnen. Zwischen den 1840er und 1880er Jahren wanderten rund 15 Millionen Europäer in die USA aus (vor allem aus West-, Mittel- und Nordeuropa: aus England, Irland, den deutschsprachigen Ländern und aus Skandinavien). Die Gründe hierfür waren vielfältig. Nur ein geringer Teil hatte wie Heine und seine demokratisch gesinnten Freunde auf dem alten Kontinent Probleme mit Zensur und Polizeistaat oder musste nach der Niederschlagung der bürgerlichen 1848er Revolution und dem Sieg der Restauration den geistig und politisch zu eng gewordenen alten Kontinent verlassen.

Grundzüge der Massenauswanderung im 19. Jahrhundert

Für die meisten europäischen Auswanderer waren – sehr vereinfachend gesagt, weil Migrationsentscheidungen sehr komplexe Prozesse sind – im engeren Sinne wirtschaftliche Gründe entscheidend. Für Iren ging es 1846–1849, als die Kartoffelfäule die Insel heimsuchte und mehrere Missernten beim monokulturell angepflanzten Hauptnahrungsmittel auslöste, sogar ums nackte Überleben. Etwa eine Million Iren, rund 12 % der Bevölkerung, starben während der von politischem Versagen der englischen Kolonialherren noch beförderten großen Hungersnot an Unterernährung, fast zwei Millionen emigrierten unmittelbar, vornehmlich in die USA und in die Industriezentren Englands. Allgemein sind für die Amerikaauswanderung im

Wesentlichen die gleichen Gründe zu nennen, die auch für die Auswanderung nach Ungarn oder Russland im 18. Jahrhundert hauptverantwortlich waren, die im Übrigen noch weit ins nächste Jahrhundert hinein weiter und parallel zur Überseewanderung verlief. Anhaltendes Bevölkerungswachstum durch fortschrittliche Agrartechnik und moderne Bodenbewirtschaftung bei gleichzeitigem Rückgang der Sterblichkeit vertrugen sich nicht sonderlich gut mit der bäuerlichen Erbrechtspraxis in Europa. In der Neuzeit bildete sich in vielen Ländern Europas eine klein- und unterbäuerliche Bevölkerung, die in prekären Verhältnissen lebte und von Krisen besonders hart getroffen wurde. Etwa von der großen Agrarkrise 1816/1817, als ein Vulkanausbruch in Indonesien (1815) für kurzzeitige Klimaveränderung in diesem »Jahr ohne Sommer« und damit für katastrophale Ernteausfälle sorgte (in Süddeutschland stiegen die Getreidepreise etwa um das Dreifache). Durch die langsame strukturelle Veränderung der Gesellschaft von einer traditionellen Agrarkultur hin zur aufkeimenden Industriegesellschaft ergab sich eine Gemengelage, die Migration, vor allem Binnenwanderung, prinzipiell beförderte. In vielen Regionen Europas gehörte Migration, zumindest saisonale Wanderung, seit Generationen zum Alltag, und das erleichterte nun in dieser Umbruchzeit im 19. Jahrhundert die Entscheidung zur Auswanderung.

Schon ab etwa 1830 hatte sich Nordamerika zunehmend als Alternative zu den Destinationen im Osten und Südosten Europas etabliert. Auch Mittellose konnten die wenig bequeme und nicht ungefährliche Überfahrt wagen, indem sie sich für mehrere Jahre im Voraus verdingten (»Redemtioner-System«). In der ersten Hälfte des 19. Jahrhunderts dominierten die Siedlungswanderungen im Familienverband. In den USA gab es reichlich billiges Land, das man zu einem Bruchteil des Geldes erwerben konnte, das für vergleichbare Ertragsflächen in Europa aufzuwenden wäre. Die Auswanderer verließen ihre zu kleinen Höfe, ließen wenig ertragreiche Böden hinter sich und wollten häufigen Missernten und Hungersnöten entgehen, die bis in die Mitte des 19. Jahrhunderts an der Tagesordnung waren. Neben bereits in den USA ansässigen Familien und Abenteurern nutzten bäuerliche Ansiedler aus Westeuropa bei der Erschließung des »wilden« Westens nach 1840 ihre Chance auf Landerwerb, darunter viele Deutsche. So entstand im mittleren Westen das als »German Belt« bekannte Siedlungsgebiet mit hohem deutschen Siedleranteil, besonders Wisconsin mit Ausläufern in Michigan, Ohio, Indiana und weiteren angrenzenden Staaten.

Später wurde die eher urban orientierte Arbeitswanderung im transatlantischen Migrationssystem wichtiger als die Siedlungswanderung. Im Rahmen der rasanten industriellen Entwicklung ab den 1860er Jahren wanderten viele meist unverheiratete Einzelpersonen (überwiegend Männer) auf der Suche nach Arbeit in die USA ein. Manche waren bereits in der Heimat angeworben worden oder folgten als Kettenmigranten der Einladung von Verwandten. Waren sie verheiratet, war ihr Nahziel, genug Geld anzusammeln, um die Familie bald nachkommen zu lassen. Viele wanderten auch wieder zurück in ihre Ausgangskultur. Gerade am Ende des Jahrhunderts, ab 1880, wurde zirkuläre Arbeitsmigration und die dauerhafte Rückkehr nach einer Arbeitsphase in Übersee aufgrund der günstigeren und schnelleren Verkehrsverbindungen weltweit immer häufiger und die Auswanderung war nicht mehr so endgültig wie einige Generationen zuvor. Rund 15 Millionen der etwa 55 Millionen Europäer, die zwischen etwa 1820 und 1920 nach Übersee auswanderten, waren solche Rückkehrer. In der zweiten Hälfte des 19. Jahrhunderts, besonders seit den 1880er Jahren, änderte sich auch das Herkunftsprofil der europäischen Einwanderer. Während zu Beginn des Jahrhunderts Menschen von den britischen Inseln, aus Deutschland und Skandinavien das Wanderungsgeschehen in die USA dominierten, stammten die Migranten dieser *new immigration* vorwiegend aus Italien, Polen, Russland und den Ländern des Vielvölkerreiches Österreich-Ungarn.

Quellen und historische Einordnung

Für die Geschichte der europäischen Überseeauswanderung des 19. Jahrhunderts verfügen wir über eine Vielzahl unterschiedlicher Quellen. Neben Akten und staatlichen Dokumenten, Passagierlisten und Einwandererstatistiken bieten besonders die Selbstzeugnisse der Auswanderer wie auch die der am Ausgangsort verbliebenen Angehörigen ein einmaliges und bis dahin in vergleichbarer Dichte nie dagewesenes Forschungsmaterial. Briefe, Zeitungen, Biographien, aber auch mündliche Überlieferung bieten erstmalig in der Breite auswertbare Einblicke in die Lebensumstände von Migranten und helfen, ihre Motive und Hoffnungen, ihre Erfolge und ihr Scheitern besser zu verstehen. Deswegen – und auch aufgrund des traditionell bevorzugten Blicks auf Europa und seine moderne Sozialgeschichte (wieder das alte Problem Eurozentrismus) – wurde dieses Thema in der Geschichtswissenschaft besonders gründlich und umfassend erforscht und kann hier mit wenigen Bemerkungen abgehandelt werden. Dieser Sachverhalt lässt aber andere Räume von Massenmigration während des 19. Jahrhunderts, etwa die asiatischen Migrationssysteme, in denen bis in die erste Hälfte des 20. Jahrhunderts über 100 Millionen »internationale« Migranten gezählt wurden, in der allgemeinen Wahrnehmung in den Hintergrund treten, was man aus globalgeschichtlicher Perspektive bedauern mag. Die in der Forschung wie in der kollektiven Erinnerung des Westens oft als prototypisch geltende Transatlantikwanderung war »nur eine unter mehreren großen Migrationsbewegungen« (Hoerder 2016, 16). Jedoch: Nur über europäische Auswanderer aus unterschiedlichen Ländern und Regionen sind die vielfältigen Quellen ediert und aufbereitet, liegen kaum mehr überschaubare Gesamt- und Einzelstudien vor – von Darstellungen zu ganzen Nationen über kleinteilige Regionalstudien bis hin zu geschlechterspezifischen und nach ethnischer Herkunft geordneten Untersuchungen. Es gibt neben Studien zu den aufgrund der sozio-ökonomischen Situation im Südwesten besonders auswanderungsfreudigen »Pfälzern« auch Arbeiten über württembergische Auswanderer, solche aus dem Herzogtum Nassau, aus der Stadt Bonn oder aus bestimmten Regionen Italiens, Studien über Einwanderung in bestimmte Gebiete der USA, nach Kanada, in die Länder Südamerikas usw. usf., ja sogar die Geschichte der Amerikaauswanderung aus dem kleinen Dorf Krottelbach in der Pfalz (641 Einwohner im Jahr 2020) ist erforscht worden.

Die Pfalz am Rhein war für die Amerikaauswanderung besonders wichtig, weil diese Region verarmt und von Kriegen im 17. und 18. Jahrhundert besonders heftig getroffen worden war. So stellte sie seit Anbeginn der Amerikaauswanderung aus

Europa viele Auswanderer. »Pfälzer«, »Palatines« war im 18. Jahrhundert sogar zum Synonym für deutsche Einwanderer geworden. Bei dem heute noch von etwa 350.000 Amerikanern, hauptsächlich von strenggläubigen Mennoniten, deren Vorfahren aus der Pfalz stammten, gesprochenen Dialekt des »Pensylvanian Dutch« handelt es sich um ein altmodisches Kurpfälzer Idiom.

Beginn der Pfälzer Auswanderung nach Nordamerika um 1700

Ein erstes großes Kontingent pfälzischer Auswanderer erreichte die USA nach dem »Hungerwinter« von 1709. Zuvor hatten 1707 und 1708 Hagelschlag und eine Viehseuche die materielle Situation der Bauern verschlechtert. 1709 machten sich zwischen 11.000 und 15.000 verzweifelte und völlig mittellose »Pfälzer« (es waren auch Hessen und Schwaben aus Nachbarregionen darunter) den Rhein hinunter auf den Weg ins »neue Kanaan«, das eine vollmundige Broschüre als ideales Auswanderungsland beschrieben hatte. Von England aus wurden einige Tausend nach Irland, andere nach Carolina ausgeschifft, und etwa 3.000 wurden nach New York an den Hudson River geschickt. Von diesen »poor Palatines«, wie sie in der Presse genannt wurden, überlebten jedoch nur etwas mehr als zwei Drittel die Überfahrt. Das »neue Kanaan« zeigte sich unwirtlich. Ein Teil derjenigen, die die Strapazen der Winter am Hudson überlebten, ging mit seinen Familien nach Pennsylvania, eine andere Gruppe kaufte den Mohawk-Indianern Land ab und siedelte im Tal des Mohawk-Flusses. Ihr Erbe spiegelt sich in Ortsnamen wie German Flatts und Palatine Bridge sowie in den wenigen Kirchen und anderen Gebäuden aus der Kolonialzeit wider, die in dieser Gegend die Revolution überlebten, an der auch viele »Palatines« aufseiten der aufständischen Siedler beteiligt waren.

Populärstes Ziel der nun kontinuierlich eintreffenden Auswanderer aus der Pfalz war aber Pennsylvania. Der philanthropische Visionär William Penn (1644–1718) hatte vom englischen König als Ausgleich für eine Geldschuld ein riesiges Gebiet in den Kolonien als Eigentum erhalten, eben »Pennsylvania«. Dort startete der tiefgläubige Quäker sein ehrgeiziges »heiliges Experiment« und warb um Siedler aus Europa, die friedlich zusammenlebend das Land bebauen und bewohnen sollten. Brüderlichkeit war sein Leitprinzip; demnach sollten Siedler und Indianer gemeinsam in dem Land wohnen, in dem völlige Religionsfreiheit gelten sollte, entsprechend nannte er auch die Hauptstadt seines Friedensreichs »Philadelphia«, Stadt der Brüderlichkeit. Deswegen zog dieses Experiment verfolgte protestantische Splittergruppen aus Europa magisch an: Quäker, böhmische Brüder, Hugenotten und Mennoniten, viele davon aus der Pfalz. Eine der frühsten Siedlergruppen (1685 nach Germantown ausgewandert, heute eingemeindetes Stadtviertel von Philadelphia) stammte aus dem rheinhessischen Kriegsheim, ihr folgten im 18. Jahrhundert weitere, die sich in verschiedenen Gegenden von Pennsylvania ansiedelten.

Die deutschen Siedler aus der Pfalz waren jedoch bei den auf ältere Rechte pochenden Neuamerikanern englischer Abstammung wenig gelitten. Benjamin Franklin, der Verleger, Journalist und berühmte Staatsmann aus Philadelphia kritisierte das Festhalten der Einwanderer an der deutschen Sprache und fürchtete gar, dass Pennsylvania »in wenigen Jahren eine deutsche Kolonie werden« könnte (Brief an James Parker, 20. März 1751). In einem Pamphlet beschwerte sich dieser Gründervater der USA und maßgebliche Beiträger zur amerikanischen Verfassung ganz explizit über die »pfälzischen Bauerntrampel« (*Palatine boors*): »Warum sollte den pfälzischen Bauerntrampeln erlaubt werden, in unsere Siedlungen zu schwärmen und unter sich zusammengepfercht ihre Sprache und Sitten zum Nachteil der unsrigen zu etablieren?« (*Observations Concerning the Increase of Mankind, Peopling of Countries*, 1755). In der Tat war die deutsche Sprache und Literatur ein wichtiges Element für die kulturelle Identität der Einwanderer und wurde in der florierenden deutschsprachigen Presselandschaft gepflegt. Der Pionier des deutschsprachigen Zeitungswesens in Nordamerika war ebenfalls ein Pfälzer gewesen. Johann Christoph Sauer aus Ladenburg in der Kurpfalz (1695–1757) kam 1717 nach Germantown und baute dort die erste deutsche Druckerei in Amerika auf. Damit legte er den »Grundstein für die größte nicht-englischsprachige Presse in den USA« (Brunner 2009, 22), die bis weit ins 20. Jahrhundert hinein für den Zeitungsmarkt sehr wichtig war.

Pfälzer und die amerikanische Bierkultur Mitte des 19. Jahrhunderts

Bevorzugter Siedlungsraum für deutschsprachige Auswanderer wurde nach 1830 der Nordosten der USA, wo sich zahlreiche »deutsche« Siedlungen etablierten, besonders entlang des »German Belt« (s. o.). Dort wurde seit Mitte des Jahrhunderts die Stadt Milwaukee am Michigan-See von deutschen und insbesondere von Einwanderern aus der Pfalz geprägt. Die Bierbrauerei war dabei wohl der wichtigste kulturelle Beitrag der »Palatines« in den USA. Die Brautradition der USA, deren aus Milwaukee stammende Braukonzerne, wie etwa das globale Unternehmen SAB-Miller, bis heute große Teile des amerikanischen und – nun in großen Holdings organisiert – auch des Weltmarkts beherrschen, geht zu großen Teilen auf die Unternehmensgründungen pfälzischer, genauer rheinhessischer Auswanderer zurück. 1844 gründete Philipp Best in Milwaukee eine Brauerei, die dann sein tüchtiger Schwiegersohn Friedrich Pabst zu einem Großunternehmen ausbaute, das als »Pabst Brewing Company« lange den amerikanischen Markt beherrschte. Beide stammten aus Rheinhessen. Zwei Söhne von Best, Lorenz und Charles, gründeten 1850 ihr eigenes Unternehmen, das sie allerdings schon nach wenigen Jahren an den Württemberger Friedrich Müller (Frederick Miller) verkauften, der daraus ein stetig wachsendes Großunternehmen machte. Dessen Söhne gaben der Firma dann ihren bis heute bekannten Namen: »Frederick Miller Brewing Company« (2015 wurde SAB-Miller vom Weltmarktführer Anheuser-Busch InBev übernommen). Die Schlitz-Brauerei geht auf den Mainzer Joseph Schlitz zurück, der 1858 einen Betrieb in Milwaukee übernahm und groß machte; bis etwa 1950 war Schlitz Marktführer in den USA. Rheinhessisch-pfälzische Brauer waren nicht nur in Milwaukee erfolgreich. Die bekannte Brauerei Anheuser-Busch aus St. Louis, der schärfste Konkurrent der Miller-Brauerei im amerikanischen Bierkrieg der 1980er Jahre, wurde 1870 von Eduard Anheuser aus Kreuznach mit seinem aus Mainz-Kastell stammenden Schwiegersohn Adolphus Busch gegründet.

Mit der zunehmenden Industrialisierung, die sich auch in den großen Brauereibetrieben spiegelte, begann die Arbeitsmigration zu überwiegen. Nur noch wenige Auswanderer wollten sich als Bauern im immer weniger wilden Westen niederlassen (nur noch 5 % der Einwanderer kamen mit der Absicht zu siedeln), sie strömten in die prosperierenden Großstädte. Ihr Allzeithoch hatte die Auswanderung in die USA aus deutscher Sicht zwischen 1880 und 1893, als allein 1,8 Millionen Deutsche in die USA gingen. Viele von ihnen kehrten allerdings wieder zurück, zeitweilig oder für immer, da mittlerweile schnelle und günstigere Reisemöglichkeiten und vielfältige Netzwerke existierten. Auch hatten sich die gesellschaftlichen und ökonomischen Bedingungen grundlegend verändert. Die großen Industriestädte in den USA, aber auch in Europa generierten einen weltumspannenden Arbeitsmarkt, der den Marktgesetzen des nun voll etablierten Kapitalismus gehorchte. Auf diese Weise wurden Arbeitswanderungen von Millionen Menschen möglich, ein mobiles und verfügbares Reservoir von Arbeitskräften entstand. Zu europäischen Einwanderern in die USA gesellten sich bis 1882 auch rund 180.000 Chinesen, die über den Pazifik an die Westküste kamen und vor allem im Eisenbahnbau beschäftigt waren. Italienische Wanderarbeiter bestellten um die Jahrhundertwende zum 20. Jahrhundert während des europäischen Winters die Felder in Argentinien, um danach wieder regelmäßig in ihre Heimatdörfer zurückzukehren, was ihnen den Spitznamen *golondinas* (»Schwalben«) einbrachte. In den Darstellungen zur Amerikaauswanderung finden die vielen Rückkehrer nur wenig Erwähnung. Mindestens 15 Millionen blieben, wie erwähnt, nicht in der »neuen Welt«, sondern kehrten, oft gescheitert, manchmal erfolgreich, meist von Heimweh getrieben, in die alte Welt zurück.

Ein Pfälzer sucht sein Glück: Ein typisches Beispiel für die Amerikaauswanderung um 1880

Zu der großen Gruppe von Amerikaauswanderern nach 1880 gehörte auch ein junger Pfälzer namens Friedrich aus dem kleinen Weinort Kallstadt. Die Geschichte seiner Auswanderung und seiner vergeblichen Rückwanderung in die Pfalz ist nicht nur als typisches Einzelschicksal interessant, sondern enthält fast alle sozialgeschichtlich relevanten Elemente der Arbeitsmigration in die USA am Ende des 19. Jahrhunderts. Deswegen, aber auch weil sie in der Konsequenz sogar weltgeschichtlich bedeutsam ist, soll diese Episode etwas breiteren Raum erhalten. 1885 reiste Friedrich, gerade sechzehnjährig und mit dem Zeugnis der absolvierten Friseurlehre in der Tasche, nach New York. Eine eigentlich nötige Ausreiseerlaubnis der bayerischen Behörden (die Pfalz gehörte seit 1816 zu Bayern) hatte er nicht dabei, in der Liste der Wehrpflichtigen seines Jahrgangs wurde er deshalb mit dem Vermerk »nach Nordamerika ohne Erlaubnis« geführt. Wie fast alle Auswanderer aus dieser Zeit griff er auf familiäre Netzwerke zurück und kam in den USA zunächst bei seiner zuvor ausgewanderten Schwester Katharina Schuster unter, die mit ihrem ebenfalls aus Kallstadt stammenden Mann in Manhattan wohnte. Er fand Arbeit als Friseurgehilfe und zog mit der Familie seiner Schwester mehrfach in New York um, bevor er sich 1891 auf den Weg in den Staat Washington am Pazifik machte, über dessen ökonomisches Potential er gelesen hatte. In Seattle erstand er ein Speiselokal, das er zwei Jahre lang betrieb, und erwarb dann auch Grundbesitz in der Nähe. 1894 eröffnete er in der Bergarbeiterstadt Monte Cristo (Snohomish County, heute eine verlassene »Geisterstadt«), in deren Umgebung rund 200 Silber- und Goldminen betrieben wurden, ein Hotelrestaurant und ein Bordell. Er war erfolgreicher Unternehmer geworden, seit 1892 amerikanischer Staatsbürger und erlangte in Monte Cristo mit nur 27 Jahren das Amt eines Friedensrichters. Er war in den USA also richtig angekommen. Gerade deswegen konnte er sich 1896 auch eine Reise in die alte Heimat leisten, wo er einige Monate blieb.

Wieder in den USA, plante er schon den nächsten Schritt seiner Binnenmigration. Als der Klondike-Goldrausch (1896–1898) begann, wollte auch Frederick, wie er sich jetzt nannte, von diesem Boom profitieren und eröffnete mit einem Kompagnon im Goldgräberstädtchen Bennet in British Columbia (Kanada) das »New Arctic Restaurant and Hotel«, das in der Zeitung nicht nur für seine gute Küche, sondern auch für »private boxes for ladies« warb. Das auf Bewirtung und Prostitution beruhende und in den *miner towns* sehr erfolgreiche Geschäftsmodell exportierten die beiden Partner weiter und gingen 1900 nach Whitehorse im Yukon-Gebiet. Aber nach Streitigkeiten mit seinem Geschäftspartner ging Frederick 1901 nach New York zurück und unternahm unmittelbar darauf seine zweite Reise in die Pfalz. Das problemlose Hin- und Herreisen zwischen den Kontinenten war zu dieser Zeit schon eine Normalität geworden. Bei diesem Aufenthalt in Kallstadt lernte er die Winzertochter Elisabeth Christ kennen und verlobte sich mit ihr. Bei seiner nächsten Deutschlandreise im Sommer 1902 heirateten Frederick und Elisabeth und schifften sich bald nach der Hochzeit nach New York ein, wo 1904 eine nach ihrer Mutter benannte Tochter geboren wurde. Auch dies entspricht fast lehrbuchmäßig den häufig zu beobachtenden Migrationsmustern dieser Zeit: Wenn sich bescheidener Erfolg einstellt, wird eine Familie gegründet, oft aus der Heimat eine Braut gefreit, oder die bereits bestehende Familie nachgeholt. Offenbar hatte die junge Braut jedoch größere Eingewöhnungsschwierigkeiten als ihr Gatte, der sich unmittelbar nach seiner Ankunft rasch und aktiv in die Gesellschaft von New York und Seattle integriert hatte.

Wegen des unheilbaren Heimwehs seiner Frau entschloss sich Frederick, seine junge Familie noch 1904 endgültig in die Pfalz zurückzubringen, und reiste, sein für die Zeit recht ansehnliches Vermögen von 80.000 Mark im Gepäck, mit der Familie über Bremen nach Kallstadt. Auch hierin entsprach Frederick ganz dem Trend der Zeit: Viele Amerikaauswanderer dieser Zeit waren eigentlich keine »Auswanderer« im Wortsinne, sondern pendelnde Arbeitsmigranten, welche die Beziehungen zum Herkunftsort aufrechterhielten und oft auch ganz an ihren Ausgangsort zurückkehrten; die Rückkehrerqoute wird für die Jahrhundertwende auf zwischen 30 und 50 % geschätzt. Der Verbleib im Zielland oder eine geplante oder (etwa durch Misserfolg) erzwungene Rückkehr hing für diese »Auswanderer« von vielen Faktoren ab, Heimweh (und/oder mangelnder Akkulturationswille) wie im Fall von Fredericks Gattin war nur einer davon.

Bei der Kreisregierung Speyer beantragte der New Yorker Hotelier (diese Berufsbezeichnung, »Hotelkeeper«, vermerkte sein Pass) die Wiedereinbürgerung in Kallstadt. Doch die Behörden bereiteten ihm Schwierigkeiten: Er sei ohne seinen Wehrdienst abzuleisten ausgewandert bzw. ohne zur Ableistung desselben rechtzeitig zurückzukehren dauerhaft in Nordamerika verblieben. In einem langen Schriftwechsel mit dem übergeordneten Bezirksamt in Dürkheim begründete Frederick seinen Entschluss zur Rückkehr ausführlich. Der vermögende Rückwanderer hatte aus Kallstadt auch die besten Leumundszeugnisse (die Schriftstücke sind sämtlich erhalten). Es sollte alles nichts nützen: Seine Eingaben wurden sämtlich negativ beschieden, auch eine Petition an den Prinzregenten Luitpold blieb erfolglos. Er musste Mitte 1905 seine Heimat für immer verlassen, und die geplante Rückwanderung schlug endgültig fehl. In New York betrieb er danach erfolgreich ein Immobiliengeschäft, das nach seinem Tod (1918) von seiner Witwe weitergeführt wurde und das sein nach der Rückkehr nach New York geborener Sohn Frederick jr. zu einem Milliongeschäft ausbaute. Frederick Trumps Enkel Donald schließlich – und das ist die weltgeschichtliche Tragik dieser Auswanderungsgeschichte – wurde der 45. Präsident der Vereinigten Staaten. Ob man die bayerische Staatsregierung dafür haftbar machen kann, sollte juristisch geprüft werden.

5.4 Migration und Nationalstaat: Rassismus und ethnische Zuordnungen

Nationalstaaten, Nationalismus und Migration am Ende des 19. Jahrhunderts

Als Friedrich Trump 1885 nach New York ging, hatte sich das transatlantische Migrationssystem schon grundlegend verändert, die alte und die neue Welt hatten sich gleichermaßen gewandelt. Wie anhand der Reaktion der bayerischen Behörden ersichtlich ist, waren Papiere, Genehmigungen und hoheitliche Dokumente wichtiger geworden. Der Staat hatte zunehmend direkten Zugriff auf seine registrierten Untertanen. Die nun etablierten Nationalstaaten, auch Bayern gehörte nach 1871 zum neuen Deutschen Reich, verlangten Militärdienste und forderten Loyalität von ihren Staatsbürgern.

Die Migrationsbewegungen während des 19. Jahrhunderts waren in Europa lange von einem Missverhältnis von Bevölkerungswachstum und Erwerbsangebot bestimmt gewesen. Die Abwanderung nach Übersee hatte auf diese Weise für die sich nur langsam von Agrarstaaten (mit einem überschaubaren Ausmaß an industrieller Produktion) zu Industriestaaten (mit gleichwohl starkem landwirtschaftlichem Sektor) wandelnden Länder West- und Mitteleuropas eine wichtige Entlastungsfunktion. Um die Wende zum 20. Jahrhundert kehrten sich die Verhältnisse jedoch geradezu um. Viele Teilstaaten des von Preußen dominierten Deutschen Reichs wurden zu Einwanderungsländern, etwa das zu Preußen gehörende industrialisierte Ruhrgebiet. Da sich in West-, Mittel- und Nordeuropa zunehmend florierende Industriestandorte gebildet hatten, die viele Arbeitskräfte benötigten und das eigene »Humankapital« absorbierten, verlagerte sich die transatlantische Auswanderung nach Süd- und Osteuropa, wo die industrielle Entwicklung erst wesentlich später erfolgte (wenn überhaupt). Zwischen 1901 und 1940 wanderten fast 14 Millionen Italiener aus, in die USA etwa 4,6 Millionen, nach Südamerika über 2 Millionen, von denen allerdings viele wieder nach Italien zurückkehrten (mind. 35 %). Etwa

4,5 Millionen Auswanderer verließen zwischen 1860 und 1914 das Zarenreich, die allermeisten gingen in die USA, allein 1899–1914 waren es 2,8 Millionen, davon waren zwei Drittel Juden und Polen aus dem nach den Polnischen Teilungen und dem Wiener Kongress vom Zaren regierten »russischen« Kongresspolen. Vor dem Ersten Weltkrieg wanderten etwa 3 Millionen Polen aus allen historischen Provinzen aus. Polnische und russische Juden unter den Auswanderern aus Osteuropa zählten bis zu 3,5 Millionen. Von ihnen wählten neun Zehntel die USA als Ziel.

Gleichzeitig entwickelte sich in der nun fester gefügten Gesellschaft der USA ein gewisser nativistischer Dünkel gegenüber dieser *new immigration*. Kontrollsysteme, diskriminierende Einwanderungsinstanzen und Hygienevorschriften wurden eingeführt. Einwanderer aus Italien, Polen oder Russland, unter ihnen viele Juden aus den »Schtetln« Osteuropas, galten den nun alteingesessenen und oft auch etwas hellhäutigeren US-Amerikanern als Einwanderer zweiter Klasse, deren Minderwertigkeit und damit zweifelhafte Eignung, Amerikaner zu werden, mit »wissenschaftlichen« Argumenten begründet wurde. »Unerwünschte Elemente« konnten in der Folge aufgrund interpretierbarer Regelungen bezüglich geistiger und körperlicher Gesundheitsanforderungen sowie moralischer Erwägungen (alleinstehende Frauen, Vorbestrafte) abgewiesen werden. Zur effektiven Kontrolle der Einwanderer hatte man auf Ellis Island vor New York eine Immigrantensammelstelle eingerichtet, über die zwischen 1892 und 1954 ein Großteil der über den Atlantik aus Europa einreisenden Migranten (etwa 12 Millionen) abgefertigt wurde (▶ Abb. 24). Vor diesem Hintergrund ist bereits Ende des 19. Jahrhunderts eine zunehmende Ethnisierung der Migrationspolitik in den USA zu beobachten, die mit einer gleichzeitigen massiven Marginalisierung der Ureinwohner einherging. Schon 1882 verbot es der offen rassistische »Chinese Exclusion Act« chinesischen Migranten, in die USA einzureisen und dort Arbeit zu suchen (Japanern wurde 1907 die Einreise verboten). Später (1921 und 1924) wurden auch generelle Quoten für Einwanderer festgelegt, die Immigranten aus Süd- und Osteuropa benachteiligten.

Ähnliche mit nationalstaatlichen Vorstellungen von Vereinheitlichung nach ethnischen Kriterien verbundene Entwicklungen sorgten in Europa für das Paradox, dass trotz der sich rasch entwickelnden kapitalistischen Industrieproduktion, die auf freie und weiträumige Zirkulation von Arbeitskräften angewiesen war, internationale Arbeitsmigration zunehmend politisch reglementiert und behindert wurde. Die dynastischen Fürstenstaaten, denen die ethnische Zugehörigkeit ihrer steuerzahlenden Untertanen im Gegensatz zur konfessionellen reichlich gleichgültig war, waren zu Nationalstaaten geworden, die sich über Konzepte wie »Nation« und »Volk« kulturell und ethnisch neu zu definieren begannen. Nach dem Ersten Weltkrieg, als aus dem Vielvölkerstaat Österreich-Ungarn Nationalstaaten hervorgingen, wurde das »Nationalitätenprinzip« vollends durchgesetzt und neue Staaten teilten ihre Bewohner nun nach ethnischen Kriterien in Mehrheit und Minderheiten auf, ja die »Minderheit« als gesellschaftliches Konstrukt von normativem Rang wurde eigentlich erst erschaffen. Vor diesem Hintergrund kam es ab dem Ende des 19. Jahrhunderts in Ansätzen zur Ausbildung und Umsetzung einer staatlichen »Migrationspolitik«. Während sich die Fürstenstaaten darauf beschränkt hatten, Auswanderung ihrer Untertanen zu unterbinden und neue Untertanen durch Einwanderung zu gewinnen (»Peuplierung«), waren nun zunehmend irrationale Kri-

Abb. 24: Ellis Island im Hafen vor New York City, Juli 2001.

terien verantwortlich für eine Migrationspolitik, die durch eigens eingerichtete Behörden, Kontrollmechanismen und bürokratische Vorschriften Wanderung zu steuern begann.

Die Erfindung der Nation: Imaginierte und doch reale Gemeinschaften

Die Entstehung der neuen Nationalstaaten hatte zwei ganz unterschiedliche Seiten. Einerseits sorgte die Durchsetzung des Verwaltungsstaates für eine umfassende Modernisierung (vereinheitlichte Schulpflicht, Demokratisierung durch Wahlrechtsausdehnung, wirtschaftliche und technische Entwicklung). Andererseits hielt auch ein neuer Nationalismus und mit ihm der institutionalisierte Rassismus Einzug in die Migrationsgeschichte. Denn der traditionelle staatspatriotische Nationsbegriff, den die Revolutionen in Amerika und Frankreich begründet hatten und auf dem die liberaldemokratischen Nationalbewegungen der ersten Hälfte des 19. Jahrhunderts in Mitteleuropa basierten, bekam zum Ende des Jahrhunderts eine völlig neue Qualität. Schon die Romantiker hatten mit Herder als ihrem Propheten die Sprache als den kulturellen Hort der Nation besungen. Die Märchensammlung der Brüder Grimm bediente schon früh das Narrativ einer durch Sprache vermittelten gemeinsamen kulturellen Tradition. Intellektuelle Vordenker des Nationalismus in Europa konstruierten nun anhand historischer Traditionen eine Verbindung zu ethnischen Gruppen des Mittelalters, deren vormoderne Herrschaftsverbände die erst jetzt fest gefügten Territorialstaaten schon immer dominiert hätten. Daraus leiteten sie den Anspruch ab, dass bestimmte ethnische Gruppen exklusiv und historisch legitimiert über Nationen herrschen müssten. Dahinter stand die Überzeugung, dass die Zugehörigkeit zu einer Ethnie jeden einzelnen Menschen in seinem Wesen und in seiner Beziehung zu anderen Menschen definiere (Essentialismus). Ethnische Gemeinschaften sind nach heutiger Auffassung jedoch eher Glaubensgemeinschaften. Ihnen liegt der Glaube ihrer Mitglieder zugrunde, eine gemeinsame Herkunft und Abstammung zu teilen und damit in gesellschaftlicher Gesamtheit eine gemeinsame »Kultur« zu bilden. In der Verwirklichung des ethnisch fundierten Nationalstaats werden Traditionen und historische Erinnerungsfiguren als gemeinschaftsstiftende Bezugspunkte festgelegt, manchmal sogar erfunden. Nach Auffassung der neueren, konstruktivistischen Nationalismusforschung sind die im 19. Jahrhundert entstehenden Nationen nur eine kulturelle Konstruktion. Jedoch werden Nationalbewusstsein und ethnisches Gemeinschaftsgefühl durch politische Rituale, historische Erfahrung und soziales Erleben in ihrer Geltung bestätigt und »in den Rang einer sozialen Wirklichkeit« gehoben (Walkenhorst 2007, 251). Aber auch die »klassische« Vorstellung von der »Abstammungsgemeinschaft« hat eine gewisse empirische Relevanz: Denn immerhin wird sie durch die biologische Herkunft der Mehrheit bestätigt und in jeder Generation durch Heiratsverbindungen neu aufgebaut. Allerdings können sich die Nachkommen Zugereister leicht an den Herkunftsmythos anschließen. Nationalbewusstsein und auch Nationalgefühl, von Gruppen und Individuen real empfunden, sind deshalb bis heute höchst wirkmächtige soziale Kräfte, die sich auch politisch mobilisieren lassen. Insofern sind die Nationen auch als »imagined communities«, wie der Politikwissenschaftler Benedict Anderson griffig formuliert hat, keineswegs bloß »eingebildete Gemeinschaften«, sondern ganz reale, wenngleich ihre Gründungen politischer Vorstellungskraft entsprangen. Entsprechend sind essentialistische Vorstellungen bis heute auch in westlichen Gesellschaften und erst recht in anderen Teilen der Welt weitverbreitet.

Rassismus und Migration

Am Ende des 19. Jahrhunderts waren die vorher irrelevanten Theorien von »Rassen« »wissenschaftlich« begründet worden und überlagerten nun mit neuen biologistischen Vorstellungen die romantischen Ideen vom »Volk« als verbindendendem Kern der nationalstaatlichen Einigung. »Rasse« wurde zum Zentralbegriff der Sozialwissenschaften des späten 19. und frühen 20. Jahrhunderts und brachte ein toxisches Element in den zunächst liberalen nationalistischen Diskurs. Rassentheorien ließen sich durch wissenschaftliche Ergebnisse der Vererbungslehre und des sich allgemein durchsetzenden Darwinismus scheinbar bestätigen, so dass die Vorstellung von exklusiven Abstammungsgemeinschaften als eigentlichen Kernen der Nation sich immer stärker durchsetzte. Die bislang verkannten, eigentlich aber erst erfundenen Nationen der »dritten Generation« in Europa drängten nun nach Selbstbestimmung. Nach dem Zusammenbruch des Osmanischen Reichs und der Habsburgermonarchie entdeckten die Völker aus diesen Imperien ihre nationalen Bestimmungen, lange nach den Nationsgründungen im Europa des 19. Jahrhunderts, die mit Italien 1861 und der »verspäteten Nation« Deutschland 1871 endgültig abgeschlossen schienen. Besonders diejenigen Völker des Balkans, die sich aufgrund imperialer Unterdrückung an ihrer vermeintlich »natürlichen« Entfaltung gehindert sahen, kamen nach dem Ersten Weltkrieg zum Zuge. Serben und Tschechen etwa entdeckten ihre freiheitlichen, »antiimperialen« Traditionen des Mittelalters, auf die sie sich unmittelbar bezogen (Schlacht auf dem Amselfeld und Hussiten). Seit dem Mittelalter schliefen diese längst existierenden Nationen, so die zeitgenössische Meistererzählung, im Dornröschenschlaf, aus dem sie von den Führern nationaler Bewegungen in den Vielvölkerstaaten des Osmanischen und des Habsburgerreichs nur noch wachgeküsst werden mussten. Der neue, auf sprachlich-kultureller und ethnischer (bzw. »rassischer«) Homogenität basierende Nationsbegriff gab den neuen wie auch den etablierten Nationalstaaten ein massives Mobilisierungspotential an die Hand, das durch starke Loyalitätsbindungen und den Glauben an eine große Gemeinschaft geprägt war. Diese politische Macht war jedoch ein zweischneidiges Schwert, da der neuartige Nationalismus zugleich auch den gefährlichen Zündstoff innerer ethnischer Konflikte und rassistischer Exzesse barg. In dieses Schwert sollten sich die Staaten Europas und die nach europäischem Vorbild konstruierten Kolonien sowie die neu entstandenen außereuropäischen Nationalstaaten im 20. Jahrhundert dann gleich zweimal stürzen.

Denn der neue Nationalismus definiert sich in seinem Selbstbezug erst durch den »Anderen«, der zum Feind, ja zum »Todfeind« oder »Erbfeind« stilisiert werden muss. Auf diese Weise wurden auch die »Anderen« im Inneren des Staatswesens, also ethnische und sprachliche Minderheiten, zum Feind erklärt und damit einem starken Anpassungsdruck ausgesetzt. Gleichzeitig standen die Nationalstaaten am Ende des Jahrhunderts auch in einem Wettbewerb untereinander, aus dem nach zeitgenössisch-darwinistischem Verständnis nur die stärksten siegreich hervor gehen würden, was gegenseitige Abgrenzung und innere Ausgrenzung weiter förderte. Dieser Wettbewerb manifestierte sich in der Erhöhung der eigenen Nation und der Dämonisierung anderer als Feinde im spätkolonialistischen »Wettlauf um Afrika« und letztlich und besonders tragisch auch im Ersten Weltkrieg.

Die Verbreitung des Nationalismus

In den neo-europäischen USA führte eine ähnliche Entwicklung zu einem gesteigerten Nativismus, der sich in der erwähnten Diskriminierung süd- und osteuropäischer Einwanderer der *new immigration* (einschließlich einer restriktiveren Einwanderungspolitik) äußerte und sich gegenüber den Ureinwohnern und vor allem gegenüber den Amerikanern schwarzer Hautfarbe (wobei schwarz fast alle Facetten von braun miteinschloss) in einem strukturellen Rassismus Bahn brach. Dieser beruhte auf der Vorstellung, dass asiatische und afrikanische »Rassen« minderwertig seien und die Nordeuropäer innerhalb der »weißen Rasse« als eine überlegene »Unterart« betrachtet werden müssten. In Europa betrieben Nationalstaaten in den letzten drei Jahrzehnten vor dem Ersten Weltkrieg eine Politik, die auf Homogenisierung im Inneren gerichtet war. Dies äußerte sich etwa in den Versuchen, die Sprache der führenden ethnischen Gruppe (nicht immer die der Mehrheit) mittels Schulpflicht und Zwangsmaßnahmen als Nationalsprache durchzusetzen (Russifizierung, Germanisierung oder Magyarisierung um 1900). Aber auch in der zunehmend erschwerten oder gar verhinderten Migration »volksfremder« Einwanderer wird diese Tendenz sichtbar. Die Politik, die eigenen Staatsangehörigen gegenüber Ausländern bzw. Einwanderern stärker abzugrenzen, hatte eine weitere Ursache in der Entwicklung sozialstaatlicher Fürsorgeelemente des modernen »Interventionsstaates«, in deren Genuss nur Staatsbürger kommen sollten, wie auch in der komplexen juristischen Ausformulierung von Staatsangehörigkeitsrechten.

In Frankreich kam es gegen Ende des 19. Jahrhunderts zu Ausschreitungen gegen ausländische Arbeitnehmer (v. a. Italiener) und es formierten sich im Kontext der »Dreyfus-Affäre« nationalistisch-antisemitische Gruppen wie die von vielen namhaften Intellektuellen unterstützte »Ligue de la patrie française« (1898). Selbst in England, dem lange Zeit liberalsten Einwanderungsland Europas, kam es zu ähnlichen Entwicklungen. Mit der »British Brother's League« bildete sich auch hier eine gegen Immigration gerichtete Bürgerbewegung, deren Mitglieder in London agitierten. Der »Aliens Act« von 1905 beendete dann eine lange Tradition liberaler Einwanderungspolitik auf der Insel. Nirgends in Europa waren die gegen Zuwanderung gerichteten Regelungen jedoch so streng und ausgefeilt wie in Preußen.

Arbeitsmigration von Staatsbürgern und Ausländern in Preußen

Obwohl der Bedarf an Erntehelfern und vor allem an Landarbeitern enorm war, waren die aus den russischen und habsburgischen Gebieten saisonal migrierenden Polen diskriminierenden Aufenthaltsregelungen und bürokratischen Kontrollmechanismen unterworfen. Nach den Teilungen Polens (1772, 1793, 1795), die dafür sorgten, dass für 123 Jahre Polen als Staat nicht mehr existierte, waren Land und Leute des litauisch-polnischen Doppelstaats unter den drei benachbarten Großmächten aufgeteilt worden. Preußen hatte auf diese Weise seine »eigenen« Polen in den neu gewonnenen Gebieten Westpreußen und der Provinz Posen, wo die polnische Bevölkerung die Mehrheit bildete.

Bei der Betrachtung der polnischen Einwanderung nach Preußen zeigt sich erneut die bereits bei anderer Gelegenheit angesprochene Problematik der Unterscheidung zwischen »internationaler« Migration und Binnenwanderungen, die in der Migrationsforschung so geläufig ist. Obwohl man nun für das 19. Jahrhundert der Nationalstaaten erstmals wirklich berechtigterweise von »internationaler« Migration sprechen kann, zeigt der Fall Preußens den begrenzten Erkenntniswert dieser Begrifflichkeiten auf. Auf ganz Deutschland bezogen wurde nach 1815 mit der Gründung des Deutschen Bundes und erst recht nach 1871 mit der Reichsgründung die vielfältige zwischenstaatliche »internationale« Migration, wendet man dieses begriffliche Korsett konsequent an, plötzlich zu Binnenwanderung.

Das 19. Jahrhundert war in Europa von fortschreitender Rationalisierung der Landwirtschaft und vom Anwachsen industrieller Produktion geprägt, vor allem in der Textilindustrie, die sich von der Heimarbeit (»Verlag«) in die Fabriken nach englischem Vorbild verlagerte. Deswegen ist von einer bedeutenden und anhaltenden Binnenmigration innerhalb Europas auszugehen, welche die vielbeachtete Überseemigration in ihrem Ausmaß bei weitem übertraf. Diese Wanderungen lassen sich nicht im Einzelnen nachvollziehen und kaum beziffern, jedoch ist die rasch voranschreitende Urbanisierung und das exponentielle Wachstum der Städte ein Zeichen dieser allgemeinen Mobilität. So lebte im Jahr 1907 von den etwa 62 Millionen Menschen im Deutschen Reich rund die Hälfte nicht am Ort ihrer Geburt. In Preußen wanderten Hunderttausende aus den ländlichen Gebieten östlich der Elbe in die wachsenden industriellen Metropolen des Westens aus (Bochum wuchs zwischen 1820 und 1920 von etwa 2.000 auf über 130.000 Einwohner).

Im Falle der polnischen Arbeitsmigration in Preußen haben wir es mit der besonderen Situation zu tun, dass diejenigen polnischen Arbeitskräfte, die als landwirtschaftliche Saisonarbeiter aus den Nachbarländern in die nahegelegenen Gebiete des ostelbischen Preußen und nach Sachsen kamen, rechtlich gesehen Ausländer waren, während die im zu Preußen gehörenden Ruhrgebiet als Bergleute arbeitenden »Ruhrpolen« (s. u.) aus dem fast 1.000 km weit entfernten Schlesien und aus der Provinz Posen kamen, somit preußische Staatsbürger und damit nach migrationshistorischen Kriterien »Binnenmigranten« waren. Gemeinsam war allen polnischen Migranten jedoch, dass sie über Sprach- und Kulturgenzen hinweg wanderten und nun, am Ende »des Jahrhunderts der Nationen«, mit nationalistischen und fremdenfeindlichen Vorurteilen konfrontiert wurden und sich mit ihrem kulturellen »Gepäck« (v. a. der Sprache und dem Katholizismus) zur Mehrheitsbevölkerung verhalten mussten.

Während der liberalen Phase der europäischen Nationalstaaten spielte die Staatsangehörigkeit von Einwohnern eine untergeordnete Rolle, sozialer Status und kommunale Mitgliedschaft waren die alltagsbestimmenden Realitäten des Zusammenlebens. Das moderne Konzept von Staatsbürgerschaft in seinen unterschiedlichen, entweder mehr auf Beteiligung und religiösem Bekenntnis (etwa in Frankreich) oder mehr auf national-ethnischer Zugehörigkeit (deutsches Kaiserreich) basierenden Ausprägungen entstand eigentlich erst in der zweiten Hälfte des 19. Jahrhunderts. Entsprechend überrascht war Anfang 1886 der seit 17 Jahren in Preußen lebende und mit einer Preußin verheiratete Pole Joseph Konopka über seine Ausweisung. In einer Petition an den Kaiser erklärte er, dass er sich hätte einbürgern lassen, hätte er geahnt, dass er eines Tages aus Preußen fort solle. Jedoch habe er von solchen Dingen nichts gewusst, als er als Sechzehnjähriger nach Preußen gekommen war. Der hochgradig exklusive Charakter des sich ausbildenden modernen Verständnisses von Staatsangehörigkeit war weder Konopka noch vielen anderen nach rechtlichen Maßstäben nun »ausländischen« Angehörigen der Mittelschicht in Preußen bewusst, die das Land nach 1885 im Rahmen einer umstrittenen Ausweisungspraxis verlassen mussten. Die preußische Führung, allen voran Bismarck, fürchtete das Erstarken nationaler Bewegungen bei den durch die Teilungen um ihren eigenen Staat gebrachten Polen, immerhin war es mehrfach zu national motivierten Aufständen gekommen. In kontroversen Reichstagsdebatten machte Kanzler von Bismarck diese Position deutlich: »Wir wollen die fremden Polen los werden, weil wir an unseren eigenen genug haben« (Rede Bismarcks vom 28.01.1886). Seine Argumentation bezog sich vor allem auf die aus preußischer Staatsräson nötige Verhinderung der Gründung eines polnischen Staates: »Das Kennzeichen für die Ausweisung ist ausschließlich die Nationalität. [...] Der Polonismus und die polnische Propaganda ist der Grund für die Ausweisungen [...]. Die Polen sind unsichere preußische Unterthanen« (Rede vom 01.12.1885). In Zeitungen und Debatten wurden antipolnische und antijüdische Stimmungen geschürt. 1885 konkretisierte sich diese Stimmung auch politisch in den Ausweisungserlassen des Innenministers von Puttkamer. Einwanderung und Einbürgerung (Naturalisation) wurden gesetzlich erschwert, verstärkte Grenzkontrollen wurden eingeführt. Das Verbot der polnischen Sprache in Verwaltung und Justiz und damit die faktische Abschaffung der seit 1815 existierenden Zweisprachigkeit in den polnischen Reichsgebieten gehörte ebenso zu einer expliziten Germanisierungspolitik, wie der weitgehend gescheiterte Versuch einer privilegierten Ansiedlung Deutscher in den polnischen Reichsgebieten (Ansiedlungsgesetz 1886).

Ökonomisch gesehen war die Ausweisung von bis zu 35.000 Ausländern (Staatsangehörige Russlands oder Österreich-Ungarns, darunter etwa 10.000 Juden) nach 1885 fatal, vor allem aber auch das damit verbundene faktische Einreiseverbot für billige Arbeitskräfte, die bereits seit geraumer Zeit für die landwirtschaftliche Produktion in Preußen und Sachsen essentiell waren. Es war dem Einfluss der ostelbischen »Agrarlobby« zu verdanken, dass ab 1890 wieder ausländische Arbeitskräfte wenigstens saisonal in der Landwirtschaft angestellt werden konnten. Die modernisierte preußische Landwirtschaft, die sich östlich der Elbe besonders durch flächendeckenden Hackfrüchteanbau auszeichnete (Kartoffeln und vor allem Zuckerrüben), benötigte dringend Arbeitskräfte. Jedoch wurde ein Regelwerk ausgebildet, das mittels Kontrollen und einer »Rückkehrpflicht« die dauerhafte Niederlassung von Ausländern unterbinden sollte. Polnische Wanderarbeiter waren dabei grundsätzlich schlechter gestellt als andere ausländische Arbeiter, sie durften nur alleine, ohne Familienbegleitung einreisen. Die Saisonkräfte mussten im Herbst das Land für eine »Karenzzeit« verlassen, was mittels Legitimationskarten streng kontrolliert wurde. Vor dem Ersten Weltkrieg waren etwa 1,2 Millionen ausländische Arbeitskräfte in Deutschland beschäftigt, allein 900.000 davon in Preußen. Im Südosten waren vor allem Italiener tätig, etwa im Tiefbau, Niederländer in Westdeutschland bevorzugt in der Vieh- und Milchwirtschaft.

Die preußische Polenpolitik und implizit diejenige des Deutschen Reichs entwickelte somit einen aus nüchtern-historischer Sicht geradezu schizophrenen Charakter, da in ihr ganz unterschiedliche Interessen zusammenstießen. Staatliche Sicherheitspolitik und auf rassistische Ressentiments gegründete Haltungen in der Bevölkerung sowie bei den Eliten kollidierten mit den ökonomischen Interessen der Agrarproduzenten und der Industrie. Politisch gesehen war der seltsame Spagat zwischen antipolnischer Migrationsverhinderung und wirtschaftlichen Erfordernissen ein Erfolg, aus soziokultureller Perspektive eine Katastrophe.

Die »Ruhrpolen«: preußische Staatsbürger und diskriminierte Minderheit

1870 lebten im zu Preußen gehörenden Ruhrgebiet ungefähr 500.000 Menschen, vierzig Jahre später waren es bereits drei Millionen. Kurz vor Ausbruch des Ersten Weltkriegs waren etwa 500.000 Einwohner der Region polnischer bzw. masurischer Herkunft. Unter den Angehörigen der ländlichen Unterschichten aus Schlesien, Ostpreußen (Masuren) und der Provinz Posen, die zu den Arbeitsplätzen in der Montanindustrie nach Westen wanderten, befanden sich viele polnischsprachige Untertanen des preußischen Königs, nach Auskunft Bismarcks »unsichere preußische Unterthanen«. Jedoch waren diese Polen eben doch preußische Staatsangehörige, wahlberechtigt und militärdienstpflichtig, was sie grundlegend von ihren »Landsleuten« aus dem russischen Kongresspolen und dem habsburgischen Galizien unterschied. Und gerade dies machte sie aus Sicht der Behörden besonders gefährlich: als potentielle Sezessionisten mit Bürgerrecht. Aus polnischen Untertanen der preußischen Krone waren nun im Nationalstaat »deutsche« Staatsbürger mit Wahlrecht geworden. Mit Legitimationskarten oder aufgezwungenen Karenzzeiten ließ sich deren verbriefte Freizügigkeit nicht einschränken. Dennoch waren diese »Staatsbürger zweiter Klasse« gesellschaftlicher und staatlicher Diskriminierung ausgesetzt.

Die in Oberschlesien, Westpreußen und dem Posener Gebiet angeworbenen »Ruhrpolen« bildeten rasch eine fest gefügte Gemeinschaft, die kompakt in engen Nachbarschaften siedelte und sich kulturell durch die Sprache, den Katholizismus und das Bekenntnis zur polnischen Nation auszeichnete. Die bis nach dem Ersten Weltkrieg andauernde Segregation der polnischen »Kumpel« und ihrer Familien war nur zum Teil der sprachlichen Barriere geschuldet. Gesellschaftliche Vorurteile, aber besonders auch antipolnische Agitation in der Presse sowie das handfeste Misstrauen der Behörden verhinderten eine Integration oder gar Assimilation. Es waren gerade die administrativen Maßnahmen (etwa durch Verbote und Gebote durchgesetzte Sprachenpolitik) und die seit den 1890er Jahren zunehmend antipolnische katholische Kirchenobrigkeit, welche die Polen im Ruhrgebiet in ihrem engen Zusammenhalt und ihrer kulturellen Identität bestätigten und weiter zusammenschweißten.

Für den Zusammenhalt der polnischsprachigen Arbeiter und ihrer Familien im Ruhrgebiet waren Netzwerke und Institutionen von herausragender Bedeutung, die von den Zuwanderern intensiv gepflegt wurden. Über 800 polnische Vereine existierten um 1910 im Ruhrgebiet. Neben kirchlichen Vereinen waren später auch Gesangsvereine, Frauengruppen oder Lotterievereine Teil eines großen Spektrums. Die Vereine waren zu Beginn ausschließlich unter dem Dach der katholischen Kirche angesiedelt und unterstreichen daher die herausragende Bedeutung dieser Institution für das Polentum im Ruhrgebiet. Der katholische Glaube war für die nationale Identität der Polen das entscheidende und verbindende Kriterium. Unter der liberaleren Kanzlerschaft Leo von Caprivis (Reichskanzler von 1890–1894) wurde sogar ein polnischer Geistlicher vom Bistum Paderborn mit der Seelsorge im Ruhrgebiet beauftragt. Auch die wichtigste Tageszeitung, der *Wiarus Polski* (»Polnischer Getreuer«), die 1891 in Bochum gegründet worden war, entwickelte sich zu einer wichtigen Säule der kulturell-konfessionellen Identität.

Diskriminierung und staatliche Gängelung

Die polnischen »Kumpel« galten pauschal als »Streikbrecher« oder »Lohndrücker«. Es gab nur wenig engere Kontakte zwischen Einheimischen und Polen. Trotz oder gerade wegen der wenigen Berührungspunkte kam es immer wieder zu Spannungen, die auch von deutschen Gewerkschaftsfunktionären, die sich einer nationalistisch gefärbten Rhetorik bedienten, angefacht wurden. Dass die oft als »Pollacken«

bezeichneten polnischen Arbeiter auf einer niedrigeren »Kulturstufe« stünden, galt vielen deutschen Arbeitern in der Schwerindustrie als ausgemachte Sache.

Gleichwohl gravierender als die Alltagsdiskriminierung waren die staatlichen Maßnahmen zur »Germanisierung« der »Bürger zweiter Klasse«, die sie mittels gesetzlicher Regelungen zur Sprachverwendung zur Angleichung zwingen sollten. Während die Polen in den östlichen Provinzen bereits seit den 1870er Jahren unter sprachpolitischen Maßnahmen zu leiden hatten, wurden solche Maßnahmen für das westfälische Revier etwas später verordnet. Unter dem Deckmantel von Sicherheitserwägungen wurde ab 1899 mit einer Verordnung, nach der nur solche Bergleute eingestellt werden konnten, die über genügend Deutschkenntnisse verfügten, eine offene Germanisierungspolitik betrieben. Im Ruhrgebiet durfte nach 1908 in öffentlichen Versammlungen nicht mehr Polnisch gesprochen werden, ein neues Vereinsgesetz legte das fest (für andere nationale Minderheiten galt die Sprachenregelung nicht). Dieses diskriminierende Gesetz, das trotz Forderungen der polnischen Vereine nach Ausnahmeregelungen streng durchgesetzt wurde, hat wesentlich dazu beigetragen, das Solidaritätsgefühl der westdeutschen Polen zu stärken, die nationalen Gegensätze zu verschärfen und den Assimilierungsprozess zu verzögern. Es war darüber hinaus auch geeignet, die Entstehung und Festigung eines polnischen Nationalbewusstseins zu begünstigten.

Die kaum vollzogene Integration sorgte dann mit dem Ersten Weltkrieg dafür, dass die meisten Ruhrpolen weiterwanderten. Wenngleich die Statistiken der verschiedenen Länder schwer in Einklang zu bringen sind, blieben nur etwa 100.000 preußische Polen im Ruhrgebiet, etwa ein Viertel der vor dem Krieg ansässigen polnischen Bevölkerung. Viele gingen nach der polnischen Staatsgründung in eine fremd gewordene Heimat (manche kehrten wegen des geringeren Arbeitsangebots wieder zurück). Noch mehr wanderten nach Frankreich aus, wo die französischen Industriebetriebe gerade in der Zeit der französischen Besetzung des Ruhrgebiets (1923–1925) massiv Fachkräfte abwarben. Andere wiederum sahen sich erneut im Fokus antipolnischer Vorurteile, da ihnen jetzt vorgeworfen wurde, gemeinsame Sache mit den verhassten Franzosen zu machen. Die verbliebenen Ruhrpolen begannen sich erst in der Weimarer Republik stärker zu assimilieren, Mitgliederschwund in der polnischen Gewerkschaft und den wichtigen Vereinen sorgte für Desintegration. Und seit der Machtübernahme der Nazis sorgte schließlich der immer massivere Assimilationsdruck dafür, dass polnische Kultur im Ruhrgebiet zu Folklore wurde.

Die Nationalitätskonflikte im Kaiserreich, besonders die Auseinandersetzung mit dem Polentum und die fortschreitende staatliche Diskriminierung von Staatsbürgern auf ethnischer Grundlage können als ein Menetekel für das 20. Jahrhundert gedeutet werden. Nationalistisch-chauvinistische Haltungen der Massen wie der Machteliten in den Nationalstaaten wurden besonders nach dem Ersten Weltkrieg in konkrete Politik überführt. Die Existenz ethnischer Minderheiten mit Bürgerrechten wurde gerade in den neuen Nationalstaaten, die aus den Vielvölkerreichen der Habsburger und der Osmanen hervorgingen und in denen besonders zahlreiche Minderheiten lebten (in Rumänien etwa gehörten nach 1918 30 % der Staatsbürger ethnischen Minderheiten an), zunehmend als staatsgefährdendes Problem wahrgenommen. Jedoch hatte schon Bismarck die preußischen Polen als »Reichsfeinde« gebrandmarkt. Als besonders tragisch erwies sich die im 19. Jahrhundert vollzogene soziale Etikettierung der religiösen Gemeinschaft der Juden, die seit der Antike in ganz Europa lebten. Sie wurden nun als ethnische Gruppe markiert und ab dem Ende des Jahrhunderts biologistisch als Abstammungsgemeinschaft definiert. Die Ethnisierung und Rassifizierung der politischen Konzepte der Nationalstaaten hatte ihren Ursprung im 19. Jahrhundert. Mit dem Ersten Weltkrieg, in dem die übersteigerten Nationalismen der Erbfeinde Frankreich und Deutschland und die gegen die Imperien gerichteten Nationalismen der unterdrückten Völker in den Vielvölkerreichen in einer fatalen Eruption aufeinanderprallten, begann erst das kurze neue Jahrhundert als *Zeitalter der Extreme*, so der Titel der Geschichte des 20. Jahrhunderts des Sozialhistorikers Eric Hobsbawm.

Literaturhinweise zu Kapitel 5

Die Bände von Schilling (1988b, 1989) bieten einen guten Einblick in die Geschichte der Frühen Neuzeit. Das umfassendste und beste Buch zur europäischen Expansion ist das Standardwerk von Reinhard (2016). Zur den sehr unterschiedlichen Kolonialreichen der Frühen Neuzeit siehe einführend das Büchlein von Osterhammel und Jansen (2017). Zum transatlantischen Wirtschaftssystem siehe grundlegend Wallerstein (1986–2004). Zur Geschichte des Sklavenhandels mit weiterer Literatur Flaig (2018).

Zu den europäischen Glaubensflüchtlingen allgemein bleibt der übersichtliche Artikel von Schilling (2002) erste Wahl. Für die Geschichte der Hugenotten greife man zuerst zum gelungenen Einführungsbüchlein von Schunka (2019). Zum bedeutenden Einfluss der französischen Kultur und Literatur auf das Geistesleben und die Wissenschaften in Berlin siehe nur stellvertretend mit weiterer Literatur Volmer (2007). Zu den »hugenottischen« Quellen von Grimms Märchen sind die Arbeiten von Rölleke einschlägig, etwa Rölleke (2004). Zur »Peuplierungspolitik« bietet Niggemann (2015) eine Übersicht. Zum hugenottischen Weinbau am Kap haben Fourie und von Fintel (2014) das neuste Material, dort auch weitere Literatur.

Allgemein zur europäischen Auswanderung nach Übersee Hoerder und Knauf (1992), zur deutschen Auswanderung nach Amerika Brunner (2009). Zur Auswanderung aus der Pfalz siehe den grundlegenden Sammelband von Scherer (1981). Die detaillierte Geschichte der Auswanderung und Rückwanderung Frederick Trumps hat mit vielen Dokumenten aus den Archiven Paul (2016) zusammengestellt.

Zum Komplex des neuen Nationalismus und der Bedeutung ethnisch-rassistischer Begründungen für die modernen nationalstaatlichen Gesellschaften siehe Hobsbawm (1991). Zu Rasse und Rassismus Walkenhorst (2007). Grundlegend zur politischen Einordnung der »Polenfrage« Wehler (1979). Zur Ausweisungspraxis Reinecke (2010), von der das Beispiel des ausgewiesenen Joseph Konopka stammt, sie hat die Petitionen der von der Ausweisung bedrohten ausländischen

Staatsbürger systematisch untersucht. Das Standardwerk zur Geschichte der »Ruhrpolen« bleibt Kleßmann (1978).

6 Das kurze 20. Jahrhundert: Ethnische Säuberungen, Zwangsarbeit, Vertreibung, Dekolonialisation

6.1 Kulturelle Fremdheit am Ende des 19. Jahrhunderts und das Erbe des Kolonialismus

Die Gewaltexzesse und systematischen Gräueltaten der ersten Hälfte des 20. Jahrhunderts sind wie auch der totalitäre Ausgriff von Nationalstaaten auf alle Bereiche des Lebens für die Migrationsgeschichte in höchstem Maße relevant. Das 20. Jahrhundert hebt sich vom vorangegangen eigentlichen »Jahrhundert der Migration« durch eine weitere Steigerung der absoluten Zahl der weltweiten Migranten ab. Von den Hunderten von Millionen Menschen, die vornehmlich bis zur Mitte des Jahrhunderts wanderten, waren nun aber im Gegensatz zu früheren Epochen die meisten Zwangsmigranten. Das heißt, sie wanderten nicht aus freien Stücken oder aus Gründen wirtschaftlicher Bedrängnis, um andernorts bessere Bedingungen zu finden, sondern es gab keine Alternative zu ihrem Verbleib am Ort. Kriegsflüchtlinge, Vertriebene und zwangsumgesiedelte Menschen stellten deshalb die Mehrzahl der Migranten, die weltweit dem Jahrhundert sein migrationsgeschichtliches Gepräge gaben. Es genügt daher nicht, auf die gewissermaßen »natürliche« Migrationsdynamik großer Kriege hinzuweisen, die auch beim Dreißigjährigen Krieg zu beobachten war, und die massiven Wanderungen als Kollateralschaden des im Vergleich zu früheren Epochen wesentlich ausgeweiteten »totalen« Kriegsgeschehens abzubuchen. Die modernen Weltkriege haben nicht nur hinsichtlich ihrer Totalität, ihrer industriellen Vernichtungskraft und der Einbeziehung aller Lebensbereiche (u. a. durch Mobilisierung der gesamten Bevölkerung in militärische und ökonomische Prozesse) eine neue Dimension erreicht, sondern fanden vor dem Hintergrund veränderter sozialer und politischer Bedingungen statt.

Fremdheit und das Bild des »Anderen« in der Moderne

Dies führt uns zurück auf die bereits angesprochene Verengung des nationalistischen Diskurses auf Feindbilder und Vorstellungen vom »Anderen«, welche die eigene Überlegenheit der biologisch oder kulturalistisch legitimierten Unterlegenheit der so konstruierten »Feinde« entgegenstellte. Seit Georg Simmels *Exkurs über den Fremden* (1908) ist die Wahrnehmung von Fremdheit im Kontext der Migration ins Zentrum der soziologischen Forschung gelangt. Neuere Arbeiten über Fremdsein und Zugehörigkeit, über Identität und gesellschaftliche Integration betonen die historisch vielfach belegte Ablehnung kultureller Fremdheit in fast allen Gesellschaften. Dem »Anderen«, dem »Fremden« wird mit Misstrauen begegnet, seine Andersartigkeit als Störfaktor begriffen, die aber zugleich die eigene Gruppenidentität in der Spiegelung mit dem Anderen schärfen hilft. Das Eigene konturiert sich nur durch den sichtbaren Gegenpol des Anderen, dessen Wahrnehmung zu allen Zeiten entlang kultureller Kategorien erfolgte. Die Hunnen essen rohes Fleisch, die Franzosen Frösche. Kulturelle Unterschiede markieren die wahrgenommene Andersartigkeit. Das wusste schon Herodot im 5. Jahrhundert v. Chr., der von einem ethnologischen Experiment des Perserkönigs Dareios I. (549–486 v. Chr.) berichtet. Der persische Großkönig rief eines Tages Vertreter der an den Rändern seines Riesenreichs lebenden Völker zusammen, nämlich der Griechen aus Kleinasien und der »Inder« aus dem heutigen Pakistan (Industal), über deren unterschiedliche Sitten er offenbar gut Bescheid wusste. Die Griechen fragte er, um welchen Lohn sie bereit seien, die sterblichen Überreste ihrer Verwandten aufzuessen. Die zu Hofe geladenen Griechen aus Kleinasien waren geradezu entsetzt und sagten, dass sie dies um keinen Preis tun würden, da die Griechen ihre Toten einzuäschern pflegten. Dann ließ er die indischen Kalatier holen, »die die Leichen ihrer Eltern essen«, und fragte sie in Anwesenheit der Griechen, um welchen Preis sie ihre verstorbenen Väter verbrennen würden. Die Inder brachen in lautes Geschrei aus und baten ihn, solch gottlose und frevlerische Worte zu unterlassen. Mit dieser Anekdote begründet Herodot seine von der modernen Soziologie als revolutionäre Neuentdeckung gefeierte Erkenntnis, dass Sitten und Gebräuche eben nur kulturelle Konstruktionen sind, die allerdings konkrete gesellschaftliche Auswirkungen haben und die Wahrnehmung und Zuschreibung des kulturell Anderen bestimmen. »Wenn man alle Völker der Erde aufforderte«, so schließt Herodot, »sich unter all den verschiedenen Sitten die trefflichsten auszuwählen, so würde jedes nach genauer Untersuchung doch die eigenen allen anderen vorziehen. So sehr ist jedes Volk davon überzeugt, dass seine Lebensformen die besten sind« (Hdt. 3, 38).

Zuwanderer aus anderen Kulturen waren demnach zu allen Zeiten einer mehr oder weniger ausgeprägten Ablehnung und damit einem gewissen Anpassungsdruck ausgesetzt. Sie konnten sich auch in Diasporagruppen organisieren und separate Einheiten bilden, etwa als »Politeuma«, als Gruppe mit eigenen Rechten im hellenistischen Alexandria, oder sie siedelten in bestimmten Stadtvierteln Roms (▶ Kap. 2.3). Das Neue in der Fremdheitswahrnehmung des späteren 19. Jahrhunderts war die »wissenschaftliche« Begründung kultureller Unterschiede, eine sehr »moderne« Begründung, die nun auf »Rassenmerkmale« abhob.

Die kulturelle Unterlegenheit bestimmter Gruppen oder Nationen bzw. eine unterstellte biologische Ungleichheit boten die ideologische Rechtfertigung für angestrebte oder ausgeübte Herrschaft über den Unterlegenen. Daraus folgte logisch die Möglichkeit zur Entrechtung, Verfolgung, ja Vernichtung anderer Gruppen, handele es sich dabei um äußere Feinde oder um ethnische Minderheiten im eigenen Herrschaftsbereich. Diese neue Dimension ist ein entscheidendes Kriterium für die im 20. Jahrhundert zum Zeichen des Zeitalters werdenden Zwangsmigrationen und »ethnischen Säuberungen« (Unwort des Jahres 1992).

Das Erbe des Kolonialismus in der Moderne

Der polnisch-jüdische Schriftsteller Stanislaw Jerzy Lec (1909–1966) hat selbst die Schrecken des 20. Jahrhunderts am eigenen Leib erfahren. Er musste mit seiner Familie mehrfach fliehen und führte ein Wanderleben zwischen Lemberg, Wien, Warschau, Israel und wieder Warschau. Während des Zweiten Weltkrieges schloss er sich nach seiner Flucht aus dem Ghetto den Partisanen an. Er hatte also reichlich Erfahrung mit Verfolgung und Flucht im Jahrhundert der Extreme ansammeln können. Vor diesem Hintergrund erklärt sich sein tiefsinniger Aphorismus zum 20. Jahrhundert: »Nur wenige sahen es dem 19. Jahrhundert an, dass ihm das 20. folgen würde«. Diese Einsicht muss allerdings ein wenig relativiert werden. Historiker, die aus der Vogelperspektive zeitlicher und emotionaler Distanz und in Kenntnis einer Vielzahl von geschichtsrelevanten Faktoren auf die Vergangenheit zurückblicken, sind ja hinterher immer schlauer als die Zeitgenossen. Einige Elemente kolonialer Kriegführung und der Binnenkolonisation in Russland und den USA zeigten nämlich schon Ende des 19. Jahrhunderts einen Paradigmenwechsel an, der auf die ethnischen Kriterien für Ausgrenzung und Rechtfertigung von Unterdrückung und damit auf die neue Dimension von Zwangsmigration hinweist. Dass wenige im 19. Jahrhundert vorhergesehen haben, dass dem 19. das 20. Jahrhundert folgen würde, heißt also nicht, dass es keinerlei Anzeichen dafür gab.

Bereits Russlands imperialer Ausgriff auf Zentralasien und den Kaukasus ab 1817 enthielt Elemente eines rassistisch geprägten »Orientalismus«. Das Wüten des Zarenreichs im Kaukasus und unter den Völkern Zentralasiens ist vielfach beschrieben worden. Zwischen einer halben und einer Million Menschen wurden zwischen 1859 und 1864 aus ihrer Heimat vertrieben oder deportiert, viele überlebten die Flucht nicht. Die Tscherkessen erlitten dabei das schlimmste Los, da die Russen in ihrem Siedlungsgebiet am Schwarzen Meer und im fruchtbaren Vorland des kaukasischen Gebirges christliche Kolonisten ansiedeln wollten. Die Tscherkessen wurden vertrieben, ein Großteil wurde ermordet. Ende des Jahrhunderts waren keine 50.000 Tscherkessen mehr im Russischen Reich. Bemerkenswert ist dabei die rassistisch grundierte Berufung der Russen auf eine Mission zur Zivilisierung des »wilden Ostens«. Eine Konsequenz war die extrem gewalttätige Art und Weise der »Befriedung« des Kaukasus, eine andere die Erschließung Sibiriens durch Siedler. Dabei spielte – wie im Westen der USA – der Bau der Eisenbahn eine bedeutende Rolle (Transsibirische Eisenbahn, erbaut 1891–1916). Zwischen 1801 und 1914 wanderten etwa 6,4 Millionen Menschen in Sibirien ein, 5,4 Millionen davon im kurzen Zeitraum zwischen 1887 und 1913.

Ähnlich einzuordnen ist die Binnenkolonisation der USA, die nach der immer weiteren Zurückdrängung der Ureinwohner und der Einführung des Systems der Reservate zu ihrer fast vollständigen Vernichtung führte. Um 1850 hatte sich die Vorstellung einer »offensichtlichen Bestimmung« (*manifest destiny*) der amerikanischen Nation und Kultur sowie in der Folge auch die Ideologie der »weißen Überlegenheit« herausgebildet, gemäß derer sich die Zivilisation des zur Herrschaft über andere »Rassen« geborenen weißen Mannes über den gesamten Kontinent ausbreiten müsse. Das berüchtigte Massaker am Wounded Knee Creek 1890, bei dem US-Soldaten über 300 wehrlose Sioux, die meisten davon Frauen und Kinder, abschlachteten, beendete auch symbolisch die eigenständige Geschichte der Indianer Nordamerikas. Von geschätzten sieben Millionen nordamerikanischen Indianern, die im 16. Jahrhundert in den Gebieten der heutigen USA und Kanadas lebten, wies die Volkszählung von 1900 nur noch 250.000 aus.

Spätkolonialismus und Migration

Der sowohl aus wirtschaftlichen Motiven wie auch aus nationalistischem Prestigedenken der europäischen Mächte gespeiste Spätkolonialismus, der im »Wettlauf um Afrika« (*scramble for Africa*) seit den 1880ern seinen Ausdruck fand, folgte ähnlichen geistigen Mustern. Unter dem Gesichtspunkt einer »weißen« Massenmigration war der europäische Imperialismus mit seinem spätkolonialen Griff nach Afrika zwar vergleichsweise unbedeutend. Allerdings haben die Eingriffe der Kolonialmächte während des 19. Jahrhunderts indirekt zu neuen innerafrikanischen Reichsbildungen geführt, die von enormen, aber weitgehend unerforschten Migrationsbewegungen begleitet wurden. Dirk Hoerder (2002, 436) spricht von den »untold millions« der Migrationsgeschichte. Abgesehen von Algerien, wo sich schon seit 1830 Agrarsiedler aus Frankreich niederließen, und der holländischen, später britischen Kapkolonie, wo seit dem 17. Jahrhundert niederländische Siedler (Buren) und später Europäer, die vom Diamantenfieber (1876) sowie vom Goldrausch im östlichen Südafrika (1886) angelockt worden waren, eine relevante Einwanderungsbevölkerung stellten, ging es den Kolonialherren in erster Linie um die Ausbeutung der Ressourcen und weniger um Siedlungskolonialismus. Zwar waren die europäischen Kolonialherren die allmächtigen Herrscher, die den Kontinent nicht nur ökonomisch, sondern auch sprachlich zu dominieren begannen, aber nur extrem kleine Gruppen von Europäern organisierten diese Herrschaft mithilfe einheimischer Kollaborateure. Entsprechend war Afrika Ende des 19. Jahrhunderts in sehr geringem Ausmaß von Einwanderung geprägt. In den wenigen Siedlungskolonien, in denen Europäer sich kompakt niedergelassen hatten, bildeten sie um 1900 vergleichsweise kleine Minderheiten. Das galt für die etwa 750.000 Franzosen in Algerien (ca. 14 % der Bevölkerung) wie für die rund 1,25 Millionen Europäer in Südafrika und Rhodesien (22 %).

In der spätkolonialen Herrschaft der Europäer wurden nun erstmals auch die »wissenschaftlichen« Erkenntnisse über menschliche »Rassen« in die politische Praxis überführt. Dadurch wurde der Rassismus als verbindliches Weltbild auch in Europa auf Dauer zementiert. Die Minderwertigkeit der schwarzen Einwohner Afrikas wurde nicht mehr nur traditionell theologisch postuliert (Verworfenheit des Heidentums) oder technologisch erklärt (mangelnde Kompetenz bei der Beherrschung der Umwelt) – beides ließe sich ja im Zeitverständnis durch Mission und einen wohlwollenden Erziehungskolonialismus lösen –, sondern nun als unüberbrückbare biologische Differenz markiert. Unabänderliche und »wissenschaftlich« dokumentierte Eigenschaften machten schwarze Menschen (dunkelhäutige generell) zu Angehörigen einer minderwertigen »Rasse«. Dadurch ließ sich die Herrschaft über sie ebenso rechtfertigen wie die rücksichtslose Ausbeutung ihrer Arbeitskraft.

Ähnliches gilt auch für das große Vorbild, das erfolgreichste Kolonialreich aller Zeiten: das britische Empire. Im 19. Jahrhundert führten die Briten ein neues System der Ausbeutung ihrer Kolonialgebiete ein, zunächst in der wichtigsten Kolonie, in Britisch-Indien. Nicht direkte Herrschaft und »Umerziehung« der gesamten Bevölkerung nach angelsächsisch-christlichem Vorbild waren das Ziel der neuen Kolonialverwaltung ab der zweiten Hälfte des 19. Jahrhunderts, sondern die Abschöpfung von Gewinnen und Steuern, während Lokalfürsten von Englands Gnaden nach Gutdünken herrschen konnten. Migrationsgeschichtlich ist dieser neue Typ von Kolonialherrschaft nur bedingt relevant: Die Verwaltungsbeamten, Militärs und Geschäftsleute waren gering an Zahl und nur vorübergehend zum Regieren und Geldverdienen im Lande. Eine verschwindend kleine Minderheit von Europäern lenkte die Geschicke der auswärtigen Besitzungen. Der »Indian Civil Service«, die speziell für die Verwaltung des Subkontinents ausgebildete Beamtenelite, zählte selbst in den besten Zeiten nie über 1.000 Entsandte. Eine Volkszählung von 1861 ergab, dass in dieser Blütephase der direkten Herrschaft der Briten nur etwa 42.000 britische Zivilisten in ganz Indien lebten (etwa 84.000 Briten dienten zu der Zeit in der Armee auf dem Subkontinent, die Gesamtbevölkerung Britisch-Indiens lag Mitte des 19. Jahrhunderts bei etwa 210 Millionen).

Bevölkerungsaustausch zu Beginn des 20. Jahrhunderts

In Europa waren es vor allem der Niedergang des Osmanischen Reichs und der Aufstieg der Nationalbewegungen auf dem Balkan, die Vertreibungen und systematische Umsiedlungen mit sich brachten. Die Gründung Albaniens als Nationalstaat (in dem aber auch Serben, Makedonen und allerlei Bergstämme lebten) als Konsequenz des ersten Balkankriegs (1912) hielt zwar Serbien vom Mittelmeer fern, wie von den Großmächten gewünscht, schuf aber diejenigen ethnischen Verwerfungen, die bis heute in der Region für sicherheitspolitische Probleme sorgen. Der Friedensvertrag von Konstantinopel (1913) regelte erstmalig einen (allerdings freiwilligen) Bevölkerungsaustausch zwischen dem Osmanischen Reich und Bulgarien. Die meisten Bulgaren in den wieder der Türkei zugeschlagenen Regionen Adrianopel (Edirne), Dimotika und Kirkkilisse wanderten nach Bulgarien, Moslems aus Südwestthrakien gingen in den verbleibenden Rest des schwindenden Osmanischen Reichs. Völkerrechtlich sanktioniert wurden Vertreibungen vor allem durch den Vertrag von Lausanne 1923, der die bereits weitgehend erfolgte Vertreibung und Umsiedlung von fast zwei Millionen Griechen und Türken nach der türkischen Staatsgründung und dem türkisch-griechischen Krieg legitimierte (etwa 1,35 Millionen türkische Staatsangehörige christlichen Glaubens, fast alle »Griechen«, und ca. 500.000 griechische »Türken« verloren Heimat und Besitz). Die Vielvölkerstadt Thessaloniki, der Geburtsort Mustafa Kemals (Atatürk), wurde erst nach dem Bevölkerungstausch mehrheitlich ethnisch griechisch, und über 2.500 Jahre griechische Geschichte in Kleinasien war mit einem Federstrich beendet worden. Die Büchse der Pandora war geöffnet worden (▶ Abb. 25).

6.2 Der Erste Weltkrieg und die Folgen: Das »Selbstbestimmungsrecht der Völker« beendet die alte Weltordnung

Der koloniale Wettbewerb der europäischen Mächte um Rang, Prestige, Einfluss und wirtschaftliche Macht war nur einer der vielen und höchst unterschiedlichen Bausteine einer Entwicklung, die zu der fatalen Gemengelage führten, die die Welt mit der »Julikrise« 1914 in den Abgrund stürzten. »In dieser Geschichte gibt es keine Tatwaffe als unwiderlegbaren Beweis, oder genauer: Es gibt sie in der Hand jedes einzelnen wichtigen Akteurs. So gesehen war der Kriegsausbruch eine Tragödie, kein Verbrechen«. Das fast schon salomonische Urteil Christopher Clarks (2013, 716) zur bis heute heftig diskutierten Kriegsschuldfrage, kann für unsere Diskussion genügen, die lediglich die Folgen dieses ersten totalen Krieges der Weltgeschichte für die Migrationsgeschichte in den Blick nimmt.

Der Erste Weltkrieg forderte etwa 18 Millionen Todesopfer (8 Millionen Soldaten, 10 Millionen Zivilisten), er verursachte durch die Kriegshandlungen und deren direkte Folgen die temporäre, teilweise auch dauerhafte Vertreibung, Verschleppung oder Umsiedlung von mindestens ebenso vielen Menschen (die Zahlen sind ganz grobe Schätzungen, weil vor allem die Situation in Russland im Dunkeln bleibt, wo Schätzungen von bis zu 30 Millionen Toten zwischen 1914 und 1921 ausgehen). Die Kriegsfolgewanderungen waren nicht weniger dramatisch: Rund 10 Millionen Menschen verloren ihre Heimat durch die Neuordnung Europas als Folge der Friedensverträge, die das Nationalstaatsprinzip auf ethnischer Grundlage in Europa durchsetzen sollten. Durch Zwangsrekrutierung in die indischen und afrikanischen Kolonialarmeen der weißen Herren, durch Zwangsarbeit in den Kriegswirtschaften der beteiligten Länder und durch »ethnische Säuberungen« in den neuen Nationalstaaten, welche die Vielvölkerreiche der Osmanen und der Habsburger beerbten, zeichnete sich ein neues Zeitalter ab, das migrationsgeschichtlich dann nach dem Zweiten Weltkrieg als das »Jahrhundert der Flüchtlinge« bezeichnet werden sollte (Wingenroth 1959).

Migrationsgeschichtlich bringt das Zeitalter der Weltkriege, ja die gesamte Periode des europäischen Bürgerkriegs zwischen 1914 und 1945, eine grundlegende Veränderung der Parameter mit sich. Bis 1914 dominierte die internationale und transkontinentale Arbeitsmigration im Kontext der vernetzten Märkte eines globalen Kapitalismus. Der Erste Weltkrieg markiert dabei eine entscheidende Zäsur. Der weltweite Arbeitsmarkt, der Migration über weite Entfernungen angeregt hatte, veränderte sich grundlegend und dauerhaft. Denn auch in der Zwischenkriegszeit kam es verglichen mit der Vorkriegszeit nur noch zu einer zaghaften Wiederbelebung der transatlantischen Migration aus Europa. Während des Krieges wurden allerdings Soldaten und Arbeitskräfte über weite Strecken und Ländergrenzen hinweg verschoben, und die Zivilbevölkerung musste Deportationen und Vertreibungen erdulden. Fast zwei Millionen oft zwangsrekrutierte Soldaten aus den Kolonien dienten in den französischen und britischen Streitkräften, die zum Teil auch auf dem europäischen Kriegsschauplatz eingesetzt wurden. In der Kriegswirtschaft mussten viele Arbeitskräfte mobilisiert werden, um die jungen Männer im Kriegseinsatz zu ersetzen. Frankreich und England konnten hier auf ihre Kolonien zurückgreifen, während Deutschland, das seine wenigen Kolonialbesitzungen bei Kriegsbeginn verloren hatte, ausländische Arbeitskräfte teilweise unter Zwang verpflichtete. So änderten sich die Zeiten: Für die jetzt noch wichtigeren polnischen Arbeitskräfte galt in Umkehr der Regelungen der Vorkriegszeit keine Rückkehrpflicht mehr, sondern im Gegenteil ein Rückkehrverbot! (▶ Abb. 25)

Aber auch die gewöhnliche Zivilbevölkerung war von den Kriegshandlungen hart betroffen. Bereits bei Kriegsbeginn wurden etwa 1,4 Millionen Belgier zur Flucht aus ihrer Heimat genötigt und im zaristischen Russland wurden bis zum Kriegsaustritt nach der Revolution 1917 geschätzte 6–7 Millionen Zivilisten vertrieben. Die gesamten Entwicklungen auf dem (Zwangs-)Arbeitsmarkt, in den Kolonien und hinsichtlich des Kriegsgeschehens lassen sich in vielen Darstellungen zur Migrationsgeschichte des 20. Jahrhunderts weiterverfolgen.

Entscheidend für die politische Entwicklung der Weltgeschichte wie auch für die Migrationsgeschichte des 20. Jahrhunderts sollte ein neues völkerrechtliches Prinzip werden, das der amerikanische Präsident Woodrow Wilson für die Nachkriegsordnung durchsetzen wollte: das Selbstbestimmungsrecht der Völker. Dahinter stand als Konsequenz der Nationalstaatsidee die Vorstellung, dass in der neuen Weltordnung Staatsgebiet und das ethnisch-sprachlich definierte Staatsvolk eine Einheit bilden sollten. Wilson, der idealistische Präsident eines Einwanderungslandes, der die amerikanische Idee eines staatsbürgerlichen Nationalismus im Sinn hatte, verstand unter Selbstbestimmung die Souveränität des Staatsvolks. In Europa und besonders in den jungen Nationalbewegungen Osteuropas galt jedoch als allgemein verbindlich, dass Nationalität nicht gewählt, sondern in einer (imaginierten) Abstammungsgemeinschaft, eben innerhalb der durch gemeinsame Sprache und Tradition geeinten ethnischen Gruppe, vererbt wird. Dabei handelte es sich nicht nur um einen beliebigen »herrschenden Diskurs«. Ethnisch fundierter Nationalismus war als »Nationalgefühl« auch eine soziale Realität. Dies war einer der Gründe, weshalb Wilsons im berühmten »14-Punkte-Plan« vorgestelltes Ordnungsprinzip scheitern musste.

Im Kern war »Selbstbestimmung« im Frieden nach 1918 ein Instrument des Umgangs der Siegermächte mit den besiegten Staaten und nicht ein Universalrecht. Darüber hinaus wurden Staatsgebilde gegründet, die über keine national-ethnische Tradition verfügten (etwa Jugoslawien oder die Tschechoslowakei), weil politische Entscheider die Meinung vertraten, dass Staaten über eine bestimmte wirtschaftliche Leistungsfähigkeit und Größe verfügen müssten, um lebensfähig zu sein. Die meisten der 16 neuen Staaten, die aus der Konkursmasse der Vielvölkerreiche hervorgegangen waren, waren nur dem Namen nach Nationalstaaten des neuen sprachlich-ethnischen Typs geworden. Sie waren nach Zerschlagung der Imperien ihrerseits wiederum Vielvölkerstaaten *en miniature*; das heutige Rumänien etwa beherbergt offiziell 19 anerkannte ethnische Minderheiten (Stand 2022). Die Grenzverschiebungen und Neuordnungen nach 1918/19 sorgten für vorhersehbare massive Migrationsbewegungen. So verließen mindestens 200.000 Ungarn aus den im Vertrag von Trianon 1919 Rumänien zugesprochenen Gebieten (v. a. Banat und Siebenbürgen) stehenden Fußes ihre transsilvanische Heimat. Schätzungen besagen, dass in vielen Ländern Ost- und Südosteuropas in den Jahren nach dem Ersten Weltkrieg bis zu sechs Millionen Angehörige von ethnischen Minderheiten unter Zwang oder Druck, oder weil sie nicht unter den neuen Herrschaftsbedingungen leben wollten, ihre Heimat verließen. Zu ihnen kommen noch etwa zwei Millionen politische Flüchtlinge aus Russland, die als »Klassenfeinde« das Land verließen. Auf diese Weise erfolgte in den Staaten der ehemaligen Imperien ein wilder und ungeordneter, kaum zu beziffernder Bevölkerungsaustausch, obwohl nach den neuen Grenzziehungen nicht mehr 60 Millionen Europäer als Angehörige von Minderheiten galten, sondern nur noch 30 Millionen (▶ Abb. 25).

Der Nationalismus des 19. Jahrhunderts hatte letztlich dafür gesorgt, dass nach dem Ersten Weltkrieg die Landkarte Europas neu gezeichnet werden musste, ganze 20.000 km neue Grenzlinien wurden eingefügt. Die durch den Ethnonationalismus verursachten Probleme wurden dadurch nicht gelöst. Das proklamierte Selbstbestimmungsrecht erwies sich darüber hinaus für viele Nationalstaaten, besonders für solche, die koloniale Besitzungen hatten, als regelrechter Bumerang, denn es enthielt implizit auch das Recht auf Sezession, was besonders im prekären Fall der Kolonien und Mandatsgebiete schon unmittelbar nach dem Ersten Weltkrieg relevant wurde. Nach dem Zweiten Weltkrieg war es eben jene Berufung auf das mittlerweile völkerrechtlich verbriefte Selbstbestimmungsrecht, die das Ende des Kolonialzeitalters besiegelte.

Die Geister, die der Zauberlehrling Wilson rief, treiben aber bis heute ihr Unwesen auf dem Balkan, im Nahen Osten (Kurdistan, Libanon), in multiethnischen Ländern Afrikas, aber auch in teilweise eingehegter Form in Katalonien, Nordirland und im Baskenland. Die Welt wartet bis heute auf die Rückkehr des Meisters.

6.3 Der Zweite Weltkrieg: Alle Dimensionen werden gesprengt

Die durch den Zweiten Weltkrieg und in seinem Strudel ausgelösten Migrationsströme sprengten alles bisher Dagewesene. Dabei war es in erster Linie die schiere Dimension der durch Gewalt, Vertreibung, Umsiedlung, systematische Verfolgung und rassistische Politik verursachten Wanderungsströme, die die migrationsgeschichtliche Besonderheit des Zweiten Weltkriegs begründet. In den Jahren zwischen 1936 und 1950 verließen weltweit mehr Menschen als je zuvor in der modernen Geschichte (nur für diese gibt es Daten) die Orte ihrer Herkunft. Die wenigsten davon taten dies freiwillig (▶ Abb. 25).

Ethnische Reorganisation und Zwangsarbeit

Im Vorfeld und im Verlauf des Zweiten Weltkrieges wurde die ethnisch basierte Nationalitätenpolitik fortgesetzt, u. a. durch »Bevölkerungstausch« oder »Repatri-

Teil I Entwicklungsgeschichtliche Zugänge

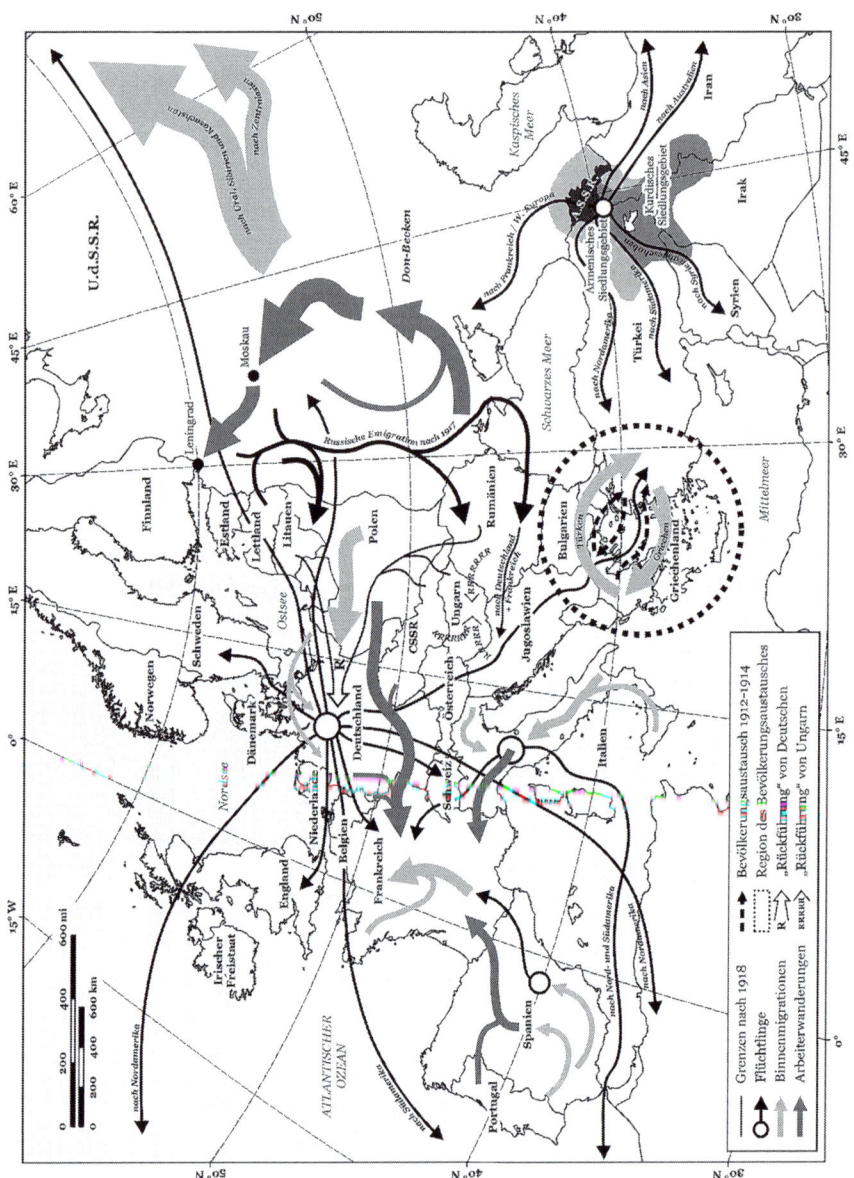

Abb. 25: Bevölkerungsverschiebungen, Wanderungen und Vertreibungen in der ersten Hälfte des 20. Jahrhunderts. Erstmals werden Bevölkerungen nach ethnisch-nationalen Kriterien »ausgetauscht« (Balkan, Türkei und Griechenland). Die »deutsche Ostsiedlung« wird nach dem Zweiten Weltkrieg teilweise durch »Rückführung« deutschstämmiger Bewohner Osteuropas rückgängig gemacht.

ierungen«. Die Aktion »Heim ins Reich« beförderte die Nachfahren deutscher Auswanderer aus Osteuropa ins vermeintliche Vaterland, während die Deportation der Wolgadeutschen nach Sibirien im Gefolge des Überfalls Hitler-Deutschlands auf die Sowjetunion (1941) als Bestrafung gedacht war. Kriegsgefangene und zur Arbeit gepresste Ausländer mussten die deutsche Kriegswirtschaft stützen. Von den etwa acht Millionen auswärtigen Arbeitskräften im Deutschen Reich im Jahr 1944 waren sechs Millionen oft zwangsverpflichtete »Fremdarbeiter« und zwei Millionen Kriegsgefangene. Die Sowjetunion siedelte Heere von Arbeitskräften für Großfabriken der Kriegswirtschaft in den Osten der Sowjetunion um, in denen mehrere Zehntausend Arbeitskräfte tätig waren.

Auch Japan beutete etwa 1,5 Millionen koreanische Zwangsarbeiter sowie alliierte Kriegsgefangene unter teils furchtbaren Bedingungen aus. Umgekehrt nutzten auch die USA 1943 die Arbeitskraft von etwa 100.000 deutschen Kriegsgefangenen. Dort hatte die Umstellung auf Kriegswirtschaft auch indirekte Folgen für das inneramerikanische Wanderungsgeschehen. Durch die steigenden Löhne in den nördlichen Industrieregionen von Detroit, New York oder Chicago wurden zu Tausenden Arbeitskräfte aus dem Süden der USA, vor allem Afroamerikaner, angezogen und ließen sich in den Städten des Nordens nieder. Am Ende des Krieges wohnte erstmals die Mehrheit aller schwarzen Amerikaner in urbanen Räumen.

Die Kriegshandlungen selbst trieben Millionen Menschen überall auf der Welt in die Flucht. In Europa waren etwa 60 Millionen Menschen als Flüchtlinge, Zwangsarbeiter oder Vertriebene betroffen. In Asien lag die Anzahl der Migranten noch weit höher. Allein die durch den japanischen Angriff auf China nach 1937 verursachten Flüchtlingsströme lassen sich auf etwa 100 Millionen Menschen beziffern. Die massiven weltweiten Bevölkerungsbewegungen von entwurzelten Menschen, aber auch von mobilisierten Arbeitskräften für die Kriegswirtschaft und Soldaten an den entlegensten Kriegsschauplätzen lassen sich auch von ausgewiesenen Experten kaum in weltweiter Perspektive überschauen oder gar beziffern. Das entscheidende Merkmal der Wanderungsbewegungen während des Zweiten Weltkriegs – für die Kriegsfolgemigration nach 1945 gilt im Wesentlichen das Gleiche – war erneut die absolute Dominanz von Gewalt- und Zwangsmigration.

Flucht vor Faschismus und Verfolgung, »Displaced Persons«

Die Machtübernahme faschistischer Regime in Italien, Deutschland und Spanien sorgte schon vor dem Zweiten Weltkrieg für Fluchtbewegungen und Deportationen, wobei gleichzeitig die grenzüberschreitende Arbeitsmigration auch aus ideologischen Gründen eingeschränkt wurde. Politische Gegner der Regime, deren Leben nun bedroht war, und viele Angehörige der intellektuellen Eliten, denen ein weiterer Verbleib im Lande unzumutbar erschien, verließen ihre Heimat. Im Verlauf des Spanischen Bürgerkriegs (1936–1939) flohen zwei bis drei Millionen teils in den republikanischen Landesteil, teils nach Frankreich. Nach 1933 mussten Hunderttausende Juden und Kommunisten aus Deutschland vor direkter Verfolgung fliehen oder verließen das Land, weil sie ihre Berufe nicht mehr ausüben konnten. Zählt man die Juden aus dem 1938 »angeschlossenen« Österreich und dem westlichen Teil der Tschechoslowakei dazu, konnten rund 500.–600.000 Juden rechtzeitig vor Kriegsbeginn aus dem Deutschen Reich fliehen. Die meisten der Dissidenten und der aus »rassischen« Gründen Verfolgten wählten benachbarte Staaten für ihr Exil, von dem sie hofften, dass es nur kurze Zeit andauern würde. Jedoch hatte der Ausgriff Nazideutschlands auf ganz Europa zur Folge, dass viele nach Kriegsbeginn weiter wandern mussten, wenn dies noch möglich war. Viele teilten das Schicksal des Pioniers der Migrationsforschung, Alexander Kulischer (1890–1942), der nach einer mit der Oktoberrevolution begonnenen Odyssee durch Europa, die ihn mit seinem Bruder 1920 zunächst nach Deutschland und nach der Machtübernahme der Nazis nach Frankreich führte, von Pétains Vichy-Gendarmen verhaftet wurde und im Konzentrationslager Drancy ums Leben kam. Seinem Bruder Eugene (Jewgenij, 1881–1956) gelang die Flucht in die USA, wo er ein noch heute richtungsweisendes Buch über die gewaltsamen Verwerfungen und Bevölkerungsverschiebungen zwischen 1917 und 1947 unter dem Titel *Europe on the Move* publizierte, gewissermaßen das Neue Testament der Migrationsforschung im 20. Jahrhundert.

Mit dem Ende des Krieges kam noch keineswegs ein Ende der durch ihn ausgelösten Massenmigrationen. Unmittelbar nach dem Krieg befanden sich noch Millionen von entwurzelten »Displaced Persons« in Deutschland, die mithilfe des Roten Kreuzes versorgt und repatriiert werden mussten, die meisten waren ehemalige Zwangsarbeiter (überwiegend aus Osteuropa). Noch 1946 warteten rund 6,5 Millionen »DPs« in Übergangslagern auf ihre Repatriierung. In Europa waren rund 23 Millionen Menschen in den letzten Kriegstagen und unmittelbar nach dem Waffenstillstand aufgrund von Bevölkerungstransfers, Grenzverschiebungen oder Deportationen entwurzelt. Ins zerstörte Deutschland strömten über 12 Millionen Vertriebene aus Ost- und Mitteleuropa, deren Vorfahren teils seit dem Mittelalter dort ansässig gewesen waren. Diese ethnischen Säuberungen waren von der Potsdamer Konferenz auf höchster Ebene abgesegnet worden und wurden nicht frei von Rachegefühlen seitens der jetzt auf der Seite der Sieger stehenden ehemaligen Unterdrückten durchgeführt. In Asien zogen Flüchtlingsströme durch die Mandschurei und etwa 6 Millionen Japaner mussten fluchtartig die Gebiete ihrer imperialen Raubzüge verlassen.

Völlig neue Dimensionen der Gewaltmigration

Die verwirrend hohen Zahlenangaben zur Migration aus unterschiedlichen Ländern und Weltregionen, von denen hier nur ein kleiner Bruchteil genannt wurde, sind im Detail oft umstritten. Schon der hier präsentierte völlig unzureichende Ausschnitt aus dem Hieronymus-Bosch-Gemälde, als das sich die Welt 1939–1945 darstellte, kann für reichlich Verwirrung beim Leser sorgen. Bei der schlussendlichen Beurteilung der Sachverhalte ist nicht die mathematische Hochrechnung auf eine unbestimmbare Zahl kriegsbedingter Migranten entscheidend, die irgendwo bei mehreren Hundert Millionen liegen wird (viele Flüchtlinge, die unter dem Radar statistischer Erfassung wanderten, entziehen sich ohnehin dieser Rechnung). Dennoch zeigt die schiere Masse der Menschen, die zwischen 1914 und 1950 unterwegs waren, eine nie dagewesene Dimension von Migration an. Diese völlig neue Dimension der Massenwanderungen lässt sich mindestens zum Teil durch die technische Entwicklung und die Totalität der gesellschaftlichen Mobilisierung und Kriegführung in den Weltkriegen erklären, die eine exponentielle Steigerung und Beschleunigung von Massenmigration erst ermöglichten. Außerdem war die Weltbevölkerung bis ins 20. Jahrhundert stark angestiegen, von 1800 bis Anfang des 20. Jahrhunderts hatte sie sich von einer auf zwei Milliarden verdoppelt, seit 1975 wächst sie etwa alle zwölf Jahre um eine Milliarde auf gegenwärtig etwa acht Milliarden. In früheren Epochen überwogen diejenigen Formen von Migration, die nicht auf Vertreibung und Gewalt zurückzuführen sind. Mit der Phase der Weltkriege zwischen 1914 und 1945, dem »neuen Dreißigjährigen Krieg« (Charles de Gaulle), hatten sich die Verhältnisse grundlegend geändert. Zwangsmigration in ungekanntem Ausmaß wurde nun dominant. Darüber hinaus erfolgte sie nun nicht mehr aus utilitaristischen oder strategischen Gründen, wie etwa bei den altorientalischen Herrschern oder den Römern. Zwangsmigration wurde im 20. Jahrhundert zu einem Instrument zur Umsetzung von Homogenisierungskonzepten, entsprechend gestaltete man sie auf der Basis von nationalistischen und ethnischen Kriterien planvoll als Siedlungspolitik.

Eine der grundlegenden Veränderungen, welche die Dominanz der Gewaltmigration in dieser Zeit mit erklären kann, betrifft das seit dem Ende des 19. Jahrhunderts immer deutlicher werdende Potential des modernen Verwaltungsstaates, besonders seiner totalitären Ausprägungen im 20. Jahrhundert, Migration effektiv und aus seiner Sicht erfolgreich zu steuern. Dies erfolgt durch Grenz- und Migrationsregime, Registrierungs- und Ausweis- oder Passpflichten. Hinter diesen Maßnahmen stand ein politischer Wille, der rücksichtslos massive Menschenrechtsverletzungen in Kauf nahm oder gar strategisch einsetzte, um demographische, klassen- oder nationalpolitische Ziele zu erreichen.

Die Bedeutung von Ethnizität, Nation und »Rasse«

Damit ist die zweite, qualitativ noch entscheidendere Dimension der »neuen« Migrationspolitik des 20. Jahrhunderts bereits angesprochen. Im 19. Jahrhundert wurden die zusammengehörigen sozialen Kategorien Nation, Ethnizität und »Rasse« Teil eines politischen Konzepts miteinander konkurrierender, aber in einem sich gegenseitig stützenden Netzwerk verbundener Nationalstaaten. Mit der Fixierung des Marxismus als ideologischer Grundlage eines politischen Handlungsprogramms durch Lenin und die Bolschewiki (»Marxismus-Leninismus«) kam noch »Klasse« als weitere Kategorie hinzu, die sich migrationsgeschichtlich auswirkte. Mit der Legitimierung der Konzepte Klasse und »Rasse« als Grundlage politischer Projekte war eine Tür zum Abgrund aufgestoßen worden, der sich in der Migrationsgeschichte der ersten Hälfte des 20. Jahrhunderts auftat. Die Entmenschlichung von nach Klasse oder »Rasse« definierten Gruppen und ihre totale gesellschaftliche Ausgrenzung führten neben der Ermordung von sechs Millionen Juden und einer unschätzbaren Anzahl an »Klassenfeinden« auch zu den migrationsgeschichtlichen Verwerfungen und Bevölkerungsverschiebungen, die hier sehr knapp präsentiert worden sind.

Auch die »Guten« in dieser Geschichte, die demokratischen Mächte des »Westens«, haben »ethnische Säuberungen« bestimmter Gebiete, in denen sich keine neuen Grenzen ziehen ließen, als probates Mittel einer zukünftigen Friedenspolitik angewandt. Die im Potsdamer Abkommen festgelegte »Überführung«, wie die erzwungene Umsiedlung von über zwölf Millionen Deutscher aus Osteuropa und vieler anderer Opfer von staatliche legitimierter Zwangsmigration (etwa der Umsiedlungen im Rahmen der Westverschiebung Polens) euphemistisch genannt wurde, sollte »in ordnungsgemäßer und humaner Weise erfolgen« (Artikel XIII des Potsdamer Abkommens). Dies blieb jedoch nur ein frommer Wunsch, wie die Geschichte der Vertreibungen aus Osteuropa nach dem Krieg zeigt.

6.4 Dekolonisation und Migration: Die bunte Welt am Ende des 20. Jahrhunderts

Nach dem Zweiten Weltkrieg schlugen über 400 Jahre Kolonial- und Expansionsgeschichte zurück: Die von den Europäern neu geschaffene Welt, ihre Herrschaft in Asien und dann auch in Afrika, wurde in den Grundfesten erschüttert. Mit der Atlantikcharta von 1941 in den Händen, in der die westlichen Mächte das Selbstbestimmungsrecht der Völker zur eigenen Staatsgründung ausgerufen hatten, forderten die Kolonialgebiete eben dieses Recht. Millionen von Nordafrikanern, Indern und Asiaten hatten in den Kolonialarmeen gedient, und dennoch erhielten sie nach 1945 keine politischen Mitspracherechte. In blutigen Kriegen, zunächst in Asien, etwa in Indochina, Indonesien und später auch auf dem afrikanischen Kontinent, in Algerien und zentralafrikanischen Staaten, setzten die Befreiungsbewegungen eben jenes Nationalstaatsprinzip gegen ihre Unterdrücker durch, das diese erst erfunden hatten. Konfliktfrei war die Loslösung von den Kolonialmächten auch zur Zeit der Befreiungsbewegungen selten. Indien liefert das dramatischste Beispiel postkolonialer Massenvertreibung mit hunderttausenden Toten. Von Großbritannien 1948 widerwillig, aber kampflos in die Selbstständigkeit entlassen, entstanden auf dem Subkontinent zwei Staatsgebilde, deren bis heute andauernde unversöhnliche Feindschaft von religiösen Gegensätzen begründet wird. Die Teilung Britisch-Indiens in ein hinduistisch dominiertes Indien und ein muslimisch geprägtes Pakistan löste die größte und brutalste jemals durchgeführte Zwangsmigration aus. Binnen weniger Monate verließen 15–20 Millionen Menschen ihre Heimat in der größten Völkerwanderung aller Zeiten und überquerten eine willkürlich neu gezogene Grenzlinie. Niemals zuvor mussten so viele Menschen in so kurzer Zeit ihr Land und ihren Wohnort verlassen, bis zu 500.000 Menschen kamen bei Pogromen in der Zeit der Teilung ums Leben.

Dekolonisation und Nation

Das bemerkenswerteste Erbe von Kolonialismus und Dekolonisation bleibt aber die Einteilung der postkolonialen Welt in Nationalstaaten. Paradoxerweise wurde das Nationalitätenprinzip ausgerechnet von den nationalen Befreiungsbewegungen mit Verve durchgesetzt und damit der von den Kolonialmächten »erfundene« Nationalstaat als diejenige staatliche Organisationsform legitimiert, die allein auf Anhieb gegenseitige internationale Anerkennung garantierten kann. Dabei waren es nicht bereits existierende »Nationen«, die sich – wie in der Phantasie der Nationalisten des 19. Jahrhunderts – ihre Nationalstaaten entlang der ethnisch vorgegebenen Grenzen schufen, sondern willkürliche, von Europäern am Kartentisch gezeichnete Grenzen umhegten nun die postkolonialen Staaten, deren prekäre »Nationen« sich erst finden mussten. Grenzen zwischen Kolonien wurden zu internationalen Grenzen zwischen Nationalstaaten (zu den wenigen Ausnahmen gehört die Teilung Indiens oder die Ordnung Palästinas). Etwa 40 % aller heute weltweit existierenden Grenzlinien wurden ursprünglich von Großbritannien und Frankreich gezogen. Während man 1918/19 in Europa ethnische Homogenität als Stabilitätsfaktor für neue Staaten anstrebte und daher Grenzen mehr schlecht als recht nach ethnischer Verteilung zu ziehen versuchte, wurden in der postkolonialen Ordnung die existierenden territorialen Einteilungen übernommen.

Dies führte dazu, dass Kurden in Syrien, im Irak, im Iran und in der Türkei leben. Allein in Kamerun leben etwa 200 unterschiedliche Stämme, die fast ebenso viele Sprachen sprechen, in einem neuen Nationalstaat zusammen. Insgesamt leben etwa fünf Millionen Bakongo in Angola, den beiden Kongostaaten und Gabun, und Somali sind nicht nur in Somalia, sondern auch in Kenia, Äthiopien und Dschibuti ansässig. Ethnische Konflikte mit den üblichen Vertreibungen sind in vielen ehemaligen Kolonien an der Tagesordnung, Sezessionen sind jedoch aufgrund der gegenwärtigen Haltung der UNO und fehlender internationaler Anerkennung weitgehend ausgeblieben. »Kurdistan« gibt es nach wie vor nur bei Karl May, denn das in der UNO-Charta aufgenommene Selbstbestimmungsrecht der Völker wird heutzutage anders interpretiert als nach dem Ersten Weltkrieg.

Dekolonisierung, Gastarbeiter und das moderne Europa

Nicht nur weiße Siedler, die ehemaligen Kolonialherren, mussten oft nach der Erlangung der Unabhängigkeit in eine fremd gewordene Heimat der Vorfahren auswandern und sich dort integrieren (insgesamt kamen etwa fünf Millionen Europäer »zurück«). Als Staatsbürger (Frankreich) oder Angehörige eines Untertanenverbands (Großbritannien, Niederlande) stand auch den Angehörigen der meisten ehemaligen Kolonialvölker in der zweiten Hälfte des 20. Jahrhunderts nun das europäische Herkunftsland ihrer ehemaligen Unterdrücker offen. Diese bis heute anhaltende Einwanderung nach Europa, in einigen Ländern dominiert von Migranten aus den ehemaligen Kolonien, in anderen, wie etwa Deutschland und der Schweiz, geprägt von der Anwerbung von sogenannten »Gastarbeitern« seit den 1960er Jahren, hat die europäischen Gesellschaften enorm verändert (▶ Abb. 26; nach Deutschland kamen bis 1973 etwa 14 Millionen Arbeitskräfte, von denen 12 Millionen wieder in ihre Heimat zurückkehrten).

Man kann die kulturelle und politische Rückwirkung der kolonialen Expansion auf die Gesellschaften der Mutterländer und die Einwanderung von Arbeitskräften aus anderen Kulturen gar nicht überschätzen. Die Altertumswissenschaft konnte für das römische Imperium ganz konkret zeigen, dass sich in den eroberten Gebieten von Nordafrika über Germanien und Gallien bis in den Nahen Osten hybride Provinzialkulturen entwickelt hatten, die ihrerseits aufs Zentrum zurückstrahlten

Teil I Entwicklungsgeschichtliche Zugänge

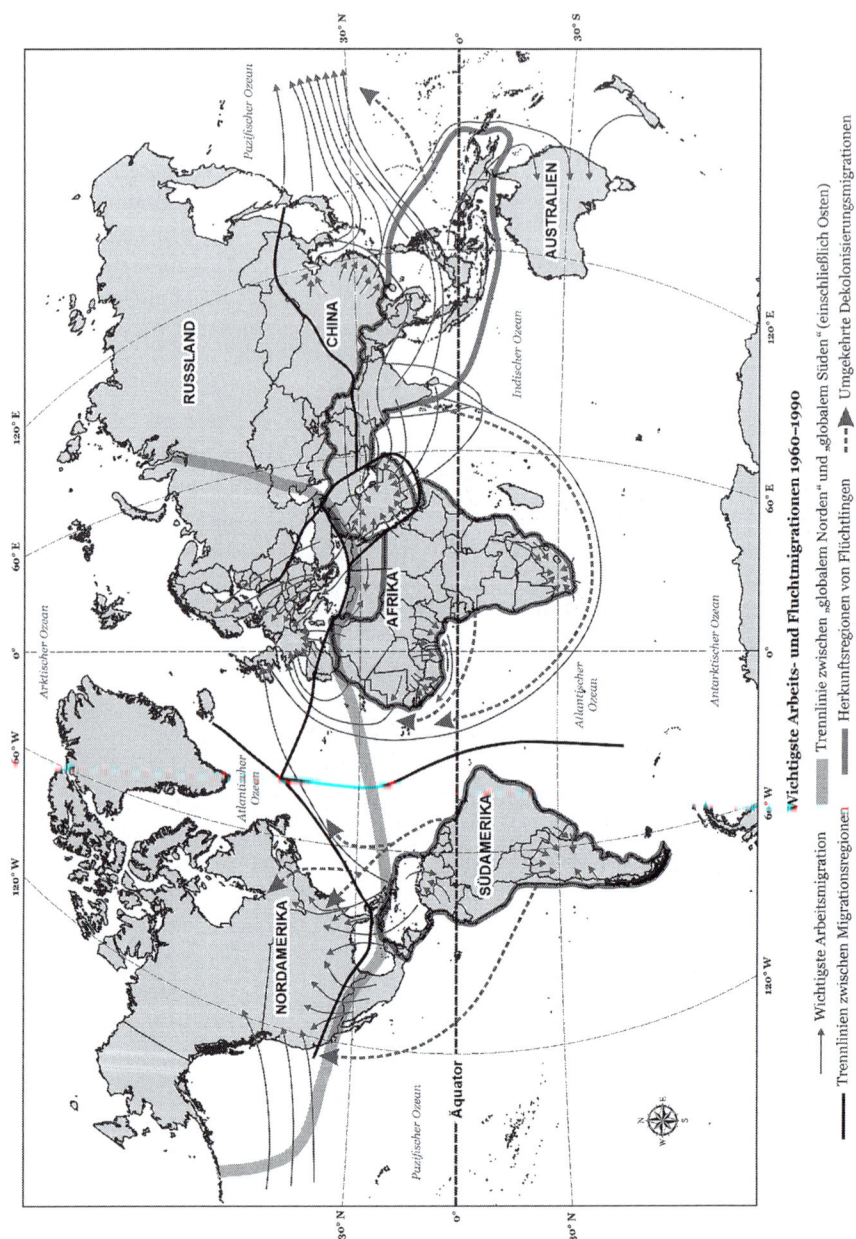

Abb. 26: Wichtigste Arbeits- und Fluchtmigrationen 1960–1990. Die geographisch-kulturellen Migrationssysteme haben sich stabilisiert. Dekolonisation, Arbeitsmigration und Fluchtbewegungen bestimmen das Wanderungsgeschehen in der 2. Hälfte des 20. Jahrhunderts.

und auch Rom und das »Römischsein« nachhaltig veränderten (einschlägig: Woolf 1998). Für die Gesellschaften der Kolonialmächte sind vergleichbare Phänomene kultureller Rückkopplung bislang nur ansatzweise erforscht worden. Das liegt einerseits daran, dass die modernen Gesellschaften Identitätsdiskurse pflegen, die im Umfeld von Vorstellungen nationaler Einheit entstanden sind. Einflüsse von außen, die die eigene Kultur geprägt haben sollten, finden in den modernen Identitätsentwürfen kaum Platz. Die Märchen der Brüder Grimm sind so »urdeutsch«, dass die Verfasser französische Fremd- und Lehnwörter der Umgangssprache (etwa *bouteille*) in späteren Ausgaben entfernt haben. Hätten sie noch zu Lebzeiten erfahren, dass gerade die wichtigsten und beliebtesten Märchen kulturelle Konterbande aus Frankreich enthalten, wäre ihr Weltbild stark erschüttert worden. Dass die klassische griechische Kultur in entscheidendem Maß während ihrer Ausgestaltung in der sogenannten »archaischen Zeit« (ca. 700–500 v. Chr.) von orientalischen Vorbildern geprägt worden war, war den Griechen der Klassik, die ihre Kultur stolz gegen die der unterlegenen persischen »Barbaren« in Stellung brachten, keinesfalls bewusst. Aus diesem Grunde ist es auch nicht einfach, die mannigfachen kulturellen Rückwirkungen zu systematisieren. Bis heute ist umstritten, welche Auswirkungen koloniale Herrschaft auf die Mentalitäten und Denkweisen der europäischen Gesellschaften hatten. Oft wird der Kulturtransfer als Einbahnstraße gesehen und die europäische Durchdringung der Kolonien in den Vordergrund gerückt (Europäisierung). Jedoch ist gerade im Rahmen der Dekolonisation zu beobachten, dass sich auch die Gesellschaften Europas durch den Einfluss der ehemaligen Kolonien und vor allem durch die Einwanderer von dort stark verändert haben. Dass europäische Eliten sich bestimmte kulturelle Elemente aus den Kolonien schon in früheren Phasen des Kolonialismus angeeignet haben, lässt sich leicht beobachten (etwa das indische Polospiel, das zum Sport der englischen Oberschicht wurde). Andererseits gibt es eine Vielzahl von Einflüssen, die in den postkolonialen Gesellschaften Europas eine wichtige Rolle spielen und eigenständige kulturelle Neuerungen hervorgerufen haben, die in der Folge integrale Bestandteile der westlichen Gesellschaften geworden sind. Besonders im Bereich der Kulinarik, aber auch bei der Musik (Jazz) lässt sich der bleibende Einfluss von Migration verdeutlichen, wie im zweiten, kulturgeschichtlichen Teil des Buches noch weiter ausgeführt werden wird.

Neue bunte Gesellschaften in Europa

Der rechtlich geregelte Nachzug aus den ehemaligen Kolonien Englands und Frankreichs hält bis heute an. Ebenso die Einwanderung von Arbeitskräften, aber auch von Schutzsuchenden, von Kriegsflüchtlingen und Asylbewerbern in ganz Europa. Die sogenannten »Gastarbeiter«, deren Geschichte in Deutschland und den deutschsprachigen Ländern gut erforscht und allseits bekannt ist, und Arbeitsmigranten aus kulturell ganz anders geprägten Regionen der Welt, haben die Gesellschaften des alten Kontinents grundlegend verändert. Diese sichtbare Veränderung lässt sich an einem aus der Perspektive der Nation höchst wichtigem kulturellen Feld verdeutlichen: dem Fußball, genauer den Fußballnationalmannschaften. Seit der epochalen Weltmeisterschaft 1954, bei der alle europäischen Spieler weißer Hautfarbe waren, ist die Zusammensetzung europäischer Nationalmannschaften – genauso wie die der Gesellschaften, die sie repräsentieren – viel bunter geworden.

Die gesellschaftliche Spiegelung der durch Dekolonisation ausgelösten Migration in die Metropolen wurde allerdings nicht unmittelbar nach 1945 sichtbar. Bis zur Aufstellung eines ersten nicht-weißen Spielers im englischen Team (Paul Reaney) dauerte es bis 1968. Die Waliser waren da etwas voraus: Bereits 1931 gehörte John Edward Parris, dessen Vater 1900 aus Barbados nach Wales gekommen war, zum Kader der walisischen Mannschaft. Seit den 1980ern wurden die farbigen Fußballer mit familiären Wurzeln in den ehemaligen Kolonien oder den Überseegebieten der früheren europäischen Kolonialmächte zum integralen Bestandteil der Fußballnationalmannschaften und spiegeln damit auch eine neue gesellschaftliche Realität wider, die trotz anhaltender Hemmnisse (Rassismus) die Integration der ehemaligen Kolonialvölker in die modernen europäischen Gesellschaften anzeigt.

Die legendären Spieler der erfolgreichen niederländischen Nationalmannschaft der 1980er, Ruud Gullit und Frank Rijkaard, haben ihre Wurzeln in Surinam, das erst 1975 ganz unabhängig wurde. Erster Nationalspieler der Holländer aus Surinam war schon 1960 Humphrey Mijnals gewesen, aber auch Virgil van Dijk aus dem aktuellen Kader hat einen surinamesischen Elternteil. Die Liste von niederländischen Spielern, deren familiäre Wurzeln in den Überseegebieten liegen, ließe sich lange fortführen. Für die ehemalige Kolonialmacht Frankreich gilt Ähnliches: Schon 1931 spielte Raoul Diagne aus Französisch-Guyana als erster schwarzer Fußballer für »Les Bleus«. Der legendäre Zinédine Zidane, Weltmeister von 1998, hat algerische Wurzeln. Stand 2022 haben mehr als die Hälfte der Spieler des aktuellen Kaders der Nationalmannschaft Frankreichs koloniale Wurzeln.

Blickt man auf die Nationalmannschaften derjenigen europäischen Staaten, die während des Imperialismus über keine oder nur sehr kurz über koloniale Besitzungen verfügten, so lassen sich ebenfalls wichtige Hinweise auf die Auswirkungen moderner Migration finden. Bei der EM 2016 in Frankreich war die Schweiz diejenige Fußballnation, welche die meisten Spieler mit Migrationshintergrund nominiert hatte (14 von 23), gefolgt von den ehemaligen Kolonialmächten Frankreich und Belgien. Deutschland nahm den respektablen vierten Rang ein (9 von 23). Beim unvergesslichen Halbfinalerfolg der deutschen Mannschaft gegen den Gastgeber bei der WM 2014 in Brasilien hatten die »Migranten« Miroslav Klose, Jerome Boateng, Mesut Özil und Sami Khedira die entscheidenden Anteile, wobei Klose und Khedira (nach Vorlage von Özil) mit Toren zum 7 : 1 Ergebnis beitrugen. Dass auch Mesut Özil in diversen Fußballstatistiken zu den Migranten in der Mannschaft gezählt wird, verweist auf einen problematischen Sachverhalt im aktuellen Umgang mit nationalen Zuschreibungen. Özil ist nämlich das Gegenteil von einem Migranten, seine Familie lebt in der dritten Generation im Stadtteil »Bismarck« in Gelsenkirchen. Dass er dort weitgehend türkisch sozialisiert wurde und das Türkische seine Muttersprache ist, verweist auf gesellschaftliche Realitäten in der Aufnahmegesellschaft und auf die »Transnationalität« als neuen Modus, der durch das moderne Transport- und Kommunikationswesen das Aufrechterhalten von kulturellen und familiären Bindungen ins Herkunftsland erleichtert. Die anhaltenden Diskussionen über Herkunft und Identität, mit denen er in Deutschland vor allem seit einem gemeinsamen Auftritt mit dem türkischen Präsidenten Erdogan (2018) konfrontiert ist, kommentierte er schon 2012 überaus weitsichtig:

> »Ich habe in meinem Leben mehr Zeit in Spanien als in der Türkei verbracht – bin ich dann ein deutsch-türkischer Spanier oder ein spanischer Deutsch-Türke? Warum denken wir immer so in Grenzen? Ich will als Fußballer gemessen werden – und Fußball ist international, das hat nichts mit den Wurzeln der Familie zu tun.« (FAZ vom 22.06.2012)

Seit 2021 spielt Özil übrigens bei Fenerbahçe Istanbul.

6.5 Das 20. Jahrhundert: Ein neues Kapitel der Migrationsgeschichte?

Viele aktuelle Darstellungen zur Migrationsgeschichte betonen, dass Migration ein Kennzeichen der industrialisierten Moderne und der mit ihr verbundenen technischen Entwicklungen sei, mithin Migration einem dauerhaften exponentiellen Wachstum unterliege. Darüber hinaus sei auch eine qualitative Veränderung weltweiter Migrationsbewegungen zu beobachten. Transkulturalität erlaube die Ausbildung »hybrider« oder mehrfacher Identitäten, da die Beziehungen zur Heimatregion über Generationen hinweg weiter gepflegt werden können. Internationale Arbeitsmigration, Süd-Nord-Wanderungen von Menschen, die ihre Lebenschancen verbessern möchten, sei daher das entscheidende neuartige Emblem des 20. und 21. Jahrhunderts.

In der Tat scheint diese Einschätzung auf den ersten Blick gerade im Kontext der fortschreitenden Globalisierung etwas für sich zu haben, mindestens die öffentliche Wahrnehmung hat sich diese Sichtweise zu Eigen gemacht. Flucht und Vertreibung aus Krisenregionen, globale Erwärmung und der weltweit vernetzte Arbeitsmarkt des 21. Jahrhunderts bilden den Humus, auf dem immer größere Migrationsbewegungen gedeihen. Das 20. Jahrhundert gilt daher im Rückblick ganz selbstverständlich als das bisher am stärksten von Wanderung geprägte Zeitalter, an das sich nahtlos das 21. Jahrhundert anschließt, in dem Arbeitsmigration und Flüchtlingsdramen den Alltag bestimmen. Ein vielzitiertes Standardwerk, das die zweite Hälfte des 20. Jahrhunderts und die Gegenwart in den Fokus nimmt, trägt diese Einschätzung sogar im Titel: *The Age of Migration. International Population Movements in the Modern World* (de Haas, Castles und Miller 2020). Aber repräsentiert die Gegenwart bzw. die jüngste Zeitgeschichte wirklich *das* Zeitalter der Migration? Diese verbreitete Sichtweise, der bereits die ausführlichen Bemerkungen zu den weit zurückliegenden Epochen der Geschichte in den vorangegangenen Kapiteln entgegenstehen, soll im folgenden Teil des Buches mit analytischen Fragestellungen weiter infrage gestellt werden.

Leben wir im »Zeitalter der Migration«?

Doch zum Abschluss des ersten Teils sei hier nochmal auf die aktuelle Migrationsforschung zur Neuzeit eingegangen: Betrachtet man die Dynamik der gegenwärtigen Arbeitsmigration in der kapitalistischen Weltwirtschaft, so wird man die Klassifizierung der Gegenwart als »Zeitalter der Migration« aus der Alltagserfahrung in den modernen Industrienationen auf den ersten Blick akzeptieren. Innerhalb der EU waren 2020 etwa 10 Millionen EU-Bürger in anderen Mitgliedstaaten beruflich tätig, zählt man Selbstständige und Entsandte dazu, so leben und arbeiten über 13 Millionen EU-Bürger in anderen Mitgliedsländern. Die verfügbaren Zahlen bestätigen das kontinuierliche Wachstum der Arbeitskräftemobilität in Europa (Steigerung um ca. 40 % in zehn Jahren). Rund 23 Millionen Nicht-EU-Bürger leben und arbeiten in der Union und 38 Millionen wurden außerhalb der EU geboren (ca. 8,5 % aller EU-Bürger). In den reichen Golfstaaten sind zwischen 70 und 80 % der Bevölkerung Arbeitsmigranten aus Süd- und Südostasien. Klassische Einwanderungsländer wie die USA, Kanada, Australien oder Neuseeland haben staatliche Programme entwickelt, mittels derer sie Arbeitsmigranten gewinnen wollen, die dort je nach Herkunft und Qualifikation von Anbeginn auch als zukünftige Bürger willkommen geheißen werden (weniger zuletzt in den USA). Die Zukunft wird nach Prognosen sogar in noch größerem Ausmaß von weltweiter Migration bestimmt sein (Khanna 2021), denn Klimawandel, Armut aber auch neue Formen des Wohnens und Arbeitens (digitale Nomaden) werden nach Einschätzung der Auguren der Migrationsforschung noch mehr Menschen auf den Weg und damit zur transnationalen Migration bringen.

Umso erstaunlicher ist der Befund der historischen Migrationsforschung. Leo und Jan Lucassen haben anhand einer Vielzahl von Quellen und Modellrechnungen deutlich machen können, dass der Eindruck, wir hätten am Ende des 20. Jahrhunderts den Zenit menschlicher Mobilität erreicht, nicht wirklich zutrifft. Das Allzeithoch für internationale Migration fällt nach ihren Berechnungen in die erste Hälfte des 20. Jahrhunderts, also in die Zeit der Weltkriege mit ihren bekannten Verwerfungen. Die Migrationsbewegungen in der zweiten Hälfte des »Zeitalters der Extreme«, an dessen Ende fast sieben Milliarden Menschen die Erde bevölkerten, nähern sich eher den absoluten Zahlen für die zweite Hälfte des 19. Jahrhunderts an, als die Weltbevölkerung jedoch »nur« bei rund einer Milliarde lag (1900: 1,6 Milliarden): Zumindest in Relation zur Weltbevölkerung bleibt also das 19. Jahrhundert unangefochten *das* Zeitalter der Migration. Nur ein Teil der »Schuld« für diesen Befund wird man dem ausgezeichneten Grenzregime der kommunistischen Staaten während des Kalten Krieges anlasten dürfen, als Ost und West nicht nur ideologisch, sondern auch durch die unterbrochenen traditionellen Wanderungsrouten dauerhaft getrennt waren. Der Hauptgrund dafür, so die niederländischen Forscher,

> »dass die meisten Menschen und die öffentliche Meinung der Auffassung sind, dass Migration ein relativ neues Phänomen ist und dass Europa noch nie so große Migrantenströme erlebt hat, liegt in einer sehr selektiven und politisch konstruierten Definition dessen, was Migration ausmache: Menschen fremder Nationalität, die aus kulturellen oder sozioökonomischen Gründen als Problem angesehen werden« (Lucassen, Lucassen, de Jong und de Walter 2014, 89).

Bleibt als Zwischenfazit an dieser Stelle festzuhalten, dass das 20. Jahrhundert auf geradezu paradoxe Weise von schier unvereinbaren Gegensätzen geprägt war. Es hat zwar die größten kurzfristigen Migrationsbewegungen aller Zeiten gesehen, etwa bei der Teilung Indiens. Außerdem haben Krieg, Vertreibung, Zwangsarbeit, Dekolonisation, Bevölkerungstausch und ethnische Säuberungen das Jahrhundert geprägt. In seiner ersten Hälfte wurde der Allzeitrekord an weltweiter Migration über Kulturgrenzen aufgestellt. Dabei haben Gewaltmigration und Massenwanderung das Jahrhundert vor allem in seiner ersten Hälfte dominiert. Paradoxerweise war das 20. Jahrhundert gleichzeitig von extrem migrationsfeindlicher Politik bestimmt (Rassismus, Passwesen, Grenzregime etc.). Erst in der zweiten Hälfte des 20. Jahrhunderts konnte Migrationssteuerung, -begrenzung und -verhinderung effektiv durchgesetzt werden. Sozialistische Staaten konnten dabei fast ein halbes Jahrhundert lang ein völliges Wanderungsverbot recht konsequent durchsetzen. Dieser Befund zeigt auf, dass das 20. Jahrhundert auch hinsichtlich seiner Migrationsgeschichte durchaus als »Zeitalter der Extreme« gelten kann.

> **Literaturhinweise zu Kapitel 6**
>
> Zum hier nur gestreiften Zeitalter des Imperialismus und des Spätkolonialismus sowie zum »Wettlauf um Afrika« siehe knapp Osterhammel und Jansen (2017), mit einer Fülle an Sekundärliteratur Reinhard (2016). Zum offensichtlich noch sehr aktuellen russischen Imperialismus ist Geyer (1977) die einschlägige Monographie. Die beste Überblicksdarstellung zu Wanderungsbewegungen seit dem Ersten Weltkrieg findet sich in Teil III von Bades umfassender europäischer Migrationsgeschichte (2000), der ich hier weitgehend, auch in den Beurteilungen, gefolgt bin. Zum Ausbruch des Ersten Weltkriegs Clark (2013), dessen These von einem schlafwandlerischen »Hineinschlittern« der europäischen Mächte in die Konfrontation, das keine eindeutige Zuweisung in der Kriegsschuldfrage zulässt, allerdings vor allem in Deutschland umstritten ist. Zur Frage der Minderheiten und ihren Rechten ist die Dissertation von Viefhaus (1960) immer noch das einschlägige Standardwerk. Die Literatur zum Zweiten Weltkrieg ist völlig unüberschaubar. Auf knappstem Raum behandelt Schreiber (2013) kompetent die wichtigsten historischen Aspekte, dort auch eine übersichtliche Auswahlbibliographie mit den wichtigsten Standardwerken. Zur Vertreibung der Deutschen aus Osteuropa Beer (2011). Die Dekolonisation behandeln übersichtlich Jansen und Osterhammel (2013). Zur indischen Teilung mit allen Details Khan (2017).

Teil II Kulturgeschichtliche Zugänge

7 Kulturgeschichte und Kulturtransfer

Der erste Teil des Buches hat bereits eine ganze Reihe kulturgeschichtlicher Aspekte behandelt, ohne dies gesondert herauszustellen oder theoretisch zu untermauern. Im zweiten Teil sollen nun kulturgeschichtliche Aspekte stärker in den Mittelpunkt gerückt werden, die Migration beeinflusst und dynamisch verändert haben. Was ist aber mit der Rede von »Kulturgeschichte« eigentlich gemeint? Die Attraktivität und allgemeine Gebräuchlichkeit des Kulturbegriffs verdanken sich seiner terminologischen Unschärfe. »Kultur« war noch im 19. und im frühen 20. Jahrhundert im Rahmen der Etablierung der Geschichtswissenschaften als Disziplin an den Universitäten auf die »Hochkultur«, also die Produkte von Literatur, Kunst und Wissenschaft beschränkt. Kulturgeschichte blieb daher zunächst auf diese »Hochkultur« konzentriert. Seither haben sich ihrer Gegenstände und Zugänge erheblich erweitert, was allerdings vor allem seit der letzten Phase der Entwicklung (»New Cultural History« seit den 1980er Jahren) mit dem Vorwurf der Beliebigkeit kritisiert wurde. In der Tat findet man bei der Durchsicht einschlägiger Bibliothekskataloge kulturgeschichtliche Arbeiten, die sehr unterschiedliche Gegenstände behandeln. Neben Jakob Burckhardts *Die Kultur der Renaissance in Italien* (1860), gewissermaßen dem Gründungsdokument der modernen Kulturgeschichte, und anderen Klassikern findet man besonders seit den 1990er Jahren eine Vielzahl von Kulturgeschichten, die auf eng gefasste, bisweilen sehr spezielle Einzelbereiche konzentriert sind: So etwa die Kulturgeschichte der Haut, eine Kulturgeschichte des Fußballs, Kulturgeschichten des Rausches, der Unterwäsche, des Fahrrads oder des Penis. Als Burckhardt und Johan Huizinga (*Herbst des Mittelalters*, 1919) ihre mittlerweile klassischen und bis heute vorbildhaften Arbeiten zur kulturgeschichtlichen Charakterisierung bestimmter Epochen verfassten, hatten sie derlei noch nicht im Sinn. Dennoch hatte die Kulturgeschichte schon von Anbeginn an einen anderen Zugang zu vergangenen Epochen vorgeschlagen, als die von Leopold von Ranke begründete positivistische Geschichtswissenschaft. Der kulturgeschichtliche Blick war auf Bereiche jenseits der empirisch argumentierenden politischen Staatsgeschichtsschreibung gerichtet. Schon die frühe Kulturgeschichtsschreibung hatte sich den Dimensionen jenseits bekannter Ordnungsstrukturen von Herrschaftsorganisation und Eliten gewidmet, um tieferliegende Charakterzüge offenzulegen, die ein Zeitalter in seiner Totalität erfassen können.

Die Pioniere der modernen Kulturgeschichtsschreibung wie Burckhardt, Huizinga und Max Weber hatten einen Sinn für die Bedeutung bis dato weniger genutzter Quellen entwickelt. Andere als nur in Archivalien, Staatsverträgen und Verwaltungsakten kodierte Praktiken menschlichen Handelns und Denkens wurden zur Grundlage ihrer historischen Interpretationen. Text- und Bildzeugnisse sowie materielle Kultur und gewerbliche Techniken, aber auch politische und religiöse Rituale wurden nicht mehr in erster Linie auf ihre Aussagekraft hinsichtlich spezifischer historischer Ereignisse befragt, sondern daraufhin untersucht, was sie an Kennzeichnendem über die dargestellte Epoche preisgeben. Max Weber hat anhand von zuvor wenig beachteten Selbstzeugnissen von Kaufleuten und Theologen der Frühen Neuzeit (Briefe, Tagebücher, religiöse Erbauungsliteratur) den Ursprung des modernen Kapitalismus in einer eigentümlichen protestantischen Ethik entdecken können (*Die protestantische Ethik und der Geist des Kapitalismus*, 1920). Er konnte mit der Idee einer »protestantischen Ethik« eine kulturelle Erklärung für den grundlegenden wirtschaftlichen Wandel der Neuzeit liefern und damit einen kulturgeschichtlichen Gegenentwurf zum Marxismus präsentieren.

In mehreren Etappen wandte sich der Blick der Historiker über sozialgeschichtliche Aspekte von Kunst und Kultur hin zu Aspekten der Alltags- und Mikrogeschichte, bis hin zur immer noch aktuellen »Neuen Kulturgeschichte«, die seit den 1980er Jahren verschiedene Anregungen aus der Soziologie und der Ethnologie aufgenommen hat. Diese Einbeziehung von benachbarten Sozial- und Geisteswissenschaften führte zu einer schier unbegrenzten Erweiterung, wenn nicht gar Fragmentierung des Kulturbegriffs, dem nun die Bereiche des Körpers, der Geschlechterbeziehungen, des Todes, der Identitäten, der Erinnerungsorte usw. angegliedert wurden.

Besonders wichtig ist in unserem Kontext die Einbeziehung der materiellen Kultur und ihrer symbolischen Bedeutungen in die kulturgeschichtlichen Betrachtungen, wie bereits in den ersten archäologischen Kapiteln oder hinsichtlich der Durchdringung Mitteleuropas mit Kunst und Architektur der Renaissance (etwa der Hof des ungarischen Königs Matthias Corvinus, ▶ Kap. 3.5) deutlich geworden sein sollte. Methodenvielfalt und Diversität des Quellenmaterials zeichnen die zeitgenössische Kulturgeschichte aus, deren Fragmentierung ein Zeichen dieser gewollten Vielfalt und damit auch der fruchtbaren Erweiterung von Wissensgebieten ist.

In einer Einführung zum Thema weist der bedeutendste Vertreter der modernen Kulturgeschichtsforschung, Peter Burke (2005), jedoch auf das Hauptproblem der mittlerweile dominanten Richtung der Geschichtswissenschaft hin, nämlich die Schwierigkeit, den Kulturgebegriff überhaupt eindeutig zu fassen. Der Kulturbegriff hat in der Geschichtswissenschaft seit der zweiten Hälfte des 20. Jahrhunderts eine nicht unerhebliche Bedeutungserweiterung erfahren. Schon 1952 haben die beiden Kulturwissenschaftler Alfred L. Kroeber und Clyde Kluckholm 175 verschiedene Definitionen von Kultur gezählt. Bis heute ist eine Vielzahl weiterer hinzugekommen. Man sprach sogar in Anlehnung an andere Paradigmenwechsel in den Geisteswissenschaften seit den 1990er Jahren von einem *cultural turn*. Nachdem man anfangs nur Kunst und Wissenschaft als Kultur bezeichnet hatte, benutzte man den Begriff später auch zur Beschreibung der volkstümlichen Äquivalente von Kunst und Wissenschaft – Volksmusik, Volksmedizin usw. Seit der letzten Generation schließt der Begriff ein breites Spektrum an Artefakten (Bilder, Werkzeuge, Häuser usw.) und Praktiken (Konversation, Lesen, Spiele) ein. Weil die Grenzen des Gegenstandsbereichs der Kulturgeschichte weit hinausgeschoben worden sind, wird es immer schwieriger, genau anzugeben, was sich denn innerhalb dieser Grenzen befindet. Gerade weil dies so schwierig geworden ist, vermeiden es manche Vertreter der »Neuen Kulturgeschichte«, eindeutig Farbe zu bekennen, und verbergen sich hinter einem kaum verständlichen Jargon, anstatt klare Positionen zu beziehen. Wir wollen es hier einfacher halten, auch wenn damit eine gehörige Komplexitätsreduktion verbunden ist.

Die von der UNESCO vorgeschlagene Definition von Kultur genügt mindestens für die Zwecke dieser Kulturgeschichte der Migration. Sie vereint begriffliche Klarheit mit dem Anspruch, einen erweiterten Kulturbegriff zu etablieren, der sämtliche Hervorbringungen des Menschen auf allen Gebieten des Lebens einschließt:

> »Kultur kann in ihrem weitesten Sinne als die Gesamtheit der einzigartigen geistigen, materiellen, intellektuellen und emotionalen Aspekte angesehen werden, die eine Gesellschaft oder eine soziale Gruppe kennzeichnen. Dies schließt nicht nur Kunst und Literatur ein, sondern auch Lebensformen, die Grundrechte des Menschen, Wertsysteme, Traditionen und Glaubensrichtungen.« (Erklärung von Mexiko-City über Kulturpolitik 1982, UNESCO-Konferenzberichte, Nr. 5, S. 121)

Die Orientierung der Kulturgeschichte hin zur historischen Anthropologie und zu Methoden der Ethnologie war seit den 1970er Jahren besonders fruchtbar. Ihr ist es zu verdanken, dass sich Kulturhistoriker über die symbolischen Formen oder »Repräsentationen« menschlichen Handelns Gedanken gemacht haben und diese als eine maßgebliche Kategorie für die historische Betrachtung erkannt haben. In diesem Zusammenhang war besonders der Einfluss der amerikanischen »Cultural Anthropology« bemerkenswert. Einer ihrer wichtigsten Vertreter, Clifford Geertz, hat auch selbst über seine kulturwissenschaftliche Tätigkeit reflektiert und den Historikerkollegen eine häufig zitierte Definition von Kultur an die Hand gegeben. Er berief sich vor allem auf Max Weber, dessen Vorstellung vom Menschen als einem Wesen, das in »selbstgesponnene Bedeutungsgewebe« verstrickt sei, er übernahm (Geertz 1987, 9). Kultur ist nach Geertz eben dieses Gewebe gesellschaftlicher Ausdrucksformen, das mit den Mitteln geisteswissenschaftlicher Hermeneutik gedeutet werden müsse. Die Disziplinen Kulturanthropologie im Sinne von Geertz, aber auch die ähnlich arbeitende Kulturgeschichte, sind demnach keine experimentellen Wissenschaften, die nach Gesetzen suchen, sondern interpretierende, die Bedeutungen aufspüren. Kultur bezeichnet daher

> »ein historisch überliefertes System von Bedeutungen, die in symbolischer Gestalt auftreten, ein System überkommener Vorstellungen, die sich in symbolischen Formen ausdrücken, ein System, mit dessen Hilfe die Menschen ihr Wissen vom Leben und ihre Einstellungen zum Leben mitteilen, erhalten und weiterentwickeln« (ebd., 46).

Mit diesem theoretisch und begrifflich leichten Gepäck, können wir die folgenden Kapitel zur kulturgeschichtlichen Einordnung bestimmter Aspekte historischer Migrationen angehen.

Kulturgeschichte und ihre Schöpfer als Gegenstände von Kulturtransfer

Werfen wir zunächst einen Blick auf die Geschichte der Disziplin Kulturgeschichte selbst, um aufzuzeigen, worum es im Kern bei Kulturkontakt und Kulturtransfer geht. Denn auch innerhalb der Kulturgeschichte und ihrer Konzepte spielt Migration und durch sie vermittelter Kulturaustausch eine nicht unerhebliche, wenn auch nicht sofort ins Auge springende Rolle. Die wichtigsten Akteure der Kulturgeschichtsschreibung waren selbst von Migrationserfahrungen geprägt und haben als Multiplikatoren Kulturaustausch und Wissenstransfer in die Wege geleitet. Eine kaum zu überschätzende Bedeutung für die Entwicklung kulturhistorischer Betrachtungen und Forschungen hatte der Hamburger Privatgelehrte Aby Warburg (1866–1929). Als Kulturhistoriker führte er die Kategorie der Ikonographie in die Debatte ein. Aber nicht nur durch seine wissenschaftlichen Studien zur Kunstgeschichte war er einflussreich, sondern vor allem durch die mit seinem beträchtlichen Vermögen aufgebaute »kulturwissenschaftliche Bibliothek Warburg«, um die herum sich ein Kreis kulturhistorisch arbeitender Gelehrter bildete. In diesem Umfeld bewegten sich mit dem Philosophen Ernst Cassirer (*Philosophie der symbolischen Formen*, 1923–1929), dem Kunsthistoriker Erwin Panofsky (*Sinn und Deutung in der bildenden Kunst*, 1955) und dem Erforscher der jüdischen Mystik Gershom Scholem emblematische Gestalten der modernen Kulturgeschichtsforschung. Als Hitler 1933 an die Macht kam, war Warburg bereits tot, jedoch veranlassten seine engeren Mitarbeiter den Transfer der Bibliothek mit über 60.000 Büchern nach London, wo bis heute das renommierte »Warburg Institute« residiert. Einige der Forscher und Weggefährten Warburgs gingen mit der Bibliothek nach England. Andere wie Cassirer, Panofsky und der ebenfalls mit der Bedeutungsgeschichte von Symbolen befasste Ernst Kantorowicz (*Die zwei Körper des Königs*, 1957) gingen wie viele, viele andere deutsche Gelehrte jüdischer Herkunft in die USA. Erst dort entfalteten sie ihre Wirkung als Forscher und Lehrer und publizierten ihre bedeutendsten Werke auf Englisch. Diesen unfreiwilligen Emigranten ist es zu verdanken, dass der im deutschen Sprachraum gängige Begriff der »Kultur« sich gegen den amerikanischen *civilization*-Begriff durchsetzte und die amerikanischen Kulturhistoriker zunehmend von *culture* zu sprechen begannen. Der Einfluss der Elite der deutschen Kulturgeschichtsschreibung, mehrheitlich Juden, hat in entscheidendem Maß die amerikanische Forschung und damit durch die Hintertür auch die »New Cultural History« beeinflusst. Ideen- und Kulturgeschichte war also mindestens im 20. Jahrhundert in weiten Teilen auch Migrationsgeschichte. So wurde unsere heutige von der amerikanischen »Cultural Anthropology« dominierte kulturhistorische Sicht auf symbolische Formen menschlichen Handelns zu einem guten Teil durch die Auswirkungen der Vertreibung deutscher Intellektueller geprägt.

Aber auch die französische Tradition hat einen bedeutenden Anteil an der Ausbildung der Neuen Kulturgeschichte, etwa mit den einflussreichen Werken von Michel Foucault und Pierre Bourdieu. Einer der Gründungstexte der französischen Kulturgeschichtsschreibung war das epochale Werk Fernand Braudels über *Das Mittelmeer und die mediterrane Welt in der Epoche Philipps II.* (1949), eine tiefgreifende historische Untersuchung eines gesamten Raums in allen seinen natur-, sozial-, und kulturgeschichtlichen Aspekten und Zeitschichten. Das dreibändige Werk begründete mit seinem ganzheitlichen Zugriff in vielerlei Hinsicht die heute so einflussreiche Globalgeschichte und verband vor allem geographisches Denken mit historischer Tradition. Zu großen Teilen entstand das Werk in deutschen Kriegsgefangenenlagern. Braudel konnte als Offizier und als Angehöriger der französischen Lageruniversität auf die Bestände der Mainzer Universitätsbibliothek zurückgreifen. Eine Untersuchung zur Genese seines Meisterwerks über die mediterrane Welt, aber auch Selbstzeugnisse Braudels zeigen, dass gerade die deutsche geographische Literatur seiner Zeit, aber auch wichtige historische Zeitschriften des »Erbfeindes« sein Denken zwischen 1940 und 1945 in entscheidendem Maße geprägt und Eingang in Konzeption und Inhalt seines Werkes gefunden haben. In seinen Erinnerungen schrieb er später, dass das Buch ein ganz anderes geworden wäre, wenn es nicht unter den Bedingungen und mit der zugänglichen Literatur im Kriegsgefangenenlager entstanden wäre. Wenn man so will, war dies die späte Rache der Brüder Grimm auf dem Gebiet der Kulturgeschichte.

Auch Charles Higounet, dem wir ein wichtiges Buch zur »deutschen Ostsiedlung« verdanken (▶ Kap. 3.4), hat seine Doktorarbeit (1948), die dem Werk zugrunde liegt, zu großen Teilen in der Kriegsgefangenschaft in Schlesien redigiert, einem Kerngebiet deutscher mittelalterlicher Migration. Im Ersten Weltkrieg hat der in Niedersachsen und später in Thüringen internierte belgische Historiker Henri Pirenne wichtige Teile seiner Wirtschaftsgeschichte des Mittealters geschrieben (*Europa im Mittelalter*), die 1936 posthum herausgegeben wurde. Um Ablenkung von dem Schmerz über die Trennung von seiner Familie und über den Tod seines gefallenen Sohnes zu finden, fasste er, nun durch deutsche Kollegen mit Büchern versorgt, die wirtschaftshistorischen Vorlesungen zur Geschichte des europäischen Mittelalters zusammen, die er im Internierungslager Holzminden ohne Vorbereitung und ohne seine Bücher vor russischen Studenten gehalten hatte. Dies zeigt, wie stark äußere Umstände und damit auch Konsequenzen von Migration durch Verbindung, Kontakt und Austausch unterschiedlicher »Kulturen« (hier Wissenschaftstraditionen) auf geistige Inhalte und historische Betrachtungsweisen wirken können. Dieser Sachverhalt führt uns auch vor Augen, wie sehr unsere Wahrnehmungen und Ansichten vom eigenen Standort abhängen. Die Standortgebundenheit historischer Betrachtung, die »rosa Brille«, durch die wir Vergangenheit wahrnehmen und bewerten, unterliegt ihrerseits so vielen unterschiedlichen Faktoren und Eindrücken, dass wir uns immer wieder von Neuem unseres Standorts versichern müssen. Wir müssen uns dabei auch immer wieder kritisch fragen, auf welche Weise diese Standorte eingenommen wurden und ob es berechtigterweise nicht auch andere geben könnte.

Kulturtransfer und Innovation

Aus Sicht der Migrationsgeschichte ist besonders ein bestimmter kulturgeschichtlicher Aspekt bedeutend: die Auswirkungen von Wanderung und Kulturtransfer auf die Gestaltung neuer menschlicher Ausdrucksformen. Bei dauerhaften und durch Migration vermittelten Kulturkontakten kommt es nicht nur zu Übernahmen oder Zurückweisungen von kulturellen Techniken oder symbolischen Repräsentationen, sondern zu Synthesen und Innovationen, zu neuen Formen von Kultur und Identität. Überspitzt formuliert, ist Fortschritt geradezu von Kulturkontakt und Migration abhängig. Einige besonders augenfällige Formen von Kulturtransfer haben wir bereits ausgiebig kennengelernt, ohne sie jedoch theoretisch und konzeptionell einzuordnen. Darunter sind die durch Migration verbreiteten neuen Kulturtechniken von Ackerbau und Viehzucht besonders wichtig. Hierin spiegelt sich sogar der

Ursprung unseres Kulturbegriffs wider, der wie so vieles von den alten Römern stammt. Mit dem Verb *colere*, von dessen Partizip Perfekt sich Kultur ableitet, bezeichnete der Lateiner zunächst die landwirtschaftliche Pflege und Bearbeitung des Bodens, eben das »Kultivieren«. Die Natur (das Gegenteil von Kultur) wird mittels des Landbaus »kultiviert« und damit dem menschlichen Willen untertan. Neben der graduellen Naturbeherrschung ist Kultur seit Anbeginn für den Menschen seine selbst geschaffene Welt der geistigen Güter, materiellen Kunstprodukte und sozialen Einrichtungen. Zwar wird man die Verbreitung von Jagdtechniken und bestimmten Formen und Herstellungsmethoden von Steinwerkzeugen vermutungsweise ebenfalls mit Migration in Verbindung bringen können, die Ausbreitung von Landwirtschaft als neuer Kulturtechnik liefert dank der Erkenntnisse aus der Genforschung allerdings den ersten sicheren Beleg für Kulturtransfer durch Migration (▶ Kap. 1.2).

Gerade in schriftlosen oder schriftarmen Gesellschaften der Vor- und Frühgeschichte ist Wissenstransfer und kultureller Austausch nur durch Migration möglich gewesen. Viele Kenntnisse und Kulturtechniken, aber auch Moden, Stile und vor allem durch Artefakte repräsentierte symbolische Bedeutungssysteme verbreiteten sich nicht durch marginalen Kontakt in Grenzräumen (wie etwa Handelsware), sondern nur durch den längerfristigen Aufenthalt von Menschen aus anderen Kulturen. Dass Migration in der Geschichte eine entscheidende Rolle bei der Verbreitung von Kultur im weitesten Sinne spielte (von Techniken bis hin zu Ideen und Religionen), haben die Archäologen schon immer bis hin zum Dogma behauptet. Als Erklärungskonzept für kulturellen Wandel war Migration in der prähistorischen Archäologie bis zur Mitte des 20. Jahrhunderts fest etabliert, besonders wichtig war hier der Einfluss des in britisch-australischen Prähistorikers Vere Gordon Childe (1892–1957). Durch den postkolonial geschärften Rückblick auf die europäische Geschichte und nach dem Eroberungskrieg Hitlers, nach dessen siegreicher Beendigung das »Volk ohne Raum« nach den Plänen der Rassestrategen in den neu eroberten Gebieten des Ostens »zivilisatorisch« hätte wirken sollen, hatte sich die Archäologie bis zum Ende des Jahrtausends vom kompromittierten Erklärungsmodell der Migration als zentralem Motor von Kulturwandel verabschiedet. Die neuen Ergebnisse der Archäogenetik sind neuerdings dazu geeignet, trotz aller Bedenken zu einem Umdenken zu führen und erneut Migration als einen entscheidenden Faktor für Kulturwandel zu begreifen.

Kultursynthesen und neue Formen

Das Bedeutsame und zugleich Faszinierende am Kulturtransfer ist die Entstehung von Neuem, von Kultursynthesen, ja, in einem dialektischen Sinne auch von »Fortschritt« und Innovation. Theoretische Ansätze zu den Grundlagen von Kulturtransfers in den Geisteswissenschaften sind erst in den 1980er Jahren ernsthaft vorgetragen worden. Hier waren die Literaturwissenschaftler Michel Espagne und Michael Werner als Pioniere tätig. Sie untersuchten Kulturtransfers zwischen Deutschland und Frankreich während des 18. und 19. Jahrhunderts. Neben einer theoretischen Fundierung des Konzepts konnten sie die enorme Komplexität von Prozessen des Kulturaustauschs beschreiben, aber auch die herausragende Bedeutung von Migranten für gegenseitige Anregungen und kulturellen Wandel herausstellen, etwa der Hugenotten in Preußen (▶ Kap. 5.2) oder der deutschen Emigranten in Paris im 19. Jahrhundert. Bis heute ist die Kulturtransferforschung aber meist auf Texte und intertextuelle Bezüge konzentriert und blickt eher selten auf materielle Hinterlassenschaften oder auf Epochen vor dem 17./18. Jahrhundert.

Auch seitens der Ethnologie und der Geschichtswissenschaft wurden Modelle entwickelt, um zu erfassen, welche Folgen Kulturkontakte haben können. Grundlegend war dabei die auf Urs Bitterli zurückgehende Unterscheidung zwischen Stufen und Modi von Kulturkontakten, die von Kulturberührung über Kulturzusammenstoß, Kulturbeziehung bis hin zu Kulturverflechtung graduell dargestellt werden können. Entscheidend ist bei jeder Form von Kulturaustausch, dass alle Beteiligten – auch bei asymmetrischen Beziehungen wie etwa im Falle von Eroberung oder Kolonialisierung – kulturellem Wandel unterliegen. Kulturaustausch führt also immer zu Veränderungen und selbst bei direkten Übernahmen zu strukturellem Wandel auf beiden Seiten, der sich in produktiven Umdeutungen manifestieren kann. Üblicherweise unterscheiden Kulturwissenschaftler, die solche Transferprozesse untersuchen, schematisch zwischen einer »Ausgangskultur« und einer »Zielkultur«. Die kulturellen Produkte der »Ausgangskultur« finden in mehr oder weniger adaptierter und veränderter Form (oft über eine »Vermittlungsinstanz«) Eingang in die »Zielkultur«. Dies widerspricht im Grunde dem Prinzip der Gegenseitigkeit und Wechselwirkung, das Kulturaustausch nun einmal definiert. Der durch Kulturaustausch hervorgerufene ständige Wandel zeigt ja auf, dass Kulturen eben keine statischen Einheiten sind, sondern gerade die Offenheit für Veränderung sie kennzeichnet. Ohne tiefer in die theoretische Diskussion um das Konzept von Kulturwandel durch Kulturtransfer einzusteigen und auch ohne weiter auf Feinheiten unterschiedlicher kultureller Anpassungsprozesse wie Rezeption, Aneignung oder Anpassung einzugehen, möchte ich nur auf die bereits im ersten Teil des Buches erwähnten Formen und Folgen von Kulturtransfer verweisen. Diese unterstreichen die Relevanz dieser Prozesse, auch wenn ihre Komplexität und die vielen sie beeinflussenden Faktoren nicht im Einzelnen analytisch durchdrungen werden können. Allein durch ihr narratives Erklärungspotential haben die Beispiele von historisch belegtem Kulturaustausch bereits gezeigt, welche Prozesse bei migrationsbedingtem Kulturkontakt immer wieder auftreten können. Erinnern wir uns an die Übernahme des adaptierten phönizischen Alphabets durch die Griechen, die unmittelbar nach dieser Übernahme den homerischen Epen ihre schriftlich fixierte Form gaben, oder an die griechischen Gymnasien im hellenistischen Ägypten, an das in griechischer Sprache von hellenisierten Juden verfasste Neue Testament, das römische Recht als Grundlage der Volksrechte der Sachsen, Franken oder Langobarden, an die Einführung des schweren Räderpflugs mit Streichbrett, sowie die vermehrte Nutzung von Wasser- und Windmühlen östlich von Elbe und Oder im Rahmen der »deutschen Ostsiedlung«, an die spanischen Gewänder König Edwards von England oder an die Hugenotten und die französische Aufklärung in Berlin.

Aus der Vielzahl von bedeutenden und interessanten Kultursynthesen, die auf Migration zurückgehen, möchte ich zwei Beispiele auswählen und genauer analysieren, die trotz einer gewissen Komplexität besonders gut geeignet sind, die

Funktionsmechanismen und die gegenseitige Durchdringung von Kulturtransfer und Migration zu verdeutlichen. Das erste Beispiel zeigt, wie sich aus Artefakten aus der germanischen Welt produktive Umdeutungen römischer Vorbilder in der Völkerwanderungszeit im germanischen Nordeuropa ableiten lassen und materielle Kultur durch sich selbst Kulturwandel belegt. Das zweite Beispiel betrifft den Bereich der »klassischen« Kulturgeschichte: Ich beschreibe die Entstehung des Jazz um 1900 in den USA als eine faszinierende Synthese afrikanischer Rhythmen, die von den Sklaven nach Nordamerika mitgebracht wurden, mit euro-amerikanischen Musiktraditionen.

Germanische Goldbrakteaten und die Verwandlungen des römischen Kaisers

Die herausragende Bedeutung materieller Kultur als Ausdruck von Kulturtransfer und -austausch wird von Historikern (auch von Kulturhistorikern), die sich vornehmlich neuzeitlicher Geschichte widmen, oft unterschätzt oder übersehen. Eine Ausnahme in diesem Sinne war sicher das einflussreiche Buch von David Hackett Fischer über die Einwanderung von Siedlern aus England nach Nordamerika im 17. Jahrhundert (Fischer 1989). Er konnte anhand regionaler kultureller Merkmale in den heutigen USA vier unterschiedliche englische Herkunftsregionen identifizieren und auf diese Weise bis heute prägende kulturelle Grundlagen der USA einzelnen Einwanderungsströmen zuordnen. Neben sprachlich-dialektalen Aspekten bezog er auch die materielle Kultur mit in seine Analyse ein, indem er Architektur und Häuserbau genauer untersuchte. So fand er heraus, dass Elemente eines bestimmten Architekturstils von Häusern in Neuengland ihre Ursprünge im traditionellen Häuserbau in East Anglia haben. Anhand weiterer architektonischer Merkmale konnte er Regionen in den heutigen USA eindeutig frühen Einwanderern aus bestimmten Gebieten Englands historisch zuweisen.

Für Archäologen gehört der Umgang mit Artefakten und materieller Kultur, mit Architektur, Baustilen, Formen und bildhaften Darstellungen zum täglichen Handwerk der vergleichenden Fundanalyse und baugeschichtlichen Interpretation. Die materielle Kultur mit ihren künstlerischen und symbolischen Darstellungen der prähistorischen Welt und ihrer Bezugssysteme liefert in zeichenhafter Verdichtung Informationen über Lebensweise und Lebenswelten menschlicher Gemeinschaften der entfernten Vergangenheit, die gedeutet werden müssen. Es sind die Dinge, die zu uns sprechen; und in Epochen oder Regionen, in denen keine oder kaum schriftliche, sinnstiftende und erklärende Quellen existieren, sind es allein die Dinge, die zu uns sprechen.

Brakteaten (nach lat. *brattea/bractea*; »Metallplättchen«) sind dünne, meist 2–3 cm große mittels einer Matrize geprägte Goldbleche. Diese wurden an Ösen befestigt körpernah als Anhänger getragen und verfügten über ein festes Repertoire an Motiven. Bisweilen enthalten sie auch Runeninschriften. Über 1.000 Exemplare dieser auf die Zeit zwischen 450 und dem letzten Drittel des 6. Jahrhunderts zu datierenden Fundgattung sind mittlerweile bekannt. Ihr Verbreitungsgebiet ist beeindruckend: Einzelstücke gelangten bis nach Ungarn und Polen, es gibt sie aber vorwiegend in Südskandinavien nebst den angrenzenden Regionen und in Südostengland.

Die eigenwilligen Darstellungen von menschen- und tierförmigen Gestalten sowie unterschiedlicher Symbole auf den Brakteaten sind dem sogenannten germanischen »Tierstil I« zuzuordnen. Dieser Stil ist durch fließende Bewegungen von stilisierten Tierleibern gekennzeichnet, die zu Flechtbändern von Ornamenten mit integrierten Tierfiguren verdichtet werden. Über die Kunst der Wikinger haben die germanischen Tierstile einen weiten Bekanntheitsgrad erlangt und sind auch in der Populärkultur von heute wiederzufinden (man denke an die Ausstattung der »Reiter von Rohan« im Film *Der Herr der Ringe* oder an die Fernsehserie *Vikings*). Man deutet die Brakteaten als Amulette im Kontext der polytheistischen Religion der »Germanen«, die den Trägern Schutz und Glück vermitteln, aber auch auf deren hohen Status verweisen. Besonders der A-Typ der Brakteaten kann seine römische Herkunft nicht verleugnen. Römische Medaillons mit Kaiserdarstellungen dienten hierfür als Vorbild (▶ Abb. 27). Hatte man im germanischen Raum diese meist als Geschenke oder als Ehrungen und Anerkennung für Militärdienste erhaltenen Sondermünzen aus Gold zunächst kopiert, wurden zunehmend neue germanische Stilelemente (Tierstil) in die Ikonographie eingefügt.

Abb. 27: Brakteat vom »Typ A« mit der Imitation eines römischen Kaiserbilds.

Angesichts der überaus stilisierten Darstellungen und der variantenreichen Bildtradition der Brakteaten war lange nicht direkt ersichtlich, welche Bedeutungen die unterschiedlichen Motive für die germanische Führungsschicht der Zeit nach dem

Untergang des römischen Westreichs (476) transportierten. Der Mediävist Karl Hauck konnte in mehreren Arbeiten seit den 1970er Jahren überzeugend darlegen, dass die Bilddarstellungen der Brakteaten und damit auch die römischen Vorbilder in das System der germanischen Mythologie integriert worden waren. Die stilisierten portraitartigen Darstellungen des A-Typus, der sich aus den Kaiserportraits entwickelt hatte, repräsentieren nach Haucks Erkenntnissen den Gott Odin (Wodan). Neben der naheliegenden Übertragung des Sinngehalts römischer Kaiserportraits in eine germanische Bilderwelt, wo der Gottkaiser als die bildhafte Chiffre römischer Allmacht zur stilisierten Darstellung des mächtigsten Gottes der nordeuropäischen Kriegerkaste transformiert wird, sind es vor allem die kondensierten mythologischen Inhalte auf den Brakteaten, die keinen Zweifel an der religiösen Botschaft dieser Amulette lassen.

Besonders die am meisten verbreiteten C-Brakteaten haben Hauck bei der Entzifferung der in höchstem Maße stilisierten und Sinngehalte verkürzenden Bildchiffren den Weg gewiesen (▶ Abb. 28). Anhand einer wichtigen Quelle, einem der ältesten Zeugnisse der deutschen Sprache (Althochdeutsch), dem sogenannten »Zweiten Merseburger Zauberspruch«, konnte Hauck die Verbindung zwischen Darstellung und mythologischem Gehalt herstellen. Der aus dem 10. Jahrhundert überlieferte, aber wesentlich ältere Text ist der Form nach ein Heilzauber, eine Beschwörung, mit der Verletzungen von Pferden »besprochen« werden sollten. In neuhochdeutscher Übersetzung lautet der Text, in dem neben Wodan und seinem Sohn Balder (auch Phol) verschiedene andere mythologische Gestalten auftauchen, folgendermaßen:

> »Phol und Wodan begaben sich in den Wald. Da wurden dem Fohlen Balders der Fuß verrenkt. Da besangen ihn (das Fohlen) Sinthgunt und Sunna, ihre Schwester. Da besangen ihn Friia und Volla, ihre Schwester. Da besang ihn Wodan, wie er es gut verstand: Wenn Knochenrenkung, wenn Blutrenkung, wenn Gelenkrenkung: Knochen zu Knochen, Blut zu Blut, Glied zu Glied! So seien sie zusammengefügt«.

Im Original hat der Stabreim besonders beschwörende Wirkung: *bên zi bêna, bluot zi bluoda, lid zi geliden, sôse gelîmida sîn.*

Die C-Brakteaten stellen nun genau diesen Heilzauber in verdichteter Form dar. Sie zeigen immer ein dominierendes, übergroßes anthropomorphes Haupt und einen Vierbeiner, der trotz bisweilen sehr stilisierter Darstellung als Pferd zu identifizieren ist. Dazu können bisweilen andere Tiere treten, meist Vögel. Angesichts der auf einigen C-Typen eindeutig verrenkt bzw. verletzt dargestellten Glieder des Vierbeiners und der ebenfalls auf einer Reihe von C-Brakteaten ersichtlichen Verbindung des Mundes der Zentralgestalt zum Ohr des Pferdes konnte Hauck plausibel argumentieren, dass die C-Brakteaten genau die im Merseburger Zauberspruch beschriebene magische Heilung des verletzten Fohlens Balders wiedergeben. Der Zauber erscheint auf den Anhängern als eine genuine Machttat des germanischen Hauptgottes Wodan/Odin in chiffrierter Verdichtung.

Die Brakteatenbilder bieten somit eine Vielzahl von wichtigen Informationen. Einerseits stellen sie ein Bindeglied zwischen mythologischen Erzählungen, die uns nur aus späterer Überlieferung bekannt sind, und der notorisch quellenarmen Völkerwanderungszeit dar und bestätigen mit ihren bildlichen Umsetzungen my-

Abb. 28: Brakteat vom »Typ C« aus Fünen mit Runeninschrift. Ein Vogel (links) hält das Ohr des Pferdes auf, in das Odin spricht.

thologischen Geschehens die Verbindungen eines früheren Stadiums der germanischen Religion zur isländischen Sagenwelt. Andererseits verweist die gemeinsame Bildsprache der weitverbreiteten Brakteaten, die als Erkennungszeichen und Statussymbol einer Kriegerelite des 5. und 6. Jahrhunderts dienten, auf ein viel stärker ausgebautes Netzwerk germanischer Eliten dieser Zeit im gesamten Fundgebiet von Skandinavien über Südostengland bis nach Norddeutschland. Als Macht- und Schutzsymbole wurden die Amulette als Insignien einer gemeinsamen Kultur verstanden und können uns helfen, die sich in den Zentralorten formierenden kriegerischen Gefolgschaften besser zu verstehen: als zusammengehörige und bestens vernetzte Eliten (Gudme auf Fünen, Uppåkra in Schonen und Sorte Muld auf Bornholm waren solche »Zentralorte« oder »Reichtumsplätze«). Diese anerkannte und über weite Räume ausgetauschte Bildersprache »setzt einen gemeinsamen geistigen Aufbruch voraus. Sie schließt also nicht nur großräumig verschiedenen Gruppen zusammen, sondern drückt gemeinsame Identität und Willen zur Abgrenzung gegenüber Nachbarkulturen aus« (Pesch 2011, 274).

Hinsichtlich unseres Themas Kulturtransfer zeigen die Bildmotive der Brakteaten die produktive Umdeutung römischer Vorbilder. Der gottgleiche Kaiser, der den in der römischen Heeren der Spätantike dienenden germanischen Söldnern und Föderaten (▶ Kap. 2.5) von Münzen und Goldgeschenken bekannt war, erfährt eine durchaus standesgemäße Umwertung: Erhalten bleibt die Göttlichkeit, inhaltlich wird das Vorbild umgedeutet und in die germanische Mythologie eingebunden. Auf diese Weise überdauerte das Römische Reich durch seinen höchsten Repräsentanten seinen Sturz, indem germanische Fürsten noch im 6. Jahrhundert die Ikonographie der Kaisermedaillons in ihrer eigenen Deutungshorizont überführten. Besonders in der spätantiken »Völkerwanderungszeit« kam es zu engen Kulturkontakten zwischen Römern und »Barbaren«, die – nimmt man die Kriterien Bitterlis – zwischen Kulturzusammenstoß und Kulturverflechtung hin- und herschwingen konnten. Germanische Föderaten, also ins Imperium aufgenommene Gruppen, die sich zu Militärdienst verpflichtet hatten, aber auch Söldnerführer von außerhalb, die sich in den Dienst Roms stellten, kamen in engen Kontakt mit der römischen Reichskultur, die sich ihrerseits seit den Zeiten Caesars und Augustus' massiv durch Kulturkontakte verändert hatte. In der Spätantike war das römische Heer geradezu »germanisiert« und Militärführer germanischer Herkunft gelangten zu höchsten Ämtern. Manche dieser Krieger wurden zu *Wanderern zwischen den Welten* (so das Buch von Dieter Quast), und die »Rückkehrer« unter ihnen, die in Mitteleuropa durch prunkvolle Bestattungen mit sogenannten »römischen Importen« hervorstechen, haben römische Kulturgüter und Ideen zurück in ihre Herkunftsgebiete gebracht, unter anderem auch Kaiserportraits auf Münzen und Goldmedaillons, aus denen sich die Brakteaten entwickelten.

All that Jazz

Der berühmte Schauspieler und Filmregisseur Clint Eastwood sagte einmal, dass die USA eigentlich keine eigenständigen, originellen Kunstformen hervorgebracht hätten. Die meisten amerikanischen Kulturentwicklungen seien europäischen Ursprungs und allenfalls leicht adaptiert worden. Es gebe allerdings zwei Ausnahmen: den Western und den Jazz. Eastwood, der als Westerndarsteller bekannt wurde, aber auch als begabter Jazzpianist hervorgetreten ist, weiß, wovon er spricht. Der Jazz ist eine der faszinierendsten Kultursynthesen der Neuzeit, die uns alle auch heute in unserem Alltagsleben prägt. Denn Jazz umgibt uns fast täglich, ohne dass wir uns dessen immer bewusst sind: Die populäre Musik unserer Zeit basiert in ihren Grundstrukturen auf dem Jazz. All die Musik, die wir in Fernsehserien und Fahrstühlen, in Hotellobbys und in der Werbung, in Filmen und auf MP3-Playern hören; all die Musik, zu der wir tanzen, von Charleston bis Rock, Funk und Hip-Hop; all die Klänge, die uns tagtäglich umgeben – all diese Musik stammt von dem um 1900 in New Orleans entstandenen neuen Musikstil ab, denn ihre Beats kamen durch den Jazz in die westliche Musik (Berendt 2005).

Aus der späten Blütezeit des modernen Jazz stammt die Komposition *Work Song* des Kornettisten Nat Adderley (1960 auf dem gleichnamigen Album beim Label Riverside veröffentlicht), die bald zu einem sogenannten »Jazzstandard« wurde, also einer Komposition, die von vielen Jazzmusikern immer wieder interpretiert und aufgenommen wurde (▶ Abb. 29).

Es ist schon ein Gemeinplatz, dass Jazz aus europäischer Harmonie und afrikanischem Rhythmus besteht, dazu gleich mehr Details. Der Jazz hat, ganz vereinfacht gesagt, seinen Rhythmus und seine oft unbestimmbare Tonalität von der afrikanischen Musik, seine Harmonik und die Instrumente jedoch von der europäischen Klassik. Das ist nicht ganz falsch, aber doch eine grobe Vereinfachung. Viele Einflüsse kamen nämlich auch von der europäischen (v. a. britischen) Volksmusik. Darüber hinaus ist ein beträchtlicher Teil der Jazzharmonik ebenfalls afrikanischen Ursprungs. Nat Adderleys *Work Song* kann als Beispiel dafür herhalten. Es ist einer

Abb. 29: Die ersten Takte von Nat Adderleys *Work Song*, 1960.

der funkigsten und gefühlvollsten Jazzstandards, inspiriert durch den Gesang der »Chain Gangs« in Adderleys Heimat Florida (Strafgefangene, die zusammengekettet gemeinsam Arbeiten verrichten). Der Kopf des Eingangsthemas ist ein archetypisches Beispiel für die Bluesskala, und er wird meist ohne Akkorde gespielt. Bei einem Blick auf die Noten und beim Anhören verschiedener Interpretationen (auf dem genannten Album, mit dem Sextett seines Bruders Julian »Cannonball« Adderley oder in der gesungenen Variante von Nina Simone, allesamt auf den gängigen Video-Plattformen im Internet zugänglich) beschleicht jeden klassisch geschulten Musikfreund ein gewisses Unbehagen, denn die Interpretationen tendieren mal zu F-Dur, benutzen in der Rhythmusgruppe aber auch As-Dur. Cannonball Adderley, der Bruder des Komponisten, spielte den Standard dagegen immer in F-Moll. Da hilft westliche Tonartenlehre nicht viel weiter. Tatsächlich steht der *Work Song* aber in der Tonalität des »F-Blues«, die weder Dur noch Moll noch modal ist, sondern Elemente aus allen dreien kombiniert. Die offene Komposition nutzt die den Blues definierende Pentatonik, die in afrikanischer und asiatischer Musik verbreitet ist und eine Entscheidung zwischen Dur oder Moll unbestimmt lässt.

Der Titel des Stücks und der Verweis auf den Blues, das Herz des Jazz, führt uns direkt in die Vorgeschichte dieser um 1900 in New Orleans entstandenen völlig neuartigen Musik. Sie ist eine einzigartige Kreation schwarzer Amerikaner, ehemaliger Sklaven und ihrer Nachkommen. Ihre Ursprungsgeschichte ist bis heute umfassend erforscht worden, Musikwissenschaftler streiten sich nur noch um kleinere Details. Eine der wichtigsten Einflüsse auf den frühen Jazz und seine Form war die aus der Sklavenzeit stammende Tradition des rhythmischen Arbeitsgesangs, des *field holler* und der *work songs*. Dabei provozierte ein Vorsänger mit einem *shout*, einem melodiösen Zuruf, einen rhythmischen, leicht variierten Antwortgesang der restlichen Arbeiter. Ähnliche Formen von *call and response* (Antiphon) waren auch Teil der von britischen Vorbildern geprägten Kirchenmusik der Schwarzen am Ende des 19. Jahrhunderts und strukturieren auch die Grundform des Blues. Diese Form wird auch von Adderleys Komposition nachgebildet: Die Takte 3–4 und 7–8 antworten (mit anderen Instrumenten) leicht variierend auf das Motiv aus den Takten 1–2 und 5–6, das vom führenden Blasinstrument intoniert wird. Dieser Anordnung entspricht auch das 12-taktige Bluesschema, das zu Beginn noch nicht genau festgelegt war, aber ebenfalls mit variierter Wiederholung des Anfangsmotivs operiert, um dann im B-Teil aufgelöst zu werden (AAB). Diese im eigentlichen Wortsinne »Volksmusik« der Schwarzen entwickelte sich mit Einflüssen aus der klassischen Musik (v. a. Harmonik), die von schwarzen Musikern schon zu Zeiten der Sklaverei rezipiert wurde, um die Jahrhundertwende in New Orleans zu der Musikform, die dann um 1915 zum ersten Mal als Jazz bezeichnet wurde. Die Rhythmik als entscheidendes Kriterium des entstehenden Jazz schöpfte vor allem aus der westafrikanischen Musiktradition. Komplexe Polyrhythmik und die flexible Tonalität Afrikas mit ihren unbestimmbaren Tonhöhen waren die entscheidenden Elemente, die im Zusammentreffen mit europäischer Militär- und Kirchenmusik die neuen, ausdrucksstraken Mischformen hervorbrachten, aus denen der Jazz entstand. Vor diesem Hintergrund entwickelte sich die neue Musikkultur, die auch durch die größere Verfügbarkeit von Blasinstrumenten nach dem amerikanischen Bürgerkrieg geprägt war, gerade in New Orleans, wo eine Vielzahl von Kapellen (*marching bands*) mit den neuen Klängen zu experimentieren begannen. Wie im westafrikanischen Dahomey, wo Beerdigungen als Freudenfeste betrachtet wurden, folgte in New Orleans auf die Zeremonie auf dem Friedhof ein wilder Umzug, in dem die Marching Bands die neue Musik zelebrierten und eines der wichtigsten Elemente des Jazz einführten: die (kollektive) Improvisation (▶ Abb. 30). Das Jazzvirus griff um sich, und die Kneipen und Bordelle der Stadt waren die Brutstätten, von denen aus sich die neue Musik verbreitete. Doch blieb der Jazz zunächst Minderheitenmusik und an das schwarze Milieu gebunden. Mit dem Sozialhistoriker Eric Hobsbawm, der auch eines der besten Bücher über den Jazz und seine Geschichte geschrieben hat (und dem ich hier weitgehend folge), kann man sagen, dass der Jazz zunächst die Musik der Unterschicht, der schwarzen *labouring poor* war.

Bereits die Entstehung des heute in vielen stilistischen Ausformungen verbreiteten Jazz war das Resultat von Migration gewesen, genauer von Zwangsmigration versklavter Westafrikaner und des damit verbundenen vielschichtigen Kulturtransfers. Die rasche und bemerkenswerte Verbreitung war der großen amerikanischen Binnenmigration der 1920er Jahre zu verdanken, die viele schwarze Musiker aus dem Süden in die Industriestädte des Nordens führte, namentlich in die zweite Hauptstadt des Jazz, nach Chicago. Ab etwa 1916 strömten die Schwarzen, die bis dahin bemerkenswert immobil gewesen waren, in außerordentlicher Zahl nach Norden. Die schwarze Bevölkerung von New York, Chicago, Philadelphia und Detroit hat sich zwischen 1910 und 1920 fast verdoppelt und zwischen 1920 und 1930 mehr als verdoppelt. In absoluten Zahlen stieg sie in diesen vier Städten von 226.000 im Jahr 1910 auf 902.000 im Jahr 1930. Im Jahr 1910 hatte es nur drei Städte mit einer schwarzen Bevölkerung von 90.000 oder mehr gegeben; 1920 waren es sechs, 1930 elf, darunter drei mit einer schwarzen Bevölkerung von über 200.000. Um ein einziges Jahr zu nennen: 1922/23 wanderte fast eine halbe Million Schwarze aus den Südstaaten nach Norden. Entsprechend verbreitete sich der Jazz mit den Migranten. So wie sich die Schwarzen aus Florida, Alabama, Georgia usw. entlang

Abb. 30: »Grand Marshall« und Marching Band bei einer Begräbnisprozession in New Orleans, Oktober 2018.

der Ostrouten in Richtung Washington, Baltimore, Philadelphia und New York bewegten, taten dies auch die Musiker aus diesen Gebieten: Im Orchester von Duke Ellington gab es im Jahr 1926 keinen Musiker aus New Orleans und nur einen aus St. Louis, dafür aber Männer aus Massachusetts, New York, New Jersey, Virginia, South Carolina, Washington D.C. und Indiana. Das war nur natürlich, denn es handelte sich um eine Band aus Washington und New York. Genauso wie die Arbeitsmigranten aus dem Delta flussaufwärts zogen, taten dies auch die Musiker aus New Orleans und Memphis. Die schwarzen Viertel von St. Louis zogen Migranten (und Musiker) aus dem mittleren Mississippi-Tal an, die von Kansas City aus dem Hinterland von Oklahoma und Texas (Hobsbawm 1993, 90–91).

Der Siegeszug des Jazz wurde zum Triumph, als er auch die Rassengrenzen überwand, wobei schwarze Musiker im Gegensatz zu ihrer Musik diese Grenzen in den USA lange nicht überwinden konnten. Hatten zuvor nur ganz wenige weiße Musiker »echten« Jazz gespielt (der deutschstämmige Kornettist Leon Bismarck Beiderbecke ist einer der bedeutendsten weißen Jazzer der Frühzeit), wurde mit Benny Goodman, einem Sohn jüdischer Immigranten, der als erster ein gemischtes Orchester mit schwarzen und weißen Musikern leitete, und mit Glenn Miller der tanzbare Swing in den 1930er Jahren zur Popmusik der Massen. Die weitere Geschichte des Jazz ist eine verzweigte Verflechtung gegenseitiger Beeinflussungen und Weiterentwicklungen der improvisierten Musik, die unentwegt unterschiedlichste Anregungen aufnahm und neue Stilrichtungen ausbildete und somit dem Prinzip ihrer Entstehung aus ständigem Kulturaustausch treu blieb. So entstand etwa in den 1940er Jahren unter Aufnahme lateinamerikanischer Rhythmen (die ihrerseits entscheidend von afrikanischen Vorbildern geprägt waren) der Afro-Cuban-Jazz (Dizzy Gillespie) oder der coole Bossa-Nova-Jazz der 1960er Jahre (Stan Getz). Klassische Formen und europäische Harmonik verdichteten sich in akademischeren Ausformungen des Jazz, wie etwa im sogenannten »Third Stream« (z. B. Gunther Schuller, Stan Kenton), der E-Musik (Neue Musik) mit dem Jazz zusammenbrachte. Praktisch alle modernen Formen der westlichen populären Unterhaltungsmusik, so ließe sich ohne Übertreibung zusammenfassen, gehen letztlich auf den Blues und den Jazz zurück.

Somit haben die Unterdrückten, die zwangsweise verschleppten und geknechteten Sklaven aus Westafrika durch ihre Nachfahren in entscheidendem Maße die moderne Musikkultur zunächst der USA und später auch Europas und der ganzen Welt geprägt und umgeformt. Etwas völlig Neues ist mit dem Jazz entstanden. Fast schon tröstlich, dass aus Verbrechen gegen die Menschlichkeit im komplexen Prozess von Kontakt und Kulturtransfer eine sublime Kunstform entstehen konnte, die laut UNESCO heute als Symbol für Toleranz, Gleichberechtigung und Frieden gelten kann.

Die beiden Beispiele aus der unendlichen Geschichte von migrationsbedingtem Kulturaustausch haben ein entscheidendes strukturelles Element von Kulturtransfer deutlich gemacht: Der Kontakt zwischen Kulturen, der sich durch Migration über kulturelle Grenzen hinweg zwangsläufig ergibt, verändert alle Beteiligten und ihre gewachsenen gesellschaftlichen Strukturen. Assimilation und Anpassung, Eroberung und Unterdrückung gelingen niemals vollständig zugunsten einer »Leitkultur«, sondern lösen vielschichtige Prozesse von Veränderungen aus, deren Dynamik von den handelnden Zeitgenossen selten wahrgenommen wird. Dies ist das Wesen der Dialektik von Migration: Ob Zusammenprall, Verschmelzung, Kontakt – in welcher Intensität und Dauer auch immer Kulturaustausch stattfindet –, durch produktive Umdeutung entsteht immer Neues. Das Neue verdichtet sich im Sinne von Weber und Geertz zu immer größeren selbstgesponnenen Bedeutungsgeweben, mit denen die Menschen ihrem Dasein symbolischen Ausdruck verleihen und Kulturhistorikern unendliches Material liefern.

Literaturhinweise zu Kapitel 7

Zum Kulturbegriff sowie den Konzepten von Kulturaustausch und -transfer ist Burke (2005) einschlägig und erste Wahl. Mit französisch-deutschen Beispielen Espagne (1999). Zu Kulturbegriffen und ethnologischen Kulturkonzepten siehe die Klassiker von Kroeber und Kluckholm (1952) und von Geertz (1987). Zu den Brakteaten siehe die Übersicht bei Pesch (2011). Die beste Geschichte des Jazz bleibt aus meiner Sicht immer noch das 1959 erstmals unter Pseudonym erschienene Buch von Hobsbawm (1993), ausgezeichnet ist auch der deutsche Beitrag zur Geschichte des Jazz von Berendt (2005). In der musikalischen Analyse des *Work Song* folge ich Ethan Hein (https://www.ethanhein.com/wp/2020/work-song-and-blues-harmony).

8   Von Kaufleuten, Seefahrern und Abenteurern: Händler als Wegbereiter von Migration und Austausch

Als Wegbereiter von Migrationsrouten, als Pioniere im Bereich der Kulturkontakte waren die frühen Seefahrer und Kaufleute für die Migrationsgeschichte besonders wichtig, obwohl wir viele ihrer Pionierleistungen nur erahnen können. Die Spuren von Kaufleuten früherer Epochen bleiben uns oft verborgen, weil ihre Tätigkeit bis zum Aufkommen der modernen Wirtschaftsgeschichte kaum Interesse bei Historikern gefunden hat und sie daher in den meisten Aufzeichnungen und Chroniken nicht oder nur beiläufig erwähnt werden. Über die vormodernen Fernhandelsnetzwerke haben sich deshalb kaum Informationen erhalten. Oft sind es nur zufällige Erwähnungen in anderen Kontexten, die Fernhandelskontakte und das Wirken von Kaufleuten ans Licht bringen.

Bei Ausschreitungen gegen Christen in Kairo im Jahr 996 kamen etwa einhundert Kaufleute aus dem italienischen Amalfi ums Leben. Diese beiläufige Information bestätigt auch andere Quellen, dass die Stadt an der Küste Kampaniens schon früh zu einem wichtigen Umschlagsplatz geworden war. Ohne den für Chronisten berichtenswerten Volksaufstand gegen die Christen würden wir vom Ausmaß des Engagements der Italiener in Kairo nichts wissen. Über die bedeutende Handelsgesellschaft der oberschwäbischen Kaufleute in Ravensburg, die im 14. und 15. Jahrhundert zu einem »Global Player« im Tuchhandel mit Niederlassungen bis nach Ungarn, Brügge und Venedig geworden war, wissen wir ebenfalls nur durch zufällige Überlieferung. 1910 fand sich auf Schloss Salem ein großer Teil des Archivs der Ravensburger Handelsgesellschaft, das neben den Büchern auch zahlreiche Briefe enthielt; umfassendes Quellenmaterial, anhand dessen Netzwerkanalysen vorgenommen werden können. Unter anderem geht aus den Unterlagen hervor, dass man gezielt den Nachwuchs zum Erlernen der Landessprachen, etwa des Ungarischen, ins Ausland schickte, wo Angestellte der »Societas Alemannorum« oft viele Jahre als Migranten verbrachten. Noch umfangreicher als das Archiv der Ravensburger ist die Hinterlassenschaft des Kaufmanns Francesco di Marco Datini aus Prato (ca. 1335–1410), der in seinem Testament verfügt hatte, dass all seine Aufzeichnungen und Dokumente für die Nachwelt aufzubewahren seien. Rund 150.000 Archivalien stammen aus dem Nachlass seines Handelsimperiums, darunter über 120.000 Briefe, die er mit Geschäftspartnern, Angestellten, Freunden und Verwandten in mehreren Sprachen gewechselt hatte. Sie gewähren Einblick in ein riesiges Netzwerk von Verbindungen und Abhängigkeiten über weite Entfernungen und kulturelle Grenzen hinweg. In Antike und Mittelalter tauchen Kaufleute und Abenteurer oftmals nur durch zufällige Überlieferung als Brückenbauer und Wegbereiter auf, wie etwa im 14. Jahrhundert italienische Kaufleute in Peking oder Hangzhou, von denen nur Grabmäler mit lateinischen Inschriften erhalten blieben

(▶ Kap. 3.4). Sie treten auch bisweilen als Botschafter und Nachrichtenübermittler mit »staatlichem« Auftrag auf. Kaufleute verfügen darüber hinaus auch durch ihre Kultur- und Sprachkenntnisse bestimmter entfernterer Regionen über wichtige Informationen, die von anderen im Netzwerk oder späteren Migranten genutzt werden können. Abgesehen von solchen glücklichen Zufällen, wie den oben genannten, bietet erst die Neuzeit das nötige Quellenmaterial, um wirklich umfassende Netzwerkanalysen erstellen zu können. So konnte man beispielsweise die Netzwerke der vom Comer See stammenden Brentano-Familien, die im 17. und 18. Jahrhundert ihre Handelsbeziehungen in den Norden ausgebaut und vor allem in Frankfurt am Main Fuß gefasst hatten, intensiv untersuchen. Die anfänglich nur temporäre Migration der norditalienischen Kaufleute ging in der zweiten Hälfte des 18. Jahrhunderts sukzessive in eine dauerhafte Auswanderung über, was auch daran ersichtlich wird, dass zunehmend die Ehefrauen ihren Männern nach Deutschland folgten. Zugleich wurden immer öfter Ehen mit deutschen Frauen geschlossen. Einzelnen Brentano-Familien gelang im 18. und vor allem im 19. Jahrhundert der Aufstieg zunächst in die ökonomische, dann in die politische Elite Frankfurts und schließlich weit darüber hinaus, wofür sich die Namen der romantischen Dichter-Geschwister Clemens Brentano und Bettine von Arnim, geborene Brentano, nennen lassen (Reves 2011).

Händler und Kaufleute begegnen uns nicht erst ab dem Mittelalter. Selbst für völlig quellenlose, vermeintlich »dunkle« Zeitalter lassen sich Hinweise über die bedeutende Pionierrolle von Menschen erkennen, deren Erwerb und Lebensweise eng mit Mobilität über weite Strecken verbunden ist. Die Gilden und Vereine von Händlern haben schon in der Antike ihre Spuren hinterlassen, erinnert sei hier an die Kaufleute aus Alexandria und ihr Gildenhaus in Tomis am Schwarzen Meer (▶ Kap. 2.1). Vor diesem Hintergrund können wir auch Kaufleute, die oft viele Jahre dauerhaft an Niederlassungen oder weit von ihrer Heimat entfernten Kontoren tätig waren und nach Auskunft von Grabsteinen oft an ihren Einsatzorten verstarben, als Migranten begreifen.

Über das archäologische Fundmaterial und moderne naturwissenschaftliche Untersuchungsmethoden (etwa Metallanalysen) lassen sich auch für die Vorgeschichte Austauschnetzwerke über weite Strecken beschreiben. Wichtige Rohstoffe zur steinzeitlichen Werkzeugherstellung, wie etwa an bestimmten europäischen Lagerstätten vorkommender Silex (Feuerstein), wurden über Tauschnetzwerke weitergegeben. Nach den derzeitig in der Forschung favorisierten Theorien überwogen dabei rituelle und soziale Aspekte des Austauschs »kaufmännische« Aspekte (im Sinne eines Gabentauschs), weswegen man auch neutraler anstatt von »Handel« von »Gütermobilität« spricht. Çatal Höyük, die frühe anatolische »Großstadt« (Blütezeit um 6000 v. Chr., ▶ Kap. 1.2), spielte eine zentrale Rolle beim »Handel« (bzw. der großräumigen Verteilung) von Obsidian. Aber auch »nutzlose« Materialien von »nur« symbolischem Wert wie Bernstein von der Ostsee und mediterrane Muscheln wurden (etwa in Form von Schmuck) über große Entfernungen ausgetauscht. Besonders aber mit Beginn der Nutzung von Metallen, vor allem Edelmetallen und legierter Bronze, erstreckten sich komplexe Austauschnetzwerke über weite Strecken, die auch zunehmend merkantile Aspekte im modernen Sinne gewannen. Schon im 4. Jahrtausend v. Chr. war Mesopotamien ökonomisch eng mit der weit entfernten Maikopkultur nördlich des Kaukasus verbunden. Unsere mittlerweile durch den Zuwachs an Fundmaterial stark erweiterte Kenntnis über großräumige Austauschnetzwerke erfasst jedoch nur einen Bruchteil des Ausmaßes von Fernhandelsbeziehungen, da die Güter aus vergänglichem Material nicht erhalten sind. Der Rundkurs des »Uluburun-Schiffes«, das verschiedene Küsten und Inseln im Mittelmeer und im Schwarzen Meer für unterschiedliche Waren von großem Wert anlief, ist ein passendes Beispiel für die großräumige Güterverteilung über weite Strecken während der Bronzezeit (▶ Kap. 1.3). Wasserwege waren dabei am wichtigsten, seit der Domestizierung des Pferdes und des Kamels konnten auch über den Landweg entferntere Regionen Teile von Austauschnetzwerken werden. Einheitliche Maße und Gewichte begannen sich durchzusetzen, Warenkonvolute wurden gesiegelt und markiert, um auch an weiter entfernten Orten verbürgte Qualität zu garantieren. Träger dieses frühen Handels, »Agenten« der Tauschnetzwerke und somit die mobilen Menschen der Frühzeit waren seit dem Beginn der Bronzezeit neben Händlern auch fahrende Kunsthandwerker und Metallurgen sowie Krieger und Diplomaten. Die Grenzen zwischen diesen Typen waren durchaus fließend, einzelne Personen konnten mehrere Eigenschaften zugleich in sich vereinen.

Das Tauschen von wertvollen Gastgeschenken bestimmte die homerische Welt und das archaische Griechenland auch in sozialer Hinsicht. Die Wirtschaftsanthropologie, die Handelsformen in marktlosen Gesellschaften untersucht, betont in der Nachfolge Karl Polanyis die Bedeutung wirtschaftlicher Tätigkeiten für die Sozialbeziehungen der Menschen und hat oft die homerische Welt zur Erklärung genutzt. Diese ritualisierte Form des Warenverkehrs stellte eine vor allem gesellschaftlich relevante und vom kommerziellen Handel unseres heutigen Verständnisses unterscheidbare Form des Gütertauschs dar. Als Beispiel dafür können die Epen Homers dienen (ca. 750–700 v. Chr. entstanden). Um Achill Genugtuung zu geben, offeriert Agamemnon dem Helden unter anderem sieben Städte, sieben gefangene Frauen und zwölf preisgekrönte Pferde, dazu sieben Dreifüße, zwanzig Bronzekessel und 10 Talente Gold (1 Talent = ca. 26 kg). Odysseus erhält auf der letzten Etappe seiner »Odyssee« bei den Phäaken wertvolle Geschenke von den zwölf Unterkönigen des Phäakenherrschers Alkinoos, darunter wertvolle Kleider, aber auch Gold. Bei seiner Rückkehr nach Ithaka zählt Odysseus seine so erworbenen Reichtümer und ordnet sie nach Kategorien, etwa Dreifüße, Bronzekessel, Gold und Kleider. Diese Form des von Gabe und Gegengabe bestimmten »Handels« hat in der Tat eine andere Qualität als spätere kommerzielle Formen des Austauschs bei ausgebildeten Märkten. Prestigeobjekte dienten entsprechend auch der Anbahnung und Festigung von Allianzen, die auch im modernen Sinne kommerzielle Aspekte entwickeln konnten. Jedoch erfolgte auch dieser eher diplomatische Güteraustauch prinzipiell und in erster Linie durch mobile Menschen, und der viele Abenteuer durchlebende Odysseus ist gewissermaßen deren literarischer Prototyp.

Eng verwandt mit den frühen »Händlern« und Netzwerkern dieser Austauschnetzwerke, deren genaues Wirkungsfeld und Erscheinungsbild sich nicht leicht rekonstruieren lässt, ist der Typus des Abenteurers, der sich in der Frühzeit nicht genauer vom Kauffahrer unterscheiden lässt. Das aus dem Griechischen stammende Wort Pirat (*peirates*) verweist noch auf die abenteuerliche Seite der frühen Seefahrt.

Es bezeichnet den »Wagemutigen« (von *peiraomai*, »etwas wagen/unternehmen«). Der Abenteurer ist nicht nur vom Gewinnstreben des *homo oeconomicus* angetrieben, der ständig kalkuliert und nach maximalem Nutzen und Profit strebt und den viele für eine exklusive Erscheinung der Neuzeit halten, sondern will unter Inkaufnahme eines Risikos Neues erfahren, sein Wissen erweitern und Grenzen überwinden.

Beginnend im Mittelalter und weiter in der Frühen Neuzeit zog der Fernhandel Kaufleute unterschiedlicher Herkunft in jeden Winkel der Erde. Ihnen gesellte sich in Europa und Asien als neuer Typus der Missionar hinzu. Marco Polo, der die kommerziellen Aspekte der China-Reise in den Mittelpunkt seiner Betrachtungen stellte, wurde nun typologisch ergänzt von Wilhelm von Rubruk. Dessen Reise zum Khan der Mongolen diente in erster Linie missionarischen Zielen, der diplomatische Aspekt der Reise und der Notentausch zwischen dem französischen König und dem Khan war sekundär (▶ Kap. 3.4). Ihre Reisen definierten die Umrisse eines weltweiten Systems der Bekehrung und des Handels. Sie verbreiterten die Wege, die bereits seit Jahrhunderten oder Jahrtausenden existiert hatten, und bewegten Menschen, Ideen und Waren in alle Richtungen. In späteren Zeiten beschleunigten sich die Wanderungsbewegungen größerer Gruppen auf den Spuren und schon ausgetretenen Pfaden der Händler und Missionare.

Es ist erneut die Frühe Neuzeit, die nicht nur erstmals unterschiedlichste Quellen in relevanter Zahl bietet, sondern im Kontext der »europäischen Expansion« bestehende Netzwerke erweitern und neue, weltweite Netzwerke entstehen lässt. Hier waren es zunächst wiederum die Abenteurer (die »Entdecker«) und die Fernhändler (teils in Personalunion), die neue Wege beschritten, auf denen dann andere folgten. Sie waren Wegbereiter und Schrittmacher, die als Pioniere Verbindungen herstellten, See- und Landwege fanden und nutzten, die dann zu Highways gewöhnlicher Migration werden konnten, gewissermaßen von Columbus' »Santa Maria« bis hin zum transatlantischen Linienverkehr mit den Dampfschiffen des Norddeutschen Lloyd.

Die Pionierrolle der Fernhändler von der Antike bis zur Neuzeit bzw. der Akteure in prähistorischen Tauschnetzwerken ist kaum zu überschätzen. Aus Handelsrouten und aus Verbindungswegen in Austauschnetzwerken entstehen Migrationsrouten, wobei aber auch die umgekehrte Richtung nicht außer Acht gelassen werden darf: Wenn wir erneut einen Blick auf die Vorgeschichte werfen (▶ Kap. 1.2 und 1.3) und uns die Bedeutung früher Migrationsströme in Erinnerung rufen, die durch archäologische Zeugnisse und genetische Untersuchungen belegt sind, wird deutlich, dass Migration erst Kulturkontakte und in der Konsequenz Handel und Handelswege geschaffen hat. Handel und Austausch sind also, sobald sie historisch erfasst werden können, eng mit Migration verbunden und beides bedingt sich gegenseitig. Es ist schier unmöglich, bezüglich der Ursprünge zwischen »Henne und Ei« zu unterscheiden.

Literaturhinweise zu Kapitel 8

Zur welthistorischen Bedeutung des Handels von den Sumerern bis zur Globalisierung des 20. Jahrhunderts ist Bernstein (2008) einschlägig. Zum mittelalterlichen Handel siehe übersichtlich Gilomen (2014). Zum Verständnis des prähistorischen Güteraustauschs haben die Forschungen von Renfrew entscheidend beigetragen, siehe etwa den wichtigen Aufsatz Renfrew (1969). Zur Welt Homers und zum Güter- und Gabentausch im archaischen Griechenland grundlegend Finley (1974).

9 Der Kapitalismus als »game changer«? Massenmigration und Kapital in der Neuzeit

Das dominierende Erklärungsmodell für massenhafte Arbeitsmigration seit dem 19. Jahrhundert bis in die Gegenwart hängt mittelbar mit den ökonomischen Betrachtungen des vorigen Kapitels über Kaufleute zusammen. Dieses Modell stellt die Ausbildung des kapitalistischen Wirtschaftssystems in den Mittelpunkt, das aus dem frühen Kaufmannskapitalismus zur Zeit der Industrialisierung entstand. Internationale Arbeitsmigration sei erst durch das Aufbrechen feudaler Strukturen und das Ende des Zunftwesens im Kontext der Industrialisierung möglich geworden. Erst dann konnten ausgedehnte internationale Arbeitsmärkte entstehen. Somit sei der moderne industrielle, bzw. postindustrielle Kapitalismus der eigentliche Motor der modernen Massenmigrationen, die in ihrem Ausmaß alles bisher Dagewesene überträfen (so zuletzt Cross 2021).

Dieses weit verbreitete Erklärungsmodell hat auf den ersten Blick einiges für sich. Die Geschichte des modernen Industriekapitalismus, wie man sie bei Marx und vielen heutigen Autoren nachlesen kann, ist in der Tat von einer parallelen Entwicklung geprägt: Beginnend bereits im 18. Jahrhundert in Großbritannien, hatten sich die auf vormoderner Feudalordnung basierenden gesellschaftlichen Grundlagen fundamental verändert. Bauern wurden von Gutsherren von ihrem Land vertrieben, da Schafzucht mit steigenden Wollpreisen höhere Gewinne versprach. Die industrialisierte Textilindustrie begann just in dieser Zeit ihren Siegeszug auf der Insel und die Nachfrage nach maschinell gewebten Stoffen stieg. Ihrer Subsistenzwirtschaft beraubt, mussten die verarmten Bauern nun ihr Auskommen als Lohnarbeiter in den rasch wachsenden industriellen Zentren suchen. Der Kapitalismus produzierte auf diese Weise selbst seinen Arbeitsmarkt, indem er Migration aktiv in Gang setzte (durch Proletarisierung der ländlichen Bevölkerung). Karl Marx und Friedrich Engels haben diesen Prozess allgemein und länderübergreifend beschrieben. Was zunächst in Großbritannien begann, breitete sich auf die wichtigsten europäischen Staaten und die USA aus: Der Siegeszug des Kapitalismus, der einherging mit der Zementierung einer die Ständeordnung ablösenden Klassengesellschaft, nahm seinen Lauf.

Ursprüngliche Akkumulation und die klassische Theorie von Arbeitswanderungen in der Moderne

Gewinnstreben hat die Menschen schon immer angetrieben. Neu war nach Karl Marx, Werner Sombart und Max Weber, den wichtigsten deutschsprachigen Theoretikern der neueren Wirtschaftsgeschichte, jedoch die mit dem Kaufmannskapitalismus der Frühen Neuzeit belegbare Tendenz, die erwirtschafteten Erlöse zu reinvestieren und damit Kapital zu »akkumulieren«. Odysseus zählt seine Dreifüße und erfreut sich am gesellschaftlichen Rang, die ihm seine wertvollen Güter verleihen. Aus diesem Schatz wird er auch bestimmte Stücke »investieren« und als Geschenke für Gastfreunde verwenden, wohl wissend, dass er wiederum mit etwas Gleichwertigem als Gegengabe rechnen kann. Doch diese Form des Gütertauschs hat wenig mit Reinvestition von Kapital im Sinne des modernen Kapitalismus zu tun. Die Handelsgesellschaften der Ravensburger, der Fugger und Welser und erst recht die holländischen Großinvestoren der Ostindischen Kompanie des 17. Jahrhunderts wandten ganz andere Strategien an, wie Marx und die ihm nachfolgenden Wirtschaftshistoriker geltend machen konnten. Diese neue »ursprüngliche Akkumulation« sei der Startschuss zur nachhaltigen Veränderung der Welt gewesen. Denn kapitalistische Akkumulation richtet sich im Gegensatz zur traditionellen Bedarfswirtschaft auf die Zukunft und generiert imaginierte, zukünftige Bedürfnisse, die sich der mittelalterliche Mensch und auch Odysseus gar nicht hätten vorstellen können. Die Sorge um die Zukunft und ihre Planung bringt daher die einstmals sicher gewähnte Gegenwart und ihr auf festen Strukturen basierendes Ordnungssystem ins Wanken. Auf diese Weise bildeten sich nach der klassischen Wirtschaftstheorie zwei Klassen in der Gesellschaft: eine, die über »Produktionsmittel« und damit über akkumuliertes Kapital verfügt, und eine, die nur im Besitz ihrer Arbeitskraft ist. Aus Gewinnstreben hervorgehende Akkumulationsprozesse, wie etwa die Vertreibung schottischer Bauern durch Schafherden, sorgte in einem komplexen Wechselspiel für ein Anwachsen von Kapital bei gleichzeitigem Anwachsen des »Proletariats«, also derjenigen Besitzlosen, die nur noch ihre Arbeitskraft in den Industriebetrieben zum Lebenserhalt aufbieten konnten. Als Folge dieser Entwicklung setzte zuerst eine bemerkenswerte, mit rapider Urbanisierung verbundene Binnenwanderung ein. Ernst G. Ravenstein erkannte diese neue Entwicklung Ende des 19. Jahrhunderts als erster moderner Migrationsforscher und konnte anhand demographischer und statistischer Daten seine Gesetze der Migration ableiten. Diese massenhaften Wanderungen zu den Industriestandorten (etwa die der preußischen »Polen« ins Ruhrgebiet, ▶ Kap. 5.4) wurden immer weiträumiger, sogar transatlantisch. Erst die mit dieser Entwicklung einhergehende Bildung von Arbeitsmärkten, die nicht mehr von sozialen Bindungen und Beschränkungen (Herrschaftsverhältnisse, Zunftwesen) bestimmt waren, sondern nur noch dem Prinzip von Angebot und Nachfrage gehorchten, habe die massenhaften Arbeitswanderungen hervorgerufen. Erst als der Kontraktabschluss und die Wahl des Arbeitsplatzes nach Marktgesetzen weitgehend frei erfolgen konnten, habe sich die Arbeitsmigration internationalisiert. Das Lohngefälle zwischen unterschiedlichen Regionen und Ländern sei demnach entscheidend für Migration, denn Arbeiter wanderten dorthin, wo die größten Nettovorteile zu erwarten seien. Nach diesen klassischen Theorien setzt also der industrielle Kapitalismus Migrationen aktiv in Gang und gilt vielen Ökonomen daher als wichtigster Motor moderner Massenmigration.

Diese hier stark vereinfacht dargestellte neoklassische Theorie der Arbeitsmigration basiert auf einigen von der Realität der Migration kaum gedeckten Annahmen, die von der modernen Migrationsforschung auch längst einkassiert wurden, etwa dass die Migrationsentscheidungen vom an Gewinnmaximierung orientierten Individuum alleine getroffen werden, dass Migration weitgehend kostenneutral und risikolos sei, dass Migranten gut informiert sind und sich rational entscheiden. Dennoch beherrscht dieses stark auf die Moderne fokussierte Erklärungsmodell von sich nach Angebot und Nachfrage regulierenden (Arbeits-)Märkten in weiten Teilen die gegenwärtige Diskussion um Arbeitsmigration, die als Wanderung zwischen Regionen mit markantem Lohngefälle zu verstehen sei (▶ Abb. 26).

Die Schlussfolgerung aus den einschneidenden gesellschaftlichen und ökonomischen Entwicklungen, die sich auch viele Migrationsforscher zu eigen gemacht haben, wäre aus historischer Sicht auf den ersten Blick etwa folgende: Industrialisierung und Kapitalismus sind die Motoren der modernen Migration, die in erster Linie als Arbeitsmigration zu verstehen ist (abgesehen natürlich von an konkrete Krisen und Konflikte gebundener Fluchtmigration). Entsprechend müssten Massenmigrationen seit dem 19. Jahrhundert in erster Linie wirtschaftsgeschichtlich verstanden werden und in entscheidendem Maße von der Ausbildung flexibler, gar internationaler Arbeitsmärkte im kapitalistischen Weltsystem geprägt sein. Dabei ziehen die Zentren dieses Weltsystems, in denen die Produktionsmittel und das Kapital überproportional akkumuliert sind, Arbeitskräfte aus den Peripherien an. In einer solchen Deutung hat der Industriekapitalismus erst die enormen Migrationspotentiale geschaffen. Ein »Weltarbeitskräftereservoir« entstand, das ab etwa 1880 in Irland, Osteuropa und Italien für Industriebetriebe in den USA zur Verfügung stand (Hoerder 2002, 339). Die moderne Form dieser zwischen Zentrum und Peripherie stattfindenden Arbeitsmigration, die nach den Spielregeln des Kapitals erfolgten, seien die Gastarbeiterabkommen (in Europa wie auch zwischen den USA und Mexiko) und ihre ökonomischen Nachfolgekonzepte, etwa die Arbeitnehmerfreizügigkeit in einer von starkem Lohngefälle zwischen Ost und West geprägten EU (Hofbauer 2018).

Ist also der Industriekapitalismus der entscheidende *game changer* für die Migrationsgeschichte? Haben sich Wanderungsbewegungen tatsächlich auch qualitativ verändert oder ist die Zunahme von Migrationsbewegungen am Ende des 20. Jahrhunderts (in absoluten Zahlen; bezogen auf die Weltbevölkerung nahm sie, wie gesagt, ab) eher ein Phänomen der verkehrstechnischen Vernetzung der Welt und der Tatsache geschuldet, dass die Weltbevölkerung in den letzten 100 Jahren um den Faktor fünf gewachsen ist? An der weitverbreiteten Auffassung vom Zusammenhang zwischen Migration und Kapitalismus lassen sich zwei Ebenen problematisieren: eine ideologische und eine historische.

Ideologische Verengungen

Die Bedeutung der Industrialisierung für die Migrationsgeschichte wird auch in der Migrationsforschung vielfach betont. Die wirtschafts- und gesellschaftsgeschichtlichen Kernthesen entstammen im Wesentlichen einer gesellschaftskritischen neomarxistischen Denkrichtung (nur z. B. Cross 2021), die vornehmlich gegenwärtige Probleme im Visier hat und sich historischen Fragen nicht in der nötigen Tiefe widmet. Die einschlägigen Arbeiten konzentrieren sich weitgehend auf die Geschichte der (neueren) Neuzeit. Darüber hinaus ist diese Schule traditionellerweise dazu geneigt, historische Entwicklungen in linearen Gesetzmäßigkeiten zu denken.

Entsprechend erscheinen die mobilen Arbeitskräfte auf den zunehmend globalen Arbeitsmärkten als Getriebene, als »Verschubmasse« (Hofbauer 2018, 92) der Großkonzerne. Individuelle Handlungsmöglichkeiten (*agency*) werden ihnen weitgehend abgesprochen. Dabei hat die neuere Migrationsforschung geltend machen können, dass gerade diese Handlungsspielräume auf individueller und familiärer Ebene das entscheidende Merkmal von Migration auch in der Gegenwart darstellen. Wenn Ungleichheit und Lohngefälle die entscheidenden Triebkräfte von Migration seit der Industrialisierung sein sollten, muss die entscheidende Frage lauten, warum so wenige Migranten sich auf den Weg machen: »Nur« etwas mehr als 3 % der Weltbevölkerung sind als internationale Migranten unterwegs (davon etwa 10 % Flüchtlinge aus Krisengebieten). Obwohl die Zahl potentieller Migranten, die sowohl starke Motive (Push- und Pull-Faktoren) als auch die Möglichkeiten hätten, gemäß der Logik der Arbeitsmärkte in attraktive Zielländer zu migrieren, enorm ist, wandert tatsächlich nur ein Bruchteil von ihnen (Faist 2007). Sie werden zum Teil von mangelnden Ressourcen (etwa absolute Armut) an der Abwanderung gehindert, oder ihre Ressourcen können nur lokal in Wert gesetzt werden. Vor allem die funktionierenden Grenzregime moderner Staaten halten viele potentielle internationale Migranten in ihren Ländern. Unsere Gegenwart kann vor dem Hintergrund eines weitgehend ungehinderten Wanderungsgeschehens in vergangenen Epochen nur bedingt als »Zeitalter der Migration« (de Haas, Castles und Miller 2020) gelten.

Dass die moderne wie auch die vormoderne Welt von Ungleichheit bestimmt ist bzw. war und dass noch heute viele Arbeitsmigranten (vor allem außerhalb Europas, etwa in den Golfstaaten) Ungerechtigkeiten und Ausbeutung ausgesetzt sind, ist bedauernswert und kritikwürdig. Dieser Sachverhalt ändert jedoch nichts an der grundlegenden analytischen Feststellung, dass gerade im Falle von Arbeitsmigration individuelle und gruppenspezifische Handlungsoptionen die zentrale Rolle für Migrationsentscheidungen spielen. Für vergangene Epochen anzunehmen, dass grundlegend andere Bedingungen geherrscht hätten, ist nicht ohne weiteres statthaft. Zweifellos hat der – ebenfalls durch die Industrialisierung ausgelöste – technische Fortschritt die Dynamik weltweiter Migration befördert. Er ermöglichte seit der Mitte des 19. Jahrhunderts und besonders in der globalen Gegenwart die Nutzung viel größerer Kommunikationsnetzwerke zum Austausch über Erfahrungen und Migrationsentscheidungen. Daraus zu schließen, dass sich die Parameter des Phänomens Migration grundlegend geändert hätten, erscheint jedoch etwas kühn und lässt sich gerade vor dem Hintergrund der in diesem Buch beschriebenen historischen Tiefe nicht rechtfertigen. Dass heute insgesamt mehr Menschen international wandern als vor 100 Jahren, liegt selbstredend auch darin begründet, dass die Weltbevölkerung um ein Vielfaches angewachsen ist. Während um 1800 unter einer Milliarde Menschen den blauen Planeten bevölkerten, wurde im Jahr 2022 laut Berechnungen der UNO die 8-Milliarden-Marke geknackt.

Historische Einordnung

Auch auf der historischen Ebene lässt sich der neomarxistische Ansatz infrage stellen. Denn die verbreitete Vorstellung, in früheren Epochen habe es keinen »Arbeitsmarkt« nach unserem aktuellen Verständnis gegeben, da gesellschaftliche Abhängigkeitsverhältnisse und Sklaverei die Formen der Arbeit in der Vergangenheit wesentlich bestimmt hätten, hält einer historischen Überprüfung nicht stand. Lohnarbeit ist natürlich wichtiger geworden, aber sie ist keineswegs exklusiv mit der industriellen Revolution verbunden, nicht das entscheidende und neue Merkmal des Industriekapitalismus, als das sie die laut den klassischen Wirtschaftstheorien anzusehen ist. Nicht nur marxistische Arbeiten, auch neoklassische wirtschaftshistorische Studien werfen jedoch selten und noch seltener mit historischer Fachkompetenz einen Blick auf frühere Epochen.

Für das Mittelalter und die vorangegangen Epochen hat die Forschung lange angenommen, dass Arbeitsformen und Vertragsverhältnisse dominiert hätten, die von sozialen Abhängigkeiten geprägt gewesen seien, die sich in unterschiedlichen Formen und Graden von Unfreiheit manifestierten. Ein freier Arbeitsmarkt habe entsprechend weder regional geschweige denn weiträumig existiert. Diese Auffassung basiert im Wesentlichen auf theoretischen Überlegungen, weil Quellen über Arbeitsverhältnisse, die weitreichende Rückschlüsse und statistische Auswertungen erlauben würden, schlechterdings nicht existieren. Interessant ist allerdings, dass die wenigen Quellen, die ganz zufällig erhalten geblieben sind oder nebenbei über Arbeitsprozesse berichten, ein ganz anderes Bild vermitteln. Für das Mittelalter kennen wir sogar »internationale« Arbeitsmärkte, denn gerade die hochqualifizierte Lohnarbeit erforderte Arbeitsmigration. Die deutschen Bergleute, die im 12. Jahrhundert in Silbergruben in der Toskana und auf Sardinien tätig waren (▶ Kap. 3.4) sind hierfür ein Beispiel. Aber auch das Baumwollgewerbe im Spätmittelalter bietet nicht nur für reglementierte Lohnarbeit Anhaltspunkte, sondern auch für Arbeitsmigration von qualifizierten Arbeitskräften: König Sigismund von Ungarn (1368–1437), der spätere Kaiser, versuchte, Kaschau im Königreich Ungarn als Produktionsstätte für Barchent aufzubauen (ein Mischgewebe aus Baumwolle und Leinen, Barchent verdrängte seit dem 14. Jahrhundert mehr und mehr das Leinen). Die Barchentweberei erforderte qualifizierte Weber und mechanische Webstühle, um die hohen Produktionskosten (Import des Rohstoffes Baumwolle) durch Effizienz auszugleichen. Sigismund wollte damit Venedig als Hauptkonkurrenten Ungarns an der Adria umgehen bzw. schädigen. Sein diesbezügliches Privileg von 1411 ist in deutscher Sprache verfasst und richtet sich offenbar an deutsche Barchenter (hauptsächlich in Oberschwaben), die in Ungarn tätig werden sollten.

Auch für die griechisch-römische Antike, lange Zeit der Inbegriff einer »Sklavenhaltergesellschaft«, hat sich durch neue Forschungen gezeigt, dass die freie Arbeit »im Verhältnis zur Sklaverei einen wesentlich höheren Stellenwert besitzt, als dies gemeinhin angenommen wird« (Kloft 1984, 219). Neben einigen Arbeitsverträgen und Ausbildungsvereinbarungen für Lehrlinge mit komplexen Regelungen (meist auf Papyri im hellenistischen und römischen Ägypten erhalten) sind es Nebenstränge der Überlieferung oder etwa die Vorliebe der athenischen Demokratie für öffentliche Rechenschaftsberichte, die uns Informationen über Anstellungsverhältnisse und Lohnarbeit liefern. So haben sich die Abrechnungen der Löhne der Baufacharbeiter inschriftlich erhalten, die beim Bau des Erechtheion auf der Akropolis beschäftigt waren (eines wichtigen Tempels, der 420–406 v. Chr. erbaut wurde). Bei dieser Großbaustelle waren sehr viele »Ausländer« mit Aufenthaltsrecht beteiligt (Metöken), ein Sachverhalt, der in der Forschung dahingehend interpretiert wird, dass man bedarfsorientiert Bauhandwerker von außerhalb für die umfangreichen Bauprojekte auf der Akropolis beschäftigte, die Seite an Seite mit einheimischen Fachkräften und auch mit Sklaven arbeiteten. Dies entspricht durchaus auch den Gegebenheiten im Mittelalter. Spezialisierte Bauhandwerker waren überregional tätig. Ein einfacher Zimmermann konnte lebenslang an dem Ort wirken, an dem er gelernt hatte, denn seine Dienste wurden mehr oder weniger gleichmäßig lokal und regional nachgefragt. Anders steht es mit Steinmetzen und Baumeistern für große Kirchen und andere öffentliche Bauten: Sie folgten als Spezialisten den großen Baustellen in ganz Europa, mindestens jedoch überregional (▶ Kap. 3.4). Ihre Kenntnisse waren gefragt und wurden entsprechend entlohnt.

Aber auch im »Niedriglohnsektor« war Lohnarbeit schon in der Antike verbreitet. Die Bibel enthält Informationen über gewöhnliche Arbeitsverhältnisse im Bereich der am weitesten in der Antike verbreiteten Form freier Arbeitsverhältnisse: der Anstellung von Tagelöhnern. Im Gleichnis von den Arbeitern im Weinberg (Matthäus 20, 1–16), in dem der Besitzer des Weinbergs allen Arbeitern, sowohl denen, die zur ersten Stunde gedungen wurden, wie auch denen, die viel später angestellt wurden und weniger arbeiten mussten, den gleichen vereinbarten Lohn von einem Denar zahlt, will Jesus zum Ausdruck bringen, dass alle Menschen am Reich Gottes teilhaben können, auch wenn sie später als andere zum rechten Glauben finden. Zugleich gibt das Gleichnis jedoch Einblick in die Vertragsgestaltung antiker landwirtschaftlicher Arbeitsverhältnisse. Als ein schon am Morgen angestellter Arbeiter sich beschwert, dass er den gleichen Lohn erhalten solle, wie diejenigen, die nur kurze Zeit arbeiten mussten, verweist der Gutsbesitzer auf den einvernehmlich geschlossenen mündlichen Vertrag: »Hast du nicht einen Denar mit mir vereinbart? [...] Darf ich mit dem, was mir gehört, nicht tun, was ich will?« (ebd., 13; 15). Ähnliche Organisationsformen freier, einvernehmlich gestalteter Arbeitsverhältnisse auf Tageslohnbasis sind auch aus vielen anderen antiken Quellen bekannt. Beispiele von vergleichbaren Arbeitsverträgen lassen sich auch für das Altbabylonische Reich finden (1800–1595 v. Chr.).

Ein glücklicher Zufall hat dafür gesorgt, dass wenige auf Wachstäfelchen niedergeschriebene Arbeitsverträge zwischen der Leitung eines Goldbergwerks im Apuseni-Gebirge bei der Bergbausiedlung Alburnus Maior (Provinz Dakien, heute Roşia Montana in Rumänien) und Bergleuten aus dem 2. Jahrhundert n. Chr. erhalten geblieben sind. Ein gewisser Memmius, Sohn des Asclepius, verdingt sich in einem dieser Verträge, die offenbar nach üblichen Formularen gestaltet worden waren, bei einem Bergwerksunternehmer im Jahr 164 für ein halbes Jahr zu einem festgelegten Lohn von 70 Denaren (in Raten zu zahlen) sowie Verpflegung (CIL III 948 X). Bei Vertragsverstößen, etwa dem Fernbleiben von der Arbeit oder der nicht fristgerechten Lohnzahlung durch den Arbeitgeber, sind für beide Seiten Konventionalstrafen vorgesehen, die auch bei den Behörden eingeklagt werden können. Damit zeigt sich, dass freie Lohnarbeit im römischen Bergbau üblich war und dass auch längerfristige Vertragsverhältnisse gängig waren (die Halbjahresregelung wird dem Arbeitsrhythmus in der Branche geschuldet sein). Die nach einem einheitlichen Formular erfolgte Gestaltung der Verträge verweist auf die Alltäglichkeit und die Notwendigkeit solcher Arbeitsorganisation. Die Höhe des Arbeitslohns zeigt an, dass von erträglichen Arbeitsverhältnissen auszugehen ist. Darüber hinaus zeigen die rechtliche Ausgestaltung und die Festlegung gegenseitiger Pflichten an, dass sogar bescheidene Formen des Arbeitnehmerschutzes existierten. Im rumänischen Erzgebirge waren nach Auskunft von Inschriften auch viele illyrische Bergleute tätig, so dass hier ebenfalls mit Migration auf einem nicht lokal begrenzen Arbeitsmarkt zu rechnen ist. Auch der Arbeitsvertrag selbst gibt Hinweise auf Wanderungsbewegungen. Memmius ist im Gegensatz zu seinem Arbeitgeber gemäß der Namensnennung kein römischer Bürger und wahrscheinlich orientalischer Herkunft gewesen. Die Zeugen, die den Arbeitsvertrag gegenzeichneten, waren ebenfalls *peregrini*, also keine römischen Bürger und den Namen nach aus Illyrien bzw. aus dem griechischen Osten. Dass nur der Zufall für die Erhaltung dieser wenigen Belege (neben einigen Papyri aus Ägypten) gesorgt hat, berechtigt Wirtschaftshistoriker, die allein den quellenreichen Industriekapitalismus in den Blick nehmen, nicht dazu, früheren Epochen eine gänzlich anders gelagerte Arbeitsorganisation zu unterstellen.

Vor dem Hintergrund einer die ganze Menschheitsgeschichte umfassenden Migrationstradition erscheint die Dynamisierung des Wanderungsgeschehens in der Moderne nicht als Paradigmenwechsel, sondern nur als Ausdruck einer zunehmenden, auch der technischen Entwicklung geschuldeten Beschleunigung und als Konsequenz des weltweiten Bevölkerungswachstums. Die Moderne und mit ihr der Aufstieg des Kapitalismus in einem zunehmend sich vernetzenden Weltsystem haben neue Ermöglichungsräume für Migration geschaffen, aber Migration an sich, auch Arbeitsmigration nicht generiert.

> **Literaturhinweise zu Kapitel 9**
>
> Eine konzise Einführung zur Geschichte des Kapitalismus stammt von Kocka (2013). Neomarxistischer Mainstream kommt aktuell aus den USA: Cross (2021). In der Mediävistik hat anhand der zahlreicheren Quellen vor allem das Spätmittelalter viel zum Thema Arbeitsmigration und Arbeitsmarkt beizutragen (siehe auch die Literaturhinweise zur mittelalterlichen Migrationsgeschichte ▶ Kap. 3.4). Zum Altertum hat Kloft (1984) die wichtigsten Quellen zusammengefasst.

10 Die Ideologie der Sesshaftigkeit: Bürgertum und Eigentum

Migranten werden in den westlichen Gesellschaften der Gegenwart mit Argwohn betrachtet. Dabei sind die Wahrnehmung von Fremdheit und Andersartigkeit, die nur bedingte Akzeptanz anderer Sitten bei den Aufnahmegesellschaften oder das bisweilen deutlich sichtbare andere Erscheinungsbild (Tracht, Hautfarbe) nur Teilaspekte eines verbreiteten Unbehagens, mit dem Migranten begegnet wird. Migranten stören den Eindruck festgefügter gesellschaftlicher Ordnung. Sie repräsentieren Veränderung und konfrontieren Aufnahmegesellschaften damit, dass sie noch keinen Platz gefunden haben. Ihnen kann kein konkreter Ort zugewiesen werden, da sie ihren Herkunftsort verlassen haben, ohne über eine neue Bleibe zu verfügen. Auch im wissenschaftlichen Schrifttum wird suggeriert, dass Migranten als gesellschaftliche Ausnahme betrachtet werden müssen. In der Definition der IOM (International Organization for Migration), der UNO-Organisation für Migration, ist festgelegt, dass als Migrant zu gelten hat, wer seinen »üblichen Wohnort« (*place of usual residence*) dauerhaft verlässt. Wandern bedeutet also die zeitweise Aufgabe von Sesshaftigkeit mit dem Ziel, möglichst bald erneut sesshaft zu werden. Der unstete Status der Nichtsesshaftigkeit während der Wanderung und bei der Ankunft in einer festgefügten Aufnahmegesellschaft wird als ein sozialer Ausnahmetatbestand empfunden. Selbst diejenigen gesellschaftlichen Kräfte, die sich emphatisch für die Aufnahme von Migranten einsetzen und Migration positiv wahrnehmen, sind sich mit der soziologischen Forschung einig, dass der Status der Migranten möglichst bald in den von Sesshaften überführt werden müsse. Sie müssten im Aufnahmeland eine »neue Heimat« finden und »neue Wurzeln schlagen«. Schnelle Integration oder gar Assimilation wird oft gefordert, um eventuellen gesellschaftlichen Spannungen vorzubeugen. Migranten werden dabei trotz gegenteiligen Befunds der historischen Migrationsforschung als Getriebene gesehen, die ihre »Heimat«, ihr »Vaterland« verlassen müssen, und weniger als selbstständig Handelnde, die über *agency*, Handlungsspielraum verfügen. Dabei haben etwa 90 % der von der UNO gezählten rund 280 Millionen internationalen Migranten diese Handlungsspielräume genutzt und sich individuell, im Familienrat oder in Netzwerken zur Wanderung entschlossen. Ihr Überleben oder ihre körperliche Unversehrtheit war nicht in Gefahr, wie bei den rund 10 % der Migranten, die vor Krieg und Gewalt fliehen mussten oder aus ihrer Heimat vertrieben wurden. Weil die Schicksale der Opfer von Flucht und Vertreibung die öffentliche Wahrnehmung dominieren, gelten Migranten auch nach Ansicht vieler progressiver Kommentatoren und Sozialwissenschaftler als »Entwurzelte« und Migrationen als krisenbedingte Abweichungen von der auf Sesshaftigkeit basierenden weltweit gültigen Ordnung der Dinge.

Dieses Buch hat im ersten Teil eine ganze Reihe von historischen Beispielen präsentiert, die darauf hinweisen, dass Mobilität und kulturelle Grenzen überschreitende Migration zu allen Zeiten integraler Bestandteil menschlichen Handelns waren und sind, dass häufige Ortsveränderung und zielgerichtete Wanderung nicht nur typisch für unsere Gattung sind, sondern auch entscheidende Auswirkungen auf die Verbreitung von Kulturtechniken, Ideen und Gütern sowie auf die Entstehung von zunehmend globalen Netzwerken hatten und haben. Gleichzeitig erscheint ein solches, eigentlich typisches Verhalten in der Perspektive nationalstaatlicher Geschichtsschreibung der Moderne als Abweichung von der Norm, allenfalls als Vorstufe zur nationalstaatlichen Gliederung der Welt in ökonomisch und gesellschaftlich stabile, territorial definierte Staatswesen, von deren Standpunkt aus die Welt im 19. und 20. Jahrhundert neu gedacht wurde. Migration erscheint somit bis heute in der öffentlichen Debatte immer als »Problem«, dem mit Strategien zu begegnen ist, ein »Problem«, das »gelöst« werden muss – durch Abschiebung oder Integration, je nach Standpunkt. Dem *Tagesspiegel* vom 30.07.2019 erschien Migration sogar »als *das* Problem der Gegenwart«.

Vor dem Hintergrund der vielfach belegten Normalität von Migration in vergangenen Jahrhunderten und der besonders gut erforschten Migrationsphänomene während des 20. Jahrhunderts muss es verwundern, dass bei jeder neuen Wanderungsbewegung so getan wird, »als ob es sich um ein bevölkerungspolitisches Phänomen handeln würde, mit dem die derzeitigen Gesellschaften das erste Mal konfrontiert wären« (Hahn 2017, 23). Der Hinweis auf die frühe Migrationsforschung, die für lange vergangene Epochen Sesshaftigkeit postulierte und unstete Wanderung der Gegenwart mit moralischen Argumenten negativ bewertete, erfasst das Problem nur zum Teil.

Neue Perspektiven

Ich möchte hier einen anderen Zugang zum Thema vorschlagen, der einen neuen Standort voraussetzt. Denn unser Blick auf die Geschichte der Migration wie auch auf das Konzept Migration ist in entscheidendem Maße von unserer »westlichen« Perspektive bestimmt. Seit der Aufklärung, dem Siegeszug des Rationalismus und des aus Europa in die ganze Welt exportierten höheren Bildungssystems werden die öffentlichen und wissenschaftlichen Debatten von diesem Standpunkt aus geführt. Es gelten unsere historisch gewachsenen Maßstäbe, nach denen wir die unterschiedlichen Phänomene gesellschaftlicher Entwicklungen auf der ganzen Welt in unsere eigenen Kategorien einordnen. Der amerikanische Ethnologe Marshall Sahlins hat seit den 1960er Jahren beständig darauf hingewiesen, dass in anderen Kulturen auch ganz andere Denkweisen und Wahrnehmungen dominieren, die nicht mit unseren Vorstellungen kompatibel sind, deswegen aber keinesfalls als primitiv oder minderwertig gelten müssen. Selbst sehr gewissenhafte und aufmerksame Sozialwissenschaftler und Ethnologen der Gegenwart, die sich ihrer Standortgebundenheit vollauf bewusst sind, können sich dem Einfluss und der Dominanz ihres eigenen Bildungshorizonts und ihrer eingeübten Wahrnehmungsmuster häufig nicht ganz entziehen. Das gilt auch für Migrationsforscher und -historiker und damit für ihre Gegenstände: Migration und Migrationsgeschichte.

Dabei spielt sich vieles im Bereich des Unterbewussten ab, und auch sprachliche Konventionen beeinflussen die Betrachtung historischer und sozialer Sachverhalte. Die verbreitete Rede von »entwurzelten« Migranten etwa bedient sich einer Metaphorik aus dem Bereich der Vegetation und spiegelt damit ungewollt auch territoriale Vorstellungen des Sozialen wider. Umgekehrt gilt das gleiche territoriale Prinzip für den »tief verwurzelten« Einheimischen. Die *natives*, die »Eingeborenen«, sind nicht nur an einem bestimmten Ort geboren worden (lat. *natus*, »geboren«), sie werden von den Wissenschaftlern (auch von der Ethnologie) in den ihnen zugeordneten Raum »eingesperrt« und »eingehegt« (Malkki 1992, 29). Sie gehören eben genau dorthin, wo sie geboren wurden. Beim Nachdenken über ihre »Nomadologie« ist Gilles Deleuze und Félix Guattari aufgefallen, dass das westliche Denken mit Vorliebe Metaphern aus dem Bereich der Botanik und Biologie nutzt, besonders Baummetaphern sind verbreitet.

> »Es ist merkwürdig, wie der Baum die Wirklichkeit und das gesamte Denken des Abendlandes beherrscht hat, von der Botanik bis zur Biologie und Anatomie, aber auch die Erkenntnistheorie, die Theologie, die Ontologie, die gesamte Philosophie … der Wurzelgrund, *Grund* [Deutsch im Original, A.R.], *roots* und *foundations*« (2005, 32).

Dieses Denken sei das Resultat einer »Abstammungskultur«, deren Bild der Baum ist. Weiter habe das territoriale Denken auch historisch-politische Wurzeln: Die auch von der westlichen Ethnographie nachvollzogene räumliche Verortung von Menschen in klar umgrenzten Gebieten ist ein Resultat unseres durch die Realität der Nationalstaaten geprägten Denkens, das selten hinterfragt wird. Ihm liegt nach Ernest Gellner (1983, 139) eine moderne geographische Vorstellung zugrunde. Wir trennen die Räume – wie in Atlanten und auf Globen dargestellt – durch Linien und Farbmarkierungen voneinander und ordnen diesen Räumen mitunter willkürlich Menschen, »Völker«, zu, ganz unabhängig davon, ob diese Grenzen auch ethnische Grenzen sind, was selten der Fall ist (man denke an Nordafrika und den Sudan oder an Grenzziehungen in Südosteuropa nach dem Ersten Weltkrieg). Damit ist das westliche Denken bis heute ganz offensichtlich stark von einer engen Verbindung von Mensch und Raum, böse gesagt von »Blut und Boden«, geprägt. In der Folge konnte das Denken über Nationen und Identitäten »die Form von Bäumen, Ursprüngen, Herkunft und Abstammung, rassischen Linien, Bodenständigkeit, Heranwachsen und vieler weiterer, essentialistischer Bilder« annehmen. Menschen werden als »Kulturen« und als »Völker« im »nationalen Boden versenkt« (Malkki 1992, 28, 31).

Kulturelle Prägung der Wertbegriffe

Neue Erkenntnisse der Ethnologie und der vergleichenden Verhaltensforschung verstärken dieses Unbehagen an der Sicherheit des eigenen Standpunkts, der üblicherweise nicht hinterfragt wird: Aktuelle Studien legen nahe, dass auch unsere bislang verbindlichen Vorstellungen über die psychologischen Dispositionen des Menschen grundsätzlich infrage gestellt werden müssen. Die sogenannten »Basisemotionen«, die der Theorie nach von allen Menschen gleich erlebt werden, Sozialstrukturen, die wir ganz selbstverständlich und mit einer langen Wissenschaftstradition als für die gesamte Menschheit gültig verallgemeinern, sind offenbar stark kulturabhängig. Die Ergebnisse der psychologischen Forschung des 20. Jahrhunderts wurden anhand von Probandengruppen gewonnen, die der westlichen Welt angehörten, ohne Rücksicht darauf, ob dieselben psychologischen Mechanismen auch in anderen Kulturen vorhanden sind. Forschungsergebnisse aus dieser im Vergleich zur Weltbevölkerung sehr kleinen Population wurden auf Menschen beliebiger kultureller, sozialer und geografischer Herkunft übertragen. Vergleichende ethnologische Studien offenbaren nun zunehmend, dass »wir Westler« und unsere gesellschaftlichen und psychologischen Grundannahmen im Kulturvergleich eher Ausnahmen darstellen und nicht das Maß aller Dinge sein sollten (Henrich 2020). Auch die ethnographische Forschung ist bei aller Offenheit und ihrem Interesse an den Forschungsgegenständen von der kulturellen Herkunft und der Denkweise der Forscher beeinflusst.

Vor diesem Hintergrund kann man die berechtigte Frage stellen, ob die latente Ablehnung von Migration, die stillschweigende Übereinkunft, es bei Wanderungen über Kulturgrenzen hinweg mit Abweichungen von der Norm zu tun zu haben, nicht auch einer spezifischen und tief »verwurzelten« (um im Bilde zu bleiben) Denkweise der westlichen Wissenschaftstradition geschuldet sein könnte, die durch Schulen und Institutionen die gesamte Gesellschaft und damit auch die öffentliche Meinung erfasst hat. Das ist eine Frage, über die meines Wissens bisher nur ganz vereinzelt nachgedacht wurde (etwa Malkki 1992).

Die Psychoanalytikerin Danielle Bazzi spricht von der »Ideologie der Sesshaftigkeit« als einem in unserer westlichen Welt gewachsenen psychologischen Instrument gegen das Gefühl von gesellschaftlicher Instabilität. Der Begriff lässt sich aber auch historisch nutzbar machen. Denn wie ich im Folgenden zeigen möchte, steht die »Ideologie der Sesshaftigkeit« in direktem Zusammenhang mit dem Siegeszug des Bürgertums in der Neuzeit und der mit diesem Durchmarsch verbundenen Ausbildung des ethnisch begründeten Nationalstaats, der bis heute den Rahmen für kulturelle Einordnungen und historische Urteile bildet (▶ Kap. 5.4). »Geschichte« wird im 19. Jahrhundert des Historismus nicht nur zu einer zentralen Leitdisziplin der modernen Universitäten, sondern auch zu einem magischen Wort. Sie dient der Legitimation nationalstaatlicher Gegenwart und ordnet als zusammengehörig gedachten Gruppen von Menschen, eben »Völkern«, bestimmte Räume zu. Über Quelleneditionen widmete sich die aufblühende Geschichtsforschung im bürgerlichen Zeitalter der Erschließung der nationalen Geschichte, um ein Selbstverständnis eigenständiger nationaler Traditionen nun »wissenschaftlich« legitimieren zu können. Dies geschah mit der Selbstgewissheit, absolut objektiv vorzugehen und mittels unbestechlicher Quellen darstellen zu können, »wie es eigentlich gewesen« (so das berühmte Wort von Leopold von Ranke in der Vorrede zu seiner *Geschichte der germanischen und romanischen Völker von 1495 bis 1535* aus dem Jahre 1824). Herausgeberische Großleistungen wie die *Documents inédits sur l'histoire de France* (ab 1835) und die *Monumenta Germaniae Historica* (ab 1824) wurden angegangen und erschlossen die Quellen des Mittelalters. Migration hatte in einem solchen von Grenzlinien eingehegten und auf die Vergangenheit projizierten geographischen Landkartendenken, dem Völker zugeordnet waren, keinen Platz mehr.

Das Bürgertum und seine Kultur als geistige Grundlage der Gegenwart

Der Aufstieg des Bürgertums zur führenden Gesellschaftsschicht während des 19. Jahrhunderts ist vielfach beschrieben worden. Nach dem Erfolg der Kaufmannsfamilien in der Frühen Neuzeit und dem Aufstieg der Industriellen im 19. Jahrhundert folgte dem wirtschaftlichen Siegeszug des Bürgertums auch der politische. Während gerade die politische Teilhabe bisweilen erst im 20. Jahrhundert erfolgte (oder gar nicht, wie etwa in Russland), war die kulturelle Vorbildfunktion des Bürgertums sowohl nach innen – zur eigenen Selbstvergewisserung und zur Bildung eines Standesbewusstseins – wie auch gegenüber den anderen Ständen (später Schichten) bereits früher überaus einflussreich. Die Bürger blieben innerhalb der Gesamtbevölkerung immer in der Minderheit, nach der industriellen Revolution und der Entstehung des Industrieproletariats auch in den Städten: In Deutschland machten sie etwa 5 % der Bevölkerung aus – 15 %, wenn man neben Groß- und Bildungsbürgern auch das Kleinbürgertum (Ladenbesitzer und Handwerker) hinzurechnet. Jedoch stellte das Bürgertum die »kulturhegemoniale Schicht« (Schulz 2014, 8) des 19. Jahrhunderts dar und bestimmte das Zeitalter und sein geistiges Selbstverständnis verbindlich durch die von ihm geprägten Bildungsinstitutionen und einen öffentlich zelebrierten Wertekanon. So konnte sogar beim Adel eine Form der »Verbürgerlichung« beobachtet werden, die zu einem Wertewandel führte, der standesübergreifend verbindlich wurde.

Gerade der bürgerliche Wertekanon und das an ihm ausgebildete bürgerliche Lebensgefühl scheinen mir für die Ausbildung einer »Ideologie der Sesshaftigkeit« entscheidend gewesen zu sein. Insbesondere die verbindende Kultur und Lebensführung hielt das eigentlich heterogene Bürgertum zusammen, das von enormen materiellen Unterschieden geprägt war, und ermöglichte die Abgrenzung von anderen gesellschaftlichen Gruppen (v. a. nach unten gegenüber der Arbeiterschaft). Vom Adel adaptierte Verhaltensformen wurden bürgerlich umgestaltet. Eine eigenständige Kultur und Lebensweise entstand, aufgrund der wirtschaftlichen Unterschiede innerhalb des Bürgertums jedoch mit deutlichen Abweichungen hinsichtlich der Wohnverhältnisse und des betriebenen Aufwands. Aufgrund ihrer geteilten Hochachtung vor individueller Leistung, klassischen Bildungsidealen, dem Konzept der »Respektabilität« und dem durch allgemeine Anerkennung (etwa Zugehörigkeit zu Interessengruppen und Vereinen) bestimmten öffentlichen Ansehen konnten sich bescheiden besoldete Gymnasialprofessoren und Landpfarrer der gleichen Gesellschaftsschicht zugehörig fühlen wie durch Fernhandel oder Industriekapital vermögende Großbürger. Die Zugehörigkeit wurde nicht in erster Linie durch Vermögen oder wirtschaftlichen Erfolg bestimmt (wenngleich völlige Mittellosigkeit vom Bürgertum ausschloss), sondern durch Teilhabe am städtischen Leben und durch die dadurch erworbene gesellschaftliche Akzeptanz. Die Zugehörigkeit zur lokalen Gesellschaft der Bürger hing dabei wesentlich von der Bereitschaft ab, sich mit dem Erwerb von Grund und Boden »ansässig« zu machen (Schulz 2014, 16). An die Ansässigkeit war auch die Verleihung des Bürgerrechts gebunden.

Das erst Mitte des 19. Jahrhunderts exklusiv dem Familienleben gewidmete »Wohnhaus« bzw. die in dieser Zeit aufkommende »Etagenwohnung« an den

Rändern der historisch gewachsenen Innenstädte wurde zum Zentrum bürgerlichen Lebens und seiner geistigen Ausgestaltung. Durch die Ausgliederung von beruflichen, produktiven und geselligen Funktionen (Werkstatt oder Geschäft sind nunmehr nicht mehr Teil des »ganzen Hauses«) wurde die Behausung nun zum »Heim« – im Sinne einer neuen Funktionalität, welche die neuen gesellschaftlichen Verhältnisse auch im Lebensstil spiegelte. »Als Immobilie ist das gebaute Haus der Inbegriff lokaler Verortung und Sesshaftigkeit«, es bildet so einen Kontrapunkt zu Migration und mobilen Lebensformen (Derix 2015, 589). Auf diese Weise hat auch die Wohnkultur des 19. Jahrhunderts die »Ideologie der Sesshaftigkeit« als Zeichen des Zeitalters mit hervorgebracht. Die historischen Rahmenbedingungen (*nation building*) und die entstehende bürgerliche Wissenschaftskultur an Universitäten und Gymnasien spiegeln in einer Art gesellschaftlicher Großprojektion die bürgerliche Lebenskultur des Alltags wider, die sich in Kunst und Literatur verdichtet hat (Stichwort Biedermeier). Jeder hat seinen festen Platz in der Welt und vor allem auch in der kleineren Welt des Bürgerkosmos: Jedoch ist nicht mehr der mittelalterliche Ordo, die von Gott gesetzte Ordnung der Dinge, für die feste Verortung der Menschen verantwortlich, sondern jetzt platziert die Nation selbst ihre Angehörigen im Raum und weist ihnen regional aufgefächert konkrete Orte von Heimat zu.

Psychologische Ansätze zur Ideologie der Sesshaftigkeit

Psychologen verweisen ebenfalls auf die Bindung von Menschen an ihre Heimat, ja an ihre Immobilie. Dabei komme es oft zu einem Zusammenprall von traditionellen Vorstellungen und Lebensentwürfen, die auf Beständigkeit, Sesshaftigkeit und berechenbarer Sicherheit beruhten, mit den Herausforderungen einer sich mobiler gestaltenden Arbeitswelt. Daraus können im schlimmsten Fall psychiatrische Krankheitsbilder entstehen, oder psychotherapeutische Maßnahmen werden notwendig, um den Betroffenen zu helfen. Hier verbinden sich Sicherheitsbedürfnis und gefühlte Bodenständigkeit mit dem klassischen Wohnkonzept, das sich im bürgerlichen Zeitalter ausgebildet hat und das nach Ansicht der Soziologen erst heute durch neue Formen der gesellschaftlichen Mobilität in den postindustriellen Gesellschaften hinterfragt wird. Das »Haus« wird in der psychologischen Analyse zu einer »mächtigen Metapher«, die eng mit der persönlichen Befindlichkeit verbunden ist (Bazzi 2020, 108). Aus der psychologischen Praxis wird von Patienten berichtet, die enge Bindungen an ihre Immobilien ausgebildet haben und im Falle von Veränderungen im Leben (Tod der Eltern, Berufs- oder Standortwechsel, Scheidung etc.) in veritable persönliche Krisen geraten, die psychotherapeutische Behandlungen erforderlich machen und bisweilen zu somatisierten Krankheitsbildern führen (Symptome schwerer Krankheiten, etwa von Herzinfarkt, ohne klinischen Befund).

Von vielen derartigen Fällen berichtet etwa die Psychotherapeutin Beartrix Vill in ihrem Buch *Vom Preis der Sesshaftigkeit*, das die »psychodynamische Betrachtung der Immobilie« zum Thema hat. Sie betont u. a. die Bedeutung des Elternhauses für die persönliche Entwicklung und die Schwierigkeiten, die sich in Einzelfällen ergeben können, wenn Menschen vor der Entscheidung stehen, nach dem Tod der Eltern das geerbte Haus zu bewohnen oder zu veräußern, sowie die Bedeutung von Baumaßnahmen als Ausdruck persönlicher Veränderungen. Die Immobilie ist aufgrund der

»Prägung auf Sesshaftigkeit in unserem Kulturkreis« für die Psychologin ein wichtiger Faktor in der Identitätsbildung. Identitäten werden entlang der verbreiteten Vorstellung von Immobilität gebildet und wir unterstellen unseren Vorfahren statische Weltbilder und Lebensweisen, obwohl in den meisten europäischen Familiengeschichten Migranten zu finden sind. Vill berichtet in diesem Zusammenhang von einer Patientin, die nach einer Scheidung aus dem gemeinsamen Haus ausziehen musste und deren Identität aus engste mit der Immobilie verbunden war: »Es ist so«, bemerkt die Patientin, »als hätte ich mit dem Haus meine Identität aufgegeben. Ich habe das Haus gestaltet, gepflegt und zu dem gemacht, was es ist. Ich habe mich mit dem Haus identifiziert« (Vill 2019, 26). Häuser haben darüber hinaus in westlichen Gesellschaften auch die Rolle von sozialem Kapital, sie zeigen an, dass man es »zu etwas gebracht« hat. Entsprechend intensiv können Bindungen an Immobilien sein. Die psychischen Krankheitsbilder entwickeln sich aus dem Konflikt zwischen gewünschter oder erzwungener Bodenständigkeit und erforderlicher (etwa durch berufliche Zwänge, z. B. im Fall von Diplomaten, Berufssoldaten etc.) oder nicht ausgelebter, aber erwünschter Mobilität. Dieser Konflikt zwischen bodenständiger Sicherheit (symbolisiert durch das Haus und die mit diesem verbundene Sesshaftigkeit) und den Anforderungen postmoderner Lebensweisen, die in hohem Maße von Mobilitätsanforderungen bestimmt seien, werden für diese Formen psychischer Störungen verantwortlich gemacht. Sie seien ein typisches Zeichen des gegenwärtigen Zeitalters.

Eigentum als Migrationshemmer

Die »Ansässigkeit« des Bürgers am Ort als Voraussetzung für gesellschaftliche Zugehörigkeit ist im 19. Jahrhundert der Endpunkt einer besonderen abendländischen Entwicklung, die uns so dermaßen in Fleisch und Blut übergegangen ist, dass wird sie als selbstverständliche Gegebenheit hinnehmen und gemeinhin für eine anthropologische Konstante halten: die Entwicklung der Idee vom Eigentum, besonders vom privaten Grund- und Immobilieneigentum. Schon der römische Stadtprätor, einer der höchsten jährlich wechselnden Magistrate (Oberbeamten) der römischen Republik (ca. 450–27 v. Chr.), begann das neue Jahr mit der Verlesung eines Edikts, das die bestehenden Eigentumsrechte garantierte. In der Folge bildete sich in Europa, das im Mittelalter noch die »Allmende« kannte, das allen zugängliche Gemeindeland, seit der Frühen Neuzeit ein auch juristisch definierter Begriff von privatem Eigentum heraus, dessen Anwendung auf die gesamte Welt in der Folge der europäischen Expansion und des Kolonialismus zur Norm wurde. Moderne Verfassungen garantieren privates Eigentum, und in der Staatskunde gehört das Eigentumsrecht zu den Grundrechten liberaler Demokratien. Der wichtigste neuzeitliche Theoretiker und Begründer des Liberalismus, John Locke (1632–1704), definiert in seinem *Second Treatise of Government*, dass der Staat seinen Bürgern den Schutz dreier elementarer Güter zu gewährleisten habe: Leben, Freiheit und Eigentum (*life, liberty, estate*, § 123). Eigentum bezeichnet, vereinfacht gesagt, ein komplettes, exklusives, unbefristetes und übertragbares Verfügungsrecht über eine Sache. Dies bedarf im Falle von Dingen des alltäglichen Gebrauchs oder der Kleider am Leibe kaum einer Rechtfertigung. Dem entspricht die Beobachtung der Ethnologen, dass die Unterscheidung von »Mein« und »Dein« bei allen untersuchten Völkern existiert und damit Gegenstände bestimmten Personen »gehören« können (Schott 1987, 291). Jedoch kennen wir etwa bei den Inuit aus ethnologischen Forschungen vom Anfang des 20. Jahrhunderts die Abwesenheit von einfachen, mit unseren Gepflogenheiten vergleichbaren Eigentumsvorstellungen an alltäglichen Gegenständen. So gilt bei den Bewohnern des nördlichen Polargebiets der Satz: »Die Gegenstände gehören dem, der sie braucht«. Denn es gelten Verpflichtungen, etwa Jagdwaffen »auszuleihen«, wenn ein Stammesmitglied seinen Bedarf anmeldet. Auch bei anderen Jägergesellschaften lässt sich ein hoher Grad an »Reziprozität« bei den Besitztümern feststellen: Oft gibt es einen sozial verpflichtenden Gabentausch innerhalb der Gemeinschaft und Besitztümer stehen eben nicht dem »Eigentümer« (nach unseren Kategorien) exklusiv zur Verfügung. Die unbeschränkte Verfügungsgewalt, ein Kennzeichen unseres Eigentumsbegriffs, ist selbst bei selbstgefertigten Gegenständen des Alltags und bei individuell (etwa durch Jagd) erworbenen Lebensmitteln nicht in allen Kulturen gewährleistet und relativiert so den Eigentumsbegriff an sich.

Ist die Rede aber von abstrakteren Gütern wie etwa von Land- oder Immobilienbesitz, wird die Legitimation von Eigentum um einiges schwieriger, da damit prinzipiell das Problem von Ungleichheit und Ungerechtigkeit verbunden ist, und die physische Verbindung zum »Eigentümer« einer komplexen Begründung bedarf. Schon Platon argumentierte in seinem Entwurf eines Idealstaats für die Abschaffung des Privateigentums. Der römische Gelehrte und Staatsmann Cicero war – wie später Rousseau – der Ansicht, dass die in einem ursprünglichen Naturzustand lebenden Menschen der Frühzeit kein Privateigentum kannten. Auch Thomas Morus macht die Abschaffung des Privatbesitzes zur Bedingung des friedlichen Funktionierens seines Idealstaats *Utopia*, und bekanntermaßen haben Marx und Engels im Privateigentum die Ursache allen Übels der kapitalistischen Moderne und der Ungleichheit erkannt. Die gesamte Philosophiegeschichte ist eigentlich von einem tiefen Unbehagen gegenüber der sozialen Realität von Eigentum und der durch dieses begründeten Ungleichheit geprägt, und zwar nicht erst seit Marx.

In historischer Perspektive setzt man die Entstehung des über die Dinge des täglichen Gebrauchs hinausgehenden Privateigentums, das viele Generationen von Philosophen in Rechtfertigungsnöte oder in eine unversöhnliche Gegnerschaft zu diesem Gegenstand brachte, bei der »neolithischen Revolution« an (▶ Kap. 1.2). Individuelles Eigentum an Grund und Boden entstand nach den Modellen der Prähistoriker und Philosophen erst im Übergang zum Ackerbau und im Zuge der allmählichen Ablösung der Sippen durch kleinere Familienverbände und der Entstehung von Siedlungen. Mit der Sesshaftigkeit wächst die Bedeutung der Nachkommen für die zukünftige Versorgung. Ebenso wächst die Bedeutung der Verwandtschaftsverhältnisse, die in der Folge »Familienvermögen« oder Verwandtschafts- und Gruppeneigentum meist über die männliche Linie begründen. Erst durch den sesshaften Bauern wurde die Kategorie des individuellen Eigentums auch auf Boden und später auf die übrigen natürlichen Ressourcen ausgedehnt. Damit verbindet sich die verbreitete Vorstellung von Sozialwissenschaftlern und Ethnologen, dass dem Boden eine besondere metaphysische Bedeutung zukommt: »Verwurzelung mit dem Boden, zu welchem man heilig-fromme Gefühle entwickelt, scheint ein natürliches Empfinden sesshafter bodenbauender Völker zu sein« (Tuan 1977, 156).

Sesshaftigkeit und Eigentum gehören also zusammen, auch wenn nicht in allen bodenbauenden Gesellschaften den unsrigen vergleichbare Vorstellungen von Privateigentum existieren. Aus abstrahierten und »radikalisierten« Verwandtschaftsverhältnissen entstanden dann nach den einschlägigen soziologischen Theorien neue Formen übergeordneter institutioneller Herrschaft durch Könige oder Häuptlinge, die als alleinige »Eigentümer« das Land nach unterschiedlichsten Gebräuchen anderen zur Nutzung überließen oder Güter zentralistisch umverteilten, wie etwa im Falle der bronzezeitlichen Hochkulturen in Ägypten und Mesopotamien (grundlegend zum theoretischen Ansatz Sahlins 1972). Dennoch bleibt das Problem der Eigentumslegitimation bis heute philosophisch umstritten und politisch prekär. Viele Philosophen haben sich mit der Legitimation des privaten Eigentums beschäftigt, um nicht zu sagen: abgemüht. Unter den vielen Theorien, die erklären, weshalb etwa ein Individuum in legitimer Weise ein unumschränktes Verfügungsrecht über ein kleines oder großes Stück von Gottes Erde ausüben darf, war die bedeutendste und bis heute einflussreichste die »Arbeitswerttheorie« von John Locke. Nicht die Inbesitznahme ungenutzten Landes (*prima-occupatio*-Theorie) oder die fragwürdige kriegerische Eroberung, sondern vielmehr der Einsatz der eigenen Arbeit, so Locke, begründe Eigentumsansprüche. Wer im Schweiße seines Angesichts den Boden bestelle, habe nicht nur Anrecht auf den Ertrag, sondern legitimiere Eigentum an Grund und Boden durch dessen Nutzung. Die Natur wird physisch mit der menschlichen Körperkraft vermischt. Damit geht die »Anreiztheorie des individuellen Eigentums« einher, die Auffassung, dass der Mensch nur dann motiviert sei, wenn er die Früchte seiner Arbeit ernten kann und das exklusiv zu seinem eigenen Nutzen. Bei dieser trickreichen Konstruktion handelt es sich keineswegs um ein Naturgesetz, sondern um die ideologische Grundlage des modernen Wirtschaftssystems. Deshalb gilt uns heute Privateigentum als selbstverständlich. Entsprechend können auch Anthropologen wie der eben zitierte Yi-Fu Tuan ganz selbstverständlich davon sprechen, dass die Besitzbeziehung zum Boden ein »natürliches Empfinden« der Sesshaften sei, wiewohl es doch offenbar ein kulturell konstruiertes ist.

Wir hinterfragen unsere eingefleischten Vorstellungen von Privatbesitz nicht, weil wir mit ihnen sozialisiert wurden und weil durch den Kolonialismus und die globalisierte Weltwirtschaft diese Vorstellungen mithilfe von Gesetzen und staatlicher Patronage weltweit durchgesetzt wurden. Dies geschah in einem von ökonomischem Erfolg und technischem Fortschritt befeuerten Bewusstsein absoluter zivilisatorischer Überlegenheit, mit einem von den Europäern des 19. Jahrhunderts allgemein geteilten Gefühl, die Spitze des Fortschritts darzustellen. Die missionarische Aufgabe, diese westliche Zivilisation unter Einbeziehung ihrer juristischen und sozialen Grundlagen, auch der Eigentumsvorstellungen, in der ganzen Welt zu verbreiten und allen Menschen mit Gebetsbuch und Peitsche zu vermitteln (*the white man's burden*), war im Kern reine Ideologie und diente der Legitimation imperialer Herrschaft, die auf Aggression, Gewalt und Raub basierte (Osterhammel 2009, 1187). Dabei war die Idee vom Privateigentum und vom unbeschränkten Landbesitz keineswegs ein Selbstläufer gewesen, sondern hatte auch in Europa komplexe Wurzeln. Fast unbemerkt bildete sich im Übergang von feudalen zu bürgerlich-kapitalistischen Strukturen und Werthaltungen die Vorstellung heraus, dass Privateigentum und die Verfügung über dasselbe nicht nur die Basis des fortschrittlichen ökonomischen Handelns darstelle, sondern auch der Natur des Menschen entspreche.

2020 hat das Bundesverfassungsgericht bei der Ablehnung einer Beschwerde höchstrichterlich bestätigt, dass selbst zur endgültigen Entsorgung und Vernichtung vorgesehene Lebensmittelabfälle als Eigentum zu betrachten sind. Die Strafbarkeit des Entwendens von verzehrfähigen Lebensmitteln aus Abfallcontainern eines Supermarkts (sogenanntes »Containern«), so das höchste deutsche Gericht, diene dem Schutz des Eigentums als »Rechtsgut von Verfassungsrang«. Diese Rechtsauffassung hätte Algongkin-Indianer in den Wäldern Kanadas im 18. Jahrhundert ebenso irritiert wie die Inuit am Polarkreis zweihundert Jahre später.

Historische und anthropologische Einordnungen des Eigentumsbegriffs

Um das richtig einordnen zu können, lohnt sich ein Blick auf die Geschichte Nordamerikas im 17. und 18. Jahrhundert. Als englische Kolonisten sich in Nordamerika niederließen, stießen im Wortsinne zwei Welten aufeinander. Die Einstellung der Indianer und der Europäer zum Land war völlig gegensätzlich: Grob vereinfachend kann man feststellen, dass die »kapitalistischen« Europäer Land als eine Ware betrachteten, die man kaufen oder verkaufen konnte, während die subsistenzorientierten Indianer das Eigentum an Land nur als ein Gewohnheitsrecht zur Nutzung der Ressourcen des Landes betrachteten. Die Idee von parzelliertem Land, dessen exklusives Nutzungsrecht nur einer Person oder Familie zukam und das gar durch Zäune abgegrenzt werden konnte, war außerhalb der Vorstellungswelt der nordamerikanischen Ureinwohner. Nach ihrer Auffassung gehörte das Land zwar sehr wohl ihnen, aber im Sinne eines Gemeinguts. Als die Franzosen wie auch die Engländer im Krieg um die Vorherrschaft in Nordamerika (ab 1754) mit unterschiedlichen Stämmen Allianzen schlossen und die europäischen Rivalitäten damit bis in die Kolonien trugen, beschied der Häuptling der Seneca-Indianer, Tanaghrisson, einer französischen Delegation Folgendes:

> »Ihr Väter, sowohl Ihr als auch die Engländer seid weiß, wir aber leben in einem Land dazwischen. Deswegen gehört das Land weder dem einen oder dem anderen. Aber das höchste Wesen hat uns erlaubt, dieses Land als Lebensraum zu nutzen. Deswegen werden wir nicht zögern, Euch von hier zu verjagen« (zit. nach Calloway 2006, 49, meine Übers.).

In dieser Aussage kommt durchaus zum Ausdruck, dass Tanaghrisson Ansprüche auf Land in einem kollektiven Sinne durchaus vertraut waren. Jedoch war für die Ureinwohner Nordamerikas die Idee von individuellem Verfügungsrecht über Grund und Boden fremd und unverständlich. Stark vereinfacht lässt sich für das Aufeinandertreffen der Europäer mit den nordamerikanischen Ureinwohnern feststellen, dass europäische Eigentumsbegriffe individualistisch und tauschbezogen, indianische kollektivistisch und nutzenbezogen waren. Deren Eigentumsvorstellungen bezogen sich nie auf das Land an sich, sondern allenfalls auf Dinge, die sich auf dem Land befanden. Ethnologen haben für bestimmte Jägergesellschaften auch geltend machen können, dass nicht einmal kollektive Besitzansprüche existieren müssen, die etwa bestimmte Jagdgebiete betreffen. So waren etwa um 1900 die Inuit im Polargebiet wie auch bis heute die Hadza in Ostafrika (▶ Kap. 1.1) nicht territorial orientiert und erhoben bzw. erheben keine Ansprüche auf bestimmte Jagdgründe für ihre jeweiligen Gruppen oder Familienverbände. Auch unter den nordamerikanischen Stämmen gab es unterschiedliche territoriale Vorstellungen. Bei den Shoshonen etwa gab es sogar zwischen den Stämmen, die zu dieser durch eine gemeinsame Sprachtradition (Numic-Sprachen) geprägten Großgruppe im »großen Becken« gehörten (etwa heutiges Nevada), wesentliche Unterschiede. Die westlichen Shoshonen hatten keine territorialen Besitzansprüche an Jagdgründe entwickelt, während nördliche Shoshonen und Paiute ihre Jagdgründe verteidigten und als Stammesbesitz betrachteten. Die Ethnologen erklären sich diese Differenzen mit den Bedingungen des jeweiligen Habitats. In Gebieten, in denen das Auftreten des Wildes schlecht kalkulierbar ist und trockeneres Klima mit bescheidener Vegetation vorherrscht, ist der Nutzen von Gebietsansprüchen (und deren aufwendige Durchsetzung und Verteidigung) geringer als in Gebieten mit vom Wild regelmäßig frequentierten Wasserstellen und üppigerer Vegetation (Dyson-Hudson und Smith 1978).

Unabhängig davon, ob territoriale Besitzansprüche oder ihr Fehlen in Jägergesellschaften von Umweltfaktoren bestimmt werden, macht dieser Befund deutlich, dass die uns so vertraute Vorstellung von individuellem Privateigentum an Grund und Boden nur *ein* mögliches Ordnungsprinzip unter vielen im menschlichen Umgang mit Natur und Umwelt ist. Die Frage des indianischen Landbesitzes wurde in Nordamerika im 18. Jahrhundert deshalb so wichtig und ist auch gut dokumentiert, weil die englische Krone zwar die »Souveränität« über die neuen Kolonien beanspruchte, den Indianern aber – gerade aufgrund der eigenen Vorstellungen von *estate* und *property* – »private« Landrechte einräumten. Die Franzosen hingegen scherten sich zur gleichen Zeit nicht um solche Fragen und beriefen sich von Anbeginn auf das Recht des Eroberers (Osterhammel 2009, 500). Die frühe US-Rechtsprechung entsprach nach der Unabhängigkeit konsequent der britisch-europäischen Rechtsauffassung. Deswegen waren die Kolonialverwaltung und ab 1776 die Vereinigten Staaten so erpicht darauf, mit den Indianern Abtretungsverträge zu schließen, deren effektive Konsequenzen (Einzäunungen, Betretungs- und Nutzungsverbote) diesen wiederum kaum verständlich zu machen waren.

Nicht unähnlich gelagert sind die Eigentumsvorstellungen von Nomaden. Für sie ist Land in erster Linie Weideland und das »Eigentum« an ihm beschränkt sich weitgehend auf gemeinschaftliche Nutzung, die unter den Stämmen (auch gewaltsam) ausgehandelt wird oder aufgrund traditioneller Überlieferung festgelegt ist. Auch nomadische Gruppen der Gegenwart geraten daher oft in Konflikt mit Bauern, wie schon zu früheren Zeiten, aber auch mit Immobilieninvestoren oder Städteplanern. Unterschiedliche Vorstellungen von der Bedeutung und den Konsequenzen von Landeigentum prallen hier aufeinander. Die nomadische Landnutzung konkurriert in den zentralasiatischen Staaten von heute immer stärker mit von ausgreifender Urbanisierung und landwirtschaftlicher Erschließung bestimmten neuen Eigentums- und Landrechten. Im Kontext eines globalen Neoliberalismus unterliegen die ohnehin schwach geschützten gemeinschaftlichen Nutzungsrechte immer öfter der Durchsetzung von Privateigentum. Aus Sicht der Sesshaften und ihrer staatlichen Organe, von Planungsstäben, Bürokraten und Investoren, wird das betreffende nomadisch genutzte Land oft als unbewohnt und damit offen für die Landnahme wahrgenommen. Nomaden, die ihr Gewohnheitsrecht einfordern, werden aufgrund dieser unterschiedlichen Wahrnehmung des Eigentumsrechts bis heute als Bedrohung der Ordnung angesehen (Gertel 2015). Die europäische Tradition des Landeigentums ist dabei weitgehend räumlich, sie bestimmt Land als zweidimensionale, umgrenzte Parzelle. Nomadische Vorstellungen von Landbesitz und Nutzung sind dagegen komplexer. Neben einer Zeitdimension beinhalten sie Vorstellungen gemeinschaftlicher oder abwechselnder Nutzung; Land ist eben nicht endgültig zuordenbar.

Auch über die historischen Vergleiche mit den Indianergesellschaften Nordamerikas und den Landnutzungsvorstellungen von Nomaden hinaus zeigen ethnologische Untersuchungen, dass in menschlichen Gesellschaften ganz unterschiedliche, geradezu multidimensionale Vorstellungen von Eigentums- und Besitzrechten existieren können. Nicht nur Gemeinschaftseigentum wie im Falle der erwähnten nordamerikanischen Ureinwohner, sondern auch Vorstellungen von temporärem, treuhänderischem Besitz des Landes, das die Zeitgenossen für die »Ahnen«, die eigentlichen Eigentümer des Landes, nur verwalten und an die nächste Generation im Auftrag jener Ahnen weitergeben, ist eine westlichen Vorstellungen diametral entgegenstehende Auffassung, die auch unter Ackerbauern (etwa in Sambia) anzutreffen ist (Schott 1987, 301). Verschiedenste eher religiöse Bezugnahmen auf Land und daraus abgeleitete nur bedingte und temporäre Besitzrechte sind gleichfalls verbreitet und wurden ethnographisch beschrieben (Wesel 1982). Damit entpuppt sich unter moderner von Locke legitimierter Eigentumsbegriff lediglich als einer unter vielen, dem weder in philosophischer noch in entwicklungsgeschichtlicher Hinsicht ein Vorrang eingeräumt werden kann (allenfalls aus utilitaristisch-ökonomischer Sicht). Die Tatsache, dass sich das auch auf Landbesitz ausgedehnte Konzept von Privateigentum in den politisch und ökonomisch maßgeblichen Staaten des »globalen Nordens« und als Konsequenz der Kolonialherrschaft fast über die ganze Weltkugel ausgebreitet hat, bedeutet keineswegs, dass dieses ein natürliches Ordnungsprinzip repräsentiert oder gar zur Natur des Menschen gehört.

Entscheidend ist für unseren Zusammenhang die Erkenntnis, dass der ursprünglich europäische Eigentumsbegriff seit der frühen Neuzeit eine »Ideologie der Sesshaftigkeit« befördert hat, die im 19. Jahrhundert durch Idealvorstellungen bürgerlicher Bodenständigkeit, die mit nationalstaatlichem Patriotismus und lokaler »Verwurzelung« einhergingen, zu einer Geisteshaltung geronnen ist, die nicht nur Fremdes ablehnt, sondern in der Konsequenz Migration allgemein negativ bewertet, Einwanderung ablehnt und Immobilität als Ideal postuliert. Mehr noch: Die Idee des Privateigentums ist in den liberalen Demokratien und den meisten modernen Staatswesen generell zwar gesellschaftliche Realität und über römische und mittelalterliche Vorstufen in der Neuzeit auch philosophisch begründet worden, der Blick auf die ethnographischen Realitäten in anderen Teilen der Welt zeigt jedoch, dass alle Eigentumsvorstellungen prinzipiell »ideologischen« Charakter haben. Insbesondere die vollkommene individuelle Verfügungsgewalt über Grund und

Boden stellt eine europäische Sonderentwicklung der Neuzeit dar. Damit ist Individualeigentum in seinem abstrakten, auch das Land einschließenden Locke'schen Sinne keine »anthropologische Kategorie« (Arnold Gehlen), kein Urtrieb oder Instinkt und gehört eben nicht wie etwa Sprache zur Natur des Menschen.

Nationalgeschichte als migrationsfreie Meistererzählung

Der umfassende Wertekanon des Bürgertums, in den auch die skizzierten Vorstellungen von Privateigentum fest eingeschrieben waren, wurde am effektivsten durch die nationale Geschichtsschreibung vermittelt. Die im bürgerlichen 19. Jahrhundert entstandene professionelle Geschichtswissenschaft mit ihren Meistererzählungen von den europäischen Nationalstaaten als dem ausgemachten Endziel der historischen Entwicklung hat eine bis heute prägende Tradition begründet. Die neue »kulturhegemoniale« Gesellschaftsschicht verfügte über das Monopol an den notwendigen »Produktionsmitteln«, um durch Presse und Schrifttum die Deutungshoheit über eine durch Vergangenheit legitimierte Gegenwart zu erlangen. Von den historischen Forschungen und Quellenstudien an den neuen Universitäten über das verpflichtende Schulsystem, mittels dessen teleologische Deutungen der »Nationalgeschichte« die breite Bevölkerung erreichten und durchdrangen, bis hin zu einer symbolisch aufgeladenen nationalen Festkultur, eingerahmt von öffentlichen Denkmälern von herausragender Bedeutung, sorgte das bürgerliche Bildungs- und Erinnerungsprogramm für eine nationale Geschichtsdeutung, welche die »deutschen Stämme« mit dem Territorium des Deutschen Reiches verband. Der Nationalstaat und zuvor die Kulturnation der Deutschen waren als Endziel vorgegeben und bereits in den Wesenszügen der »deutschen« Geschichte seit dem Ende der Völkerwanderung angelegt. Mit der »kleindeutschen« Reichsgründung 1871 (übrigens unter Ausschluss wichtiger »deutscher Stämme«, was begründungsbedürftig blieb) war ein solcher Endpunkt der historischen Entwicklung, auf den vor allem die Geschichte des Mittelalters projiziert wurde, endlich erreicht. Der Schweizer Historiker Jacob Burckhardt kommentierte das teleologische Geschichtsbild der deutschen Nationalgeschichtsschreibung schon im Jahr nach der Reichsgründung ironisch und stellte fest, dass es nun nicht mehr lange dauern werde, »bis die ganze Weltgeschichte von Adam an siegreich deutsch angestrichen und auf 1870/71 orientiert sein wird« (Brief an F. von Preen, 31.12.1872). Einstweilen wurde von der Geschichtswissenschaft eine Herkunfts- und Abstammungslinie von den Germanen bis in die Gegenwart wirkmächtig festgeschrieben, die Zuwanderung und Migration kategorisch ausschloss. Mit Ausnahme von Großbritannien, das sich mit seiner *splendid isolation* auf andere Grundlagen berufen konnte, lassen sich in den meisten europäischen Ländern, besonders in denen, in denen es spät zu Nationalstaatbildungen kam, ähnliche Entwicklungen hinsichtlich der Berufung auf die Geschichte beobachten.

In der westlichen Wissenschaft entwickelte sich in der Folge ein Weltbild, das die »Ideologie der Sesshaftigkeit« unbewusst bediente. Die Konstruktion einer homogenen und auf die Gegenwart zielgerichteten Vergangenheit in nationalem Sinne passte wie angegossen zu den gesellschaftlichen Entwicklungen der Zeit. Denn der Nationsbegriff verband sich passgenau mit den politischen Partizipationsforderungen des Bürgertums und der unteren Schichten. Wenn Teilhabe am konkreten politischen Prozess nur bedingt möglich war (man denke an die Rückschläge für die revolutionären demokratischen Bewegungen in ganz Europa 1848), so bot die Nation eine Form fühlbarer und emotional instrumentalisierbarer Teilhabe an einer mächtigen Bewegung. Durch Teilnahme an öffentlichen Festlichkeiten, Denkmalstiftungen und anderen Manifestationen des Nationalbewusstseins ließ sich ein neues Gemeinschaftsbewusstsein, das auf die glorreiche Vergangenheit, teils auf die ferne Vergangenheit der Germanen oder Kelten, Bezug nahm, nicht nur kreieren, sondern aktiv erleben. Daher kommt den Meistererzählungen des 19. Jahrhunderts eine entscheidende Bedeutung bei der Formierung eines enorm wirkmächtigen Geschichtsbilds zu. Mit seiner Konzentration auf die Nationalstaaten und in seiner teleologischen Ausrichtung, die mindestens unterschwellig mit den Konzepten »Modernisierung« und »Fortschritt« operiert und zu Recht positive Entwicklungen wie Demokratisierung, Bildungsboom und Wohlstandsentwicklung als Teil dieser Modernisierung betont, ist dieses Geschichtsbild bis heute einflussreich geblieben. In dieser Geschichte hat Migration allerdings keinen Platz.

Trotz aller Differenzierungen in jüngerer Zeit, trotz der Erfolge antibürgerlicher Bewegungen im 20. Jahrhundert und der Durchsetzung neuer Paradigmen in den Geisteswissenschaften bleibt die Wahrnehmung von Migration deshalb negativ konnotiert. Stefan Berger weist darauf hin, dass auch innerhalb der Geschichtsdiskurse in Mittel- und Westeuropa eine »Renaissance der Nationalgeschichte« zu beobachten sei, die man nicht unterschätzen solle (Berger 2005). In Osteuropa dominiert ohnehin unhinterfragt und ungebrochen der nationale Geschichts- und Identitätsdiskurs, eine Tatsache, die in westlichen Debatten meist unbeachtet bleibt. Für die Migrationsgeschichte hat das indirekte, aber konkrete Folgen. Es bedeutet, dass sie meist eine gesonderte Behandlung erfährt und selten Gegenstand allgemeiner historischer Darstellungen ist. Migration erscheint, wenn ihr eine historische Bedeutung zugesprochen wird, in den handbuchartigen Darstellungen als erklärungsbedürftige Ausnahme, als Abweichung von der Norm. Darstellungen, die im Trend der Zeit auf das Phänomen von Migration (etwa Arbeitsmigration seit dem 19. Jahrhundert), aber vor allem auf Flucht- und Vertreibung eingehen, begreifen Wanderungen in erster Linie als spezifische Herausforderungen für die Gegenwart, denen mit Lösungen begegnet werden muss.

Die »Ideologie der Sesshaftigkeit« und die europäische Erinnerungskultur

Die von der »Ideologie der Sesshaftigkeit« verzerrte Wahrnehmung prägt unser heutiges negatives Bild von Mobilität und Migration. Gerade das 19. Jahrhundert, das diese Ideologie hervorgebracht hat, muss aber als das eigentliche »Zeitalter der Migration« gelten. In seiner zweiten Hälfte waren etwa 14 % der Weltbevölkerung als internationale Migranten unterwegs (heute rund 3,4 % nach UNO-Statistik) und die größten Städte Europas waren von bis zu 50 % Einwanderern bevölkert (der Fall Wiens). Die Subtilität der allgemeinen Skepsis gegenüber Migration als einem Ausnahmetatbestand, die hinter lautstarker, vulgärer Fremdenfeindlichkeit kaum sichtbar wird, lässt uns trotz gegenteiligen wissenschaftlichen Sachstands oft übersehen, dass die gefühlte Normalität der Sesshaftigkeit und unser neuzeitlicher

Ortsbezug rein kulturelle Prägungen unter dem Einfluss nationalstaatlicher Modernisierung sind. Bemerkenswerter als die Vulgärformen radikaler Ablehnung von Migration erscheint eine weitverbreitete Haltung, die Migration als korrekturbedürftige Störung des normalen Weltlaufs begreift. Migration bleibt damit für alle Seiten, auch in den für Multikulturalität und Integration eintretenden linken Milieus, ein zu lösendes Problem (Assimilation, Integration, Abschottung), aber vor allem: ein Kennzeichen der Gegenwart, des gefühlten »Zeitalters der Migration«.

Die »Ideologie der Sesshaftigkeit« mit ihrer enormen Prägungskraft, so meine These, ist hauptverantwortlich für den seltsamen Befund, dass der Migration in der europäischen Erinnerungskultur nur wenig Platz eingeräumt wird, obwohl sie eine lange und bestens dokumentierte Geschichte hat. Die »Ideologie der Sesshaftigkeit« lenkt unsere Wahrnehmung und beeinflusst sogar unsere Psyche und unsere Identitätsentwürfe. Selbst hochaktuelle emphatische Entwürfe einer »schönen neuen Welt« der unbegrenzten Mobilität, der »Transkulturalität« und des postmodernen Nomadismus im Digitalzeitalter betonen explizit die Gegensätzlichkeit von Sesshaftigkeit und Mobilität, indem sie letztere als eine ganz neuartige Entwicklung begreifen und als Zeichen eines neuen Zeitalters begrüßen (Giddens 1991, Bauman 2000, Khanna 2021). Althergebrachten ortsgebundenen Identitäten stehen in der mobilen Gegenwart der postmodernen Arbeitswelt jetzt »hybride« Identitätsentwürfe entgegen, deren räumliche Bindungen neu verhandelt werden müssten. Auch die progressivsten Denker sitzen deshalb der erst vom bürgerlichen Zeitalter ideologisch bestimmten Normvorstellung von der Sesshaftigkeit als naturgegebenem Ideal auf, indem sie weiträumige Mobilität als spezifisches Zeichen der postindustriellen Gesellschaft feiern und mit ausführlichen Begründungen gegen die vermeintlich immobile Tradition in Stellung bringen.

Mediävisten, die sich mit spätmittelalterlicher Handelsgeschichte beschäftigen, werden angesichts der Neuentdeckung »hybrider« Identitäten nur müde lächeln. Handelsgesellschaften gründeten ihren Erfolg auf Mitarbeitern, die mehrere Fremdsprachen beherrschten und in unterschiedlichen Kulturen zuhause waren. Die Archive der mittelalterlichen Handelshäuser und die Biographien und Migrationsgeschichten von Kaufleuten aus dem Spätmittelalter zeugen von enormer Mobilität und vielfältigen Identitätsentwürfen (Francesco di Marco Datinis Archiv in Prato enthält neben Briefen in toskanischen und venetischen Mundarten mehrere tausend Schreiben in sieben Fremdsprachen). Erasmus von Rotterdam war in der europäischen Gelehrtenrepublik zuhause, in Cambridge genauso wie in Basel. Allein die Tatsache, dass die englischen Bauern in seiner Pfarrgemeinde partout kein Latein oder Griechisch verstehen wollten, stellte ihn vor Probleme. Viele Bewohner des Römischen Reichs, nicht nur die politische Elite, stammten aus den unterschiedlichsten Gegenden des Imperiums, waren mehrsprachig und konnten in unterschiedlichen sozialen und kulturellen Kontexten multiple Identitäten einsetzen und leben, wobei vielleicht im historischen Kontext der Begriff der (sozialen) »Rolle« den Sachverhalt besser treffen könnte. Der Jude Paulus war bekanntermaßen ein wichtiger Anführer einer neuen esoterischen Sekte innerhalb des Judentums: des Christentums. Bei Bedarf war er aber römischer Bürger, der auf Griechisch – der Lingua franca im Ostteil des Römischen Reichs – vor dem Präfekten von Judäa, Porcius Festus, für sein Recht auf einen Prozess in Rom plädierte (Apostelgeschichte

25). Anhand der Beispiele aus der Antike dem Mittelalter und der Frühen Neuzeit, in der sich die Informationen verdichten, wird schnell deutlich, dass der Begriff der kulturellen »Hybridität«, für den der postkolonialistische Denker Homi K. Bhaba gefeiert wird, kaum mehr ist als alter Wein in neuen Schläuchen. Historiker mögen allenfalls einwenden, dass frühere Epochen Identitäten nicht als so essentiell begriffen haben, wie sie offenbar nach den Erkenntnissen der modernen Soziologie für das 20. Jahrhundert waren und für die Gegenwart sind (Stichwort »Identitätspolitik«). Individualität und Identität sind jedenfalls keine exklusiven Erscheinungen der neuzeitlichen Sozialgeschichte (vgl. nur z. B. Derschka 2014).

In den letzten zwei Generationen unserer postindustriellen Gesellschaften haben sich einige Grundparameter des Erwerbslebens verändert. Tatsächlich sind die westlichen Gesellschaften mobiler geworden (Urry 2007). Die Mehrheit der Menschen in den Industrienationen ist nicht mehr in bodengebundenen landwirtschaftlichen Berufen tätig wie noch vor zweihundert Jahren, und auch die ortsgebundene Tätigkeit im gleichen Industriebetrieb, bei dem man als Lehrling beginnt und als Pensionär mit Betriebsrente ausscheidet, ist eher die Ausnahme geworden (weltweit ist immerhin noch ein Drittel der arbeitenden Bevölkerung in der Landwirtschaft tätig). Durch die technische und ökonomische Erleichterung von Ortswechseln und der Selbstverständlichkeit des Pendelns zum Arbeitsplatz über weite Distanzen ist Alltagsmobilität zunehmend zu einem Teil der modernen Lebensführung geworden. Diese technikbasierte Beschleunigung erfasst jedoch nicht die zeitübergreifende Qualität und Eigenart von Migrationsprozessen. Dennoch haben weniger als 10.000 Jahre Agrargeschichte (nicht einmal 4 % der Menschheitsgeschichte) zusammen mit neuzeitlichen Eigentumsvorstellungen und ökonomischen Entwicklungen, die erst seit etwa 150 Jahren die von bürgerlichem Ethos durchdrungenen Industriestaaten prägen, genügt, um die »Ideologie der Sesshaftigkeit« zur kaum hinterfragten verbindlichen Normvorstellung werden zu lassen. Diese keineswegs durch biologische oder verhaltenspsychologische Konstanten begründbare, rein kulturell geformte Lebensweise hat unter den spezifischen Bedingungen der europäischen Geschichte in der Neuzeit jene geistige Ausprägung erhalten, die durch das »Bewusstsein« auch nachdrücklich das »Sein« geformt hat. Und dies nicht nur im Entstehungsgebiet dieses Denkens, sondern durch Kolonisation, wirtschaftlichen Erfolg und Vorbildfunktion auf der ganzen Welt, sofern sie Anschluss an Märkte, Bildung und Technik nach westlichem Vorbild sucht. Entsprechend können Psychologen aus der Praxis berichten, dass Ortsveränderung oder auch nur die Möglichkeit des Ortswechsels oftmals als Bedrohung und Gefahr gesehen werden und Sesshaftigkeit in den westlichen Gesellschaften damit auch als psychischer Stabilitätsfaktor eine Rolle spielt. Im Kontext der sozialen Praxis und der zunehmenden Verbindlichkeit von Lebensentwürfen in den Mittelschichten der Industriegesellschaften wurde eine Wirklichkeit geschaffen, die Sesshaftigkeit als Ideal und gelebte Realität festschreibt. Eine kulturelle Setzung, die keineswegs als »natürliches« biologisches Programm verstanden werden kann, wurde »reifiziert«, also verdinglicht, und damit in den Rang einer sozialen Wirklichkeit erhoben.

Dies zu erkennen, ist zunächst einmal die wichtigste Aufgabe. Die durch unsere kulturelle Prägung, durch Sozialisation und die westliche Wissenschaftstradition gewonnene »Weltansicht« lässt sich jedoch nicht einfach ablegen. Um die Perspektive auf das historische Migrationsgeschehen zurechtzurücken, müssen wir die »rosa Brille«, durch die wir die Vergangenheit betrachten, vielleicht gar nicht abnehmen – das ist erkenntnistheoretisch auch gar nicht möglich. Es genügt vielleicht, sich bewusst zu machen, dass wir sie auf der Nase haben. Dann lässt sich Migration – jenseits von *liquid modernity*, jenseits von »Transnationalität« und »Hybridität« – mit historischer Tiefenschärfe als definitorisches Kennzeichen unserer Art erkennen. Die erst in jüngster Zeit erfolgende Einbeziehung früherer Epochen, sogar der Urgeschichte, in migrationsgeschichtliche Gesamtdarstellungen trägt hoffentlich dazu bei, Migration zukünftig als Teil der *conditio humana* und nicht als Kennzeichen der Moderne zu begreifen.

Literaturhinweise zu Kapitel 10

Malkki (1992) hat in einem wichtigen Aufsatz im Zusammenhang mit der Flüchtlingsproblematik auf die Baummetaphern in der westlichen Kultur verwiesen und betont die humangeographischen Aspekte von territorialen Vorstellungen, die durch Nationalismus und Nationalstaat Eingang in das westliche Denken gefunden haben. Den Begriff »Ideologie der Sesshaftigkeit« habe ich von der Psychologin Danielle Bazzi (2020) übernommen. Dass unser Standpunkt und unsere westliche Wissenschaftstradition zu groben Fehleinschätzungen in Ethnographie und auch in der Psychologie geführt haben, haben aus ganz unterschiedlichen Perspektiven Sahlins (1972; 1995) und Henrich (2020) deutlich gemacht. Zur Geschichte des deutschen und europäischen Bürgertums ist die Literatur kaum noch überschaubar. Grundlegend bleibt das dreibändige Standardwerk von Kocka (1988). Die bürgerliche Kultur des 19. Jahrhunderts beschreibt übersichtlich Schulz (2014). Zum Eigentumsbegriff und den gängigsten Eigentumstheorien bieten die übersichtlichen Bemerkungen bei Horn (2003) den besten Einstieg, dort auch weitere Literatur. Psychologische Aspekte der Bindung an Orte und vor allem an Immobilien schildert (mit der einschlägigen Fachliteratur von Freud bis Balint) Vill (2020).

11 Die Erfindung des Passes: Grenzregime und Verhinderung von Migration

Die »Ideologie der Sesshaftigkeit« hat im 19. Jahrhundert trotz des ausgebauten Postkutschenbetriebs und des Siegeszugs von Eisenbahn und Dampfschiff das Bild des ortsgebundenen Menschen festgeschrieben. Deswegen sind Migrationsgeschichten in der europäischen Erinnerungskultur und im allgemeinen historischen Bewusstsein unterrepräsentiert. Neben der vom Narrativ des Nationalstaats beförderten »Ideologie der Sesshaftigkeit« war es vor allem die Erfindung des modernen Passwesens, verbunden mit der bürokratischen Erfassung der Untertanen, die eine Jahrtausende alte Tradition weitgehend ungehinderter Wanderungen zerstört hat. Die amtlichen Dokumente weisen Staatsbürgern nun einen festen Platz zu, sie werden »verortet«. Der Pass, der Ausweis, die *identity card* bestimmen zunehmend die individuelle Identität. In einem seiner Sketche antwortet der Wiener Kabarettist Max »Maxi« Böhm (1916–1982) auf die Frage »Warum hinkst du denn jedes Mal, wenn ein Gendarm in Sicht ist?« bezeichnenderweise: »Das steht so in meinem Pass!« Die fast lückenlose Sozialdisziplinierung sowie die Durchsetzung effektiver Grenzregime haben den modernen Staat in die Lage versetzt, erstmals in der Menschheitsgeschichte Migration effektiv unterbinden oder steuern zu können. Dabei handelt es sich um eine Entwicklung, die erst im 20. Jahrhundert möglich wurde. Der Schriftsteller Stefan Zweig konnte in seinen Erinnerungen an die Zeit vor dem Ersten Weltkrieg noch von der ungehinderten Reisefreiheit in einem anderen Zeitalter schwärmen:

> »Nichts vielleicht macht den ungeheuren Rückfall sinnlicher, in den die Welt seit dem Ersten Weltkrieg geraten ist, als die Einschränkung der persönlichen Bewegungsfreiheit des Menschen und die Verminderung seiner Freiheitsrechte. Vor 1914 hatte die Erde allen Menschen gehört. Jeder ging, wohin er wollte, und blieb, solange er wollte. Es gab keine Erlaubnisse, keine Verstattungen, und ich ergötze mich immer wieder neu an dem Staunen junger Menschen, sobald ich ihnen erzähle, daß ich vor 1914 nach Indien und Amerika reiste, ohne einen Paß zu besitzen oder überhaupt je gesehen zu haben. Man stieg ein und stieg aus, ohne zu fragen und gefragt zu werden, man hatte nicht ein einziges von den hundert Papieren auszufüllen, die heute abgefordert werden. Es gab keine Permits, keine Visen, keine Belästigungen; dieselben Grenzen, die heute von Zollbeamten, Polizei, Gendarmerieposten dank des pathologischen Mißtrauens aller gegen alle in einen Drahtverhau verwandelt sind, bedeuteten nichts als symbolische Linien, die man ebenso sorglos überschritt wie den Meridian in Greenwich« (Zweig 2017 [1942], 421).

Das allgemeine Misstrauen, von dem Zweig spricht, kam mit dem Ersten Weltkrieg, als die Grenzen weltweit (eben auch in den Kolonien) aus Angst vor feindlichen Ausländern und Spionen geschlossen wurden. Allerdings war die vom österreichischen Schriftsteller beschriebene heile Welt des ungehinderten Weltenbummelns nur eine Zwischenphase Ende des 19. Jahrhunderts gewesen, in der Grenzregime aufgrund des vom britischen Empire propagierten Freihandels weniger streng waren. Das 20. Jahrhundert vollendete mit der Ausbildung eines allumfassenden Passwesens ein nationalstaatliches Programm, das bereits nach der Französischen Revolution in ganz Europa um sich zu greifen begann.

Die Geschichte des Passes

Der Vorläufer des modernen Passes war zu Beginn seiner Geschichte zunächst ein teures Privileg, das seinen Besitzer als Person von Rang auszeichnete und ihm das Reisen erleichtern sollte. Eher Geleitbrief als der spätere, namensgebende »Passeport« (Passierschein durchs Stadttor), wurde ein solches Dokument im Hochmittelalter von Königen und Landesherren ausgestellt und enthielt gewöhnlich die Aufforderung, seinem Inhaber die Reise zu erleichtern. Ein Siegel bestätigte die Echtheit und Autorität des Dokuments. Dabei waren nicht einmal persönliche Angaben zum Reisenden und seinen Begleitern oder zu seinen Reisezielen zwingend enthalten. Auch musste ein dermaßen privilegierter mittelalterlicher Reisender keinesfalls Untertan des betreffenden Fürsten sein, um einen solchen Geleitbrief ausgestellt zu bekommen. Von wenigen halbherzigen und kaum erfolgreichen Versuchen einzelner Herrscher abgesehen, in ihrem Herrschaftsgebiet Ein- und Ausreise mobiler Menschen zu kontrollieren oder zu verhindern, blieb der Zugriff herrschaftlicher und später staatlicher Institutionen auf die Bewegungsfreiheit von Untertanen und Auswärtigen bis ins 19. Jahrhundert hinein kaum mehr als ein frommer Wunsch. Selbst Ausreiseverbote des absolutistischen Frankreich, wo die Könige im 17. Jahrhundert vor dem Hintergrund merkantilistischer Ideen einen *brain drain* von Handwerkern und Fachkräften verhindern wollten, ließen sich kaum durchsetzen. Darüber hinaus waren Fälschungen trotz Einführung von Registern in den Kanzleien, die seit dem 13. Jahrhundert begannen, die Ausstellung von Reisedokumenten zu verzeichnen und damit deren Echtheit im Zweifel (aufwendig) überprüfen zu können, bis in die Zeit der Moderne allgegenwärtig. Erst in allerjüngster Gegenwart wurden Dokumente durch elektronische und digitale Erweiterungen weitgehend fälschungssicher. Vormoderne Pässe, die oft nicht einmal Namen, seltener noch *signalements*, also Vermerke besonderer Kennzeichen der Inhaber enthielten, bestätigten lediglich, dass eine Person berechtigterweise nicht am Platz ihres üblichen Verweilens war. Pässe wurden noch im 19. Jahrhundert von den Behörden eines Staates vor allem den einreisenden Ausländern und nicht in erster Linie den eigenen Staatsbürgern ausgestellt.

Erst durch die von den französischen Erfindern des Nationalstaats eingeführte Unterscheidung von »Staatsbürgern« (*citoyens*) und »Ausländern« erfuhr das neuzeitliche Passwesen eine einschneidende Veränderung. Aufgrund der Sorge vor ausländischen Agenten, aber vor allem auch wegen der Notwendigkeit der Rekrutierung der Staatsbürger in die neue Revolutionsarmee behielten die Revolutionäre die eigentlich ungeliebte Passpflicht des Ancien Régime bei. Die in der Frühen Neuzeit in absolutistischen Staaten durchaus übliche Passpflicht richtete sich im 17. und 18. Jahrhundert zunächst gegen die unkontrollierte Mobilität der Landbevölkerung und gegen unliebsame und als potentiell gesellschaftsschädigend betrachtete soziale Gruppen, wie fahrendes Volk, »Zigeuner«, Hausierer, Vagabunden etc. Mit der Erfindung des Staatsbürgers in den im 19. Jahrhundert entstehenden Nationalstaaten verlor das völlig unsystematische Passwesen seinen standesorientierten und dezentralen Charakter zusehends. Vom französischen Beispiel inspiriert, führten Anfang des 19. Jahrhunderts auch viele andere europäische Fürstentümer und Staaten Formen der Passpflicht ein. Politische Agitatoren aus dem Ausland wurden neben den suspekten Unterschichten zum Ziel der Kontrollen. Trotz aller Mängel bei der Umsetzung der Überwachungsmaßnahmen zeigt das frühe Passwesen bereits die Existenz einer »behördlichen Vision einer umfassenden Kontrolle [an], welche eine Feinsteuerung von Migration erlauben sollte« (Fahrmeir 2016, 238).

Diese Vision wurde erst im Verlauf des 20. Jahrhundert realisiert. Schon mit der Einführung des Passfotos im Kontext des Ersten Weltkriegs konnte die Überwachung und Registrierung von Grenzüberschreitungen eine neue Dimension erreichen. Mit dem modernen, an die Staatsbürgerschaft gebundenen Pass nach unserem heutigen Verständnis wurde eine grundlegend neue Qualität erreicht. Der Pass, bzw. sein interner Ableger, der Personalausweis (ID-Karte), weist dem Träger eine Identität zu. Er ist Angehöriger eines bestimmten Nationalstaates, und das meist exklusiv. Die Identifikation und Kontrolle seiner Subjekte und die Unterscheidung zwischen den eigenen und den fremden Subjekten war eben jene »Vision« des modernen Verwaltungsstaates, die mit der allgemeinen Pass- und Ausweispflicht in die Praxis umgesetzt werden konnte.

Verhinderung von Migration in vormodernen Epochen

Bereits lange vor der Erfindung des Passes und vor dem energischeren Zugriff des modernen Verwaltungsstaats auf seine Untertaten bzw. Staatsbürger hatte es Versuche gegeben, Wanderung zu verhindern, einzuschränken oder zu steuern. Praktisch alle frühen Staaten eines gewissen Organisationsgrads haben von der Bronzezeit an versucht, Kontrolle über Migration und Warenverkehr zu erlangen. Abgrenzungen und Umgrenzungen waren in vormodernen Zeiten nur in kleineren politischen Einheiten effektiv. Städte etwa, vom bronzezeitlichen Babylon, dessen imposante Mauern bereits das Potential staatlicher Macht erkennen lassen, bis zur freien Reichsstadt Nürnberg im Spätmittelalter, konnten recht effizient kontrollieren, wer in die Stadt hineingelangte und diese wieder verließ. An den Toren konnte ein Torpassierschein (»Passeport«) ausgestellt oder vorgezeigt werden. Aus der ägyptischen Arbeitersiedlung Deir el-Medina erfahren wir anhand von Inschriften, dass offenbar Siedlungsgrenzen von den freien Arbeitern und Kunsthandwerkern im Tal der Könige nicht unerlaubt überschritten werden durften. Auch die sogenannten »Colonen«, die eigentlich freien Pächter auf den Landgütern der römisch-byzantinischen Spätantike, waren an ihr Pachtland gebunden und durften es nicht verlassen. Ihre Bewegungsfreiheit war sogar gesetzlich eingeschränkt. Auch in Häfen, etwa im antiken Alexandria, wo sich relativ viele Dokumente erhalten haben, konnte die Identität von Händlern und Reisenden überprüft werden.

Das erste überlieferte »Passgesetz«, das eine Dokumentenpflicht bei Ein- oder Ausreise vorschrieb, stammt vom Langobardenkönig Ratchis (König 744–749, gestorben nach 757). Unter seinem Namen sind in der langobardischen Gesetzessammlung (*leges Langobardorum*) einige Bestimmungen enthalten, die von einer zeituntypischen Regelungswut und zugleich von einer ungewöhnlichen Paranoia des Königs zeugen. Er ließ nämlich festlegen, dass sowohl ausreisende Landflüchtige aus seinem norditalischen Königreich wie auch eventuelle Verräter und ausländische Spione an den Grenzen des Reiches aufgegriffen werden sollten, entsprechend sollte niemand ohne schriftliche Genehmigung des Königs ausreisen können. Gleichzeitig durfte niemand ohne von Grenzbeamten ausgestellten und von königlichen Gesandten (*missi*) gegengezeichneten Pass eingelassen werden. Besonders die Pilgerstraße nach Rom sollte streng kontrolliert und Pilger Verhören unterzogen werden. Diese Regelung ist für ihre Zeit einzigartig und man darf annehmen, dass sie mit den Ressourcen des frühen Mittelalters kaum umsetzbar war.

Die Beschränkung von Mobilität und Migration war nur bei klar umgrenzten und kontrollierbaren Gruppen oder Einzelnen und an neuralgischen Kontrollpunkten, Häfen und Passstraßen, bisweilen erreichbar, im Falle größer Gruppen von Untertanen oder von Einwanderern jedoch unmöglich. Dies gilt selbst für die großen Imperien der Geschichte, die über ausgebaute Institutionen verfügten. Die Chinesische Mauer wie auch der Hadrianswall in Großbritannien sind die in Stein gefügten Versuche früher Imperien, Migration zu steuern oder zu verhindern. Schon die frühen Anlagen von Wällen und zunehmend großen Mauern unter den chinesischen Dynastien der vorchristlichen Zeit können als Schutzwälle gegen die »nördlichen Barbaren« angesehen werden. Bereits die vom ersten chinesischen Kaiser Qin Shihuangdi (259–210 v. Chr.) nach 220 v. Chr. errichtete große Mauer war über 4.000 km lang und wurde von Abertausenden von Arbeitern über mehrere Jahre hinweg als Bollwerk gegen die Xiongnu-Reiternomaden aus dem Norden errichtet. Unter der Han-Dynastie wurde die Mauer hundert Jahre später erweitert. Die um fast dreihundert Kilometer südlicher gelegene große Mauer nördlich von Peking, die allgemein als *die* Chinesische Mauer angesprochen wird und auf deren Wehrgängen die Touristen spazieren gehen, stammt mit verschiedenen Ausbaustufen aus der Ming-Zeit (1368–1644). Ihre wichtigsten Abschnitte stammen aus dem 15. und 16. Jahrhundert. Eigentlich handelt es sich bei »der großen Mauer« um ein System verschiedener Mauern, die nur der Einfachheit halber als ein zusammenhängendes Bauwerk, eben als die Chinesische Mauer, bezeichnet wird. Sie war Ausdruck einer Abwehrpolitik gegen die Mongolen, die im 15. und vor allem im 16. Jahrhundert unter Altan Khan (1507–1582) eine große Gefahr für das Ming-Reich darstellten. Gegen sporadische Einfälle und das Einsickern von Migranten aus dem Norden konnte die imposante, ebenfalls über 4.000 km lange Ming-Mauer wirksam sein, eine Invasion ließ sich indes nicht durch steinerne Bollwerke verhindern. Die Mandschu vom Stamm der Jurchen aus dem Norden besiegten das durch Rebellionen geschwächte Reich der Ming und errichteten eine neue Dynastie (die Qing-Dynastie), deren Abkömmlinge von 1644 bis zum Ende des Kaiserreichs 1911 auf dem Drachenthron saßen. Ironischerweise hatte ein abtrünniger General die Eindringlinge durch die Tore der Mauer ins Reich eingelassen, sie mussten diese nicht einmal überwinden. Den »Barbaren«, die das Reich der Mitte schließlich endgültig zu Fall brachten, standen gar keine Mauern im Weg: Sie kamen über das Meer, aus England, und erzwangen in den Opiumkriegen im 19. Jahrhundert mit Kanonenbooten Handelsbeziehungen zu ihren Konditionen.

Für das römische Bauunternehmen an der Nordgrenze des Imperium Romanum in Britannien gilt im Grunde das Gleiche. Der Hadrianswall, der zwischen 122 und 128 n. Chr. auf Anordnung Kaiser Hadrians (76–138) erbaut worden war, konnte ebenfalls keine entschlossen vorgetragenen Angriffe aufs Territorium der Provinz Britannien verhindern, sondern war vor allem dazu gedacht, den Personenverkehr und den Handel im Grenzgebiet zu überwachen und zu kontrollieren. Auf diese Weise konnten Zölle in geordneter Form erhoben werden. Auch Beutezügen von Kriegerbanden konnte so vorgebeugt werden. Vor allem aber wurde die ungeordnete Migration von angrenzenden Stämmen aus Schottland und Irland durch das eindrucksvolle fast 120 km lange Bauwerk, das die Macht und auch die Überlegenheit des Imperiums symbolisierte, effektiv verhindert. Ihre wesentliche Bedeutung lag in der Kontrolle eines weiträumigen, durch vorgelagerte Stützpunkte erschlossenen und kontrollierten Grenzgebiets (nicht einer linearen Grenze zwischen Staaten nach moderner Vorstellung) und in der Zurschaustellung der römischen Macht.

So stand bei den aufwendigen Grenzbefestigungen der vormodernen Geschichte ihre repräsentative Bedeutung als Zeichen der Macht, als imposantes Symbol der Stärke im Vordergrund. Gleichwohl dienten sie aber auch demjenigen grundlegenden Ziel, das alle staatlichen Gebilde und insbesondere Imperien umtreibt: der Kontrolle von Untertanen und Fremden zur Absicherung von Herrschaft und zur Durchsetzung fiskalischer Ziele (Erhebung und Eintreibung von Steuern).

Die »Grenze« als festgelegte und anerkannte Staatsgrenze, als territoriale Markierung zur Absicherung von Macht, an der der Hoheitsbereich eines Staates endet und der eines anderen beginnt, ist eigentlich erst das Resultat des Westfälischen Friedens von 1648, als die vorangeschrittene Territorialisierung der spätmittelalterlichen Herrschaften auch durch gegenseitige Übereinkunft festgeschrieben wurde. Erst durch die Entstehung eines auf gegenseitiger Anerkennung beruhenden internationalen Staatensystems entwickelte sich das von der neuen Kartographie vorangetriebene linienhafte Verständnis territorialer Begrenzungen. In früheren Zeiten waren Grenzen wesentlich ungenauer definiert. Sie waren immer Grenzräume, *frontier* im Gegensatz zu *border*. An den Peripherien größerer oder kleinerer Herrschaftsbereiche, auch denen von Imperien, wurden Grenzen zusammen mit dem Machtanspruch der Herrschaft relativ. Für die Untertanen früher Staaten und Imperien war nicht das Territorium und eine als Linie gedachte Grenze relevant, sondern der Staat manifestierte sich in einem fließenden Macht- und Einflussgebiet, das ständigen Veränderungen unterworfen war. Grenzräume waren vor allem Ermöglichungsräume von Migration und erlangten ihre Bedeutung als kulturelle Kontaktzonen und Umschlagsplätze.

Großflächige Grenzräume in Antike und Mittelalter oder Landesgrenzen in der Frühen Neuzeit ließen sich jedoch weder komplett überwachen noch effektiv sichern, wie das Beispiel der mächtigen, mauerbauenden Imperien in Europa und Asien bezeugt. Caesar berichtet aus Germanien und Gallien von den viele Meilen umfassenden, fast herrschaftsfreien und immer wieder umstrittenen Grenzgebieten, die wie eine Art Niemandsland die Stammesgebiete voneinander trennten (Caes. Gall. 4, 3; 6, 23). Grenzen waren in vormodernen Epochen meist so beweglich wie die Menschen, die sie überschritten. Versuche, Migration zu kontrollieren oder gar zu unterbinden, waren wenig effektiv und bestenfalls kosmetisch.

Umsetzung von Grenzregimen und individueller Überwachung seit dem 20. Jahrhundert

Dies führt zu einem erstaunlichen Befund: Der moderne Verwaltungsstaat hat seine eigenen Kontrollvorstellungen und die Phantasien des britischen Schriftstellers George Orwell erst im 21. Jahrhundert perfekt umgesetzt. Dies gilt keineswegs nur für autoritäre Staaten und Diktaturen der Gegenwart, wenngleich China hinsichtlich der Kontrolle und Überwachung seiner Bürger durch Kameras im öffentlichen Raum und einen perfekt funktionierenden Unterdrückungsapparat die Spitzenposition einnimmt. Auch die demokratisch verfassten Staaten des »Westens« verfügen über IT-gestützte Überwachungssysteme, die selbst die Phantasie von Goerge Orwell überfordert hätten. Bereits Mitte des 20. Jahrhunderts konnten totalitäre Staaten eine fast lückenlose Überwachung ihrer Bevölkerungen durchsetzen. Das betraf auch und in erster Linie die Verhinderung von Migration. Selbst Binnenmigration wurde strengstens reglementiert und überwacht, etwa in der Sowjetunion, wo die Passgesetze schon für kleine Bewegungen im Landesinneren eine Vielzahl von Zugangs-, Passier- und Erlaubnisscheinen vorschrieben. Die Außengrenzen zu den Ländern des Westens waren durch den gut funktionierenden »Eisernen Vorhang« (Winston Churchill) verbarrikadiert, und das im Wortsinne, wenn man sich die Grenzanlagen der DDR mit Todesstreifen, Betonmauern und Stacheldraht vor Augen führt. Die mindestens 136 Toten an der Berliner Mauer zeugen von der abschreckenden Gewalt, mit der Migration in den Westen erfolgreich verhindert wurde.

Paradigmenwechsel in der Migrationsgeschichte

Der moderne Staat hat also erst seit dem 20. Jahrhundert die Mittel entwickelt, Migration allgemein, mindestens aber irreguläre Migration effektiv zu unterbinden. Dies ist der entscheidende, zu meinem Erstaunen in der Migrationsforschung kaum erkannte Paradigmenwechsel in 300.000 Jahren Migrationsgeschichte des *homo sapiens migrans*. Während bis vor Kurzem ungehinderte Migration eine Gegebenheit der Menschheitsgeschichte war, zu der sich Gesellschaften schon deswegen irgendwie verhalten mussten, weil sie, ob sie wollten oder nicht, mit dem Phänomen in Berührung kamen, können sie unter den heutigen Umständen zunächst entscheiden, ob sie überhaupt mit dem Phänomen konfrontiert werden möchten, bevor das »Wie« dieser Auseinandersetzung ausgehandelt wird. Migration in der heutigen Welt wird auf diese Weise eigentlich vor allem zu einem ethischen Problem. Hierfür scheint bislang ein Bewusstsein zu fehlen. Die aktuelle Debattenliteratur zum Thema betont vor allem zweierlei:

1. Den Migranten wird ein grundsätzlicher Mangel an Handlungsspielraum unterstellt. Sie erscheinen oft als von äußeren Umständen Getriebene, die sich aufgrund des Klimawandels, wegen Kriegen oder der Wirtschaftslage fast wil-

lenlos in Migrationsströme einfügen. Migrationshistoriker konnten jedoch aufzeigen, dass Wanderungsentscheidungen in entscheidender Weise von *agency*, von Handlungsspielräumen auf unterschiedlichsten Ebenen (individuell, Familienverbände, Gruppen etc.) bestimmt werden.
2. Auch den Zielländern gegenwärtiger Wanderung wird fehlende Handlungsfähigkeit unterstellt. Sie seien im vermeintlichen »Zeitalter der Migration« den »Fluten« von Einwanderern ausgeliefert. In dieser Einschätzung sind sich erstaunlicherweise sowohl linke Befürworter wie auch rechte Gegner von Einwanderung einig. Dies ist aus historischer Sicht grundsätzlich falsch. Effektive Steuerungsmittel und Beschränkungsmöglichkeiten stehen sehr wohl zur Verfügung. Ob man sie jedoch zur Anwendung bringt, wie etwa in Ungarn, Australien oder Israel, und zu welchem Zweck, sollte Gegenstand einer nüchternen Diskussion auf ethischer Grundlage sein, die sich über die völlig neuen Rahmenbedingungen Rechenschaft gibt, die sich durch die beinahe lückenlose Erfassung von Einwohnern und Migranten sowie die funktionierenden Grenzregime moderner Staaten ergeben haben.

Nehmen wir Australien als Beispiel, das seit einigen Jahren eine restriktive Einwanderungspolitik umsetzt: Nur solche Migranten können in das Land einreisen, die an einem komplexen Auswahlprozess teilgenommen haben und Mindestkriterien in einem Punktesystem entsprechen, das nach von Regierungsseite bestimmten Nützlichkeitskriterien (Alter, Ausbildung, Sprachkenntnisse, Familienstand) gestaltet wurde. Irreguläre Einwanderer werden – wenn sie nicht freiwillig in ihr Heimatland zurückkehren – vom demokratischen Australien unter Verletzung grundlegender Menschenrechte und unter unwürdigen Bedingungen in Lagern auf den Pazifikinseln Nauru und Manus (Papua Guinea) als weitgehend rechtlose Subjekte interniert. Anstatt ihres Namen tragen sie nur noch eine Nummer. Diese Behandlung der irregulären Einwanderer dient vornehmlich zur Abschreckung anderer potentieller Migranten.

Die Europäische Union hat mit Frontex eine Agentur ins Leben gerufen, die Mitgliedsstaaten bei der Grenzüberwachung unterstützt und beim Koordinieren von Kontrollmaßnahmen, zuletzt auch bei illegalen und gegen den Geist sämtlicher europäischer Werte verstoßenden »Pushbacks« hilft. Der Aufstieg der Grenzschutzagentur ist geradezu spektakulär. Ihr Budget stieg wie kein anderes im EU-Haushalt in nur fünfzehn Jahren, von 2006 bis 2020, um das 25-Fache (zum Vergleich: Das bis 2027 ausgelobte EU-Forschungsförderungsprogramm »Horizon Europe« wurde 2020 um 15 % gekürzt, das Goethe-Institut wurde 2022 und 2023 durch massive Mittelkürzungen handlungsunfähig). In vielerlei Hinsicht kann die Schaffung von Frontex als ein entscheidender Schritt hin zu einem postnationalen Modell der Grenzverwaltung angesehen werden, was durch die wachsende Rolle von Frontex bei der Umsetzung der EU-Strategie für ein integriertes Grenzregime (*integrated border management*, IBM) auf operativer Ebene untermauert wird.

Viel effektiver als »Pushbacks« und lückenlose Grenzüberwachung mit Wärmekameras und Grenztruppen, dabei in der Öffentlichkeit weitaus weniger präsent sind die höchst zweifelhaften Abkommen mit Diktatoren und Potentaten in Afrika, migrationswillige Bürger oder durchreisende Migranten von der Wanderung nach

Norden abzuhalten. Diktatoren werden von demokratischen Regierungen »als Türsteher Europas« eingesetzt, sie bekommen Militär- und Wirtschaftshilfe in Milliardenhöhe. Wer Migranten aufhält, bekommt mehr Entwicklungshilfe ausgezahlt (Jakob und Schlindwein 2017). Diese verbreiteten Praktiken demokratischer Staaten, die auf viel Kritik in den Medien und bei Menschenrechtsorganisationen stoßen, deuten das enorme Potential nur an, das heute zur Verfügung steht, um Migration ganz im Gegensatz zu früheren Zeiten steuern und gegebenenfalls auch gänzlich unterbinden zu können. Die mächtigen Waffen und Instrumente, die Staaten erst heute zu Gebote stehen, müssten die Diskussion um Migration eigentlich grundsätzlich in andere Richtungen führen: Ethische Fragen müssten in den Mittelpunkt gestellt werden.

Literaturhinweise zu Kapitel 11

Die Geschichte des Passes wurde grundlegend von Torpey (2018) behandelt. Eine nützliche deutschsprachige Überblicksdarstellung ist Claes (2010). Wichtige Einzelaspekte, vor allem zu den Regelungen in den deutschen Staaten, bei Fahrmeir (2015).

Teil III Migration gestern und heute

12 Migration als anthropologische Kategorie in der Menschheitsgeschichte

Auf vier wichtige Aspekte, die in diesem Buch herausgestellt wurden, möchte ich in diesem Schlusskapitel nochmals zusammenfassend hinweisen. Denn ich glaube, dass diese in der Migrationsforschung bisher nicht genügend beachtet wurden. Sie bilden gewissermaßen die Quintessenz der in diesem Buch vorgestellten Einschätzungen zu den Grundlagen menschlicher Migrationsgeschichte.

Erstens. Im ersten Teil des Buches konnte ich anhand neuerer Forschungsergebnisse aus der Ur- und Frühgeschichte darauf hinweisen, dass nun auch handfeste Belege für bislang nur vermutete Migrationsbewegungen größeren Ausmaßes in der Jungsteinzeit und zu Beginn der Bronzezeit existieren, die innerhalb der Migrationsforschung noch kaum aufgenommen worden sind. Gerade Zeiten, die in der allgemeinen Wahrnehmung als wenig von Migration geprägt erschienen, müssen migrationsgeschichtlich rehabilitiert werden. Dem prähistorischen, antiken und dem mittelalterlichen Menschen hat man wenig Mobilität zugetraut. Auch aus ideologischen Gründen hatte man Mobilität für frühere Epochen ausgeschlossen, weil man zum Beispiel ein statisches Mittelalter als Vorstufe für die Meistererzählungen von den Nationalstaaten benötigte. Die »Ideologie der Sesshaftigkeit« hat auch unser alltägliches Denken und unsere Wahrnehmung geprägt. Allgemein wird die Prämisse akzeptiert, dass das Verbleiben an einem Ort wünschenswerter Normalzustand und gewissermaßen die Bestimmung »normaler« Menschen sei. Deswegen verkünden aufgeregte Soziologen einen regelrechten »mobility turn« (Urry 2007, 6) für die Gegenwart – eine Einschätzung, die aus historischer Sicht nur bedingt zutrifft. Ein frischer Blick auf die sich langsam erhellenden Frühzeiten der Menschheitsgeschichte hilft dabei, die Geschichte unserer Spezies von Anbeginn bis heute als Migrationsgeschichte zu begreifen. Sesshaft ist der Mensch in Mitteleuropa und Asien erst seit gut 7.000 Jahren, wobei sich der Ackerbau mit seinen gar nicht so sesshaften Erfindern aus dem fruchtbaren Halbmond sehr langsam ausbreitete. Dennoch verdeckt diese revolutionäre Veränderung der Lebensweise die Tatsache, dass Menschen zu allen Zeiten immer kulturelle und sprachliche Grenzen überwanden und unterwegs waren, oft sogar zu den sprichwörtlichen »neuen Ufern«. Gerade die von der Migrationsgeschichte aufgrund ihrer Armut an statistisch auswertbaren Quellen wenig beachtete Antike und das ständisch gegliederte Mittelalter haben überraschende Wanderungsgeschichten zu bieten. Zwar bleibt das grundsätzliche Quellenproblem bestehen, das den neuzeitlichen Epochen für Mikrostudien und statistische Auswertungen von Migrationsphänomenen einen Vorteil verschafft. Aber dieser Vorteil hat das Gesamtbild bis heute verzerrt: Migration ist kein neuzeitliches Phänomen. Die Wahrnehmung einer besonders mobilen Gegenwart, eines »Zeitalters der Migration« muss kritisch hinterfragt werden. In absoluten Zahlen vermelden die aktuellen Statistiken durchaus beeindruckende Werte, welche die sogenannte »Völkerwanderung« im Vergleich wie einen Betriebsausflug eines mittelständischen Unternehmens erscheinen lassen. Allerdings lebten zur Zeit Attilas nur etwa 300 Millionen Menschen, während heute sechsundzwanzigmal mehr Menschen den blauen Planeten bevölkern. Würde man diesen Faktor nun in einem Gedankenspiel auf die glaubwürdigeren der überlieferten Zahlen zur »Völkerwanderung« übertragen, hätten der heilige Augustinus und die übrigen Provinzialen im Jahr 429 zwei Millionen statt nur 80.000 Vandalen in Nordafrika einwandern sehen. Dem Heiligen, der bei der Einnahme seiner Heimatstadt Hippo Regia durch die Barbaren ums Leben kam, haben sicher schon die 80.000 Vandalen gereicht.

Zweitens. Eine weitere Tendenz, die nicht den historischen Realitäten, sondern den Präferenzen der Medien zuzurechnen ist, ist die überproportionale Betonung von Zwangs- oder Überlebensmigration, von Flucht und Vertreibung im Migrationsdiskurs der Gegenwart. Kriege, Naturkatastrophen oder klimatische Veränderungen bzw. damit verbundene anhaltende Missernten überwiegen in vielen Darstellungen als Motive für Wanderungen, die den Betroffenen kaum Wahlmöglichkeiten lassen. Die Schicksale von Kriegsflüchtlingen sind herzzerreißend und werden mit guten Gründen in den Medien herausgestellt, um das öffentliche Bewusstsein für die Folgen von Krieg und Gewalt zu schärfen. Aus historischer Perspektive muss man die Verhältnisse allerdings ein wenig zurechtrücken. Selbst in unserer Gegenwart, die sehr stark von durch Krieg und Bürgerkrieg verursachten Fluchtbewegungen geprägt ist, stellen Flüchtlinge nur eine Minderheit der sogenannten »internationalen« Migranten dar. Nicht nur überwiegt für die Epochen, für die wir genügend auswertbares Quellenmaterial haben, die sogenannte »freiwillige« Migration (etwa 90 %), die natürlich auch von bestimmten »Sachzwängen« und starken Push-Faktoren beeinflusst werden konnte und kann (deswegen ist der eingebürgerte Begriff der »freiwilligen Migration« etwas unglücklich). Ich plädiere überdies dafür, die Bedeutung von Abenteuerlust und Entdeckergeist, Wagemut und Unternehmungsfreude stärker zu gewichten. Risikobereitschaft und Wagemut sind wichtige Faktoren im Kontext von Migrationsentscheidungen. Wirtschaftswissenschaftler haben in empirischen Studien herausgefunden, dass Migranten insgesamt risikofreudiger sind und deshalb beispielsweise auch größere Bereitschaft zeigen, Unternehmen zu gründen. Sie haben in ihren Netzwerken auch mehr unternehmerisch tätige Bekannte mit Vorbildfunktion als Einheimische. Sie sind wagemutiger, weil Migrationsentscheidungen *per se* schon risikobehaftet sind.

Die Migrationsforschung betonte zuletzt die wichtige Rolle von *agency*, von Handlungsmöglichkeiten, die Menschen selbst bei von Notsituationen beförderten Wanderungsentscheidungen nutzen können. In der aktuellen Diskussion um Migration in den wohlhabenderen OECD-Staaten betonen jedoch Gegner wie Befürworter von Einwanderung, dass Migranten vor allem als Getriebene betrachtet werden müssten. Migranten seien widrigen Umständen ausgeliefert, angesichts des extremen Wohlstandsgefälles sei eine Wanderung in den »globalen Norden« alternativlos. Dies widerspricht der herausragenden Bedeutung von Handlungsfreiheiten im Kontext komplexer Migrationsentscheidungen, die von einer Vielzahl von Faktoren wie Gruppendynamik und Familienstrukturen abhängig sind. Risikobereitschaft und Abenteuerlust, der Wunsch, Neues zu entdecken und zu erforschen, auch neue Güter zu erwerben oder neue Gebiete zu beherrschen, müssen daher stärker als wichtige Antriebskräfte für Migration betrachtet werden. Nicht nur der von wirtschaftlicher Not getriebene internationale Arbeitsmigrant oder der Kriegsflüchtling, der wie die Bremer Stadtmusikanten nur »etwas Besseres als den Tod« finden möchte, sondern auch Händler, mobile Eliten und Abenteurer haben vor allem als Pioniere und Wegbereiter die Migrationsgeschichte geprägt.

Drittens. Die Bedeutung von Kulturkontakt und von durch Migration ausgelöster Innovation in Form von Verbreitung, Adaption oder kreativer Umwandlung neuer Kulturtechniken und geistiger Traditionen wird von Teilen der Migrationsforschung immer wieder beschrieben. In aktuellen Debatten taucht sie allerdings oft nur verkürzt als »bunte Multikulturalität« auf, die aufgrund der mit ihr verbundenen Vielfalt und Weltoffenheit positiv gewertet werden soll. Der Innovationsaspekt von Migration, die gewaltige Dynamik, die anhaltende Kulturverbindungen freisetzen können, wird nur selten thematisiert. Mobilität und Migration sowie der Austausch von Gütern sind Motoren für Bevölkerungsentwicklung und die Genese neuer sozialer und kultureller Ordnungen. Auf diese Weise entsteht Neues, auch der technische Fortschritt wird von Kulturaustausch maßgeblich vorangetrieben. Die Geschichte der Wissenschaft in der Neuzeit, das lässt sich exemplarisch am Briefwechsel Alexander von Humboldts mit Gelehrten aus aller Welt erkennen, ist eigentlich eine Geschichte des internationalen Austauschs einer grenzüberschreitenden Community, die sich bereits früh weltweit vernetzte und Anregungen unterschiedlicher Traditionen übernahm. Das revolutionäre heliozentrische Weltbild des Kopernikus (*De revolutionibus orbium coelestium*, 1543), mit dem viele Historiker den Übergang vom Mittelalter zur Neuzeit verbinden (»Kopernikanische Wende«), geht in entscheidenden Aspekten auf die Rezeption arabischer Schriften durch den berühmten Gelehrten zurück. Schon für das Hochmittelalter und die Begegnung der christlichen Gelehrten mit der maurischen Wissenschaft und Astronomie oder gar mit der durch die arabische Tradition vermittelten indischen Algebra in Spanien und Sizilien galt Ähnliches (▶ Kap. 3.1 und 3.2). Die vom Naziregime erzwungene Auswanderung vieler deutscher Gelehrter mit jüdischen Vorfahren oder jüdischen Glaubens hat in entscheidendem Maße die Wissenschaften in Großbritannien, den USA und anderswo geprägt (▶ Kap. 7). Auch heute sind gerade die Wissenschaften und damit in erster Linie die Universitäten, wie eigentlich schon zu Zeiten des Erasmus von Rotterdam, in hohem Maß von Gelehrtenmigration geprägt. Etwa 30 % der britischen Wissenschaftler sind Immigranten (in Oxford und Cambridge sogar noch mehr).

Im Bereich der Wissenschaften sind die Auswirkungen von Migration vielfach sichtbarer als auf dem Feld der Alltagskultur, wo Neuerungen und einflussreiche Synthesen ebenfalls auf migrationsbedingte Kulturkontakte zurückgehen (z. B. der Jazz, ▶ Kap. 7). Dort werden sie aber eher als gewöhnliche Erscheinungen wahrgenommen, deren komplexe Entstehungsgeschichten oftmals nicht sehr präsent sind. Zudem gelten kulturelle Traditionen und Produkte der Alltagskultur oft als Ausdruck einer echt einheimischen Entwicklung. Sie wurden im Kontext der Geburt der Nationen auch symbolisch überfrachtet und die oftmals komplexen Entstehungssynthesen von einer nationalen Meistererzählung überdeckt (erinnern wir uns an den »echt deutschen« Charakter der Märchen der Gebrüder Grimm, ▶ Kap. 5.2). Die Rumänen sind genauso wie die Griechen sehr stolz auf ihre als Nationalgericht geltenden gefüllten Weinblätter (Sarmale, bzw. Dolmades). Diese gehören jedoch ursprünglich zur türkischen Küche, sie wurden von den verhassten osmanischen Besatzern mitgebracht (türk. Sarma, Dolma). Wenngleich die Bedeutung kultureller Übernahmen und Synthesen im Kontext von Migration in der Fachliteratur immer wieder genannt wird, scheint es mir wichtig, die kulturelle Dimension von Wanderungen und ihre Auswirkungen auf die Genese von neuen Techniken, allgemein auf den »Fortschritt« oder die Weiterentwicklung sozialer und politischer Ordnungen noch stärker zu betonen. Nach der Verwaltung der linksrheinischen Gebiete durch das revolutionäre Frankreich unter Napoleon gelang es der »Restauration« nach Abzug der Franzosen nicht wirklich, die neuen Ideen von Nation und bürgerlicher Gleichheit zu unterdrücken, welche die französischen Beamten institutionalisiert hatten. Das Hambacher Fest, die größte Demonstration der demokratisch-nationalen Gesinnung der bürgerlichen Opposition in der Restaurationszeit, fand 1832 just auf dem Hambacher Schloss bei Neustadt in der ehemals französischen Rheinpfalz statt, und nicht in Preußen oder in Metternichs Österreich.

Thesenhaft könnte man vor diesem Hintergrund sogar behaupten, dass erst Migration und damit einhergehende »Kulturverflechtungen« (in Sinne der Kategorien Bitterlis, ▶ Kap. 7) die dauerhafte Implementierung kultureller Neuerungen und Synthesen ermöglichen und diese in vielen Fällen sogar erst produzieren. Das Entstehen neuer kultureller und sozialer Phänomene wäre dann an Migration als Bedingung, mindestens aber als Katalysator geknüpft. Ein banales, aber doch einleuchtendes Beispiel bietet – die osmanischen Einflüsse auf die Balkanküche wurde bereits erwähnt – die Kulinarik. Die italienische Küche hat sich seit dem Ende des 19. Jahrhunderts in den USA und später auch in Europa von einer Migrantenküche zum bedeutendsten Lifestyletrend moderner Kulinarik entwickelt. Sie hat in den vergangenen Jahrzehnten stärkeren Einfluss auf die Entwicklung der Essgewohnheiten gehabt als jede andere nationale Küche. Spaghetti, Pizza, Tiramisu und Espresso sind in Europa und Nordamerika allgegenwärtig. Die Wiener Küche hat ihre entscheidende Ausprägung im 19. Jahrhundert durch Einflüsse aus den östlichen Kronländern erhalten. Das bekannte Gulasch hat Wien ungarischen Magnaten zu verdanken, die im Rahmen der Zentralisierungsbestrebungen Josephs II. in die Stadt kommen mussten. Als Zeichen des Protests gegen diese politische Zumutung bestanden sie auf ihren traditionellen Trachten und erklärten das Gulasch, das in Ungarn selbst eine wenig beliebte Hirtenspeise war, zum Nationalgericht. Die Ungarn des späten 18. Jahrhunderts folgten dabei offenbar einem typischen Verhaltensmuster. Zunächst bleibt nämlich die nationale »Migrantenküche« auf die betreffende Einwanderergruppe beschränkt. Aktuelle Forschungen legen nahe, dass Menschen besonders unter kulturellem Stress, wie er von Migrationserfahrung in neuer Umgebung ausgelöst werden kann, dazu tendieren, an Bewährtem festzuhalten – arabische Supermärkte und türkische Gemüseläden in Deutschland künden davon ebenso wie afrikanische Lebensmittelgeschäfte in Brüssel oder polnische Delikatessenshops in London. Aber selbst das banale Küchenbeispiel unterstreicht, dass soziale und politische Entwicklung sowie technische und kulturelle Innovation ganz eng mit Migration verbunden sind, mindestens in historischer Perspektive:

Denn Kenntnisse und Wissen aller Art wurden in vergangenen Epochen nicht über Bildmedien, PDF-Dateien oder YouTube-Tutorials vermittelt, sondern verbreiteten sich durch und mit wandernden Menschen. Wilhelm von Sens konnte den Chor der Kathedrale von Canterbury nur deshalb errichten, weil er die neuen Bautechniken und die Gestaltung der gotischen Spitzbögen auf vielen Baustellen in Frankreich studiert und bei anderen Meistern gelernt hatte. Es waren auch die eingewanderten Italiener am Hofe des Ungarnkönigs Matthias Corvinus, die die Renaissance an die Donau brachten und dauerhaft etablierten. Die Lektüre der neuen lateinischen Bücher, mit denen der König seine Bibliothek ausstattete, konnte die von Menschen vermittelte Kulturrevolution nur flankieren (▶ Kap. 3.5).

Viertens. Es wurde bereits mehrfach darauf hingewiesen, dass heutige Sozialhistoriker und Soziologen, aber auch ausgewiesene Migrationsforscher häufig dem modernen Industrie- und Medienzeitalter eine bedeutende Rolle beim Wandel der Parameter von Migration zuordnen. Die erste wirklich dem Begriff gerechte »Globalisierung« im 19. Jahrhundert mit der konsequenten Ausbildung des kapitalistischen Wirtschaftssystems im Rahmen der industriellen Revolution habe eine nie dagewesene Massenmigration von Arbeitskräften in einem globalisierten Arbeitsmarkt losgetreten, die sich nur vor dem Hintergrund kapitalistischer Wertschöpfungsketten und der Entstehung einer »Reservearmee« von flexiblen und mobilen Arbeitskräften habe entwickeln können. Iren, Italiener und Polen konnten so besonders von den industriellen Zentren in den USA absorbiert werden. Vor allem im 20. Jahrhundert sei dann durch die Beschleunigung und den Ausbau der Verkehrswege die Welt noch dynamischer zu einer ökonomischen Einheit zusammengewachsen (»Weltsystem«), wobei die traditionellen Auswandererbiographien sich mehr in Richtung neuer internationaler Pendlerviten entwickeln konnten. Durch die Verbreitung audiovisueller Medien und zuletzt der »neuen Medien« sei auch als ganz neues Phänomen die »Transkulturalität« hinzugekommen. Diese ermöglichte es Migranten zusammen mit der Revolution im Transportwesen, dauerhaft in mehreren Kulturen zuhause zu sein und neben den Herausforderungen des neuen Lebens im Zielland uneingeschränkt durch Telekommunikation und häufige Besuche in der »alten Heimat« mit Verwandten und Freunden im Herkunftsland in Kontakt und außerdem durch eine Vielzahl von Medien sprachlich und kulturell am Puls des Heimatlands zu bleiben.

So weit, so gut und richtig. Die Frage bleibt, ob diese nur teilweise wirklich neuen Phänomene (transkulturelle Identitäten sind auch aus früheren Epochen bekannt, sogar innerhalb der römischen Provinzialaristokratie der Antike) tatsächlich die Möglichkeiten und vor allem die Muster und Bedingungen von Migration grundlegend verändert haben, wie vielfach behauptet wird. Die Moderne sei vor dem Hintergrund der »Transnationalität« migrationsgeschichtlich nur in ihrem eigenen Recht zu begreifen und unterscheide sich grundlegend von den – auch von viel weniger Wanderung geprägten – früheren Epochen. Bereits ein Blick auf Rückwanderungen und zirkuläre Wanderung um die Jahrhundertwende vom 19. zum 20. Jahrhundert zeigt, dass das Konzept der »Transnationalität« so neu gar nicht zu sein scheint (darauf hat Klaus Bade immer wieder hingewiesen). Formen der frühen »transnationalen« Migration hinterließen in der Regel keine schriftlichen Spuren, es sei denn zufällig, wie im Falle zweier Männer aus der Gegend von Tournai, die bei der Weinlese im 100 km entfernten Laonnais halfen und dort in einen Mordfall verwickelt wurden (beschrieben bei Kaiser 1989). Im ersten Teil dieses Buches habe ich deutlich zu machen versucht, dass die Grundlagen von Migration – von den Motiven, den Entscheidungsprozessen und den grundlegenden Formen (Ketten-, Heirats- Zwangs-, Arbeitsmigration etc.) bis hin zum konkreten Wanderungsgeschehen – so weit die Quellen zurückreichen zu allen Zeiten im Grunde die gleichen sind. Die Annahme, dass Beschleunigung und technischer Fortschritt die seit Tausenden von Jahren eingeübten und belegbaren Wanderungsmuster und -motive essentiell und qualitativ verändern könnte, ist bei richtiger Einstellung der historischen Tiefenschärfe, mit der auch die weit zurückliegende Vergangenheit zu ihrem Recht kommt, nicht einleuchtend.

Ein ganz anderer Aspekt der Moderne scheint mir wesentlich bedeutender für die Beurteilung der jüngsten Migrationsgeschichte zu sein. Dieser hat auch durchaus das Potential, ein wirklicher *game changer* für Migration in unserer Zeit zu werden: nämlich die seit dem 20. Jahrhundert mögliche Durchsetzung von Grenzregimen und damit einhergehend die auf Überwachung basierende Kontrolle und Beschränkung von Mobilität. Wenn man eine neue Entwicklung in der jüngsten Migrationsgeschichte benennen möchte, die ohne historische Parallele ist, dann ist es das moderne Ausweis- und Passwesen, das ja weitgehend alle 193 Mitgliedsstaaten der UNO betrifft. Die an gültige Visa und Papiere gebundenen Einreisebedingungen in praktisch allen Staaten der Welt haben erst die Vorstellungen von »irregulärer« oder gar »illegaler« Migration erzeugt. Diese in der aktuellen Debatte besonders intensiv diskutierte Art der Migration, die für Migranten mit vielerlei Gefahren verbunden ist (Schlepperkriminalität, gefährliche Verkehrsmittel usw.), gerät nur dann in den Fokus, wenn reguläre Wanderung ohne Beschränkungen nicht mehr möglich ist. Im Riesenreich der Römer, einem frühen »Vielvölkerstaat«, konnten alle Menschen bis auf die Sklaven hingehen, wohin es ihnen beliebte. Römische Bürger wie auch fremdstämmige Reichsbewohner minderen Rechts (*peregrini*) konnten einen anderen Ort für ihr zukünftiges Leben aufsuchen. Denn alle Bewohner waren zunächst einmal unabhängig von ihrem bürgerlichen Rechtstatus »Bürger« ihrer Heimatstadt, der ursprünglichen antiken Gemeinschaftsform. Bei einem Umzug verloren sie das »Bürgerrecht« ihrer Heimatgemeinde und erwarben dasjenige ihres Zielorts. Der Staatsmann Cicero schreibt etwa: »Denn nach unserem Recht kann niemand dazu gezwungen werden, seine Stadt (*civitas*) gegen seinen Willen zu wechseln, noch kann er daran gehindert werden, sie zu wechseln, wenn er es will, vorausgesetzt, dass er von der Stadt, deren Bürger er werden will, angenommen wird« (Cic. pro Balbo 27). Auch die Ausreise und dauerhafte Niederlassung außerhalb des Reichsgebiets war möglich, interessierte den römischen Staat indes überhaupt nicht. Umgekehrt konnten besiegte und unterworfene Barbaren (*dedicti*) im Reich nach den Bedürfnissen Roms angesiedelt werden, oder Gruppen von Barbaren jenseits des Limes konnten mit Aussicht auf Erfolg um Aufnahme ersuchen. Durch Militärdienst in den Hilfstruppen erwarben »Ausländer« nach Ablauf der Dienstzeit automatisch das volle Bürgerrecht.

Der moderne Verwaltungsstaat mit seinen systematischen Identitätsüberprüfungen und seinem differenzierten Meldewesen hat hier nun ganz andere, wirksamere Mittel entwickelt. Die volle Freizügigkeit innerhalb des Staatsgebiets gilt meistens nur für die eigenen Staatsbürger, im Falle der EU theoretisch auch für alle EU-Bürger innerhalb der Union. Jedoch zeigt die gezielte Ausweisung einer bestimmten Gruppe rumänischer Staatsbürger, alle Angehöriger der ethnischen Minderheit der Roma, durch Frankreich im Jahr 2010, dass sich von Zeit zu Zeit frühneuzeitliche Vorstellungen von einer »guten Polizey« Bahn brechen, die in alter Tradition gegen missliebige Unterschichtsangehörige gerichtet sind und im genannten Fall auch klar gegen geltendes Recht verstießen (woran sich allerdings außer den Betroffenen und ein paar kirchlichen Gruppen niemand gestört hat).

Wir müssen uns vor diesem Hintergrund klar machen, dass Erfassung, Kontrolle und auch Verhinderung, mindestens aber Behinderung von Migration erst in unserer Gegenwart möglich geworden sind, in der die Grenzen von Frontex oder der United States Border Control mit Wärmebildkameras und Infrarotsensoren überwacht werden, Häfen und Flughäfen mit modernsten Lesegeräten und Sicherheitsinfrastruktur ausgerüstet sind. Dies verändert die historischen Parameter von Wanderung in entscheidendem Maße. Als der russisch-polnische Untertan Joseph Konopka 1879 nach Preußen zog, eine preußische Untertanin heiratete und respektiertes Mitglied seiner Landgemeinde wurde, krähte noch kein Hahn nach der Staatsangehörigkeit. Siebzehn Jahre später wurden Konopka und über 30.000 andere ausländische Untertanen aus Preußen ausgewiesen (▶ Kap. 5.4). Viele folgten dem Ausweisungsbefehl jedoch nicht oder kehrten nach kurzer Zeit zurück, da die Obrigkeit die Grenzen und die Aufenthaltstitel der Bevölkerung nur mehr schlecht als recht kontrollieren konnte. Dies hat sich grundlegend geändert, die Erfassung und Kontrolle von Bürgern (von Geburt an) und von Ausländern erfolgt aufgrund der technischen und administrativen Möglichkeiten weitgehend lückenlos. Deswegen wird heute eine stark beschränkte und staatlich gesteuerte reguläre Migration in den Ländern des globalen Nordens von irregulärer Migration in weit größerem Ausmaß flankiert, die vor allem für die Migranten mit enormen Risiken behaftet ist. Aus historischer Sicht ist diese Entwicklung geradezu revolutionär. Noch in der Mitte des letzten Jahrhunderts sickerten Zehntausende Kleinbauern aus dem überbevölkerten El Salvador nach Honduras ein, um sich auf ungenutztem Land niederzulassen. Die Salvadorianer waren einfach da, ohne Formalitäten und Grenzkontrollen, niemand konnte sie zu dieser Zeit aufhalten. Die 1969 im Rahmen einer Landreform veranlasste Ausweisung von etwa 300.000 Salvadorianern aus Honduras mündete in einen kurzen Waffengang zwischen den beiden Staaten, dessen Auslöser ein Fußballspiel in der WM-Qualifikation gewesen war (sog. »Fußballkrieg«). Aus frühen Epochen haben wir nur ganz grobe Möglichkeiten, faktische »Landnahmen« durch Einwanderung zu rekonstruieren. Die sukzessive Ansiedlung der Israeliten in Kanaan nach 1200 v. Chr. (sog. »biblische Landnahme«) ist mit dem Einsickern und Sesshaftwerden der israelitischen Nomadenstämme in Palästina verbunden.

Vormoderne Staaten waren hinsichtlich unkontrollierter Wanderungen keineswegs liberaler gesinnt als moderne Nationalstaaten. Grundsätzlich beanspruchten die großen herrschaftlichen Ordnungen von der Antike bis in die Frühe Neuzeit die Kompetenz, Migration zu steuern. Dort, wo Herrschaftsstrukturen Individuen und Gruppen erfassen konnten, etwa in kleinen Herrschaften oder in mittelalterlichen Städten, wo der Rat über Einbürgerungen entschied, gelang das auch durchaus.

Während Grenzen in früheren Epochen also in weitaus stärkerem Maße Kontaktzonen und Ermöglichungsräume waren, wobei Übertretungsverbote bestenfalls Empfehlungen darstellten, können moderne Nationalstaaten oder Staatsverbünde wie die EU heutzutage eine fast lückenlose Grenzüberwachung sichern. Vielleicht ist dieser Sachverhalt auch einer der Gründe dafür, dass die UNO für die Gegenwart »nur« etwa 280 Millionen internationale Migranten in ihren Statistiken führt, etwas mehr als 3 % der Weltbevölkerung. Mit diesem Sachverhalt verbindet sich eine ungeklärte Frage, die sich gegenwärtige Beobachter von Migration viel zu selten stellen: Warum nehmen nicht mehr Menschen weltweit ihr Schicksal in die eigenen Hände und wandern, wenn doch erst in der heutigen Welt die Rahmenbedingungen für Massenmigration durch internationale Kommunikation und Transportmöglichkeiten geschaffen wurden?

13 Das Rätsel der relativen Immobilität: Warum gibt es so wenige Migranten (aus dem globalen Süden)?

Im Jahr 2009 führte die zu den weltweit führenden Meinungsforschungsinstituten gehörende Gallup Organization im Rahmen ihres »Gallup World Poll« einen weltweiten Survey durch, der erstmals auch Fragen zu Migrationsabsichten und deren Realisierung enthielt. Insgesamt rund 750.000 Millionen Menschen, also etwa 15 % der erwachsenen Weltbevölkerung, hätten gemäß der repräsentativen Umfragen den Wunsch geäußert, dauerhaft in ein anderes Land zu ziehen. Diese Zahl blieb mit nur geringen Verschiebungen in den folgenden Jahren konstant. In den südlich der Sahara gelegenen Ländern waren es 2009 sogar 30 % (aktuell 33 %), und in einigen von besonderen Härten wie Bürgerkrieg, Dürre und Armut betroffenen Ländern äußerten sogar weitaus mehr den Wunsch auszuwandern (etwa 70 % in Sierra Leone). Die Teilnehmer an der Umfrage wurden erstens gefragt, ob sie, falls sie die Möglichkeit dazu hätten, dauerhaft in ein anderes Land auswandern wollten, zweitens, ob sie einen solchen Schritt in den nächsten zwölf Monaten planten, und drittens, ob sie schon konkrete Vorbereitungsmaßnahmen für diesen Schritt ergriffen haben.

Betrachtet man nun die konkrete Umsetzung solcher Wünsche, zeigen schon die Zahlen der von Gallup durchgeführten Untersuchung (etwa für die Zeitspanne 2010–2015), dass nur 4–7 % der erwachsenen afrikanischen Bevölkerung überhaupt einen solchen Schritt plante und nur 1 % schon konkret mit der Umsetzung (Vorbereitung) befasst war. Statistische Daten zeigten weiterhin, dass in diesem Zeitraum nur 0,12 % der afrikanischen Bevölkerung (etwa 1,3 Millionen Menschen) ihre Heimatländer verließen, wobei wiederum nur ein Bruchteil davon nach Europa gelangte, da die Süd-Süd-Migration bei weitem überwog. Es besteht in einigen Teilen der Welt also eine ganz enorme Diskrepanz zwischen dem Reservoir der prinzipiell Migrationswilligen und denen, die tatsächlich zu Migranten werden.

Interessanterweise operieren sowohl Klimaschützer und Menschenrechtsaktivisten wie auch rechtspopulistische Demagogen mit Vorliebe mit solchen Daten, die dann in Modellen für Bevölkerungsentwicklungen in Afrika für die Zukunft hochgerechnet werden. Mit den tatsächlichen Migrationsbewegungen haben diese auf Willensbekundungen beruhenden Daten jedoch nichts zu tun. 2018 prognostizierte der ungarische Ministerpräsident Viktor Orbán auf Basis willkürlicher Schätzungen von Klimaforschern aus dem Jahr 2009, dass bis 2020 60 Millionen vom Klimawandel vertriebene Menschen aus Afrika nach Europa kommen würden. 2019 kamen ganze 60.000 Afrikaner in Europa an (Zahlen und Zitate bei Knaus 2020, 202–212).

Angesichts dieser Zahlen spricht der Soziologe Thomas Faist vom »Rätsel der relativen Immobilität« (Faist 2007). Er ist einer der wenigen Migrationsforscher, die sich die enorm wichtige Frage stellen, weshalb angesichts einer solch hohen Zahl potentieller Migranten so wenige Menschen tatsächlich wandern. Die Beantwortung dieser Frage könnte jedoch entscheidend zur Klärung der Hintergründe und weiteren Entwicklungen von weltweiten Wanderungstendenzen in Gegenwart und Zukunft beitragen. Jede Antwort auf diese Frage muss mit der Feststellung beginnen, dass selbst von den Menschen in der Subsahararegion, die einen Migrationswunsch geäußert haben, nur ein geringer Teil wirklich »potentielle« Migranten sind. »Potentiell« bedeutet nämlich einschränkend, dass jemand zunächst einmal über die grundlegenden Möglichkeiten zur Migration verfügen muss (lat. *potens,* »einer Sache mächtig«). Faist hat die bemerkenswerte »relative Immobilität« der Menschen im »globalen Süden« aus soziologischer Perspektive untersucht und eine Reihe von Gründen geltend gemacht, die für das Ausbleiben der oft heraufbeschworenen Massenmigration von dort verantwortlich sind. Das Ausmaß von Armut und Verelendung lähmt viele (eben nicht einmal) »potentielle« Migranten im globalen Süden. Sie verfügen schlicht nicht über die minimalen Ressourcen, geographische Abwanderung auch nur im Inland, geschweige denn über Staatsgrenzen hinweg umzusetzen. Sie verharren in einem Zustand von Resignation, obwohl die Push-Faktoren geradezu erdrückend sind. Dieser Befund korreliert mit der von Migrationshistorikern immer wieder betonten Tatsache, dass »internationale« Migranten über genügend Mittel verfügen müssen, die ärmsten der Armen daher weitgehend von Wanderungsoptionen ausgeschlossen bleiben. Für andere wiederum gilt, dass ihre durchaus vorhandenen Ressourcen regional oder lokal gebunden sind, also nur in einem engeren geographischen Raum eingesetzt werden können (Netzwerke, Gruppenbindungen, aber auch nur lokal relevante Qualifikationen). Auch erscheint für viele »nur« von relativer Armut betroffene Afrikaner saisonale Migration attraktiver, da hierbei ortsgebundene Ressourcen nicht aufgegeben werden müssen und bestimmte Vorteile (etwa höhere Löhne) eines saisonalen oder temporären Aufenthalts im Ausland gleichzeitig oder zeitversetzt genutzt werden können. Dies gilt nicht nur für den afrikanischen Kontinent, der hier als Fallbeispiel angeführt wurde. Südasiatische Arbeitsmigration in die Golfstaaten ist vergleichbar. Darüber hinaus können Ressourcen, gerade im Falle intensiver regionaler oder lokaler Bindungen, auch zum politischen Widerspruch gegen herrschende Verhältnisse, die als Push-Faktoren wirken, eingesetzt werden. Durch politische oder soziale Loyalitäten zur Herkunftsregion hervorgerufener Widerstand, der sich in Unmutsbekundungen, politischer Tätigkeit oder aktiver Dissidenz äußern kann, trägt ebenfalls zum Ausharren vieler Menschen bei und verhindert oder verzögert die Umsetzung von Wanderungsplänen.

Den ebenfalls erstaunlichen Befund, dass von den vergleichsweise wenigen Süd-Nord-Migranten die meisten aus ganz bestimmten Ländern und Regionen kommen, und diese gleichfalls in ganz bestimmte, ausgewählte Zielregionen wandern, erklärt Faist mit der Entstehung von Migrationssystemen, die sich als tragfähige Netzwerke zwischen Weltregionen bzw. Ländern ausbilden und dann auf ausgetretenen Pfaden oder etablierten (und profitablen) Flugrouten Kettenmigration nach sich ziehen (▶ Abb. 26). Erst diese Migrationssysteme ermöglichen dann auch Wanderungen mit einem durch Informationen und soziale (sowie ethnische) Netzwerke abgesicherten, weitaus niedrigeren Risiko. Solche Netzwerke, die im

Übrigen auch von Rekrutierungsgepflogenheiten und Einwanderungspolitik der Zielländer beeinflusst werden, gibt es in allen globalen Richtungen, nicht nur im Kontext der Süd-Nord-Wanderungen. Nicht unterschätzt werden sollten jedoch die im vorigen Abschnitt ausführlich dargestellten Auswirkungen moderner Grenzregime und Visabestimmungen, die nur mit erheblichem Aufwand und unter Inkaufnahme von beträchtlichen Risiken umgangen werden können. Welchen Anteil die effektiven Pass- und Visaregelungen sowie die auf hocheffiziente technische Hilfsmittel gestützte Grenzüberwachung der OECD-Staaten im »globalen Norden« darauf hat, dass nur vergleichsweise wenige Menschen internationale Migranten sind und die meisten von diesen eher regional wandern, lässt sich nicht beziffern. Angesichts der statistisch auswertbaren Zahlen für das 19. Jahrhundert, in dessen zweiter Hälfte mindesten 14 % der Weltbevölkerung international wanderten, und eingedenk der großräumigen und gewöhnlichen Wanderungen in früheren Epochen, die Menschen über Kulturgrenzen hinweg zu neuen Ufern brachten, darf man vermuten, dass moderne Überwachungs- und Identifizierungsmethoden einen entscheidenden Anteil an der beschriebenen Entwicklung haben.

14 Aktuelle Debatten und unzeitgemäße Betrachtungen zur Kulturgeschichte der Migration

Hinter uns liegen nun tausende Jahre Migrationsgeschichte, auf welche die wenigen für dieses Buch ausgewählten Episoden und Wanderungsereignisse nur einzelne, fast willkürliche Schlaglichter werfen konnten. Seit der Vertreibung aus dem Paradies – Adam und Eva sind in der biblischen Darstellung nicht nur die ersten Menschen, sondern auch die ersten Migranten – wandern Menschen mit ihrer Kultur, mit ihren Erfahrungen und Ideen, ihren Göttern im Gepäck. Sie kommen an Orte, die ihnen fremd sind und an denen sie Fremde sind. Über Kultur- und Sprachgrenzen hinweg verbinden sie Räume, beschreiten neue Pfade, auf denen andere nachfolgen. Im Austausch und im Konflikt mit der »neuen Welt«, in die sie geraten, ob als Eroberer, Durchreisende, Siedler, Kolonisten, Arbeiter, Gelehrte oder als Vertriebene, als verschleppte Sklaven oder Schutzflehende, erschaffen sie Neues. Sie schreiben sich ein in die Regionen und in die Gesellschaften, die sie wandernd erreichen: mit ihren Genen und ihren Geschichten, mit ihren Sitten und mit ihren kulturellen Traditionen. Sie werden Teil von und nehmen Teil an gesellschaftlichen Entwicklungen in den Ländern oder Kulturen, in denen sie anlangen. Wie die Beispiele des Politeuma der Juden in Alexandria (▶ Kap. 2.3) oder der Berliner »Colonie« der Hugenotten zeigen, die bis ins 19. Jahrhundert hinein über eigene hoheitliche Kompetenzen verfügte (▶ Kap. 5.2), sind Integrationsprozesse sehr komplex. Sie benötigen oft eine lange Zeit, und nur in wenigen Fällen steht am Ende des Prozesses die vollständige Assimilation. Die Gestaltung des Lebens von Migrantengruppen kann sich in den Zielgebieten höchst unterschiedlich entwickeln, und Integrationsprozesse können sich dynamisch zwischen dauerhafter Diaspora mit separaten Lebensweisen bis hin zu Assimilation und Anpassung bewegen.

Dieses Buch hat gezeigt, dass Kulturgrenzen überschreitende Wanderungen und dauerhafte Ortswechsel zu den Konstanten menschlichen Verhaltens gehören. Die vorausplanende und zielgerichtete Ortsveränderung in der Hoffnung, vorteilhaftere Lebensbedingungen zu finden oder akuter Gefahr zu entrinnen, stellt den Menschen jedoch auch vor bedeutende gesellschaftliche Herausforderungen. Der Umgang mit Fremdheit scheint dabei sowohl für Migranten, die sich in gesellschaftlich teils völlig andere Bezüge einordnen müssen, als auch für die Aufnahmegesellschaften, die von ungewohnten Sitten und Gebräuchen in ihren Identitätsvorstellungen im eigenen Umfeld herausgefordert werden, gleichermaßen mit Konfliktpotential wie auch mit Entwicklungschancen verbunden zu sein. Seit frühesten Zeiten werden diese Konflikte in der literarischen Überlieferung thematisiert, so schon im Alten Testament: Josef, der Sohn Jakobs, gerät durch den Verrat seiner neidischen Brüder in die Hände von Sklavenhändlern und gelangt als Fremder nach Ägypten. Dort gelingt ihm eine steile Karriere, in deren Verlauf er sich weitgehend an die ägyptische Kultur anpasst. Sein Werdegang ist aber auch von gefährlichen Rückschlägen geprägt, die wiederum seinem prekären Status als Außenseiter angerechnet werden können. Zuletzt gelangt er in eine hohe Ehrenstellung am Hof des Pharao und heiratet die Tochter des Hohepriesters; er ist nun vollständig in Ägypten integriert. Seine Brüder, die von der Not getrieben auch nach Ägypten kommen, erkennen ihn nicht wieder. Er aber wird bei der Begegnung mit seiner verdrängten Herkunft konfrontiert und vergibt seinen Brüdern. Er lässt nun die ganze Familie mit Erlaubnis des Pharao nachholen (ein frühes Beispiel für Kettenmigration): »Die Söhne Israels hoben ihren Vater Jakob, ihre Kinder und ihre Frauen auf die Wagen, die der Pharao geschickt hatte, um ihn zu holen. Sie nahmen ihr Vieh und ihre Habe, die sie im Land Kanaan erworben hatten, und gelangten nach Ägypten, Jakob und mit ihm alle seine Nachkommen« (1. Mose 46, 5–6). Josef warnt seine Brüder auch, dass ihre kanaanitische Lebensweise bei den Ägyptern auf Ablehnung stoßen wird, dass sie sich anpassen müssten und sich nur in einem bestimmten Landesteil ansiedeln könnten: »denn den Ägyptern sind alle Schafhirten ein Gräuel« (1. Mose 46, 34).

Seit biblischen Zeiten sind also die Grundkonstellationen der möglichen Konflikte, aber auch die positiven Aspekte von Migration, die im Falle Josefs Brüdern dem Pharao Fachkräfte einbrachte (»Wenn du aber unter ihnen tüchtige Leute kennst, dann setze sie als Aufseher über meine Herden ein!«, 1. Mose 47, 6), hinlänglich bekannt. Die moderne Soziologie hält darüber hinaus detaillierte Studien zu Integration, Fremdwahrnehmung und Konfliktlösung bereit und die historische Migrationsforschung kann die Realitäten, Motive und Abläufe von Wanderungen über Jahrhunderte hinweg konkret nachzeichnen. Vor diesem Hintergrund muss man sich gerade als Historiker doch mit einiger Verwunderung die Frage stellen, weshalb die aktuellen Diskussionen zum Thema entlang der immer gleichen Linien ablaufen. Ob nun heute am Stammtisch darüber räsoniert wird, wie Angehörige anderer Kulturen mit ihren fremdartigen Essgewohnheiten und Sitten integriert werden können, oder Benjamin Franklin im 18. Jahrhundert über die pfälzischen Bauerntölpel herzieht, die die braven Engländer zu verdrängen drohen: Das Muster bleibt das gleiche.

Von grundlegender Ablehnung aller Formen von Migration als potentieller Gefahr für Identität und gesellschaftlichen Zusammenhalt bis hin zur emphatischen Befürwortung von Einwanderung als notwendigem Element einer florierenden kulturellen und ökonomischen Entwicklung stehen sich unterschiedliche Positionen in der aktuellen Diskussion unversöhnlich gegenüber. Dabei entzünden sich diese kontroversen Diskussion allesamt am gleichen Befund, der messbar, erklärbar, beschreibbar und historisch konstant ist und den ich in diesem Buch ausführlich präsentiert habe: der Existenz und anhaltenden Konjunktur menschlicher Wanderung über Kultur- und Sprachgrenzen hinweg, die durch unterschiedliche, aber sattsam bekannte Motive und Faktoren beeinflusst wird.

Die verschiedenen Positionen der aktuellen Debatte werden dabei – sofern sie innerhalb eines »rationalen Diskurses« (Jürgen Habermas) vorgebracht werden – mit nachvollziehbaren und vernünftigen Argumenten fundiert. Dieser Sachverhalt legt nahe, dass letztlich ganz unterschiedliche Grundüberzeugungen über Sinn und Ordnung menschlichen Zusammenlebens für das breite Spektrum an Meinungsäußerungen zu aktuellen Fragen der Migration verantwortlich sein müssen. Es sind offenbar unterschiedliche Interpretationen des Datenmaterials und ebenso unterschiedliche Visionen über zukünftige Entwicklungen, welche die massiven Differenzen in den Einschätzungen verursachen. Letztendlich sind es die von Wilhelm von Humboldt (1767–1835) so genannten »Weltansichten« einzelner Autoren und Diskussionsteilnehmer innerhalb der öffentlichen, über sämtliche Medienkanäle geführten Debatte, die die Beurteilung des Phänomens Migration maßgeblich beeinflussen. Wilhelm von Humboldts jüngerem Bruder Alexander (1769–1859), dem Naturforscher und Entdeckungsreisenden, wird ein Zitat zugeschrieben, das unterstreicht, wie limitiert diese »Weltansichten« sind, die sein Bruder als vor allem durch Sprache und Kultur bestimmt betrachtete: »Die gefährlichste Weltanschauung ist die Weltanschauung derer, die die Welt nie angeschaut haben«.

Erneut zeigt sich, wie wichtig der Standpunkt des Betrachters für die Beurteilung gesellschaftlicher Sachverhalte ist und nicht die Sachverhalte selbst, deren strukturelle Beschaffenheit in vielen historischen Untersuchungen offengelegt wurde. Die kulturell erworbene »Weltansicht«, die »rosa Brille«, die unseren Blick auf die Welt in das trügerische Licht unserer eigenen Wertvorstellungen taucht, beeinflusst unsere Urteile in hohem Maße. Als aktive Teilnehmer an gesellschaftlichen Diskussionen machen wir uns diese Zusammenhänge jedoch selten bewusst. Es fehlt uns oftmals die innere Distanz, uns selbst aus der Vogelperspektive zu betrachten, uns zu »historisieren«. Unsere Wertvorstellungen, die sich durch unterschiedlichste Einflüsse und unsere Sozialisierung im Kontext des herrschenden Zeitgeists gebildet haben, sind für das Aufeinanderprallen anscheinend unvereinbarer, auf unterschiedlichen Denkfundamenten und Grundüberzeugungen aufbauender Positionen in der Migrationsdebatte verantwortlich. Hierbei eine einzige gültige »Wahrheit« finden zu wollen, erscheint aussichtslos, will man dem fundamentalen Credo der Historikerzunft, formuliert von einem ihrer Begründer, dem Römer P. Cornelius Tacitus, treu bleiben und sich dem Thema *sine ira et studio*, also ohne leidenschaftliche Anteilnahme und Parteilichkeit widmen. Fünf aktuelle Bestseller unter den Sachbüchern zum Thema bestätigen mit ihren widersprüchlichen Schlussfolgerungen diesen Befund. Die fünf Bücher gehen das Thema Migration von ganz unterschiedlichen Standpunkten an und lassen den Historiker mit einem gewissen Erstaunen zurück, welche unterschiedlichen »Weltansichten« auf Basis einer verbindlichen Faktenlage gewonnen werden können.

Identitätsängste und die Bedrohung der nationalen Kultur

Der umstrittene Autor Thilo Sarrazin, dessen Sachbücher eine breite Leserschaft erreichen, hat 2020 ein neues Buch zum Thema Migration vorgelegt, das auch auf Historisches eingeht: *Der Staat an seinen Grenzen: Über Wirkung von Einwanderung in Geschichte und Gegenwart*. Die rund 140 Seiten seines bis in die Vorgeschichte zurückreichenden historischen Überblicks können hier problemlos übergangen werden, der Volkswirt Sarrazin hätte mit ähnlicher Sachkenntnis über Atomphysik schreiben können. Seine aus dem historischen Material gewonnene Überzeugung mündet in die These, dass Migranten im Verlauf der Weltgeschichte immer die Profiteure von Wanderung gewesen seien, während die Aufnahmegesellschaften unter Migranten immer hätten leiden müssen, bis hin zum physischen und kulturellen Untergang.

Zum gegenwärtigen Wanderungsgeschehen plädiert Sarrazin auf der Basis von reichlich Zahlenmaterial für seine These, dass Migration nach Maßgabe nationaler Interessen gesteuert werden und »kulturfremde« Migranten nur in Ausnahmefällen in Europa aufgenommen werden sollten. Ohne explizit auf das neue Potential staatlicher Machtinstrumente einzugehen, hat er sich die Erkenntnis zu eigen gemacht, dass in der heutigen Zeit Grenzregime wirklich durchgesetzt werden können und Migration bei ausreichend vorhandenem politischen Willen effektiv gesteuert werden kann. Er spricht in diesem Buch erneut als Anwalt der vielen Menschen in Europa, die in Nationalstaaten leben wollen und kosmopolitische und multikulturelle Gesellschaftsentwürfe ablehnen, weil sie sich von als fremd empfundenen Menschen und deren sichtbaren Kulturäußerungen bedroht fühlen. Dass diesem Denken, dem Sarrazin eine Stimme leiht, ein kultureller Essentialismus zugrunde liegt, kann man vom akademischen Standpunkt aus berechtigterweise kritisieren. Denn die Vorstellung, dass Nationen und nationale Kultur unverrückbare, quasi naturgegebene Einheiten seien, ist nachweislich falsch. Das hilft jedoch nicht darüber hinweg, dass dieses essentialistische Denken eine von der Mehrheit der Menschen in unseren modernen Nationalstaaten geteilte und offensiv vertretene soziale Realität ist. Die wenigsten unter den deutschen Fußballfans, die ihr Gemeinschaftsgefühl im Stadion bei Spielen der Nationalmannschaft zelebrieren und dabei »Deutschland, Deutschland« skandieren, werden bei der wohlverdienten Bockwurst nach dem Sieg der Mannschaft um Leroy Sané und Ilkay Gündogan zu sich sagen: »Na prima, dass ich heute mal wieder das soziale Konstrukt ›Deutschland‹ in meiner imaginierten nationalen Fußballergemeinschaft gefeiert habe«. Ein Fragezeichen wird man hinter Sarrazins alarmistisches Szenario eines exponentiell wachsenden »Migrationsdrucks« auf Deutschland und Europa setzen müssen. Die Berechnungen zur Bevölkerungsentwicklung auf dem afrikanischen Kontinent und die sich daraus ergebenden Folgen für das Migrationsgeschehen müssen gerade hinsichtlich der »relativen Immobilität« Spekulation bleiben.

Migration als Machtmittel des internationalen Kapitals

Aus der politisch entgegengesetzten Ecke kommt das Antimigrationsbuch des österreichischen Publizisten Hannes Hofbauer. In seiner *Kritik der Migration* von 2018 betont er den Ausbeutungscharakter der kapitalistischen Arbeitsmigration. Migranten seien für das Großkapital nur »Verschubmasse«. Die Unterbindung von Migration sei deshalb aus zwei Gründen angezeigt. Sie diene erstens dem Arbeitnehmerschutz in Europa, um Dumping und Ausbeutung zu minimieren. Darüber hinaus nütze Migrationsverhinderung auch der Entwicklung armer Länder, die aufgrund der kapitalistischen Nachfrage nach billigen Arbeitskräften im »globalen Norden« ihre besten und mobilsten Menschen verlören (*brain drain*). Kapitalismuskritik verbindet sich bei Hofbauer mit prinzipieller Mobilitätskritik. Der »Mythos Mobilität« sei eine von neoliberalen Lifestyle-Intellektuellen erfundene Chimäre. Die Granden der Migrationsgeschichtsforschung in Deutschland (namentlich Klaus Jürgen Bade und Dirk Hoerder) lieferten die Blaupausen, die dann von neoliberalen und postmodernen Autoren im Dienste des Kapitals aufgegriffen würden. Jedoch sei in Wahrheit, so die historische Analyse des Autors, die Sesshaftigkeit die Norm und Mobilität in der modernen Welt weitgehend vom Kapital erzwungen (S. 253–261), »die Norm ist der Sesshafte, Migration weicht davon ab« (S. 18). Hofbauers völlig aus der Zeit gefallener Entwurf einer linken Mobilitäts- und Migrationskritik trifft sich am Ende sogar mit der auf die Wahrung nationaler kultureller Identität abhebenden Zurückweisung von Migration durch Sarrazin: In der Beurteilung und folgerichtigen Ablehnung der mangelnden Integrationsfähigkeit »kulturfremder« Migranten, vor allem muslimischer Einwanderer, die andere Ehrvorstellungen und Geschlechterrollen verinnerlicht hätten (S. 246–250), sind sich die beiden an den entgegengesetzten Rändern des Meinungsspektrums angesiedelten Publizisten einig.

Ein neues Narrativ für Deutschland: Die Willkommenskultur und der Traum von Kollektiven jenseits der Nation

Ein Gegenentwurf zu den beiden migrationskritischen Meinungsäußerungen ist der Essay *Das neue Wir* des Historikers Jan Plamper von 2019. Unter dem programmatischen Untertitel *Warum Migration dazugehört. Eine andere Geschichte der Deutschen* erzählt Plamper die jüngere deutsche Geschichte als Erfolgsgeschichte der Migration. Der Autor beschreibt die deutsche Zeitgeschichte anhand vieler konkreter Alltagsbeispiele als einen von gesellschaftlichen Lernprozessen begleiteten gelungenen Neustart des Landes in die postnationale Moderne. Dieses »andere Deutschland« verdanke sich ganz besonders dem Beitrag der sogenannten »Gastarbeiter« seit den 1950er Jahren. Das Buch ist gut geschrieben, es ist aber auch gut gemeint und damit ebenfalls ein Gesinnungsbuch. Die Gesinnung, die Plamper vertritt, mag von mehr Menschen geteilt werden oder einem humanistischeren Ideal entsprechen, dennoch verfolgt das lesenswerte Buch eine Agenda. Es sind der Traum »von Kollektiven jenseits der Nation« und die Überzeugung, dass eines Tages »nationale Grenzen wie das Überbleibsel aus einer untergegangenen Epoche wirken« werden (S. 329 f.), die den Autor umtreiben. Diese Wendung zur Utopie schmälert nicht die historische Beschreibung der deutschen Nachkriegsgesellschaft in West und Ost, verkennt aber völlig die anhaltende Bindungs- und Mobilisierungsmacht des Nationalstaates, selbst für das weitgehend entnationalisierte »andere« Deutschland. Die in den postkommunistischen EU-Staaten ausgebildeten Nationalismen lassen die ungebrochene Bedeutung der nationalen Idee für kollektive Identitäten ahnen, die dem Konzept Nationalstaat eine längere Zukunft bescheren wird, als Plamper sich ausmalt. Nichtsdestotrotz versucht er, dem auch für sein Untersuchungsgebiet relevanten nationalen Narrativ eine neue Meistererzählung über die »andere Geschichte der Deutschen« entgegenzusetzen, die in der »Willkommenskultur«, mit der 2015 rund eine Million Flüchtlinge begrüßt wurden, ihre symbolische Ausprägung erfahren habe. Deutschland ist ein Einwanderungsland und es ist auch immer bunter geworden – und dies sogar mit einer Selbstverständlichkeit, die Plamper überzeugend herausstellen kann.

Der Klimawandel macht uns alle zu Migranten: Eine Zukunft, in der die Migranten über den Erfolg der Zielländer bestimmen werden

Parag Khannas 2021 erschienenes Buch *Move. Das Zeitalter der Migration* behandelt die Zukunft der Wanderungen. Der kühne, fast seherische Entwurf prognostiziert der Menschheit ein neues Nomadenzeitalter. Nach der Epoche der Sesshaftigkeit werde der Mensch wieder zum Nomaden. Dafür sorge der Klimawandel, der Milliarden von Menschen, vor allem aus dem globalen Süden, auf Wanderschaft schicken wird. Khanna schätzt, dass sich aufgrund des Klimawandels und der von ihm verursachten Verschiebungen der Wohlstandsverteilung auf der Welt fast die Hälfte der Menschheit in den nächsten Jahrzehnten auf den Weg machen könnte. Weite Teile der USA werden in diesem Szenario in einer nahen Zukunft unbewohnbar sein. Völlig neue gesellschaftliche Strukturen werden sich bilden, so Khannas Zukunftsvision. Denn genau das ist dieses Buch an erster Stelle: eine Zukunftsvision und perspektivische Glaskugelschau, die zwar auf soliden Berechnungen und Prognosen aufbaut, in ihrem Entwurf des zukünftigen gesellschaftlichen Aufbaus und in ihrer Verherrlichung der Migration als neuem Modus mobiler Lebensentwürfe aber Spekulation bleiben muss. Khanna begreift die Zukunft als einen Wettlauf der vorausschauendsten Staaten und Regionen um die meisten und klügsten Migranten. Sogar das alte Europa erhalte so seine Chance, der demographischen Vergreisung und in der Folge auch dem sicheren demographischen Tod zu entgehen. Die Abermillionen von Migranten, die sich wegen Hitze und Überflutungen in Bewegung setzen, nur um zu überleben, könnten die Rettung für das schon totgesagte und von Tigerstaaten abgehängte Europa werden. »Europa steht vor der Wahl, Migranten aufzunehmen und zu integrieren oder von einer demographischen Klippe zu stürzen« (S. 248).

Man kann sich dem Sog von Khannas beschwörender Argumentation kaum entziehen, alles greift so nahtlos und geschmiert ineinander, wird so kenntnisreich mit geographischen und ökonomischen Daten unterfüttert, dass man leicht vergisst, dass diese schöne neue Welt, deren Kennzeichen die ungehinderte Migration und das digitale Nomadentum sein werden, erst einmal die Chauvinismen der bürgerlichen Mehrheiten in den Gebieten überwinden muss, die Khanna als Zielgebiete für die neuen Nomaden sieht. Wird das alles so reibungslos und leichtfüßig vonstattengehen? Werden die Menschen aus den vom Klimawandel bedrohten, bald lebensfeindlichen Regionen wirklich allesamt weggehen wollen? Halten weder die Gräber der Ahnen noch Familienbindungen und Netzwerke Menschen vom Fortgehen ab? Und werden alle, auch die Analphabeten aus Sierra Leone oder Mittelamerika, die nie eine Schule besuchen konnten, digitale Nomaden in den neuen Hightechtempeln in Detroit und Singapur werden können? Khanna kennt keine »relative Immobilität«, die bereits jetzt Migrationswillige abhält, ihre Heimat zu verlassen. Letztlich bleibt Khannas Prognose für ein »Zeitalter der Migration« ein reines Planspiel, Science-Fiction gar, allerdings faszinierende und überaus lesenswerte Science-Fiction, bei der man die bohrende Frage nicht mehr loswird, ob der Autor mit seiner Zukunftsvision vom kommenden Zeitalter der Migration am Ende nicht doch recht haben könnte.

Pragmatische Lösungen am Mittelmeer

Der Politikwissenschaftler und Politikberater Gerald Knaus holt uns mit seinem pragmatischen Essay *Welche Grenzen brauchen wir?* von 2020 wieder in die Niederungen der migrationspolitischen Realität zurück. Während Plamper und vor allem Khanna utopische Perspektiven zukünftiger auf Migration gestützter Gesellschaftsentwürfe herbeiträumen, schlägt Knaus pragmatische Sofortmaßnahmen für einen menschlicheren und zugleich besonnen kontrollierenden Umgang mit Flucht und Migration vor. Knaus erkennt die ethische Verantwortung der demokratischen Staatenwelt und weiß als Pragmatiker zugleich auch, dass diese Staaten nicht unkontrolliert und unkoordiniert alle Flüchtlinge und Migranten aufnehmen können, die auf der Suche nach einem besseren Leben ihre Heimat verlassen. Seine aus den politischen Realitäten abgeleitete Zauberformel besteht in einem fairen Umgang mit Flüchtlingen und Asylbewerbern, der durch rasche Anerkennungsverfahren gewährleistet wird, deren Ausgang umgehend umgesetzt werden muss. So könne schutzbedürftigen Menschen ihr mit der UN-Flüchtlingskonvention 1951 verbrieftes Recht rasch gewährt und zugleich den Menschen der Aufnahmestaaten die Angst vor Kontrollverlust genommen werden. Denn diese Angst ist es, auf die Populisten bauen und die eigentlich gutwillige Menschen davon abhält, Mitleid mit den Schutzbedürftigen zu empfinden und sich so hilfsbereit zu zeigen, wie es 2015 in den vielen Ländern Europas, wo der Angstdiskurs vom Kontrollverlust sich nicht durchsetzte, vorbildlich geschah und in der Folge des russischen Überfalls auf die Ukraine erneut geschieht. Die Öffnung der Grenzen, die es schutzbedürftigen Menschen erlaubt, regulär und ohne sich in Lebensgefahr zu begeben zur Prüfung ihres Anliegens in andere Länder zu gelangen, wobei gleichzeitig sichergestellt werden muss, dass nichtschutzbedürftige Migranten sogleich und unverzüglich zurückgewiesen werden können, bietet sich als einzig pragmatische Vorgehensweise an, um den Massentod im Mittelmeer zu beenden. Für die Umsetzung (etwa die Gewährleistung der Rücknahme abgewiesener Migranten durch die Ursprungsländer in multilateralen Abkommen) bietet Knaus eine Vielzahl von konkreten Vorschlägen. Ihm gelingt es dabei, wichtige politische und ethische Ziele pragmatisch zu verbinden und Lösungen für drei elementare Problemfelder zu bieten: dass weniger Menschen im Mittelmeer ertrinken, dass ein Gefühl von Kontrolle entsteht und dass wir es schaffen, das Asylrecht zu bewahren.

Völlig frei von linker Migrationsromantik und aktionistischem Helfersyndrom, aber voller Empathie für Flüchtlingsschicksale, ist dieses Buch die ideale Lektüre für verantwortungsvolle Realpolitiker, die Migration in geordnete Bahnen lenken wollen und denen es um gerechte Lösungen für drängende Fragen rund um Asylrecht, Solidarität zwischen EU-Staaten und Flüchtlingslager geht. Knaus will nicht die Welt retten, sondern Menschen, sein Blick richtet sich nicht auf die zukünftige Welt ohne Nationalstaaten und mit offenen Grenzen, sondern auf eine Welt von heute und morgen, in der viel weniger Menschen im Mittelmeer ertrinken und viel weniger Menschen lebensgefährliche Routen durch ganz Afrika in Kauf nehmen müssen. Zweifellos ist von den genannten, aber auch unter den hier nicht erwähnten Äußerungen zum Thema aus den letzten Jahren der Beitrag von Knaus derjenige, der die realpolitischen Verhältnisse aktueller Migrationspolitik und staatlicher Strategien am klarsten erfasst, vielleicht gerade auch deswegen, weil er nicht die Ursachen und historischen Hintergründe menschlicher Wanderung seziert, sondern Migration als gegebenes und alltägliches Phänomen beschreibt.

Historische Betrachtungen sind unzeitgemäße Betrachtungen

Dies alles gibt es also. Ein weltweites Phänomen, dessen Ursachen und Verläufe seit Jahrtausenden die gleichen sind und das unsere Geschichte, unsere Literatur und unser Selbstverständnis offen oder verdeckt immer geprägt hat, wird von gebildeten Menschen, die Teil eines »rationalen Diskurses« sind, völlig unterschiedlich bewertet. Dabei stehen allen Diskussionsteilnehmern weitgehend die gleichen dokumentarischen und empirischen Daten zur Verfügung, aus denen sie, einer wie der andere, für ihre Entwürfe schöpfen müssen. Zukunftsprognosen auf dieser Materialbasis changieren dennoch zwischen Visionen vom Untergang des Abendlands und der »Umvolkung« Europas auf der einen Seite und einem Mobilitätsideal auf der anderen, das physisches Überleben und nachhaltigen Erfolg in der Zukunft nur für hochmobile Gruppen und solche Gesellschaften weissagt, die auf den Klimawandel und die Rekrutierung möglichst vieler gut ausgebildeter Migranten vorbereitet sind.

Eine Gemeinsamkeit fällt allerdings auf. Alle fünf Autoren (und die meisten der anderen aktuellen Wortmeldungen, die hier nicht erwähnt wurden) sind sich in einem Punkt einig: Sie erkennen in den derzeitigen Entwicklungen des Wanderungsgeschehens in der Welt ein grundsätzliches und ganz neues Problem, dem mit Lösungen zu begegnen sei. Während Knaus konkret an die Linderung der Symptome herangeht, weil ihm klar ist, dass Fluchtursachen und Migration an sich zu bekämpfen politisch unmöglich ist, und Plamper das Problem als die eigentliche Lösung betrachtet, verweist Khanna auf das Überleben des Klügeren und besser Vorbereiteten im neuen darwinistischen Wettlauf um die meisten Migranten. Sarrazin und Hofbauer wollen dagegen kulturfremde Elemente durch rigide Grenzüberwachung und Abschaffung von Grundrechten von ihrer »Volksgemeinschaft« bzw. ihrer Arbeiterklasse fernhalten. Gleichwohl wird die Gegenwart von allen Autoren als eine eminent von Migration geprägte Krisenzeit wahrgenommen.

Zeichen einer allgemeinen Krise ist Migration nun wirklich nicht, wie der Blick auf die Geschichte in ihren langsamen Strukturveränderungen zeigt. Wanderung ist im Einzelfall, etwa bei kriegsbedingter Fluchtmigration, durchaus Zeichen einer konkreten, politisch und geographisch klar eingrenzbaren Ausnahmesituation, jedoch nicht ein allgemeines Phänomen. Andernfalls müsste man die Globalgeschichte als eine Aneinanderreihung von Krisen und Konflikten beschreiben, wodurch der Krisenbegriff seinen Sinn verlöre. Krisen können durchaus zu verstärkter Migration führen, wie der Krieg gegen die Ukraine gerade gezeigt hat, das Vorhandensein von Migration ist jedoch umgekehrt kein Anzeichen für eine allgemeine Krise.

Wie die Sympathien der Leser sich nun auf die unterschiedlichen Meinungsäußerungen verteilen – auf die aktuellen Debattenbeiträge wie auch auf die von mir in diesem Buch präsentierte historische Darstellung –, werden zu einem großen Teil individuelle Überzeugungen, persönliche Erfahrungen, gesellschaftliche und familiäre Prägungen bestimmen, »Weltansichten« im Sinne Humboldts eben. Aus Sicht des Historikers ist eine politische und ethische Positionierung in der kontroversen Diskussion um das Phänomen Migration nicht wirklich relevant. Denn weder Ablehnung noch Befürwortung, weder der Verweis auf Identitätspolitik oder Bewahrung kultureller Einheit noch der auf die dynamischen Aspekte von Kulturkontakten ändert etwas an den Grundkonstellationen von Migrationsmotiven und Wanderungsverhalten.

Wie sich nun die Umsetzung einer menschlichen, von den Errungenschaften der Aufklärung geprägten, von Mitgefühl und Solidarität geleiteten Politik konkret und im Einzelnen gestalten lässt, ohne andere kollektive Werte wie kulturelle Identität und Gemeinschaftsgefühl oder berechtigte und unberechtigte Verlustängste zu ignorieren, bleibt eine Aufgabe, die nur im rationalen Diskurs und nicht im nationalen Diskurs ausgehandelt werden kann. An dessen Ende muss als Lösung ein breiter gesellschaftlicher Konsens stehen, der über einzelne nationale oder identitäre Befindlichkeiten hinaus reicht. Dieser von einer Mehrheit getragene Konsens muss dabei extreme sowie von den Grundwerten der Demokratie und der Mitmenschlichkeit abweichende Minderheitsmeinungen kategorisch ausschließen. Die Konzeption und konkrete Umsetzung von Einwanderungspolitik ist eine eminent politische Frage, die allenfalls von ethischen Überlegungen eingerahmt wird, aber keine Frage, auf die Historiker eindeutige Antworten geben können. Zwischen einem restriktiveren Modell, wie etwa in Australien, in das nur »nützliche« Migranten einwandern dürfen (Punktesystem), und einer Politik der weitgehend offenen Grenzen und liberalen Visavergabe, um mit der Abschaffung von irregulärer Migration Gefahren für Leib und Leben der Migranten zu minimieren, sind viele Lösungen vorstellbar.

Die bevorzugten Zielländer von Migration verfügen heute durchaus über die administrativen Mittel und die politische Macht, Migration effektiv steuern und auch unterbinden zu können. Vergangene Epochen zeichnen sich gerade dadurch aus, dass Migration weitgehend ungehindert stattfand und nur in beschränktem Maße von frühen Imperien oder Stadtstaaten reglementiert werden konnte. Gerade diese neuartige Befähigung moderner Staaten zur Migrationskontrolle, die im Falle von liberalen Demokratien, in denen grundlegende Menschenrechte in der Regel respektiert werden, nicht mit brutaler Waffengewalt, sondern mit »weicherer« administrativer Polizeigewalt erfolgt (Grenzüberwachung, Ausweisung und Abschiebung), bringt auch eine neue und größere Verantwortung mit sich, der sich die modernen Nationalstaaten und ihre supranationalen Organe und Einrichtungen, vor allem aber die Gesellschaften dieser Staaten erst noch stellen müssen.

Blickt man aus historischer Perspektive auf die lange Geschichte der Migration, also letztlich auf die gesamte Menschheitsgeschichte zurück, so ist nicht das Konfliktpotential, das Wanderungen mit sich bringen, die dominierende Kategorie, sondern das Entwicklungspotential, das durch migrationsbedingten Kulturkontakt entsteht. Selbst in kolonialer Konstellation oder als Konsequenz von Gewaltmigration führt Wanderung zu neuen Kultursynthesen und Schöpfungen, die auch Kolonialherren und Gewaltherrscher, illegitime Eliten oder die Exponenten von nationalistischen Identitätsdiskursen erfassen. Der Siegeszug des Jazz, der sich in die Alltagskultur und die internationale Populärmusik unserer Zeit musikgenetisch eingeschrieben hat, ist hierfür ein schönes Beispiel (▶ Kap. 7). Die Musik der missbrauchten und misshandelten Sklaven ist die rhythmische Konterbande, zu der die Nachfahren der Sklavenhalter verzückt das Tanzbein schwingen. Migrationsbedingte Kultursynthese versinnbildlicht somit unter Umständen auch den Sieg des Schönen über das Niederträchtige.

Historiker können jedoch anhand der Faktenlage Migration als Gesamtphänomen gar nicht anders als eine für die Entwicklungsgeschichte der Menschheit überaus relevante Kategorie bewerten, und damit in der Summe als positiv. Wanderung war und ist Motor und Katalysator dynamischer Bewegungen und menschlicher Schöpfungen, die gesellschaftlich relevant sind. Migration ist geradezu eine beflügelnde Kraft im Weltgeschehen. Zwischen Konflikt und Gewalt, die durch Eroberungszüge, Kolonisierung oder Landnahmen ausgelöst werden können, auf der einen Seite und fruchtbarem Kulturaustausch in friedlichem Einvernehmen durch Aufnahme und Integration von über Kulturgrenzen hinweg wandernden Menschen auf der anderen sind die Übergänge oftmals fließend. In allen Fällen und Szenarien führen langfristige durch Wanderung verursachte Kontakte unabhängig von ihrer Qualität – ob als Kolonisation, Heiratsmigration oder Arbeitswanderung – zu dynamischen Veränderungen und gesellschaftlichem Wandel. Ob Historiker diese Zusammenhänge nun positiv als Bedingung für Fortschritt, was von der Quellenlage eher unterstützt wird, oder negativ als identitätsgefährdende und daher destruktive Entwicklung mit Gewaltpotential deuten, spielt letztlich keine Rolle. Denn einerseits hört gewöhnlich niemand auf sie, wie die offenbar »beratungsresistente« Migrationspolitik in Europa nahelegt. Andererseits wird Migration auch ganz unabhängig vom Urteil der Historiker weiterhin eine Grundkonstante menschlichen Verhaltens und Motor historischer Entwicklung bleiben. Sie findet einfach statt und wird die Welt weiter verändern – und vielleicht sogar zu einem besseren Ort machen.

Anhang

Danksagung

Legt man die Definition der UNO für Langzeitmigration zugrunde, so ist dieses Buch durchaus ein Produkt internationaler Wanderung. Das grundlegende Konzept und der Großteil der historischen Darstellung im ersten Teil entstanden während meines Forschungsaufenthalts als Visiting Senior Research Fellow am Jesus College in Oxford (2019–2020), den ich in erster Linie der Anregung und Unterstützung von Michael Vickers verdanke. Die idealen Arbeitsbedingungen und die freundliche Aufnahme des Migranten in der Gemeinschaft an der Turl Street haben in entscheidenden Maß zum Entstehen dieses Buches beigetragen. Dem College und seinen Fellows sei ganz herzlich für diese wunderbare Zeit gedankt. Die handfesteren Meriten, dieses Buch durch kritische Hinweise, Korrekturen und aufmerksame Beobachtungen verbessert zu haben, teilen sich folgende Freunde und Kollegen (*utriusque sexus*), die Abschnitte des Buches bzw. einzelne Kapitel gelesen haben: Alexander Bätz, Harald Derschka, Ulf Hailer und Doris Mischka. Ganz besonders zu Dank verpflichtet bin ich dabei Harald Derschka, dem verlässlichen Freund, dessen detaillierte Hinweise zum gesamten ersten Teil, vor allem aber zur mittelalterlichen Geschichte, von enormer Hilfe waren.

Literaturverzeichnis

Abkürzungen

AE: L'Année épigraphique, Paris 1964 ff. (fortlaufend).
CIL: Corpus Inscriptionum Latinarum, begründet von Theodor Mommsen, 17 Bde. in 70 Teilb., 1862 ff. (fortlaufend).
IG: Inscriptiones Graecae, bislang 49 Bde., Berlin 1873 ff. (fortlaufend).
OGIS: Wilhelm Dittenberger (Hg.), Orientis graeci inscriptiones selectae. Supplementum Sylloges inscriptionum graecarum, Leipzig 1903.

Antike und mittelalterliche Quellen (chronologisch sortiert)

Homer [die Homerischen Epen entstanden ca. 750–700 v. Chr.]: Die Ilias, übers. von W. Schadewaldt, Frankfurt a. M. 1975; Die Odyssee, übers. von W. Schadewaldt, Düsseldorf/Zürich 2001.
Herodot [Herodot von Halikarnassos, ca. 490–420 v. Chr.]: Historien, Griechisch-Deutsch, hg. von J. Feix, 2 Bde., 7. Aufl. Düsseldorf 2006.
Sophokles [Sophokles 496–405 v. Chr.]: Antigone. Griechisch-Deutsch, übers. von Karl Reinhardt, Göttingen 1982.
Cicero [Marcus Tullius Cicero, 106–43 v. Chr.], Die Prozessreden. Lateinisch-Deutsch, hg. und übers. von M. Fuhrmann, 2 Bde. Darmstadt 1997 *(hierin die zitierte Rede »Pro Balbo«)*.
Caesar [Gaius Iulius Caesar, 100–44 v. Chr.]: Der gallische Krieg. Lateinisch-Deutsch, hg., übers. und erl. von O. Schönberger, 4. Aufl. Berlin 2013.
Horaz [Quintus Horatius Flaccus, 65–8 v. Chr.]: Epistulae. Briefe. Lateinisch-Deutsch, hg. und übers. von B. Kytzler, Stuttgart 1986.
Ovid [Publius Ovidius Naso, 43 v. Chr. – 17 n. Chr.]: Briefe aus der Verbannung: Tristia – epistulae ex Ponto. Lateinisch-Deutsch, übertr. von W. Willige, eingeleitet und erl. von N. Holzberg, 5. Aufl. Mannheim/Zürich 2011.
Seneca [Lucius Annaeus Seneca, ca. 1–65]: Philosophische Schriften. Lateinisch-Deutsch, hg. und übers. von M. Rosenbach, Darmstadt 1995 *(hierin das zitierte »Ad Helviam matrem«)*.
Flavius Josephus [warsch. Titus Flavius Josephus, ca. 38–100]: Jüdische Altertümer, übers. und eingeleitet von H. Clementz, Wiesbaden 2011.
Juvenal [Decimus Iunius Iuvenalis, ca. 60–135]: Satiren. Lateinisch-Deutsch, hrsg., übers. und mit Anm. vers. von J. Adamietz, München/Zürich 1993.
Cassius Dio [Lucius Cassius Dio, ca. 163–235], Römische Geschichte, übers. von O. Veh, 5 Bde. München/Zürich 1985–1987.

Eutrop [Eutropius, ca. 330–390], Breviarium ab urbe condita (Kurzfassung der Geschichte seit Gründung der Stadt), Lateinisch-Deutsch, hg. und übers. von B. Bleckmann und J. Groß, Paderborn 2018.
Priskos [Priskos von Panion, ca. 410–474]: Byzantinische Diplomaten und östliche Barbaren. Aus den *Excerpta de legationibus* des Konstantinos Porphyrogennetos ausgewählte Abschnitte des Priskos und Menander Protektor, hg. und übers. von E. Doblhofer, 2. Aufl. Graz 1971.
Leges Langobardorum [7. Jh.], Lateinisch, hg. von F. Bluhme (Monumenta Germaniae Historica, LL IV), Hannover 1868.
Helmold von Bosau [ca. 1120–1170], Slawenchronik/Chronica Slavorum, übers. und erl. von H. Stoob (Ausgewählte Quellen zur deutschen Geschichte des Mittelalters; Freiherr vom Stein-Gedächtnisausgabe, 19), 7. Aufl. Darmstadt 2008.
Wilhelm von Rubruk [ca. 1215–1270]: Reisen zum Großkhan der Mongolen. Von Konstantinopel nach Karakorum 1253–1255, neu bearbeitet und hg. von H. D. Leicht, Wiesbaden 2012.

Für das Gesamtthema relevante Titel

Anderson, Benedict, 1983: Imagined Communities: Reflections on the Origin and Spread of Nationalism, London.
Bade, Klaus Jürgen, 2000: Europa in Bewegung: Migration vom späten 18. Jahrhundert bis zur Gegenwart, München.
Bartlett, Robert, 1996: Die Geburt Europas aus dem Geist der Gewalt. Eroberung, Kolonisierung und kultureller Wandel von 950 bis 1350, München.
Bellwood, Peter, 2013: First Migrants. Ancient Migration in Global Perspective, Malden/Oxford.
Borgolte, Michael (Hg.), 2014: Migrationen im Mittelalter. Ein Handbuch, Berlin/Boston.
Burke, Peter, 2005: Was ist Kulturgeschichte? Frankfurt a. M.
Diamond, Jared, 1999: Arm und Reich. Die Schicksale menschlicher Gesellschaften, Frankfurt a. M.
Gellner, Ernest, 1983: Nations and Nationalism, Oxford.
Haas, Hein de; Castles, Stephen; Miller, Mark J., 2020: The Age of Migration. International Population Movements in the Modern World, 6. Aufl. New York.
Hahn, Sylvia, 2012: Historische Migrationsforschung, Frankfurt a. M./New York.
Higounet, Charles, 1990: Die deutsche Ostsiedlung im Mittelalter, München.
Hobsbawm, Eric, 1991: Nationen und Nationalismus. Mythos und Realität seit 1780, Frankfurt a. M. (Neuausgabe 2004).
Hoerder, Dirk, 2002: Cultures in Contact: World Migrations in the Second Millennium, Durham.
Hoerder, Dirk, 2016: Arbeitsmigration und Flucht vom 19. bis ins 21. Jahrhundert, in: Mittelweg 36 (25), 3–32.
Krause, Johannes, 2019: Die Reise unserer Gene. Eine Geschichte über uns und unsere Vorfahren, Berlin.
Lucassen, Jan; Lucassen, Leo, 2015: Quantifying and Qualifying Cross-Cultural Migrations in Europe since 1500. A Plea for a Broader View, in: Francesca Fauri (Hg.), The History of Migration in Europe. Perspectives from Economics, Politics and Sociology, Abingdon/New York, 13–38.
Manning, Patrick, 2012: Migration in World History. A Concise Survey of Processes of Migration in Human History from Early Hominids until Today, 2. Aufl. London (dt. Ausgabe: Wanderung, Flucht, Vertreibung. Geschichte der Migration, Essen 2007).

McKeown, Adam, 2004: Global migration, 1846–1940, in: Journal of World History 15, 155–189.
Osterhammel, Jürgen, 2009: Die Verwandlung der Welt. Eine Geschichte des 19. Jahrhunderts, München.
Osterhammel, Jürgen; Jansen, Jan C., 2017: Kolonialismus. Geschichte, Formen, Folgen, 8. Aufl. München.
Osterhammel, Jürgen; Petersson, Niels P., 2019: Geschichte der Globalisierung. Dimensionen, Prozesse, Epochen, 6. Aufl. München.
Oltmer, Jochen (Hg.), 2015: Handbuch Staat und Migration in Deutschland, Berlin/New York.
Oltmer, Jochen, 2017: Migration. Geschichte und Zukunft der Gegenwart, Darmstadt.
Reinhard, Wolfgang, 2016: Die Unterwerfung der Welt. Globalgeschichte der europäischen Expansion 1415–2015, München.
Ravenstein, Ernst G., 1885: The Laws of Migration, in: Journal of the Statistical Society 48, 167–227.
Rubel, Alexander, 2024: Migration in der Antike. Von der Odyssee bis Mohammed, Freiburg im Breisgau.
Schilling, Heinz, 2002: Die frühneuzeitliche Konfessionsmigration, in: Klaus Jürgen Bade (Hg.), Migration in der europäischen Geschichte seit dem späten Mittelalter. Vorträge auf dem Deutschen Historikertag in Halle a. d. Saale, 11. September 2002, Osnabrück, 67–89.
Wallerstein, Immanuel, 1986–2004: Das moderne Weltsystem, 3 Bde. Wien.
Wanner, Heinz, 2020: Klima und Mensch. Eine 12.000-jährige Geschichte, 2. Aufl. Bern.

Zitierte Literatur und relevante Titel zu Teilaspekten

Bauman, Zygmunt, 2000: Liquid Modernity, Cambridge.
Bazzi, Danielle, 2013: Ideologie der Sesshaftigkeit und Mobilität, in: Journal für Psychoanalyse 54, 105–124.
Beer, Mathias, 2011: Flucht und Vertreibung der Deutschen, München.
Berendt, Joachim-Ernst, 2005: Das Jazzbuch, 7. Aufl. Frankfurt a. M.
Berger, Stefan, 2005: A Return to the National Paradigm? National History Writing in Germany, Italy, France and Britain from 1945 to the Present, in: Journal of Modern History 77, 629–678.
Bernstein, William J., 2008: A Splendid Exchange. How Trade Shaped the World, New York.
Binding, Günther, 1993: Baubetrieb im Mittelalter, Darmstadt.
Boardman, John, 1981: Kolonien und Handel der Griechen: vom späten 9. bis zum 6. Jahrhundert v. Chr., München.
Calloway, Colin, 2006: The Scratch of a Pen. 1763 and the Transformation of North America, Oxford/New York.
Chaniotis, Angelos, 2019: Die Öffnung der Welt: Eine Globalgeschichte des Hellenismus, München.
Bounegru, Octavian, 2006: Trafiquants et navigateurs sur le Bas-Danube et dans le Pont Gauche à l'époque romaine, Wiesbaden.
Brunner, Bernd, 2009: Nach Amerika. Die Geschichte der deutschen Auswanderung, München.
Chang, Hao, 1971: Liang Ch'i-ch'ao and Intellectual Transition in China, 1890–1907, Boston.
Chatwin, Bruce, 1993: Was mache ich hier, Frankfurt a. M.
Chatwin, Bruce, 1998: Der Traum des Ruhelosen, Frankfurt a. M.
Claes, Thomas, 2010: Passkontrolle! Eine kritische Geschichte des sich Ausweisens und Erkanntwerdens, Berlin.

Clark, Christopher, 2013: Die Schlafwandler. Wie Europa in den Ersten Weltkrieg zog, München.
Cline, Eric H., 2015: 1177 v. Chr. Der erste Untergang der Zivilisation, Darmstadt.
Cross, Hannah, 2021: Migration Beyond Capitalism, Cambridge.
Deleuze, Gilles; Guattari, Félix, 2005: Tausend Plateaus, 6. Aufl. Berlin.
Demandt, Alexander, 2009: Alexander der Große. Leben und Legende, München.
Derix, Simone, 2015: Haus und Translokalität: Orte der Macht – Orte der Sehnsucht, in: Joachim Eibach, Inken Schmidt-Voges (Hg.), Das Haus in der Geschichte Europas. Ein Handbuch, Berlin/Boston, 589–604.
Derschka, Harald, 2014: Individuum und Persönlichkeit im Hochmittelalter, Stuttgart.
Donner, Fred M., 1981: The Early Islamic Conquests, Princeton.
Dyson-Hudson, Rada; Smith, Eric Alden, 1978: Human Territoriality. An Ecological Reassessment, in: American Anthropologist 80, 21–41.
Espagne, Michel, 1999: Les transferts culturels franco-allemands, Paris.
Fahrmeir, Andreas, 2015: Staatliche Abgrenzung durch Passwesen und Visumzwang, in: Jochen Oltmer (Hg.), Handbuch Staat und Migration in Deutschland, Berlin/New York, 221–243.
Faist, Thomas, 2007: Transnationale Migration als relative Immobilität in einer globalisierten Welt, in: Berliner Journal für Soziologie 17, 365–385.
Finley, Moses I., 1974: Die Welt des Odysseus, Darmstadt.
Finley, Moses I.; Mack Smith, Denis; Duggan, Christopher, 1998: Geschichte Siziliens und der Sizilianer, 2. Aufl. München.
Fischer, David Hackett, 1989: Albion's Seed. Four British Folkways in America, Oxford.
Fitzpatrick, Andrew P., 2011: The Amesbury Archer and the Boscombe Bowmen. Bell Beaker Burials on Boscombe Down, Amesbury.
Flaig, Egon, 2018: Weltgeschichte der Sklaverei, 3. Aufl. München.
Fourie, Johan; Fintel, Dieter von, 2014: Settler Skills and Colonial Development: the Huguenot Wine-Makers in Eighteenth-Century Dutch South Africa, in: The Economic History Review 67, 932–963; DOI: 10.1111/1468-0289.12033.
Furholt, Martin, 2018: Massive Migrations? The Impact of Recent aDNA Studies on Our View of Third Millennium Europe, in: European Journal of Archaeology 21 (2), 159–191.
Geertz, Clifford, 1987: Dichte Beschreibung: Beiträge zum Verstehen kultureller Systeme, Frankfurt a. M.
Gertel, Jörg, 2015: Nomaden. Aufbrüche und Umbrüche in Zeiten neoliberaler Globalisierung, in: Aus Politik und Zeitgeschichte 26–27, 3–10.
Geyer, Dietrich, 1977: Der russische Imperialismus. Studien über den Zusammenhang von innerer und auswärtiger Politik 1860–1914, Göttingen.
Giddens, Anthony, 1991: Modernity and Self-Identity. Self and Society in the Late Modern Age, Cambridge.
Gilomen, Hans-Jörg, 2014: Wirtschaftsgeschichte des Mittelalters, München.
Grebner, Gundula, 2008: Der ›Liber Introductorius‹ des Michael Scotus und die Aristotelesrezeption: der Hof Friedrichs II. als Drehscheibe des Kulturtransfers. In: Mamoun Fansa, Karen Ermete (Hg.), Kaiser Friedrich II. (1194–1250). Welt und Kultur des Mittelmeerraums, Oldenburg, 250–257.
Haak, Wolfgang; Schiffels, Stephan, 2018: Möglichkeiten und Grenzen molekulargenetischer Untersuchungen in den Geschichtswissenschaften, in: NTM. Zeitschrift für Geschichte der Wissenschaften, Technik und Medizin 26 (3), 310–324.
Hägermann, Dieter, 2002: Heilige, Heiligenverehrung und Mobilität im Frühmittelalter zu Lande und zu Wasser, in: Deutsches Schiffahrtsarchiv 25, 181–195.
Hänsel, Bernhard (Hg.), 1998: Mensch und Umwelt in der Bronzezeit Europas. Man and Environment in European Bronze Age. Abschlußtagung der Kampagne des Europarates: Die Bronzezeit. Das erste Goldene Zeitalter Europas, an der Freien Universität Berlin, 17.–19. März 1997, Beiträge und Ergebnisse, Kiel.
Haidle, Miriam Noël, 2019: Homo migrans: Spuren menschlicher Expansionen von 7 Millionen bis 5.000 v. Chr., in: Robert Rollinger, Harald Stadler (Hg.), 7 Millionen Jahre Mi-

grationsgeschichte. Annäherungen zwischen Archäologie, Geschichte und Philologie, Innsbruck, 41–90.

Hahn, Sylvia, 2017: Schreiben über Migration gestern, heute, morgen, in: Lena Karasz (Hg.), Migration und die Macht der Forschung. Kritische Wissenschaft in der Migrationsgesellschaft, Wien, 23–39.

Halm, Heinz, 2014: Die Araber. Von der vorislamischen Zeit bis zur Gegenwart, 4. Aufl. München.

Henrich, Joseph, 2020: The Weirdest People in the World. How the West Became Psychologically Peculiar and Particularly Prosperous, New York.

Herzog, Rolf, 1982: Nomaden. Entstehung, Ausbreitung, Charakteristik, in: Herbert Wendt et al. (Hg.), Kindlers Enzyklopädie »Der Mensch«, Bd. 2: Die Entfaltung der Menschheit, Zürich u. a., 491–511.

Heyd, Volker, 2016: Das Zeitalter der Ideologien: Migration, Interaktion und Expansion im prähistorischen Europa des 4. & 3. Jahrtausends v. Chr. In: Martin Furholt, Ralph Großmann, Marzena Szmyt (Hg.), Transitional Landscapes? The 3rd Millennium BC in Europe, Bonn, 54–85.

Hobsbawm, Eric, 1993: The Jazz Scene, London (Neuausgabe).

Hoerder, Dirk; Knauf, Diethelm (Hg.), 1992: Aufbruch in die Fremde. Europäische Auswanderung nach Übersee, Bremen.

Hofbauer, Hannes, 2018: Kritik der Migration. Wer profitiert und wer verliert, Wien.

Horn, Christoph, 2003: Einführung in die politische Philosophie, Darmstadt.

Hugo, Graeme J. et al., 2015: The Southeast Asia-Australia Regional Migration System. Some Insights into the »New Emigration«, The Migration Policy Institute, https://www.migrationpolicy.org/sites/default/files/publications/TCM-Emigration-Australia-FINAL.pdf [Zugriff: 22.04.2024].

Jakob, Christian; Schlindwein, Simone, 2017: Diktatoren als Türsteher Europas. Wie die EU ihre Grenzen nach Afrika verlagert, Berlin.

Jansen, Jan C.; Osterhammel, Jürgen, 2013: Dekolonisation. Das Ende der Imperien, München.

Kaiser, Reinhold, 1989: Verbrechen und Strafe in Nordfrankreich um 1100. Zwei Wundererzählungen des Abtes Guibert von Nogent (gest. um 1125) und Hermann von Tournai (gest. 1147/48), in: Dieter Berg, Hans-Werner Goetz (Hg.), Ecclesia et regnum. Beiträge zur Geschichte von Kirche, Recht und Staat im Mittelalter. Festschrift für Franz-Josef Schmale zu seinem 65. Geburtstag, Bochum, 89–109.

Khan, Yasmin, 2017: The Great Partition. The Making of India and Pakistan, New Haven/London.

Khanna, Parag, 2021: Move. Das Zeitalter der Migration, Berlin.

Kleßmann, Christoph, 1978: Polnische Bergarbeiter im Ruhrgebiet. 1870–1945, Göttingen.

Kloft, Hans, 1984: Arbeit und Arbeitsverträge in der griechisch-römischen Welt, in: Saeculum 35, 200–221.

Knaus, Gerald, 2020: Welche Grenzen brauchen wir? Zwischen Empathie und Angst – Flucht, Migration und die Zukunft von Asyl, München.

Kocka, Jürgen (Hg.), 1988: Bürgertum im 19. Jahrhundert: Deutschland im europäischen Vergleich, 3 Bde. München.

Kocka, Jürgen, 2013: Geschichte des Kapitalismus, München.

Kolb, Frank, 2002: Rom. Die Geschichte der Stadt in der Antike, 2. Aufl. München.

Kollmar-Paulenz, Karénina, 2011: Die Mongolen. Von Dschingis Khan bis heute, München.

Koselleck, Reinhart, 1995: Vergangene Zukunft: Zur Semantik geschichtlicher Zeiten, 3. Aufl. Frankfurt a. M.

Koselleck, Reinhart, 2000: Zeitschichten. Studien zur Historik, Frankfurt a. M.

Krause, Johannes; Haak, Wolfgang, 2017: Neue Erkenntnisse zur genetischen Geschichte Europas, in: Harald Meller, Falko Daim, Johannes Krause, Roberto Risch (Hg.), Migration und Integration von der Urgeschichte bis zum Mittelalter, Halle a. d. Saale, 21–38.

Kroeber, Alfred L.; Kluckhohm, Clyde, 1952: Culture. A Critical Review of Concepts and Definitions, Cambridge.

Lucassen, Leo; Lucassen, Jan; Jong, Rick de; Water, Mark van de, 2014: Cross-Cultural Migration in Western Europe 1901–2000: A Preliminary Estimate, IISH-Research Paper 52.

Malkki, Liisa, 1992: National Geographic: The Rooting of Peoples and the Territorialization of National Identity among Scholars and Refugees, in: Cultural Anthropology 7, 24–44.

Massy, Ken et al., 2017: Patterns of Transformation from the Final Neolithic to the Early Bronze Age: A Case Study from the Lech Valley South of Augsburg, in: Philipp W. Stockhammer, Joseph Maran (Hg.), Appropriating Innovations: Entangled Knowledge in Eurasia 5000–1500 BCE. Papers of the Conference, Heidelberg, 15.–17. January 2015. Oxford, 241–261.

Meier, Mischa, 2016: Die »Völkerwanderung«, in: Aus Politik und Zeitgeschichte 26–27, 3–10.

Meier, Mischa, 2019: Geschichte der Völkerwanderung. Europa, Asien und Afrika vom 3. bis zum 8. Jahrhundert, München.

Morris, Ian, 2011: Wer regiert die Welt? Warum Zivilisationen herrschen oder beherrscht werden, Frankfurt a. M.

Moscati, Sabatino, 1966: Die Phöniker. Von 1200 v. Chr. bis zum Untergang Karthagos, Zürich.

Niggemann, Ulrich, 2015: ›Peuplierung‹ als merkantilistisches Instrument: Privilegierung von Einwanderern und staatlich gelenkte Ansiedlungen, in: Jochen Oltmer (Hg.), Handbuch Staat und Migration in Deutschland, Berlin/New York, 171–218.

Nippa, Annegret; Museum für Völkerkunde Hamburg (Hg.), 2011: Kleines abc des Nomadismus. Publikation zur Ausstellung »Brisante Begegnungen. Nomaden in einer sesshaften Welt«, Hamburg.

Orschiedt, Jörg et al., 2014: Parallelgesellschaften? Paläogenetik und stabile Isotopen an mesolithischen und neolithischen Menschenresten aus der Blätterhöhle, in: Archäologische Informationen 37, 23–31.

Parzinger, Hermann, 2014: Die Kinder des Prometheus. Eine Geschichte der Menschheit vor der Erfindung der Schrift, München.

Paul, Roland, 2016: Der Amerika-Auswanderer Friedrich Trump aus Kallstadt und das Scheitern seiner Rückwanderung, Pfälzer Heimat 67, 15–21.

Pesch, Alexandra, 2011: Netzwerk der Zentralplätze. Elitenkontakte und Zusammenarbeit frühmittelalterlicher Reichtumszentren im Spiegel der Goldbrakteaten, in: Heizmann Wilhelm, Axboe Morten (Hg.): Die Goldbrakteaten der Völkerwanderungszeit. Auswertung und Neufunde (Ergänzungsbände zum Reallexikon der Germanischen Altertumskunde, 40), Berlin/New York, 231–277.

Plamper, Jan, 2019: Das neue Wir. Warum Migration dazugehört: Eine andere Geschichte der Deutschen, Frankfurt a. M.

Pohl, Walter, 2005: Die Völkerwanderung, 2. Aufl. Stuttgart.

Pries, Ludger, 2010: Transnationalisierung. Theorie und Empirie grenzüberschreitender Vergesellschaftung, Wiesbaden.

Quast, Dieter, 2009: Wanderer zwischen den Welten. Die germanischen Prunkgräber von Stráže und Zakrów, Mainz.

Reinecke, Christiane, 2010: Grenzen der Freizügigkeit. Migrationskontrolle in Großbritannien und Deutschland, 1880–1930, München.

Reinhard, Wolfgang (Hg.), 2015: Geschichte der Welt 1350–1750. Weltreiche und Weltmeere, München.

Renfrew, Colin, 1969: Trade and Culture Process in European Prehistory, in: Current Anthropology 10, 151–169.

Reves, Christiane, 2011: Vom Pomeranzengänger zum Großhändler? Netzwerke und Migrationsverhalten der Brentano-Familien im 17. und 18. Jahrhundert, Paderborn.

Rölleke, Heinz, 2004: Grimms Märchen und ihre Quellen. Die literarischen Vorlagen der Grimmschen Märchen synoptisch vorgestellt und kommentiert, 2. Aufl. Trier.

Rölleke, Heinz, 2016: Wo kommen eigentlich die (Grimm'schen) Märchen her?, in: Televizion 29, 12–15, https://www.br-online.de/jugend/izi/deutsch/publikation/televizion/29_2016_1/Roelleke-Wo_kommen_eigentlich_die_Maerchen_her.pdf [Zugriff: 22.04.2024.]

Rubel, Alexander, 2016: Überlegungen zum Barbarenbegriff der Römer. Geten, Thraker und Daker in den Augen der Römer, in: ders. (Hg.) Die Barbaren Roms. Inklusion, Exklusion und Identität im römischen Reich und im Barbaricum (1.–3. Jht. n. Chr.), Konstanz, 11–38.

Rubel, Alexander, 2017: Per Anhalter durch die Antike. 1.400 Jahre griechisch-römische Geschichte und ihre Aktualität, Wiesbaden.

Sahlins, Marshall, 1972: Stone Age Economics, London.
Sahlins, Marshall, 1995: How »Natives« Think. About Captain Cook, for Example, Chicago.
Sarrazin, Thilo, 2020: Der Staat an seinen Grenzen. Über Wirkung von Einwanderung in Geschichte und Gegenwart, Stuttgart.
Scheidel, Walter (Hg.), 2001: Debating Roman Demography, Leiden.
Scherer, Karl (Hg.), 1981: Pfälzer – Palatines, Beiträge zur pfälzischen Ein- und Auswanderung sowie zur Volkskunde und Mundartforschung der Pfalz und der Zielländer pfälzischer Auswanderer im 18. und 19. Jahrhundert, Landau.
Schilling, Heinz, 1988a: Die Konfessionalisierung im Reich. Religiöser und gesellschaftlicher Wandel in Deutschland zwischen 1555 und 1620, Historische Zeitschrift 246, 1–45.
Schilling, Heinz, 1988b: Aufbruch und Krise. Deutschland 1517–1648, Berlin.
Schilling, Heinz, 1989: Höfe und Allianzen. Deutschland 1648–1763, Berlin.
Schott, Rüdiger, 1987: Das Grundrecht des Eigentums in ethnologischer Sicht, in: Ernst-Joachim Lampe (Hg.), Persönlichkeit, Familie, Eigentum. Grundrechte aus der Sicht der Sozial- und Verhaltenswissenschaften, Opladen, 291–307.
Schreiber, Gerhard, 2013: Der Zweite Weltkrieg, 5. Aufl. München.
Schulz, Andreas, 2014: Lebenswelt und Kultur des Bürgertums im 19. und 20. Jahrhundert, 2. Aufl. Berlin/München/Boston.
Schunka, Alexander, 2015: Konfession, Staat und Migration in der Frühen Neuzeit, in: Jochen Oltmer (Hg.), Handbuch Staat und Migration in Deutschland, Berlin/New York, 117–170.
Schunka, Alexander, 2019: Die Hugenotten. Geschichte, Religion, Kultur, München.
Schwerhoff, Gerd, 2001: Frühe Neuzeit – Zum Profil einer Epoche, TU Dresden, https://tu-dresden.de/gsw/phil/ige/fnz/ressourcen/dateien/startseite/fnz_profil?lang=de [Zugriff: 22.04.2024].
Schwinges, Rainer Christoph, 2008: Studenten und Gelehrte. Studien zur Sozial- und Kulturgeschichte deutscher Universitäten im Mittelalter, Leiden.
Simalcsik, Angela et al., 2021: O nouă necropolă descoperită la Trebujeni (Orheiul Vechi, Republica Moldova). Date antropologice, in: Mousaios 24, 129–159 (inkl. engl. Zusammenfassung).
Spahn, Peter, 1995: Fremde und Metöken in der Athenischen Demokratie, in: Alexander Demandt (Hg.), Mit Fremden leben. Eine Kulturgeschichte von der Antike bis zur Gegenwart, München, 37–56.
Spieß, Karl-Heinz, 2004: Fremdheit und Integration der ausländischen Ehefrau und ihres Gefolges bei internationalen Fürstenheiraten, in: Thomas Zotz (Hg.), Fürstenhöfe und ihre Außenwelt. Aspekte gesellschaftlicher und kultureller Identität im deutschen Spätmittelalter. Würzburg, 267–290.
Spieß, Karl-Heinz, 2006: Europa heiratet. Kommunikation und Kulturtransfer im Kontext europäischer Königsheiraten des Spätmittelalters, in: Christian Hesse, Peter Moraw, Rainer C. Schwinges (Hg.), Europa im späten Mittelalter. Politik – Gesellschaft – Kultur, München, 435–464.
Tacoma, Laurens E., 2016: Moving Romans. Migration to Rome in the Principate, Oxford.
Tallerman, Maggie; Gibson, Kathleen R. (Hg.), 2012: The Oxford Handbook of Language Evolution, Oxford.
Torpey, John C., 2018: The Invention of the Passport. Surveillance, Citizenship and the State, 2. Aufl. Cambridge.
Tuan, Yi-Fu, 1977: Space and Place. The Perspective of Experience, Minneapolis.
Urry, John, 2017: Mobilities, Cambridge/Malden.
Viefhaus, Erwin, 1960: Die Minderheitenfrage und die Entstehung der Minderheitenschutzverträge auf der Pariser Friedenskonferenz 1919. Eine Studie zur Geschichte des Nationalitätenproblems im 19. und 20. Jahrhundert, Würzburg.
Vill, Beatrix, 2019: Vom Preis der Sesshaftigkeit. Eine psychodynamische Betrachtung der Immobilie, Wiesbaden.
Volmer, Annett, 2007: Journalismus und Aufklärung: Jean Henri Samuel Formey und die Entwicklung der Zeitschrift zum Medium der Kritik, in: Jahrbuch für Kommunikationsgeschichte 9, 101–129.

Walkenhorst, Peter, 2007: Nation – Volk – Rasse. Radikaler Nationalismus im Deutschen Kaiserreich 1890–1914, Göttingen.
Wehler, Hans-Ulrich, 1979: Krisenherde des Kaiserreichs 1871–1918. Studien zur deutschen Sozial- und Verfassungsgeschichte, 2. Aufl. Göttingen.
Wesel, Uwe, 1982: Die Entdeckung des Eigentums in frühen Gesellschaften, in: Zeitschrift für vergleichende Rechtswissenschaft 81, 17–38.
Wingenroth, Carl, 1959: Das Jahrhundert der Flüchtlinge, in: Außenpolitik 10, 491–499.
Wolfram, Herwig, 1990: Das Reich und die Germanen. Zwischen Antike und Mittelalter, Berlin.
Woolf, Greg, 1998: Becoming Roman. The Origins of Provincial Civilization in Gaul, Cambridge.
Zweig, Stefan, 2017: Die Welt von Gestern. Erinnerungen eines Europäers. Herausgegeben und kommentiert von Oliver Matuschek, Frankfurt a. M. (erstmals 1942).

Eine ausführliche und kommentierte Bibliographie der diesem Buch zugrundeliegenden Forschungsliteratur finden Sie online:

    https://dl.kohlhammer.de/978-3-17-044528-4

Abbildungsverzeichnis

Abb. 1	Foto: Hannes Wiedmann (CC BY-SA 4.0)	S. 48
Abb. 2	Karte: Alin Mihu-Pintilie	S. 49
Abb. 3	Foto: Dagmar Hollmann (CC BY-SA 4.0)	S. 50
Abb. 4	Modell: Museum für Ur- und Frühgeschichte Thüringen; Foto: Wolfgang Sauber (CC BY-SA 4.0)	S. 55
Abb. 5	Karte: Alin Mihu-Pintilie	S. 59
Abb. 6	Modell: Museum für Unterwasserarchäologie Bodrum; Foto: Panegyrics of Granovetter (via Flickr.com; CC BY-SA 2.0)	S. 70
Abb. 7	Karte: Alin Mihu-Pintilie	S. 75
Abb. 8	Karte: Peter Palm	S. 99
Abb. 9	Foto: Gun Powder Ma (via Wikimedia Commons, CC BY-SA 3.0)	S. 107
Abb. 10	Karte: Peter Palm	S. 108
Abb. 11	Karte: Peter Palm	S. 121
Abb. 12	Foto: Martin Teetz, gemeinfrei	S. 137
Abb. 13	Eike von Repgow, *Sachsenspiegel*, Codex Palatinus germanicus (ed. Heidelberg), fol. 26^v, gemeinfrei	S. 144
Abb. 14	Niels Bergslien, *Kristinas Abreise nach Spanien*, 1924; Foto: Wolfmann (via Wikimedia Commons, CC BY-SA 4.0)	S. 149
Abb. 15	Foto: David Iliff (CC BY-SA 4.0)	S. 152
Abb. 16	Foto: unbekannt	S. 155
Abb. 17	Karte: Alin Mihu-Pintilie	S. 158
Abb. 18	Karte: Alin Mihu-Pintilie	S. 160
Abb. 19	Karte: Alin Mihu-Pintilie	S. 163
Abb. 20	Reklame: Themistokles von Eckenbrecher, ca. 1903, gemeinfrei	S. 172
Abb. 21	Karte: Alin Mihu-Pintilie	S. 177
Abb. 22	Karte: Alin Mihu-Pintilie	S. 180
Abb. 23	Radierung: Hans Barthelmeß, ca. 1910, gemeinfrei	S. 190
Abb. 24	Foto: Carol M. Highsmith, gemeinfrei	S. 206
Abb. 25	Karte: Alin Mihu-Pintilie	S. 224
Abb. 26	Karte: Alin Mihu-Pintilie	S. 230
Abb. 27	Zeichnung: Karl Hauck (Hg.), Die Goldbrakteaten der Völkerwanderungszeit, Bd. 2,2, München 1986, S. 41 (Nr. 254b)	S. 247
Abb. 28	Zeichnung: Karl Hauck (Hg.), Die Goldbrakteaten der Völkerwanderungszeit, Bd. 1,3, München 1985, S. 69 (Nr. 58b)	S. 249
Abb. 29	Nat Adderley, *Work Song*, 1960; Bild: eigene Darstellung	S. 251
Abb. 30	Foto: Derek Bridges (CC BY 2.0)	S. 253

Personen- und Sachregister

1

14C-Datierung 45

A

Abenteuerlust 51, 67, 69, 166, 184, 296
Abstammung, Abstammungskultur, Abstammungsgemeinschaft 63, 122, 207, 214, 222, 269
Afghanistan 71, 72, 85, 100, 103
Alamannen 120, 126
Alarich 123
Alexander der Große 92, 98
Amesbury, Bogenschütze von 78, 79
Anatolien 22, 52–54, 61, 67
Ancien Régime 23, 147, 169, 173, 189, 190, 285
Anderson, Benedict 207
Anselm von Canterbury 164
Arbeitsmigration 13, 36, 113, 116, 151, 171, 201, 202, 209, 210, 233, 234, 260, 264, 304
Archäogenetik *siehe* Paläogenetik
Aristoteles 45, 46, 132
Attila 119, 122–124
Augustinus 123, 296
Augustus 92, 250
Australien 34, 51, 66, 67, 184, 234, 290, 314

B

Bade, Klaus Jürgen 15, 299, 309
Bantuwanderung 15, 65
Bevölkerungsaustausch (20. Jht.) 220, 223, 226
Bibel 20, 22, 54, 56, 88, 106, 245, 265, 306
Binnenmigration 13, 28, 84, 109, 125, 187, 190, 209, 210, 252, 289
Bitterli, Urs 245, 250, 298
Blätterhöhle 52, 57, 60, 62
Brakteaten 246, 249
Braudel, Fernand 242

Britisch-Indien 178, 220, 228
Britisches Empire 89, 197, 219, 220, 285
Bronzezeit 70, 71, 80, 82, 84, 86, 87, 159
Burckhardt, Jakob 239, 279
Bürgertum 22, 169, 270, 271
Burke, Peter 240

C

Caesar (Gaius Julius Caesar) 104, 110, 114, 184
Calvin, Jean; Calvinismus 184, 187, 188, 191, 192
Cassirer, Ernst 242
Çatal Höyük 54, 66, 256
Chatwin, Bruce 21, 41
China 17, 18, 85, 181, 225, 289
Chinesische Mauer 287, 288
Columban (Klostergründer, Missionar) 161
Corvinus, Matthias 150, 240, 299

D

Dampfschiffe 38, 171, 172, 258, 284
Dekolonialisierung 173, 228, 235
Deleuze, Gilles 269
Deportation 33, 84, 114, 221, 224, 225
Donauschwaben 190
Dreieckshandel 179, 183
Dreißigjähriger Krieg 186, 187, 189, 216
Dschingis Khan 154, 156, 157

E

Eigentum 69, 138, 192, 273, 274, 276, 277
Eisenbahn 202, 218, 284
Elitenmigration 12, 14, 40, 139, 165
Engels, Friedrich 260, 274
Erasmus von Rotterdam 162, 164, 281, 297
Erikson, Leif 68, 69

329

Ethnie, ethnische Homogenisierung   23, 33, 77, 102, 173, 205, 207, 213
Ethnische Säuberung   216, 217, 221, 226, 227, 235
Europäische Expansion   18, 173, 176, 178, 181, 182, 185, 258, 273

F

Franken   120, 122, 126, 245
Fremdheit   24, 216, 217, 267, 306
Friedrich der Große   23
Friedrich I. Barbarossa   134, 162
Friedrich II. (Staufer)   134, 135, 164
Friedrich Wilhelm von Brandenburg   191

G

Gastarbeiter   229, 231, 262, 310
Geertz, Clifford   241, 254
Gewaltmigration   33, 37, 40, 227, 235, 314
Gimbutas, Marija   73
Glaubensspaltung   168, 170, 186, 196
Globalisierung   12, 13, 18, 83, 89, 99, 168, 184, 185, 233, 299
Glockenbecherkultur   72–74, 76, 78, 79
Göbekli Tepe   54
Goethe, Johann Wolfgang v.   20, 28
Goten   94, 120, 122, 126
Grenzregime   36, 173, 234, 263, 284, 289, 290, 300
Griechische Kolonisation   37, 95, 96
Grimm, Gebrüder   31, 32, 34, 35, 193, 206, 231, 243
Guattari, Félix   269

H

Habsburgerreich   196, 199, 205, 207, 208, 213
Hadrianswall   287, 288
Heiratsmigration   31, 38, 40, 80, 148
Hellenismus   98, 103
Heuneburg   19, 106
Higounet, Charles   145, 243
Hoerder, Dirk   219, 262, 309
homo sapiens   13, 25, 41, 45, 46, 50, 65, 289
Hugenotten   23, 187, 188, 190, 195, 245
Huizinga, Johan   239
Hunnen   94, 119, 120, 122, 124, 159, 161

I

Ibn Ruschd (Averoes)   132, 134, 164
Identität, Identitätsdiskurs   25, 77, 103, 122, 172, 191, 193, 201, 212, 231, 233, 273, 281, 306–308, 314
Immobilität   273, 281, 303, 304
Imperialismus   17, 182, 219, 232
Indonesien   51
Industrialisierung   13, 21, 30, 36, 171, 196, 201, 260, 262
Integration   123, 124, 139, 150, 190, 192, 212, 216, 267, 281, 306
Internationale Migration   27, 29, 30, 36, 234, 263, 267, 302, 305
Islamische Expansion   119, 126, 127, 129
Isotopenanalyse   79, 80, 112

J

Jamnaja-Kultur   73–75, 77
Japan   15, 17, 185, 225, 226
Jazz   246, 250, 252, 254, 297, 314
Johnson, Boris   24, 63
Joseph II.   189, 298
Juden   102, 112, 128, 186, 205, 211, 225, 242

K

Kantorowicz, Ernst   242
Kapitalismus   13, 21, 133, 169, 171, 181, 202, 221, 240, 260, 261, 264, 266
Kaufleute   255, 258, 260, 281
Kelten, Gallier   105, 106
Kettenmigration   31, 39, 40, 63, 143, 304
Klimawandel   12, 33, 40, 51, 53, 66, 67, 89, 296, 303, 311
Kognitive Revolution   46, 47, 51, 68
Kolonialismus   17, 176, 178, 216, 218, 219, 228
Kolonisation   31, 37, 141
Kolumbus, Christoph   168, 175, 176
Konfessionalisierung   170, 186
Konstantinopel, Ostrom   119, 120, 123, 126, 135, 148, 168
Kreuzritter   40, 166
Kristin Håkonsdatter   148, 150, 165
Kulinarik   231, 298
Kulischer, Alexander und Eugene   226
Kulturgrenzen   22, 28, 29, 35, 40, 41, 166, 235, 270, 305, 306, 315
Kulturkontakt   58, 132, 145, 164, 241, 245, 255, 297
Kulturwandel   53, 72, 78, 244–246

L

Langobarden   120, 126, 133, 161, 245, 286
Lechtal   80, 82, 171
Linienbandkeramische Kultur   61, 63, 68, 76, 77
Locke, John   69, 273, 275, 278, 279
Lucassen, Jan und Leo   14, 27, 28, 187, 234
Luhmann, Niklas   68, 165

M

Malthusianische Falle   168
Manning, Patrick   28, 187
Maria Theresia   189
Markward von Annweiler   133
Marx, Karl; Marxismus   116, 227, 260–262, 264, 274
Meistererzählungen   14, 22, 23, 119, 133, 191, 279, 295, 297, 310
Mennoniten   189, 200
Mesopotamien   66, 83, 127, 256, 275
Michelsberger Kultur   57, 72
Migrationssteuerung   157, 184, 196, 227, 235, 284, 286, 290, 301, 314
Migrationssysteme   18, 39, 179, 185, 198, 199, 304
Ming-Dynastie (China)   178, 184, 287
Mittelmeer   70, 71, 82, 86, 89, 91, 95, 127
Möngke Khan   154, 156
Mongolen   37, 154, 156, 159, 161, 287

N

Nationalgeschichte   22, 133, 279, 280
Nationalstaat (Konzept)   13, 23, 28, 165, 173, 204, 206, 208, 213, 221, 222, 228, 269, 279, 286, 295
Neandertaler   47, 50
Neolithikum, Jungsteinzeit, »neolithische Revolution«   53, 58, 60, 62, 64, 69, 78
new immigration (USA)   199, 205, 208
Nomaden, Nomadismus   14, 22, 38, 64, 127, 156, 159, 161, 277, 278, 311
Nordamerika, USA   34, 69, 171, 183, 196–198, 200, 201, 219, 234, 242, 246, 250, 260, 299, 311
Normannen   14, 133, 135–138

O

Odysseus   20, 257, 261
Ögedei Khan   157

Orientalismus   181, 182, 218
Osmanisches Reich   24, 175, 180, 196, 207, 213, 220, 221
Ostsiedlung, deutsche   140, 142, 147
Ottonische Renaissance   148

P

Paläogenetik   60, 62–64, 66, 73, 74, 77, 78, 112
Panofsky, Erwin   242
Passwesen   284, 285, 289, 300, 305
Pest (Schwarzer Tod)   74, 147, 157, 168
Peuplierungspolitik   173, 189, 196, 205
Pfalz, Pfälzer, Palatines   133, 189, 199–202
Phönizier   95, 96, 109
Pioniergeist   67–69, 255, 256, 258, 297
Pirenne, Henri   127, 243
Pirmin (Klostergründer, Missionar)   19
Pizarro, Francisco   37, 179
Plantagenwirtschaft   179, 183
Polen   143, 199, 205, 209
Polo, Marco   154, 157, 258
Postkolonialismus   104, 182, 244, 282
Pull-Faktor   34, 40, 114
Push-Faktor   33, 40, 51, 67, 189, 296, 304

R

Rassismus   173, 204, 206–208, 214, 218, 219, 227
Ravenstein, Ernst G.   36, 133, 261
Reformation   164, 168, 170, 186, 188
Renaissance   151, 152, 162, 165, 240, 299
Ricci, Matteo   181
Roger II., König v. Sizilien   136
Romanisierung   93, 109, 125
Rousseau, Jean-Jacques   274
Rückkehrer   34, 39, 199, 202, 203
Ruhrpolen   210, 211
Russland   157, 185, 190, 198, 199, 218, 221, 225

S

Sahlins, Marshall   268, 275
Schnurkeramische Kultur   72–74, 76, 77
Schwarzes Meer   37, 73, 74, 91, 92, 94, 95, 97, 218
Seefahrer   95, 171, 175, 179, 255
Seevölker   87, 88
Seidenstraße   20, 85, 157, 181
Selbstbestimmungsrecht der Völker   221, 223, 228

331

Sesshaftigkeit, Sesshaftwerdung   14, 22, 23, 28, 54, 57, 67, 165, 267, 270, 273, 301
Siedler   40, 51, 58, 62, 63, 67, 69, 129, 135, 140, 143, 183, 184, 189, 195, 198, 200, 218, 219
Sklavenhandel, Sklaverei   13, 84, 97, 112, 114, 116, 179, 264
Südafrika   195, 219

T

Theoderich   124, 126
Thomas Morus   163, 274
Thomas von Aquin   132, 164
Tomis   91, 92, 94, 256
Transatlantische Migration   185, 186, 198, 199, 204, 221, 261
Transnationalität   41, 172, 232, 283, 299
Trump, Frederick   203, 204

U

Uluburun, Schiff von   69, 72, 86, 257
Ungarn   150, 190, 198, 255, 264, 290, 298, 299

V

Vandalen   122, 124, 126, 296
Verhinderung von Migration   209, 211, 235, 285, 286, 289, 301
Vertreibung   11, 33, 170, 186, 196, 220, 221, 223, 227, 228
Völkerwanderung, Völkerwanderungszeit   22, 94, 111, 119, 122, 126, 130, 133, 248

W

Wanderarbeiter   202, 211
Warburg, Aby   242
Weber, Max   68, 165, 240, 241, 260
Wildbeuter   51–54, 57
Wilhelm der Eroberer   138
Wilhelm von Rubruk   154, 157, 161
Wilhelm von Sens   151, 152, 299
Wissenstransfer   13, 58, 82, 148, 165, 192, 242, 244

Z

Zelinsky, Wilbur   14
Zirkuläre Migration   31, 38, 166, 171, 198, 299
Zwangsarbeit   84, 179, 181, 221, 223, 226
Zwangsmigration   84, 94, 114, 179, 217, 218, 225, 228
Zweig, Stefan   284